普通高等教育机电类系列教材

工 程 制 图

第 2 版

主编　杨　波　王艳芳
参编　潘永智　崔卫华　顾英妮　葛荣雨
　　　孙　宾　李　永　宋开峰　王高琦
主审　董国耀

机械工业出版社

本书是根据教育部高等学校工程图学教学指导委员会制定的《普通高等院校工程图学课程教学基本要求》及现行的《技术制图》和《机械制图》国家标准，结合近年来教学实践和教学改革的成果编写而成的。

为满足不同专业工程制图课程教学的需求及学生课后学习、查阅的需要，本书尽量通俗易懂，术语规范，理论、概念等解释清晰；体系新颖，各章节自成体系又前后关联；内容由浅入深、由简到繁，循序渐进，符合学生的认知规律；采用大量综合应用示例来说明相关理论和方法在工程实际中的应用，注重理论联系实际，有利于学习者对相关内容的理解和工程素养的培养。

本书突出图学基础，兼顾专业图样，除绪论外，由基础篇和专业篇两大部分组成。其中基础篇包括制图基本知识、投影基本知识、基本几何元素的投影、基本立体及其表面交线、组合体及其分析方法、图样的基本画法和尺寸标注；专业篇包括常用零件与零件图、装配图、焊接图、电气图和化工工程图。书后附有附录和参考文献。

本书配套有《工程制图习题集 第2版》，与本书内容关联紧密，是本书中实训内容的补充，力求贴近工程实际。此外，本书还配有电子课件和习题答案，选用本书的教师可登录机械工业出版社教育服务网（www.cmpedu.com）下载。

本书配套有"工程制图 VR 学习系统"，内容涵盖了与本书及习题集内容同步的电子教材、电子习题集、电子课件、电子习题集答案以及全部 VR 虚拟模型及视频，借助移动终端为学生提供了便捷的自主学习平台，同时方便教师教学。

本书可作为高等院校工科各专业工程制图课程的教材，也可供有关工程技术人员参考。

图书在版编目（CIP）数据

工程制图/杨波，王艳芳主编. —2 版. —北京：机械工业出版社，2023.12（2025.10 重印）
普通高等教育机电类系列教材
ISBN 978-7-111-74452-8

Ⅰ.①工… Ⅱ.①杨… ②王… Ⅲ.①工程制图-高等学校-教材 Ⅳ.①TB23

中国国家版本馆 CIP 数据核字（2023）第 238415 号

机械工业出版社（北京市百万庄大街 22 号 邮政编码 100037）
策划编辑：赵亚敏 责任编辑：赵亚敏
责任校对：陈 越 封面设计：张 静
责任印制：邓 博
涿州市般润文化传播有限公司印刷
2025 年 10 月第 2 版第 5 次印刷
184mm×260mm・18.75 印张・1 插页・463 千字
标准书号：ISBN 978-7-111-74452-8
定价：54.80 元

电话服务 网络服务
客服电话：010-88361066 机 工 官 网：www.cmpbook.com
　　　　　010-88379833 机 工 官 博：weibo.com/cmp1952
　　　　　010-68326294 金 书 网：www.golden-book.com
封底无防伪标均为盗版 机工教育服务网：www.cmpedu.com

前言

　　工程制图是工程技术人员必备的基本技能，是一个把工程、技能和艺术完美结合的学科。工程制图课程是帮助学生学习工程技术、培养工程素养的入门课程，对培养学生掌握科学思维方法，增强工程意识和创新精神具有重要作用。随着社会对人才需求的变化、高校教学改革的深入以及飞速发展的现代科技的影响，这门古老的学科也在经历着变革，并焕发出新的活力。

　　本书是根据教育部高等学校工程图学教学指导委员会制定的《普通高等院校工程图学课程教学基本要求》及现行的《技术制图》和《机械制图》国家标准，结合近年来教学实践和教学改革的成果编写而成的。在本书编写过程中，编者研究、参考了大量经典教材及近年出版的特色教材，征求了许多教学一线教师的意见，结合了当前高校工科相关专业的课程设置。

　　本书为适应新的教学需求和教学改革的发展趋势而写，注重基础性、工程性、应用性，从培养学生工程图学基本能力和基本技能出发，更加注重理论与实际应用的有机结合，并贯彻现行国家标准。同时为全面贯彻党的教育方针，落实立德树人根本任务，教材中引入了"中国创造""大国工匠"及"信物百年"等素材视频，以培养学生的科学精神，树立学生的历史自信、文化自信。

　　本书的主要特色如下：

　　1）根据课程内容之间的内在联系，按照循序渐进的认知规律设计本书的体系。总体上分为基础篇和专业篇，基础篇共设7章，为各专业必学内容，专业篇共设5章，包含机械、电气、化工专业的专业制图及焊接图，这样既扩大了本书的应用面，也有利于不同专业根据需要取舍内容。基础篇内的章节编排既自成体系又相互关联，从投影基础到点、线、面、体的投影再到图样画法，循序渐进，脉络清晰，强化画法几何为图示服务的教学理念；每章节的内容和要求目的明确，突出教学基本要求规定的必学内容，并通过"综合示例"贯彻理论与实践相结合的原则，注重培养学生分析问题和解决问题的能力。第2、3、4章注重基本理论与基本方法的训练，第5章为"组合体及其分析方法"，则着眼于分析问题、解决问题的科学思维方法的训练。

　　2）为使各章内容前后连贯、相对独立，在一些内容的编排上做了一些调整，与经典教材有所不同。将"尺寸标注"单列一章，使之与图形表达分开，内容完整自成体系，既方便课堂教学也有利于学生课后自学；将"轴测投影图"放到"投影基本知识"一章中，一方面可使本章中介绍的投影的基本理论和方法相对完整，另一方面也与当前三维设计的理念相吻合，同时也可以作为一种辅助读图手段，方便学生后续的学习；将"标准件与常用件"和"零件图"合为一章"常用零件与零件图"，并适当调整部分内容，这样编排旨在使机械专业图样相关内容相对集中，便于学生理解。

　　3）每章正文前有"内容提要"和"本章重点"，可以帮助学生明确学习目标和学习重点；后有"思考题"，可以引导学生对所学内容进行思考和总结。

4）写法上力求概念清晰、术语规范、语言严谨、叙述流畅、图文并茂，便于自学。

5）贯彻、使用新标准，本书中涉及的技术要求及规范均采用现行的国家标准和行业标准。

6）配有与本书及习题集内容同步的"工程制图 VR 学习系统"，内容涵盖了电子教材、电子习题集、电子课件、电子习题集答案以及全部 VR 虚拟模型及视频，借助移动终端为学生提供了便捷的自主学习平台，同时方便教师教学。

本书由杨波、王艳芳任主编，并与潘永智、崔卫华、顾英妮、葛荣雨、孙宾、李永、宋开峰、王高琦共同编写完成。

本书是济南大学图学教研室多年教学研究的成果和教学实践的经验总结，凝聚了全体教师的智慧、心血和辛勤劳动，在此表示深深的谢意。

本书由董国耀教授任主审，董教授在百忙之中对本书提出了很多建设性的修改意见，在此表示衷心的感谢！

本书得到山东省本科高校教学改革研究项目和济南大学出版基金资助。

在山东省教育厅组织的"山东省高等教育优秀教材评选和全国教材建设奖推荐申报工作"中，本书获评山东省高等教育优秀教材。

本书编写过程中参考了一些同类教材（书后的"参考文献"），在此向这些文献的作者表示衷心的感谢。

由于编者水平有限，书中难免存在缺点和疏漏，敬请读者批评指正。

编　者

"工程制图 VR 学习系统"下载二维码

目录

前言
绪论 …………………………………………… 1
 0.1 本课程的性质和任务 ……………………… 1
 0.2 课程内容简介 …………………………… 1
 0.3 本课程的学习方法 ……………………… 3
 思考题 ……………………………………… 4

基 础 篇

第1章 制图基本知识 …………………… 6
 1.1 国家标准的基本规定 …………………… 6
 1.2 绘图工具与仪器绘图 …………………… 17
 1.3 几何作图 ………………………………… 22
 1.4 徒手绘图 ………………………………… 28
 1.5 计算机绘图 ……………………………… 31
 思考题 ……………………………………… 32
 思政拓展 …………………………………… 32

第2章 投影基本知识 …………………… 33
 2.1 投影的概念及其分类 …………………… 33
 2.2 工程中常用的投影图 …………………… 34
 2.3 三面正投影图的形成及投影规律 ……… 36
 2.4 轴测投影图的形成及画法 ……………… 40
 思考题 ……………………………………… 50
 思政拓展 …………………………………… 51

第3章 基本几何元素的投影 …………… 52
 3.1 点的投影 ………………………………… 52
 3.2 直线的投影 ……………………………… 56
 3.3 平面的投影 ……………………………… 63
 3.4 直线与平面、平面与平面的相对位置
   关系 ……………………………………… 68
 思考题 ……………………………………… 72
 思政拓展 …………………………………… 72

第4章 基本立体及其表面交线 ………… 73
 4.1 立体的构成与分类 ……………………… 73
 4.2 基本立体的投影 ………………………… 76
 4.3 立体表面的点和线 ……………………… 81
 4.4 平面与立体表面的交线 ………………… 87
 4.5 两立体表面相交的交线 ………………… 94

 思考题 ……………………………………… 100
 思政拓展 …………………………………… 100

第5章 组合体及其分析方法 …………… 101
 5.1 组合体的组合方式及其表面连接
   关系 ……………………………………… 101
 5.2 形体分析法和线面分析法 ……………… 102
 5.3 组合体视图的画法 ……………………… 103
 5.4 组合体视图的阅读 ……………………… 106
 5.5 综合应用示例分析 ……………………… 110
 思考题 ……………………………………… 113
 思政拓展 …………………………………… 113

第6章 图样的基本画法 ………………… 114
 6.1 视图 ……………………………………… 114
 6.2 剖视图 …………………………………… 119
 6.3 断面图 …………………………………… 133
 6.4 局部放大图 ……………………………… 137
 6.5 常用规定画法和简化画法 ……………… 139
 6.6 综合应用示例分析 ……………………… 143
 6.7 第三角画法简介 ………………………… 146
 思考题 ……………………………………… 148
 思政拓展 …………………………………… 148

第7章 尺寸标注 ………………………… 149
 7.1 基本立体的尺寸标注 …………………… 149
 7.2 切割体和相贯体的尺寸标注 …………… 150
 7.3 常见板类零件的尺寸标注 ……………… 151
 7.4 组合体的尺寸标注 ……………………… 152
 7.5 轴测图的尺寸标注 ……………………… 159
 思考题 ……………………………………… 160
 思政拓展 …………………………………… 160

专 业 篇

第 8 章　常用零件与零件图 …………… 162
- 8.1　零件与零件图 ………………… 162
- 8.2　零件上的螺纹和常见工艺结构 … 164
- 8.3　标准件与常用件的规定画法 …… 173
- 8.4　零件图的视图选择 …………… 187
- 8.5　零件图的尺寸标注 …………… 190
- 8.6　零件图的技术要求 …………… 194
- 8.7　零件图的阅读 ………………… 205
- 思考题 ……………………………… 207
- 思政拓展 …………………………… 207

第 9 章　装配图 …………………………… 208
- 9.1　装配图的作用与内容 ………… 208
- 9.2　装配图的表达方法 …………… 211
- 9.3　装配图中的尺寸标注和技术要求 … 216
- 9.4　装配图中的零、部件序号及明细栏 … 217
- 9.5　常见的装配工艺结构 ………… 219
- 9.6　装配图的绘制 ………………… 223
- 9.7　装配图的阅读 ………………… 225
- 思考题 ……………………………… 230
- 思政拓展 …………………………… 230

第 10 章　焊接图 ………………………… 231
- 10.1　焊缝符号 …………………… 231
- 10.2　焊接图简介 ………………… 234
- 思考题 ……………………………… 237
- 思政拓展 …………………………… 237

第 11 章　电气图 ………………………… 238
- 11.1　概述 ………………………… 238
- 11.2　电气图简介 ………………… 243
- 11.3　建筑电气工程图简介 ……… 249
- 思考题 ……………………………… 251

第 12 章　化工工程图 …………………… 252
- 12.1　概述 ………………………… 252
- 12.2　化工设备图 ………………… 252
- 12.3　化工工艺图 ………………… 259
- 思考题 ……………………………… 268

附录 ………………………………………… 269
- 附录 A　螺纹 ……………………… 269
- 附录 B　螺纹紧固件 ……………… 272
- 附录 C　平键 ……………………… 279
- 附录 D　销 ………………………… 280
- 附录 E　滚动轴承 ………………… 281
- 附录 F　常用零件结构要素 ……… 283
- 附录 G　极限与配合 ……………… 284
- 附录 H　常用材料 ………………… 288
- 附录 I　化工设备及化工工艺图图例 …… 291

参考文献 …………………………………… 293

绪 论

"图"以其形象、直观的特点成为人类表达和交流思想的重要信息载体，而工程图则是工程与产品信息的载体，是根据投影理论、按一定标准表示工程对象的形状、尺寸、材料和技术要求等的"图"，在工程中起着类似于文字语言的作用，因此，常被称为"工程界的语言"。工程图样是表达和交流技术思想的重要技术文件，是设计、制造、安装、调试和使用、维修等的主要依据。因此，掌握绘制和阅读工程图样的方法是每个工程技术人员都必须具备的基本技能。

0.1 本课程的性质和任务

工程制图是研究工程信息表达、交流与传递的课程。它以几何学为基础，以投影理论为方法，研究几何形体的构成、表达及工程图样的绘制和阅读，培养学生形象思维能力和图形表达能力。该课程是一门既有系统理论和方法又有较强实践性和实用性的技术基础课，对培养学生的绘图、读图能力，空间思维能力以及基本的工程素养具有重要作用，为学生在后续课程的学习和课程设计、毕业设计中，进一步巩固和提高绘制与阅读工程图样的能力打好基础。

本课程的主要任务如下。
1）学习正投影法的基本理论和作图方法。
2）学习工程形体的构成及表达。
3）培养正确绘制和阅读工程图样的基本能力。
4）培养空间思维能力和创新思维能力。
5）培养仪器绘图、徒手绘制工程图样的能力。
6）培养贯彻、执行国家标准的意识和能力。
7）培养严谨认真、求实创新的工作作风和工程素养。

此外，教学过程中还应有意识地培养学生的自主学习能力，分析问题和解决问题的能力，理论联系实际的能力，及开拓、创新意识等。

0.2 课程内容简介

课程内容主要包括两大部分：制图基础和专业工程图。其中，制图基础可分为投影理论、制图标准、几何形体和工程形体的表达方法、基本绘图方法等。专业工程图部分以机械图为主介绍专业工程图样的绘制和阅读，同时对其他行业的工程图样，如电气工程图、化工工程图及焊接图中涉及的相关行业标准和绘图方法进行简介。

下面以千斤顶为例，初步认识工程图样，概况了解本课程的主要内容。

千斤顶是简单的承重机械，由 7 种零件组成。图 0-1 所示为千斤顶立体图。

（1）**工程图样** 工程图样是表达和交流技术思想的工具，不同行业的工程图样所表达的内容和所涉及的行业标准不同，但投影理论和基本的制图标准是相同的。无论哪个行业都离不开机械设备，因此每个与机械有关的工程技术人员都必须能够绘制和阅读机械图样。机械图样主要分两类：装配图和零件图。任何机器或部件都是由若干零件按一定的装配关系和技术要求装配而成的，装配图是用于表示整个机器或部件、组件的技术图样，如图 0-2 所示千斤顶装配图，表达了各零件间的安装位置和连接关系；零件图是用于表达单个零件的图样，如图 0-3 所示千斤顶中的一个零件"丝杠"的零件图。

图 0-1　千斤顶立体图
（轴测图）

（2）**投影理论** 介绍用投影法表达空间几何形体和图解空间几何问题的基本原理和方法。正投影法的原理和应用贯穿课程始终，是本课程的基本理论方法。图 0-1 所示为采用单面正投影法绘制的千斤顶的正等轴测图，而图 0-2 和图 0-3 则是采用多面正投影法绘制的基本视图。

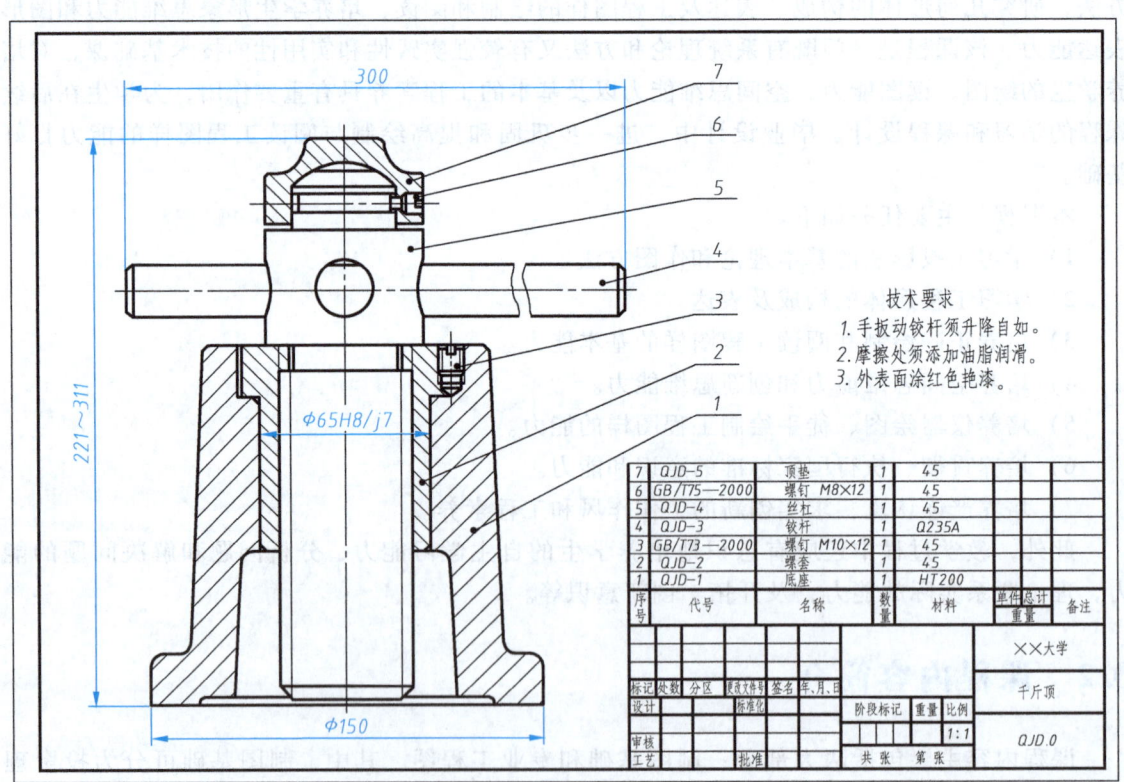

图 0-2　千斤顶装配图

（3）**制图标准** 介绍《技术制图》《机械制图》和其他专业工程图相关国家标准的有关内容。工程图样作为"工程界的语言"，其内容和表达方法必须有统一的规定，否则会出

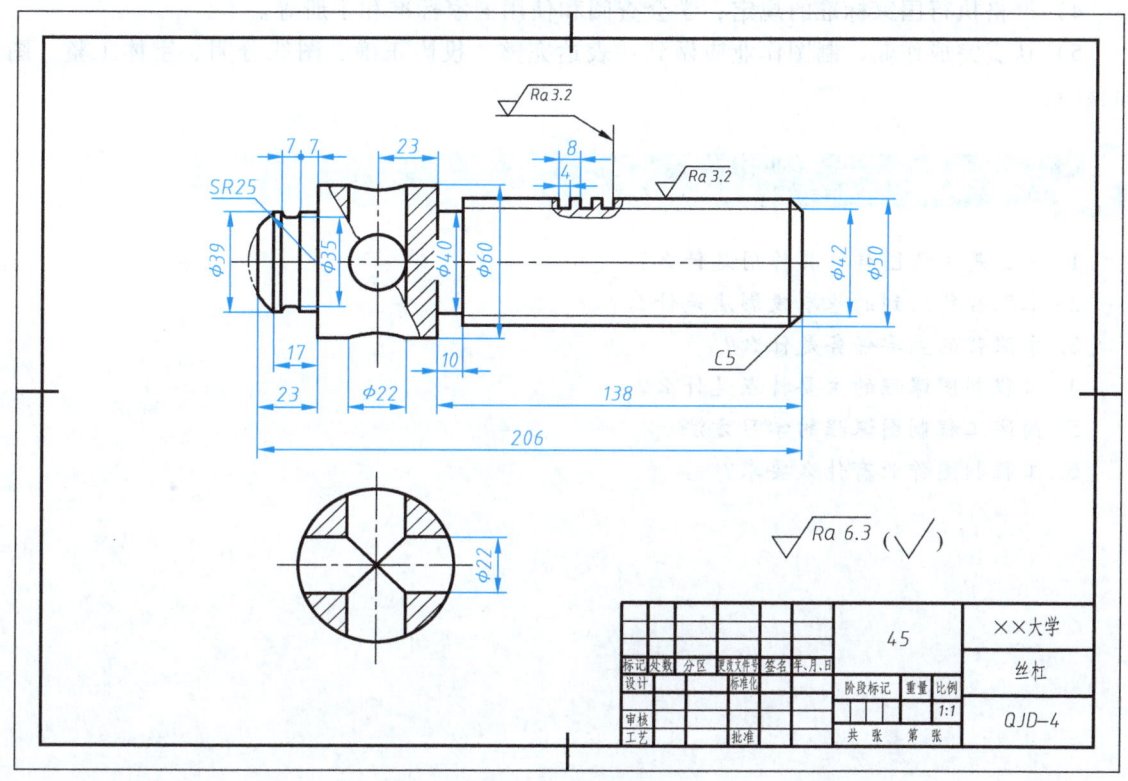

图 0-3　丝杠零件图

现理解上的偏差,甚至无法交流。图 0-2 和图 0-3 中的图纸幅面、图框格式、图线、文字、尺寸标注等国家标准都做了统一的规定,学习过程中要养成自觉遵守国家标准的习惯。

(4)表达方法　介绍几何形体和工程形体的表达方法。零件图和装配图中表达对象位置的摆放、投射方向的确定以及视图种类及数量的选择等,都应按一定的规则、要求以及所表达对象的特征来进行。

(5)绘图方法　绘图方法包括仪器绘图、徒手绘图和计算机绘图,本书着重介绍仪器绘图和徒手绘图的方法与技能,计算机绘图知识请参阅相关书籍。

0.3　本课程的学习方法

本课程是一门既有系统理论又有较强实践性的技术基础课,是学生大学入学后接触的第一门体现工科特点的课程。有别于其他基础课的学习方法,在本课程的学习过程中,一方面要注意掌握基本理论和方法,另一方面,必须通过大量的画图、看图实践才能做到理论联系实际,深化课程内容,提升绘图和读图能力。具体建议如下。

1)认真听课,掌握课程中的基本理论和方法。

2)理论联系实际,通过一系列的绘图和读图实践,不断进行由物画图、由图想物的转化训练,培养空间思维和分析能力。

3)按正确的方法和顺序画图,养成正确使用绘图仪器和工具的习惯。

4）严格执行国家标准的规定，学会查阅和使用国家标准和手册等。

5）认真完成作业，制图作业应做到：表达完整、投影正确、图线分明、字体工整、图面整洁。

 思考题

1. 什么是工程图样？其作用是什么？
2. 本课程所用到的基本投影法是什么？
3. 本课程的主要任务是什么？
4. 工程制图课程的主要特点是什么？
5. 简述工程制图课程的学习方法。
6. 工程制图作业有什么要求？

基础篇

第1章

制图基本知识

内容提要： 在工程实际中，设计和制造部门普遍使用工程图样来表达物体。绘制和阅读工程图样，必须熟悉并严格遵守《技术制图》与《机械制图》国家标准，正确使用绘图工具和仪器，掌握正确的绘图方法与步骤，具备徒手绘图的能力，还要树立耐心细致的工作作风和严肃认真的工作态度。本章将简要介绍制图国家标准中对图纸幅面和格式、比例、字体、图线和尺寸标注的有关规定，绘图的基本方法和常用几何作图法等内容。

本章重点： 制图国家标准的有关规定，圆弧连接的几何作图方法，平面图形的尺寸与线段分析。

1.1 国家标准的基本规定

1.1.1 图纸幅面和格式

1. 图纸幅面尺寸

国家标准 GB/T 14689—2008 中规定，绘制图样时，应优先采用表 1-1 所规定的基本幅面；必要时，允许选用加长幅面，加长幅面的尺寸由基本图幅的短边成整数倍增加后得到，如图 1-1 所示。

表 1-1 基本幅面及图框尺寸　　　　　　　　　　　　　（单位：mm）

幅面代号	A0	A1	A2	A3	A4
$B \times L$	841×1189	594×841	420×594	297×420	210×297
a	25				
c	10			5	
e	20		10		

2. 图框格式

在图纸上必须用粗实线画出图框，其格式分为无装订边和有装订边两种，如图 1-2 所示，但同一产品的图样只能采用一种格式。需要装订的图样，采用图 1-2b 所示格式，一般采用 A4 幅面竖装或 A3 以上幅面横装。图框尺寸，见表 1-1。

第1章 制图基本知识

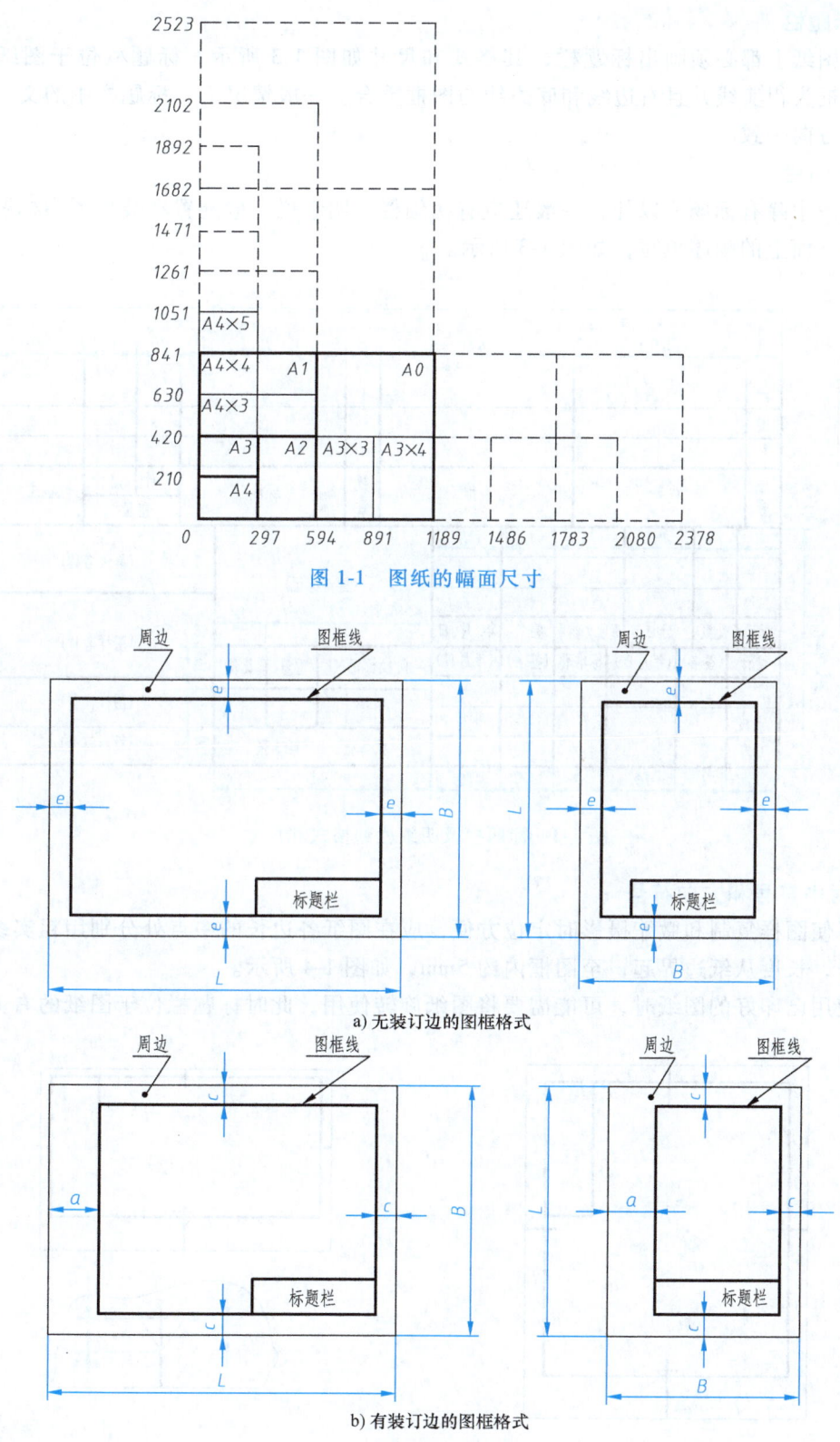

图 1-1 图纸的幅面尺寸

a) 无装订边的图框格式

b) 有装订边的图框格式

图 1-2 图框格式

3. 标题栏

每张图纸上都必须画出标题栏,其格式和尺寸如图 1-3 所示。标题栏位于图纸的右下角,其外框为粗实线并且右边线和底边线与图框重合。一般情况下,标题栏中的文字方向应当与看图方向一致。

4. 明细栏

装配图中除有标题栏以外,一般还应有明细栏。明细栏一般配置在装配图中标题栏的上方,按由下而上的顺序填写,如图 1-3 所示。

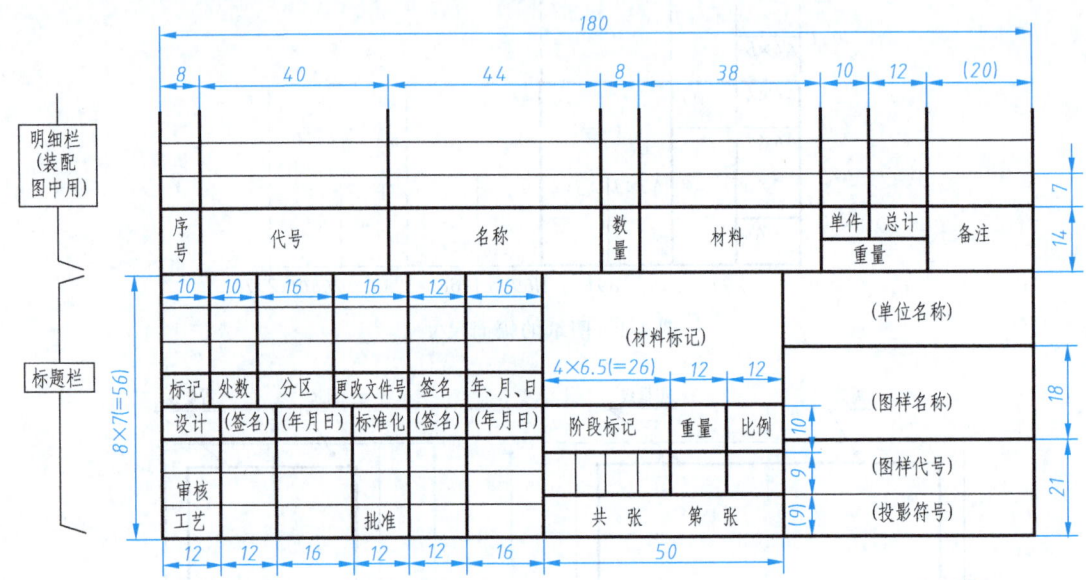

图 1-3　标题栏及明细栏的格式和尺寸

5. 对中符号和方向符号

为了使图样复制和微缩摄影时定位方便,应在图纸各边长的中点处分别用粗实线绘制出对中符号,长度从纸边界起,至图框内约 5mm,如图 1-4 所示。

当使用已印好的图纸时,可能需要将图纸旋转使用,此时标题栏位于图纸的右上角,为

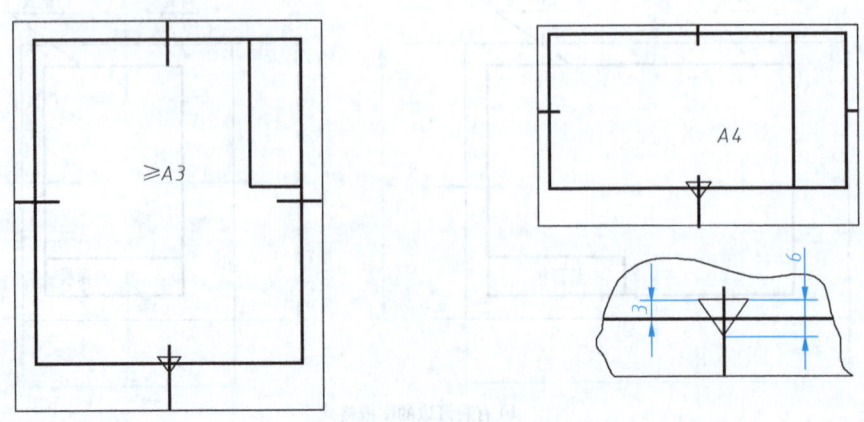

图 1-4　对中符号和方向符号

了明确绘图和看图方向,应在图纸图框线下边界的对中符号处用细实线绘制一个等边三角形,称为方向符号,以指示看图方向,如图1-4所示。

6. 投影识别符号

投影识别符号有两种,分别为第一角画法和第三角画法的投影识别符号,如图1-5所示。投影识别符号一般放置在标题栏中代号区的下方。

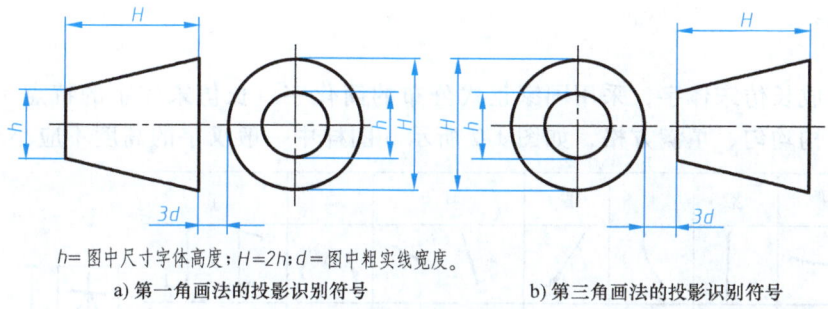

h = 图中尺寸字体高度;$H=2h$;d = 图中粗实线宽度。

a) 第一角画法的投影识别符号　　　　b) 第三角画法的投影识别符号

图1-5　投影识别符号

1.1.2　比例

比例是图中图形与其实物相应要素的线性尺寸之比,如图1-6所示。

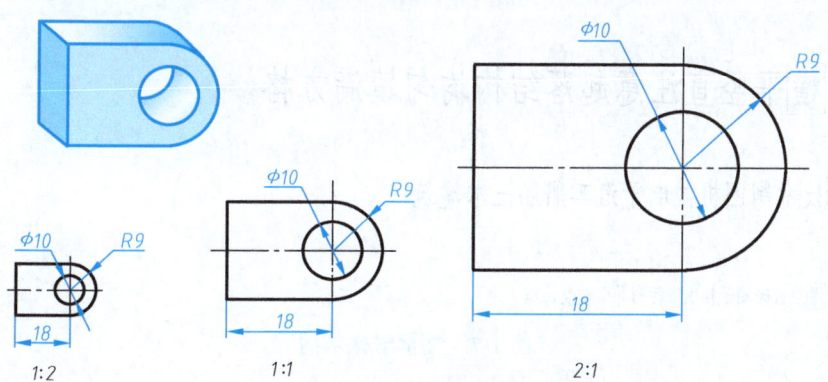

图1-6　绘图比例的概念

绘图时,应由表1-2规定的系列中选取适当的比例,一般应优先选用1:1的比例和表中不带括号的比例,必要时,也允许选取带括号的比例。比例一般应标注在标题栏比例一栏内,必要时,可标注在视图名称的下方或右侧。不论采用缩小或放大的比例画图,图样中必须标注机件的实际尺寸。

表1-2　绘图的比例(GB/T 14690—1993)

原值比例	1:1
缩小比例	(1:1.5)　1:2　(1:2.5)　(1:3)　(1:4)　1:5　(1:6)　1:10　1:1×10^n　(1:1.5×10^n)　1:2×10^n　(1:2.5×10^n)　(1:3×10^n)　(1:4×10^n)　1:5×10^n　(1:6×10^n)
放大比例	2:1　(2.5:1)　(4:1)　5:1　1×10^n:1　2×10^n:1　(2.5×10^n:1)　(4×10^n:1)　5×10^n:1

注:n为正整数。

1.1.3 字体

GB/T 14691—1993《技术制图 字体》规定，书写汉字、数字、字母必须做到：字体工整、笔画清楚、间隔均匀、排列整齐。字体的号数，即字体的高度（用 h 表示）分为 8 种，即 1.8、2.5、3.5、5、7、10、14、20，单位为 mm。字体的宽度一般为 $h/\sqrt{2}$，各种字体的示例如下。

1. 汉字

汉字应写成长仿宋体字，采用国家正式公布的简化字。长仿宋体字的特点是横平竖直、注意起落、结构均匀、填满方格，如图 1-7 所示。图样中一般汉字的高度不应小于 3.5 号。

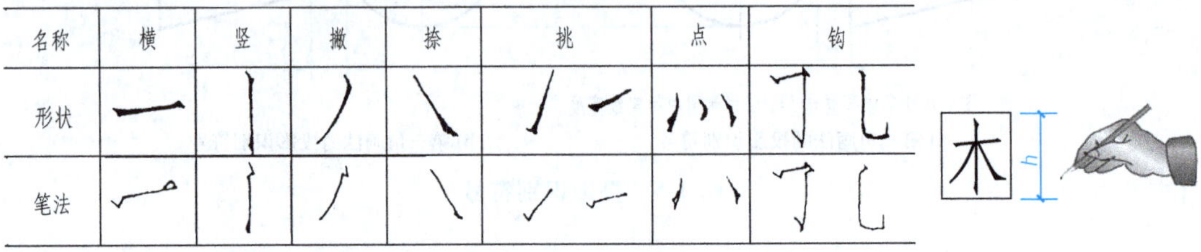

10号字　字体工整笔画清楚间隔均匀排列整齐

7号字　横平竖直注意起落结构均匀填满方格

5号字　技术制图机械电子汽车船舶土木建筑

3.5号字　螺纹齿轮端子接线飞行指导驾驶舱位施工通风

图 1-7　汉字字体示例

2. 数字和字母

数字和字母分 A 型和 B 型。A 型字体的笔画宽度为字高的 1/14，B 型字体的笔画宽度为字高的 1/10。数字和字母可写成直体或斜体。在同一张图样上，只允许采用一种形式的字体。斜体字字头向右倾斜，与水平基准线成 75°。用作指数、分数、极限偏差等的数字及字母，一般采用小一号字体。数字和字母的应用示例，如图 1-8 所示。

另外，GB/T 14665—2012 中规定：机械工程 CAD 工程图的字母和数字。根据图幅选用，其中 A0/A1 图幅数字一律用 5 号字，汉字为 7 号字；A2、A3、A4 图幅数字一律用 3.5 号字，汉字一律用 5 号字。

1.1.4 图线

1. 图线的形式

机械图样中一般采用国家标准 GB/T 4457.4—2002 中规定的图线线型，见表 1-3。图线

ABCDEFGHIJKLMNOPQRSTUVWXYZ

abcdefghyklmn opqrstuvwxyz

a) 拉丁字母示例

ABΓΔEZHΘIK
ΛMNΞΟΠΡΣΤ
ΥΦΧΨΩ

αβγδεζηθικλμν
ξοπρστυφψχψω

b) 希腊字母示例

1234567890

c) 阿拉伯数字示例

ⅠⅡⅢⅣⅤⅥⅦⅧⅨⅩ

d) 罗马数字示例

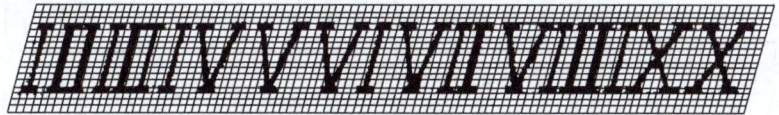

e) 综合应用示例

图 1-8 数字和字母的应用示例

的应用示例，如图 1-9 所示。

表 1-3 规定的图线线型

图线名称	基本线型	图线宽度	主 要 用 途
粗实线	——————	b	可见轮廓线
细实线	——————	$b/2$	尺寸线，尺寸界线，剖面线，引出线，过渡线

(续)

图线名称	基本线型	图线宽度	主要用途
波浪线	～～～	b/2	断裂处边界线,视图与剖视图的分界线
双折线	─⌇─⌇─	b/2	断裂处边界线,视图与剖视图的分界线
细虚线	─ ─ ─ ─	b/2	不可见轮廓线
细点画线	─·─·─·─	b/2	轴线,对称中心线,分度圆(线)
粗点画线	━·━·━	b	限定范围表示线
细双点画线	─··─··─	b/2	相邻辅助零件的轮廓线,极限位置的轮廓线,中断线,轨迹线
粗虚线	━ ━ ━	b	允许表面处理的表示线

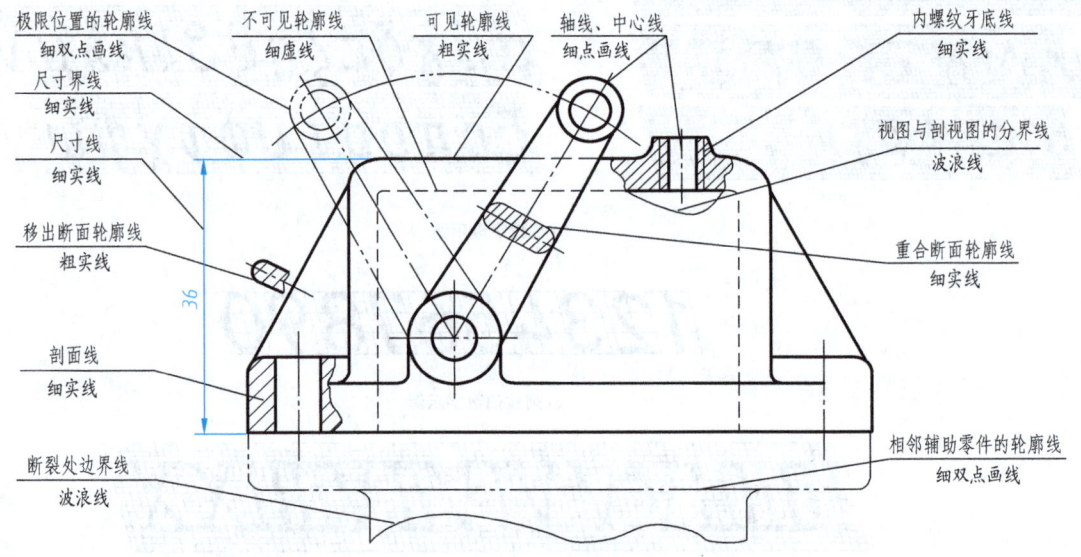

图 1-9 图线的应用示例

在同一图样中,同类图线的宽度应一致。在机械制图国家标准中,目前采用两种宽度的图线,其比率为粗线:细线=2:1。建筑制图标准选用三种图线,其比率为粗线:中粗线:细线=4:2:1。图线宽度的推荐系列尺寸为 0.13mm、0.18mm、0.25mm、0.35mm、0.5mm、0.7mm、1mm、1.4mm、2mm。由于图样复制中存在的困难,应尽量避免采用小于 0.18mm 的线宽,粗线的线宽应视图样大小和复杂程度在 0.5~2mm 的范围内选取。

说明:《技术制图》国家标准是面向各行各业的通则性标准,是对各行业共性的制图规定提出的统一要求。GB/T 17450—1998《技术制图 图线》中规定了 15 种基本线型,但适合于机械行业的共有 4 种,分别是实线、虚线、点画线和双点画线。为了满足机械行业制图的需求,国家标准 GB/T 4457.4—2002 在此基础上将 4 种线型变型派生出表 1-3 中的 9 种线型。

2. 图线的画法(图 1-10)

1)同一图样中,同类图线的宽度应基本一致。细虚线、细点画线及细双点画线中的线段长度和间隔应大致相等。

2)两条平行线(包括剖面线)之间的距离应不小于粗实线宽度的两倍,其最小距离不得不小于 0.7mm。

3) 绘制圆的中心线时，圆心应为线段的交点。当绘制细点画线和细双点画线有困难时，可用细实线代替。

4) 对称图形的中心线一般应超出轮廓线 2~5mm。超出量在整幅图中应基本一致。

5) 细虚线、细点画线与其他图线相交时，应在线段处相交，而不应在间隔处相交。

6) 当细虚线是粗实线的延长线时，衔接处应留出空隙。

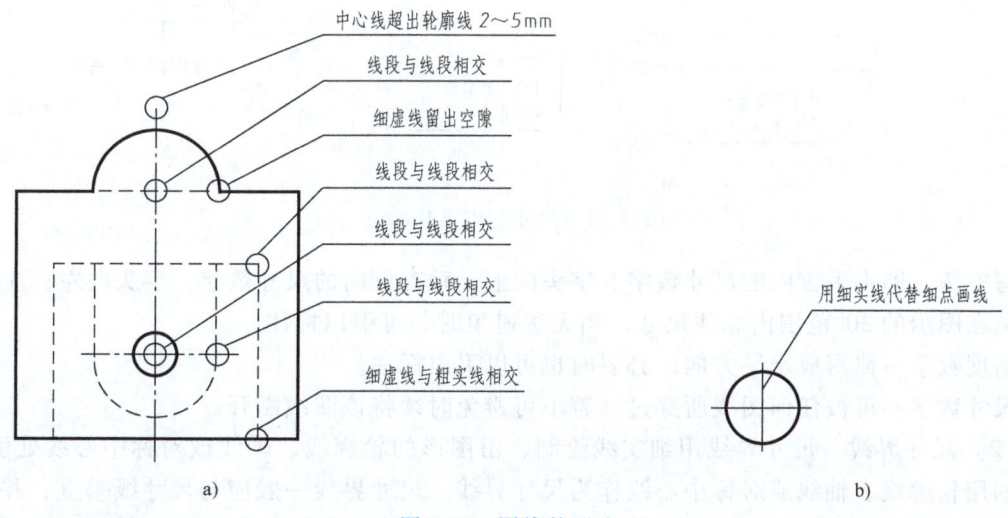

图 1-10 图线的画法

1.1.5 尺寸标注

图样上标注尺寸时，必须严格按照国家标准 GB/T 4458.4—2003 的有关规定进行。

1. 基本规则

1) 机件的真实大小应以图样上所注的尺寸数值为依据，与图形的大小及绘图的准确度无关。

2) 图样中（包括技术要求和其他说明）的尺寸，以毫米为单位时，不需标注单位符号（或名称），若采用其他单位，则必须注明相应的单位符号（或名称）。

3) 机件的每一尺寸，一般只标注一次，并应标注在反映该结构最清晰的图形上。

4) 图样上所标注的尺寸为该图样所示机件的最后完工尺寸，否则应另加说明。

2. 尺寸组成

一个完整的尺寸一般应包括尺寸数字、尺寸界线、尺寸线和尺寸线终端，如图 1-11 所示。有些尺寸在数字前加注特定符号，常用特定符号或缩写词的意义，见表 1-4。

表 1-4 常用特定符号及缩写词的意义

名 词	直径	半径	球直径	球半径	厚度	正方形	45°倒角	深度	沉孔或锪平	埋头孔	均布
符号或缩写词	ϕ	R	$S\phi$	SR	t	□	C	↓	⊔	∨	EQS

（1）尺寸数字　线性尺寸的尺寸数字一般应注写在尺寸线的上方或中断处，同一张图样上尽可能采用同一种数字注写方法。线性尺寸数字的方向，一般应采用表 1-5 中的第一栏

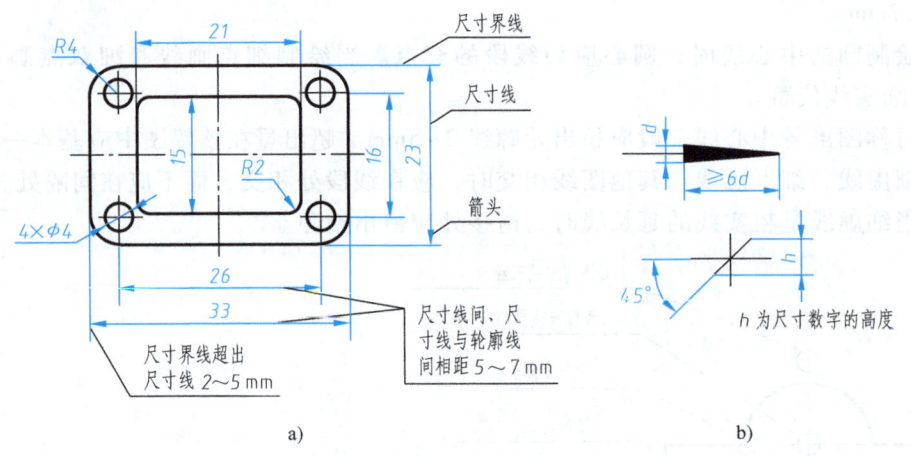

图 1-11 尺寸的组成及标注

的注写方法，即水平方向的尺寸数字，字头向上；垂直方向的尺寸数字，字头向左；应尽可能避免在图示的 30°范围内标注尺寸，当无法避免时，可引出标注。

角度数字一律写成水平方向，必要时也可以引出标注。

尺寸数字不可被任何图线所穿过，若不可避免时须将该图线断开。

（2）尺寸界线　尺寸界线用细实线绘制，由图形的轮廓线、轴线或对称中心线处引出，也可利用轮廓线、轴线或对称中心线作为尺寸界线。尺寸界线一般应与尺寸线垂直，并超出尺寸线 2~5mm，必要时才允许倾斜。

（3）尺寸线　尺寸线用细实线绘制，不能用其他图线代替，也不得与其他图线重合或画在其延长线上。标注线性尺寸时，尺寸线必须与所标注的线段平行。在几条相邻且平行的尺寸线中，大尺寸要注写在小尺寸的外侧，尽量避免尺寸线与尺寸界线相交，如图 1-11a 所示。

（4）尺寸线终端　尺寸线的终端有两种形式，即箭头和斜线，如图 1-11b 所示。箭头适合于各种类型的图样；斜线用细实线绘制，当尺寸终端采用斜线形式时，尺寸线与尺寸界线必须相互垂直。在圆或圆弧视图中标注直径或半径时，尺寸终端只能用箭头而不许用斜线。

3. 标注示例

尺寸必须严格按照国家标准规定进行标注，见表 1-5。尺寸标注正误对照，如图 1-12 所示。

表 1-5　尺寸标注示例

标注内容	图　例	说　明
线性尺寸		尺寸数字应按左图所示的方向注写，并尽可能避免在图示 30°范围内标注尺寸，当无法避免时，可按右图所示形式标注

第1章 制图基本知识

（续）

标注内容	图 例	说 明
角度	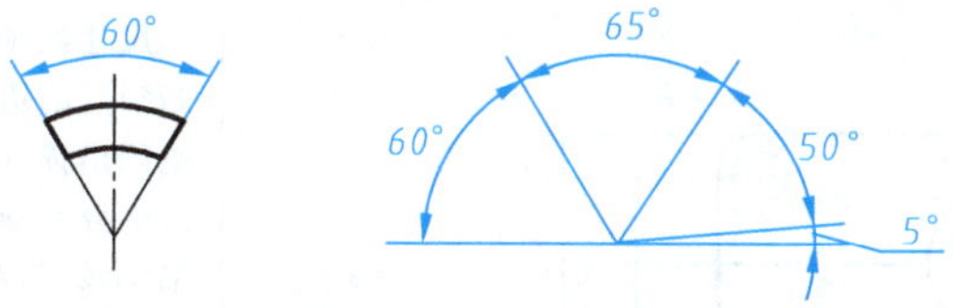	尺寸界线应沿径向画出，尺寸线为圆弧，圆心是角的顶点。尺寸数字一律水平书写，一般应注在尺寸线的中断处，必要时也可按右图所示形式标注
圆和圆弧	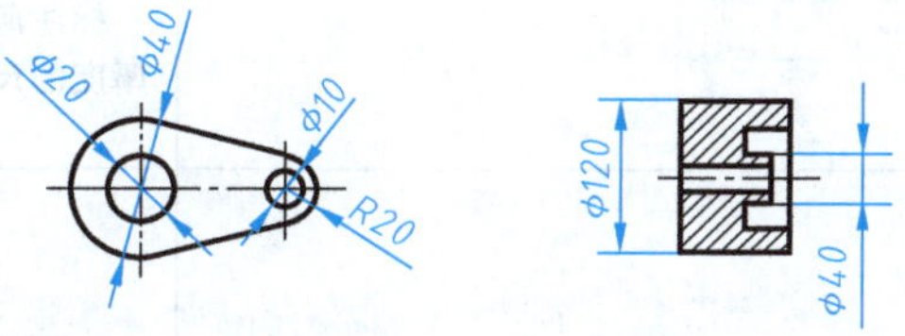	直径、半径的尺寸数字前应加符号"ϕ"和"R"。通常对于小于或等于半圆的圆弧标注半径，大于半圆的圆弧标注直径。尺寸线应按此图例绘制
大圆弧	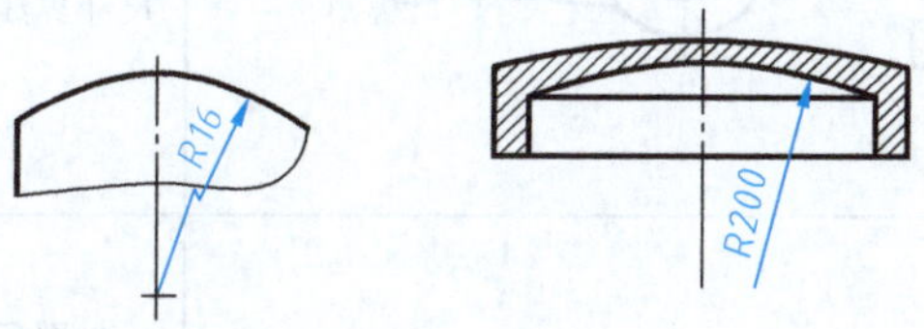	大圆弧无法标出圆心位置时，可按此图例标注
小尺寸	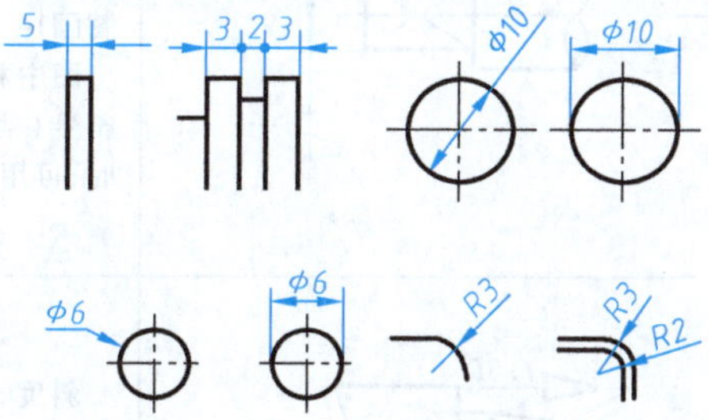	没有足够位置时，箭头可画在尺寸界线的外面，或用小圆点代替两箭头；尺寸数字也可写在外面或引出标注；圆和圆弧的小尺寸，可按此图例标注
球面	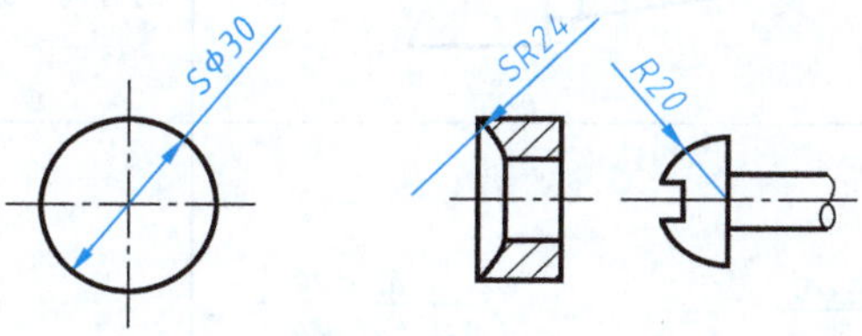	标注球面的尺寸，如左图所示，在 ϕ 和 R 前加符号"S"。对于螺钉、铆钉的头部以及轴和手柄的端部等，在不致引起误解的情况下，可省略符号"S"
弦长和弧长	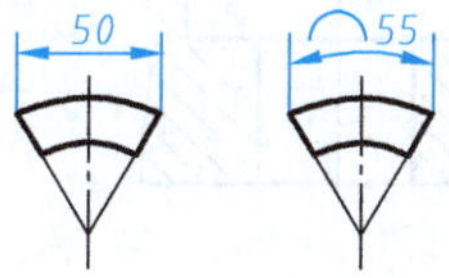	标注弧长尺寸时，尺寸线应为圆弧，并应在尺寸数字前方加注符号"⌒"

15

(续)

标注内容	图例	说明
对称机件只画出一半或一大半时	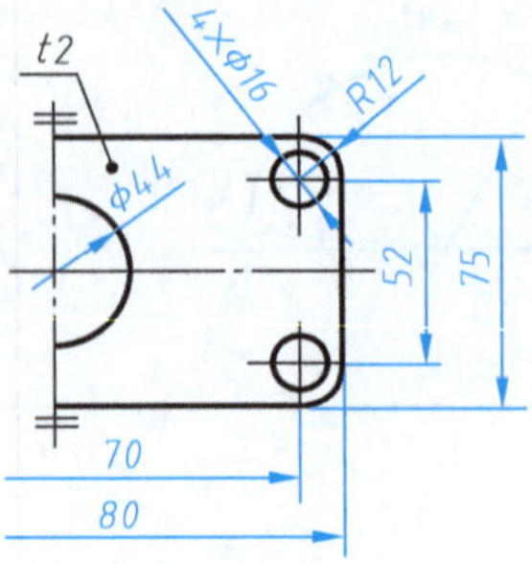	尺寸线应略超过对称中心线或断裂处的边界线，仅在尺寸线的一端画出箭头。图中在对称中心线两端分别画出的与其垂直的两条细实线，为对称符号
板状零件		标注薄板状零件的尺寸时，可在厚度的尺寸数字前加注符号"t"
光滑过渡处的尺寸标注	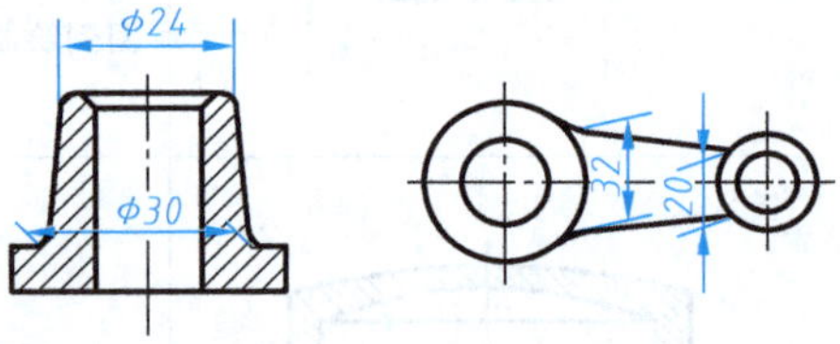	在光滑过渡处，必须用细实线将轮廓线延长，并从它们的交点引出尺寸界线
正方形结构	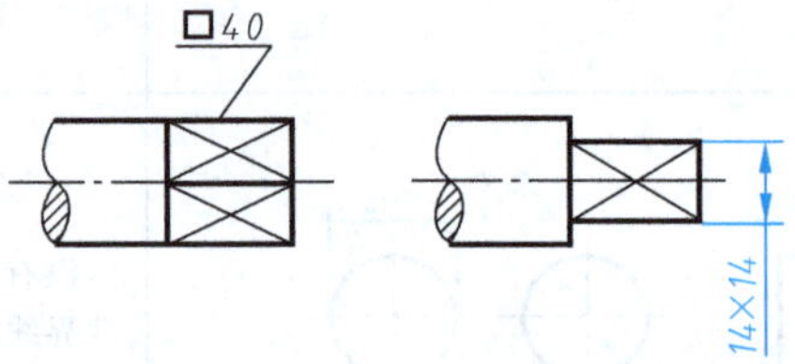	如图所示，标注断面为正方形的机件尺寸时，可在边长尺寸数字前加注符号"□"，或用 14×14 代替□14 图中相交的两条细实线是平面符号（当图形不能充分表达平面时，可用这个符号表示平面）
斜度和锥度	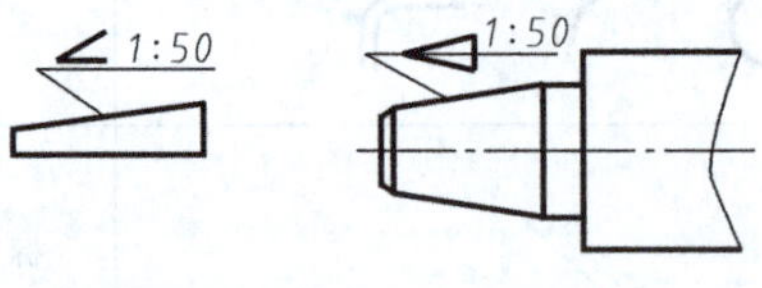	斜度、锥度可用图中所示的方法标注，符号的方向应与斜度、锥度的方向一致
均布孔的标注	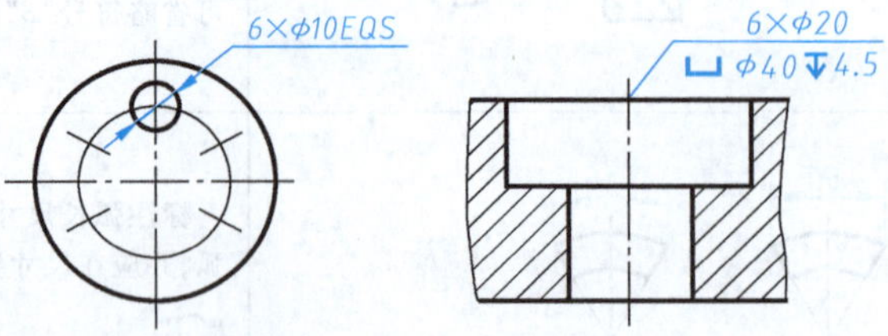	均匀分布的孔，可按图例标注

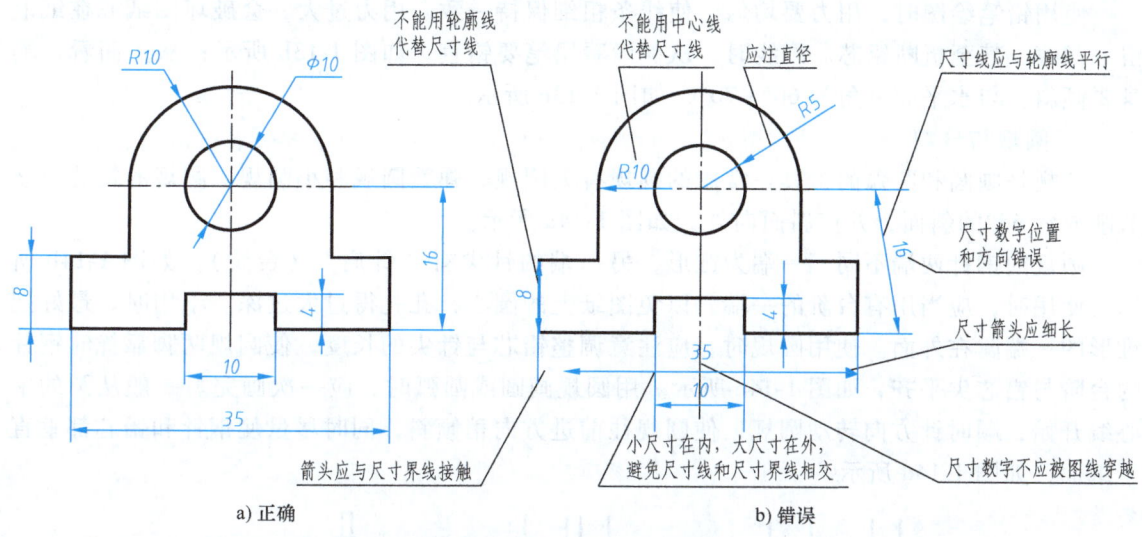

图 1-12 尺寸标注正误对照

1.2 绘图工具与仪器绘图

1.2.1 绘图工具及其用法

掌握绘图工具的正确使用方法，是保证绘图质量和提高绘图速度的一个重要前提，对初学者尤为重要。本节介绍仪器绘图所需要的工具、绘图方法及一般绘图步骤。

1. 绘图铅笔

绘图用铅笔按铅芯的软硬有 B、HB、H 等多种标号。B 前的数字数值越大表示铅芯越软（黑）；H 前的数字数值越大表示铅芯越硬（浅）；HB 表示软硬适中。绘图时常用的铅笔是 2B、B、HB、H、2H 等，根据图线的粗细要求来选用。建议打底稿和画各类细线时选用 2H 或 H 型铅笔，加深图线和徒手作图时选用 HB 或 B 型铅笔，写字、画箭头时选用 H 或 HB 型铅笔。削铅笔时，根据用途削成不同的形状和大小，写字、画箭头时笔尖应削成锥形；画线时应削成扁矩形即"一"字形，H、2H 削成刀口状，B、2B 稍厚一点。铅芯露出 5~6mm，要注意保留有标号的一端，以便始终能识别其硬度，如图 1-13a 所示。

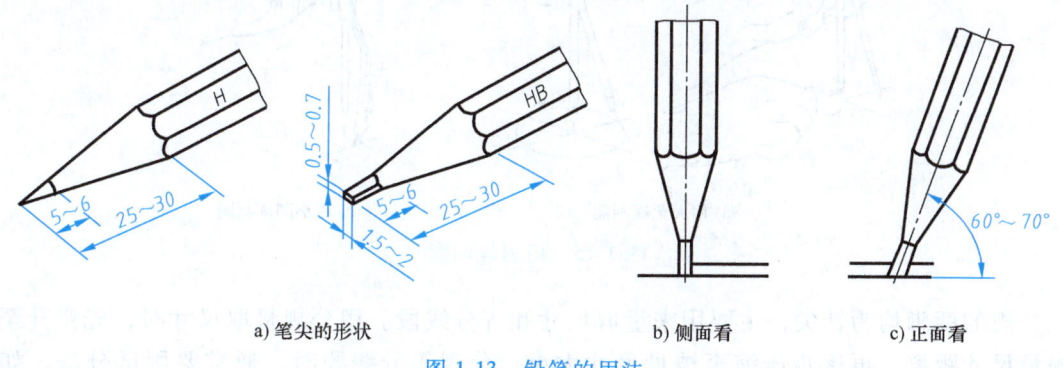

图 1-13 铅笔的用法

使用铅笔绘图时，用力要均匀，使线条粗细保持一致。用力过大，会破坏图纸或在纸上留下凹痕，甚至折断铅芯。画线时，从侧面看铅笔要铅直，如图1-13b所示；从正面看，笔身要倾斜，与水平面夹角为60°～70°，如图1-13c所示。

2. 圆规与分规

圆规是画圆和圆弧的工具。常用的圆规有大圆规、弹簧圆规和小圆规。圆规的铅芯应该磨削成约65°的斜面，并使斜面向外，如图1-14a所示。

圆规的钢针两端不同，一端为锥形，另一端的针尖有"针肩"（台阶），如图1-14b所示。使用时，应当用有台阶的一端，以免图纸上的圆心针孔扎得过大过深。不用时，最好把锥形的一端露在外面。使用圆规时，应注意调整铅芯与针尖的长度，使圆规两脚靠拢时钢针的台阶与铅芯尖平齐，如图1-14c所示。用圆规画圆或圆弧时，应一次画完。一般从圆的中心线开始，顺时针方向转动圆规，使圆规往前进方向稍倾斜，同时尽量使钢针和铅芯都垂直于纸面，如图1-14d所示。

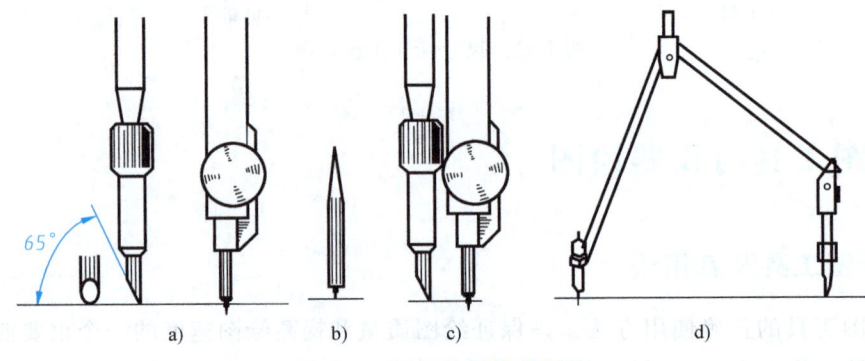

图1-14　圆规的零件及调整

用大圆规画较大的圆时，尤其要注意使圆规两脚都尽量与纸面垂直，如图1-14d和图1-15a所示。小圆规主要用来画半径小于5mm的圆，使用时以大拇指和中指提起套管，以食指按下针尖，把针尖送到圆心后放下套管，使笔尖与纸面接触，再用大拇指和中指使套管快捷地转动，即可画出小圆，如图1-15b所示。画圆时要注意保持针尖垂直于纸面，画圆后要先提起套管然后拿开小圆规。

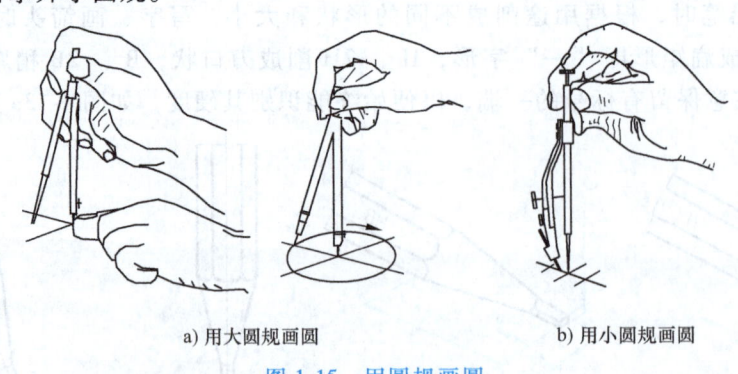

a) 用大圆规画圆　　　b) 用小圆规画圆

图1-15　用圆规画圆

分规的两脚均为针尖，主要用来量取尺寸和等分线段。用分规量取尺寸时，先张开至大于被量尺寸距离，再逐步压缩至被量尺寸大小；分规等分线段时，通常要用试分法，如图

1-16 所示。

3. 图板与丁字尺

图板是铺贴图纸用的，其上表面应平滑光洁，不然会影响画图质量，其左边用作丁字尺的导向边，应保持平直光滑，否则用丁字尺画出的平行线就不准确，如图 1-17 所示。图板的大小有各种不同规格，如 0 号、1 号、2 号等，可根据需要选用。图纸用透明胶带固定在图板上。

丁字尺由尺头和尺身两部分组成，主要用来画水平线，配合三角板画垂直线和常用角度的倾斜线，如图 1-17 所示。尺头内侧边与尺身上边必须平直，尺头和尺身结合要牢固。画图时，左手握住尺头，使尺头内侧边紧靠图板的左边，上下移动丁字尺到所需位置，如图 1-18 所示。

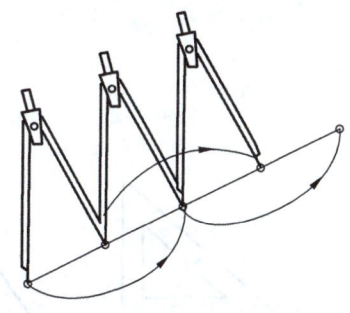

图 1-16　用分规连续截取等长线段

注意：画线时左手应按牢尺身，不得把尺头靠在图板的右边、下边或上边画线。

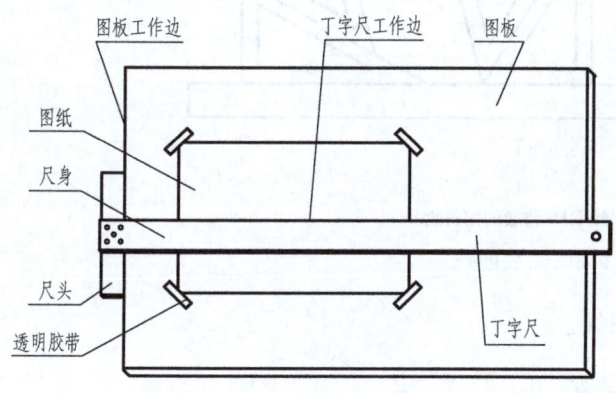

图 1-17　图板与丁字尺

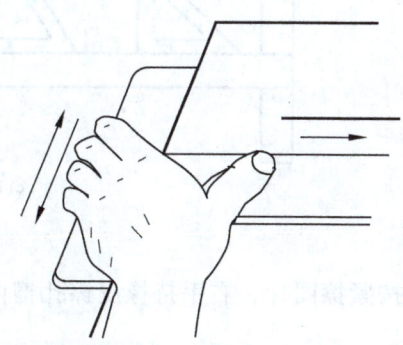

图 1-18　用丁字尺画水平线

4. 三角板

一副三角板有 30°×60°×90° 和 45°×45°×90° 两块（图 1-19a）。

三角板除直接用来画任意直线外，与丁字尺配合使用，还可画出已知直线的平行线、垂直线及与水平线成 15°倍数的倾斜线，如图 1-19b 和 c 所示。

画垂直线时，应将三角板放在线的右方，并使它的一直角边紧靠丁字尺尺身的上边，再用左手轻轻按住三角板和丁字尺，右手持铅笔，自下而上画出垂直线。

5. 其他绘图工具

其他绘图工具包括模板、擦图片、曲线板等。

（1）模板　利用模板可以提高绘图效率。绘图模板多种多样，最常用的是如图 1-20a 所示的小模板。模板上有不同直径的小圆孔、不同字号的汉字框及标注斜度、锥度、标高、表面粗糙度等用的模孔，还有基准符号和尺寸箭头及钻孔孔底线的模孔等。

（2）擦图片　当擦掉画错的图线时，橡皮很容易将邻近的图线也擦掉一部分，擦图片（擦线板）可保护邻近的正确图线不被擦去。擦图片用薄塑料片或金属片制成，上面刻有各种形状的孔槽，如图 1-20b 所示。使用时，使画错了的图线在板上适当的孔槽中露出来，左

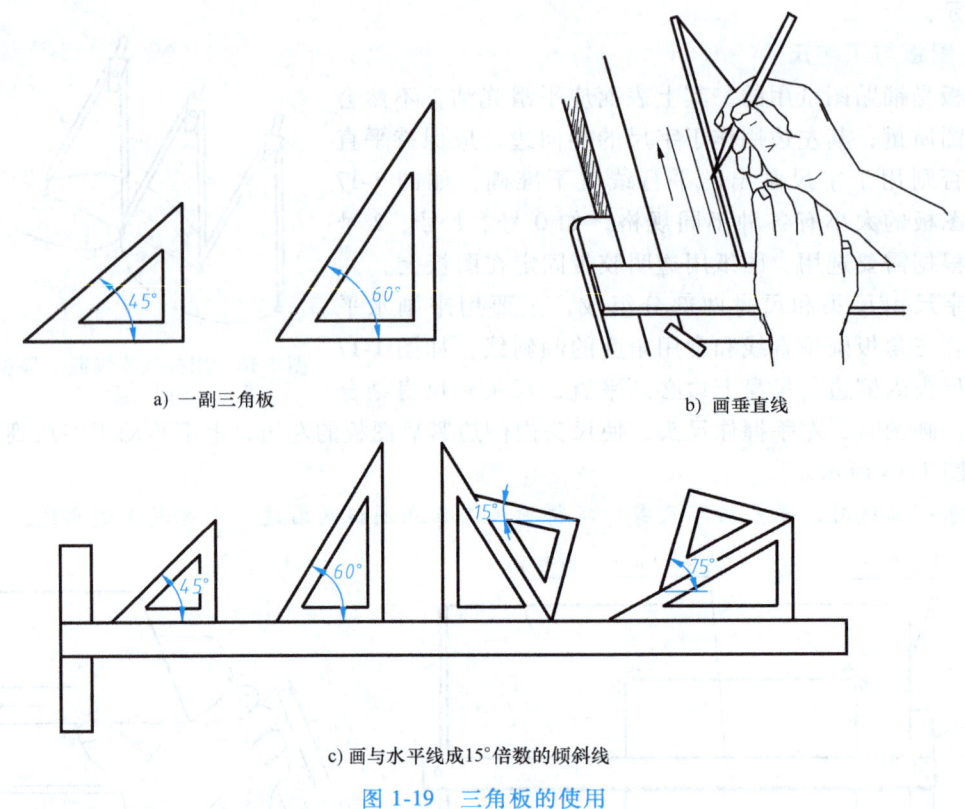

a) 一副三角板　　　　　　b) 画垂直线

c) 画与水平线成15°倍数的倾斜线

图1-19　三角板的使用

手按紧擦图片，右手持橡皮擦孔槽内的图线。

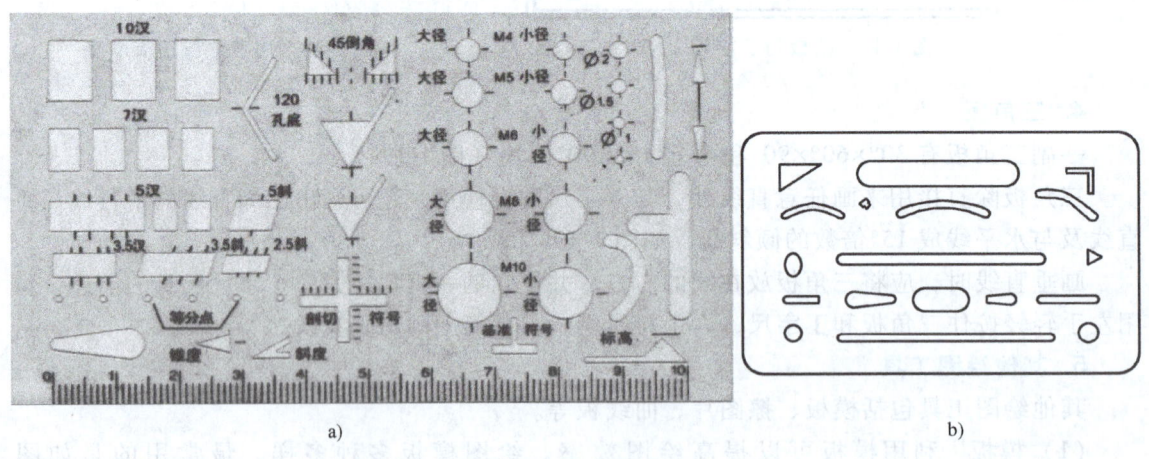

a)　　　　　　　　　　　　　b)

图1-20　小模板和擦图片

（3）曲线板　主要用来描绘由一系列已知点确定的自由曲线。使用时从曲线一端开始选择与曲线板相吻合的点（至少四个点，本例为五个点），用铅笔沿曲线板轮廓画出前四点之间曲线，留下第四点与第五点之间的曲线不画；下一步从第四点开始，包括第五点，再选择五个点，绘制第二段曲线，如此重复，直至绘完整段曲线为止，如图1-21所示。由于采用了曲线段首尾重叠的方法，绘制的曲线比较光滑。

1.2.2 仪器绘图的一般步骤

为了提高图样质量和绘图速度，在正确使用绘图工具和仪器的基础上，必须掌握正确的绘图步骤和方法。

1. 做好绘图前的准备工作

（1）准备工具　磨削铅笔及圆规内装的铅芯，擦干净全部绘图仪器和工具。

图 1-21　曲线板及曲线的描绘方法

（2）选定图幅　根据图形大小和复杂程度选定比例，确定图纸幅面。

（3）固定图纸　将选择的图纸用胶带固定在图板上，固定时应使用丁字尺对正图纸，图纸与图板的下边相距的尺寸应该大于丁字尺的宽度。如图 1-22 所示。

（4）画图框和标题栏　先用细实线按相应图幅的图框大小画出图框，再按要求画出标题栏。

2. 图形布置

在图框内适当位置布置图形，并考虑尺寸标注和文字说明的位置，图形布置应尽量匀称，如图 1-23 所示。

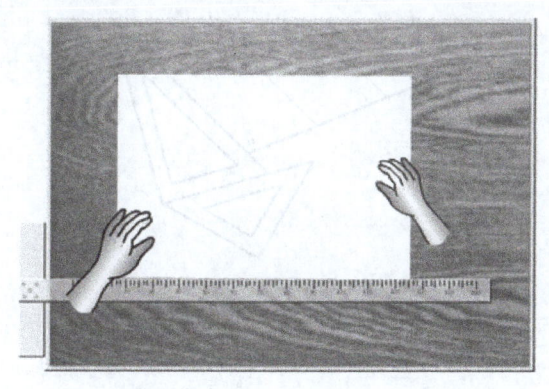

图 1-22　固定图纸

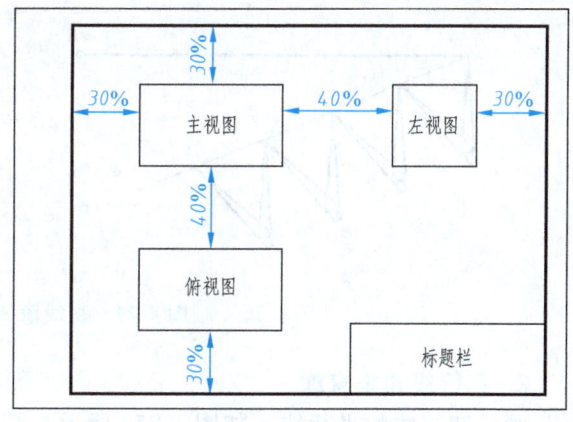

图 1-23　图形布置

3. 画底稿

图形布置好之后，画出图形的基准线，如圆和圆弧的中心线、对称图形的对称中心线等。然后先画出图形的主要轮廓，再画细节（如孔、圆角等）。底稿线要用较硬的铅笔绘制，线条应细、轻、准。

4. 画尺寸要素并描深图线

检查底稿，确认无误后，清理不必要的作图线，按平面图形标注尺寸的方法画出尺寸界线、尺寸线和尺寸箭头，然后按线型要求选择不同的铅笔描深图形。其中，粗实线用 B（或

HB）型铅笔加深，细虚线、细实线、细点画线等各类细线用削磨好的 H（或 2H）型铅笔加深。画圆时圆规的铅芯应比画相应直线的铅芯软一号。

描深过程中要保持同类线型宽度一致，各线型符合国家标准，图线浓淡均匀、深浅一致、切点准确、连接光滑，直线棱角整齐。一般按"先细后粗，先曲后直"的顺序描深图线。图形描完后，再画其他符号。

5. 注写尺寸数字等

注写尺寸数字，书写其他文字、符号等，再次检查无误后，填写标题栏。

1.3 几何作图

任何工程图样都是由各种基本几何图形组成的，而基本几何图形是由直线、圆弧和一些其他曲线连接而成的，如图 1-32 所示。因此，掌握了基本几何图形的画法，可以提高制图的准确度和速度，且能保证制图质量。本节主要介绍使用绘图工具，按几何原理绘制常见几何图形的方法。

1.3.1 常见直线的作图方法

1. 等分直线段

直线段 AB 的等分过程，如图 1-24 所示。

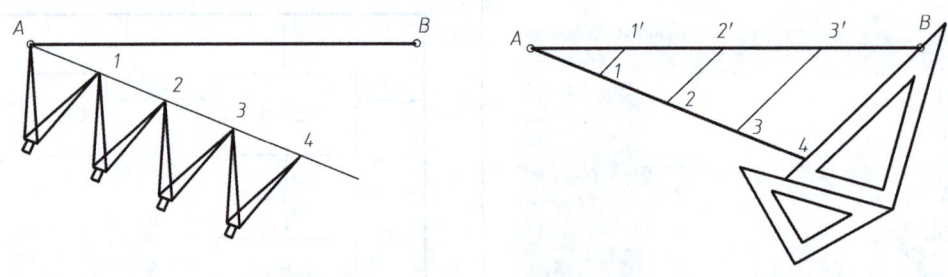

图 1-24 直线段 AB 的等分过程

2. 平行线和垂直线

画已知直线的平行线，如图 1-25a 所示。画已知直线的垂直线，如图 1-25b 所示。

1.3.2 等分圆和正多边形的作图方法

圆内接的正三角形、正方形及正六边形，都可以运用 45°、60°三角板配合丁字尺来画出，这里从略。现只介绍圆内接任意正 n 边形的一种近似画法（n 为正整数，该方法一般大于等于 7），以正七边形为例，其画法如图 1-26 所示。

1) 将圆与中心线的交点分别顺次标记为 A、B、C、D。

2) 以 D 为圆心，DC 为半径画弧，交 AB 的延长线于 M。将 DC 七等分，连接 M 与 DC 上的奇数点（或偶数点），交圆周于Ⅰ、Ⅱ、Ⅲ、Ⅳ点。

3) 在另一半圆周上，取Ⅰ、Ⅱ、Ⅲ点的对称点Ⅶ、Ⅵ、Ⅴ，最后顺次连接各点，完成

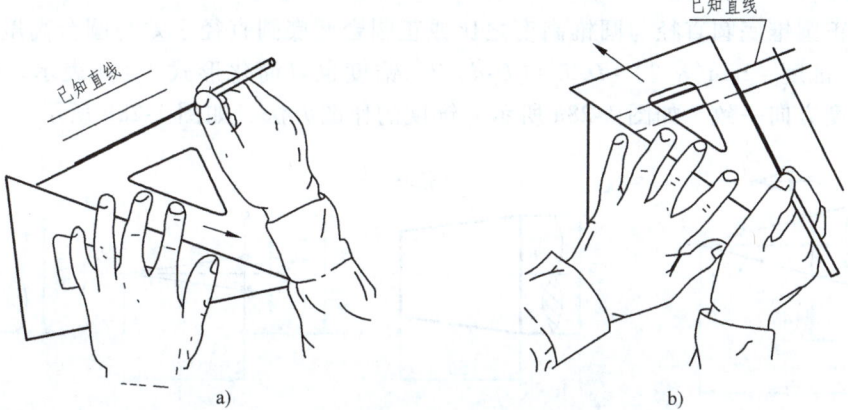

图 1-25　平行线和垂直线画法

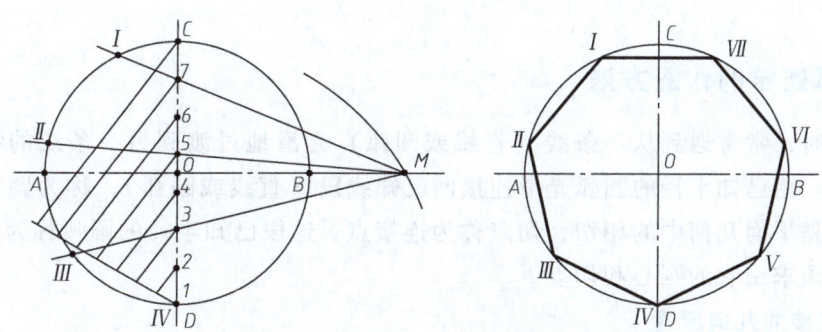

图 1-26　圆内接正七边形的画法

作图。

1.3.3　斜度和锥度的作图方法

1. 斜度

斜度是指直线或平面相对另一直线或平面的倾斜程度，其大小用倾斜角的正切值来表示，并把比值化为 1∶n 的形式，即斜度 $=\tan\alpha=T/L=1:n$，如图 1-27a 所示。标注时，斜度符号的倾斜方向应与斜度方向一致，如图 1-27b 所示。以图 1-27b 为例，作图时，先在垂直方向取 1 个单位长度（10），然后在水平线上取 5 个单位长度（50），连两端即为 1∶5 斜线，然后过已知点作该辅助线的平行线，即得到所求斜线，如图 1-27c 所示。

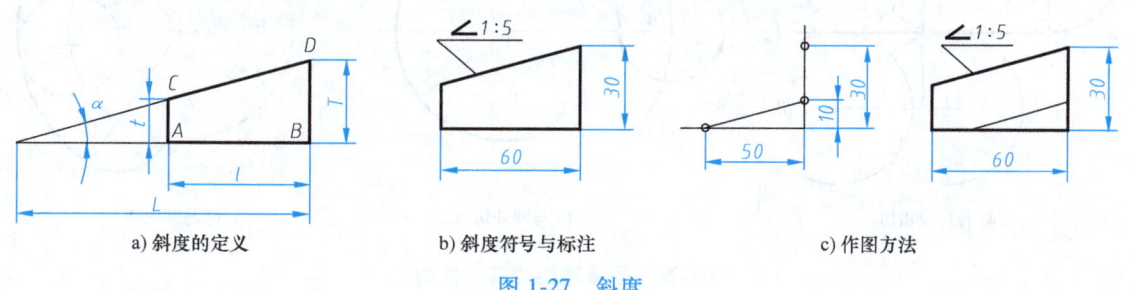

a) 斜度的定义　　b) 斜度符号与标注　　c) 作图方法

图 1-27　斜度

2. 锥度

锥度是正圆锥底圆直径与圆锥高度之比或正圆台两底圆直径之差与圆台高度之比，如图 1-28a 所示。锥度 = $2\tan(\alpha/2) = D/L = (D-d)/l$。锥度也以简化形式 $1:n$ 表示。锥度符号的方向应与锥度方向一致，如图 1-28a 所示。锥度的作图方法，如图 1-28b 所示。

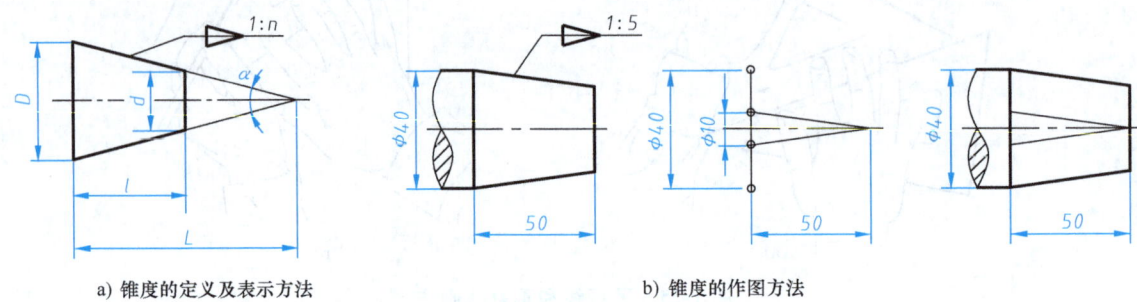

a) 锥度的定义及表示方法　　　　b) 锥度的作图方法

图 1-28　锥度

1.3.4　圆弧连接的作图方法

绘制图形时，常常遇到从一条线（直线或圆弧）光滑地过渡到另一条线的情况，在制图中称为连接。用已知半径的圆弧光滑连接两已知线段（直线或圆弧），称为圆弧连接。这种光滑连接就是平面几何中的相切，切点称为连接点，这段已知半径的圆弧称为连接弧。画连接弧前，必须求出它的圆心和切点。

1. 圆弧连接的几何原理

圆弧连接的几何原理是：已知弧及连接弧的圆心，与两圆弧的切点，三点共线。

1）半径为 R 的圆弧与已知直线 I 相切，圆心的轨迹是距离直线 I 为 R 的两条平行线 II 和 III。当圆心为 O_1 时，由 O_1 向直线 I 所作垂足 K 就是切点，如图 1-29a 所示。

2）半径为 R 的圆弧与已知圆弧（半径为 R_1）外切，圆心的轨迹是已知圆弧的同心圆，其半径 $R_2 = R + R_1$。当圆心为 O_1 时，连心线 OO_1 与已知圆弧的交点 K 就是切点，如图 1-29b 所示。

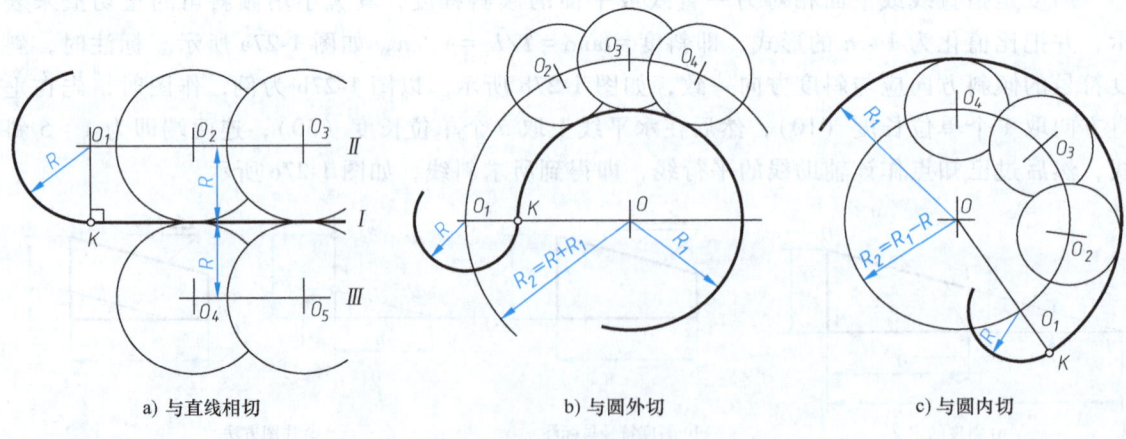

a) 与直线相切　　　　b) 与圆外切　　　　c) 与圆内切

图 1-29　圆弧连接的基本作图

3）半径为 R 的圆弧与已知圆弧（半径为 R_1）内切，圆心的轨迹是已知圆弧的同心圆，其半径 $R_2=R_1-R$。当圆心为 O_1 时，连心线 OO_1 与已知圆弧的交点 K 就是切点，如图 1-29c 所示。

2. 圆弧连接作图举例

表 1-6 中列举了四种用已知半径为 R 的圆弧来连接两已知线段的作图方法和步骤。

表 1-6　圆弧连接作图举例

连接要求	作图方法和步骤		
	求圆心 O	求切点 K_1、K_2	画连接弧
连接相交两直线	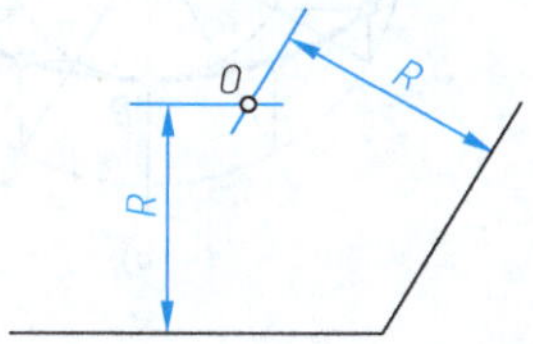	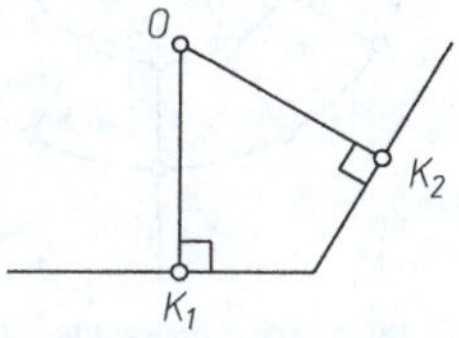	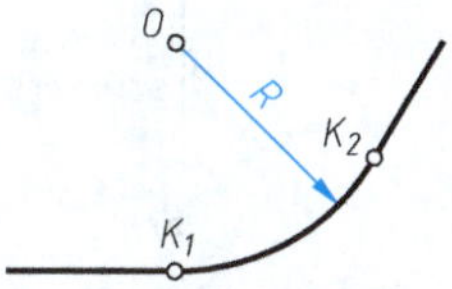
连接一直线和一圆弧	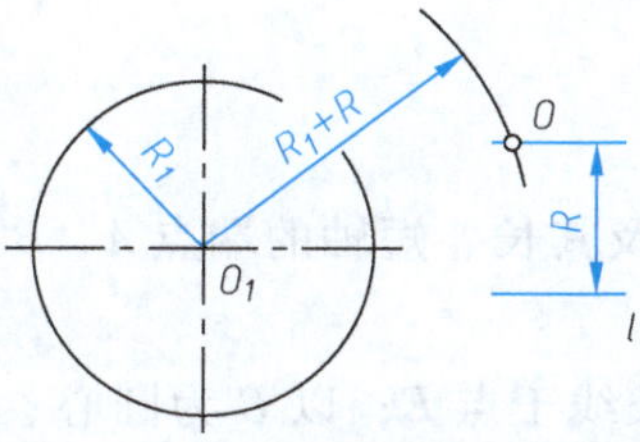	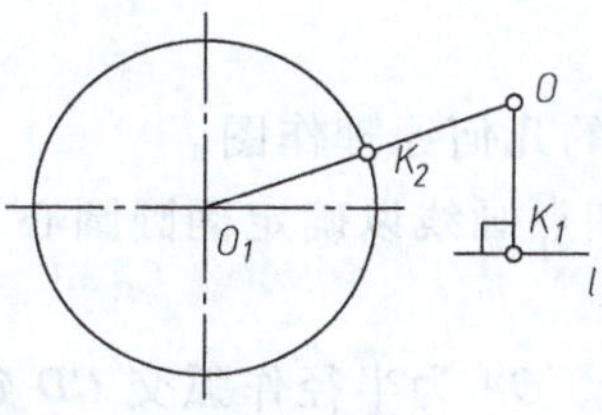	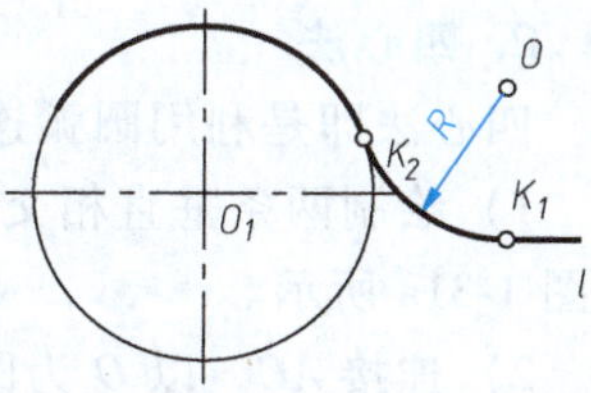
外接两圆弧	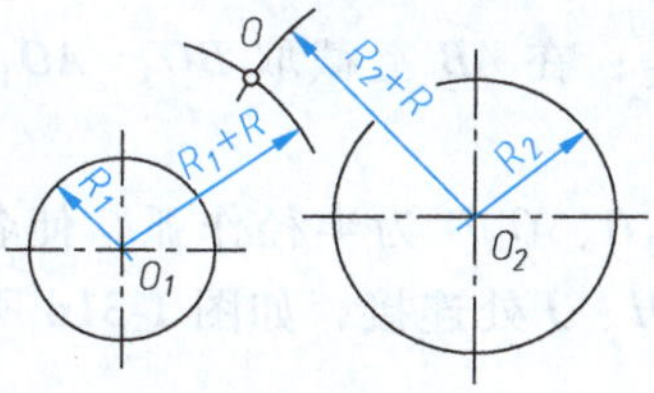	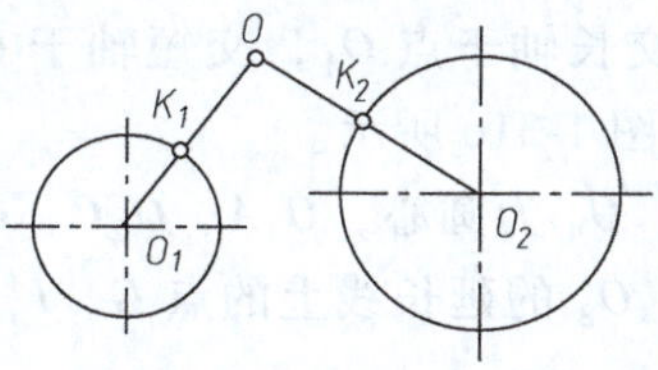	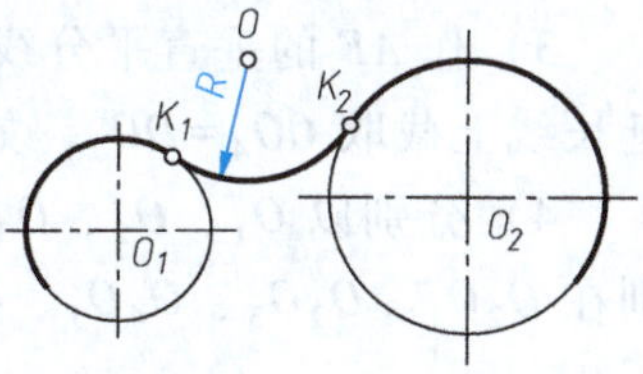
内接两圆弧	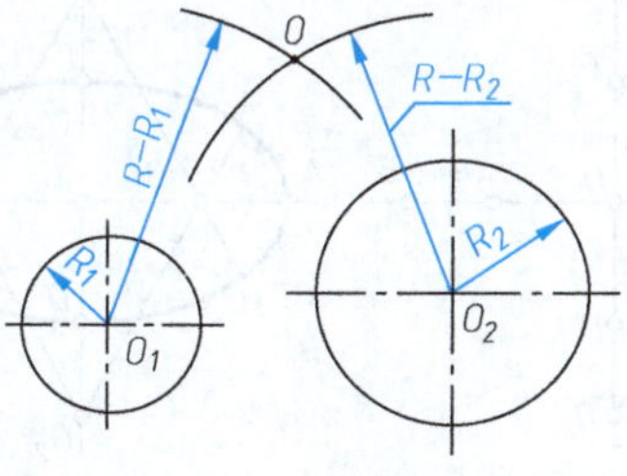	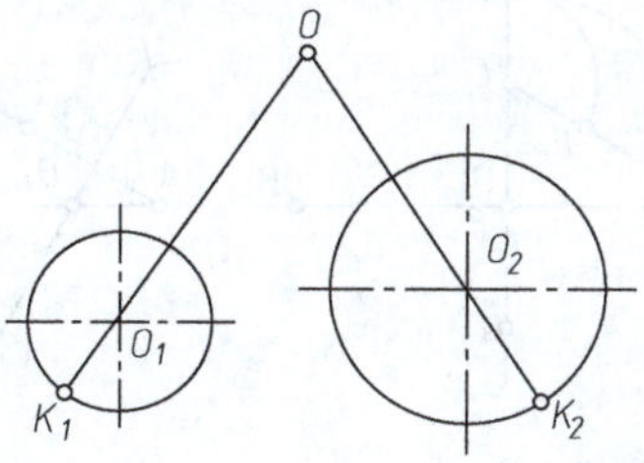	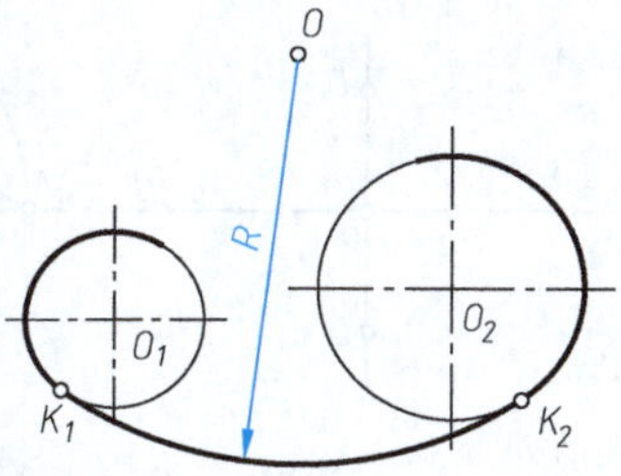

1.3.5　椭圆的作图方法

椭圆是非圆曲线，自椭圆上任一点到两定点（焦点）的距离之和为一常数，即恒等于椭圆的长轴。它的几何作图方法有多种，常用的有同心圆法和四心法。

1. 同心圆法

1）绘制两条垂直相交的细点画线，交点即为椭圆圆心 O；根据已知长、短轴的尺寸确定点 A、B、C、D，使 AB 为长轴，CD 为短轴，如图 1-30a 所示。

2）分别以 AB 和 CD 为直径作圆，并等分两圆周为若干份（如十二份），如图 1-30b 所示。

3）从大圆各等分点作竖直线与过小圆各对应等分点所作水平线相交，得椭圆上各点，用曲线板连接各点即可，如图 1-30c 所示。

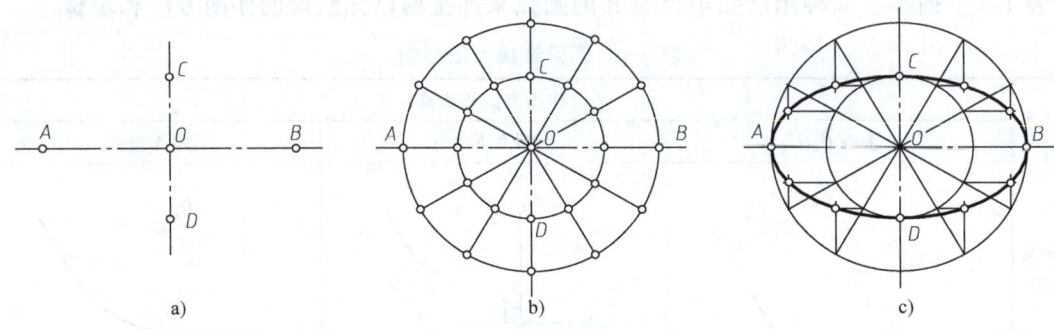

图 1-30　同心圆法作椭圆

2. 四心法

四心法即是利用圆弧连接的几何原理作图。

1）绘制两条垂直相交的细点画线以确定椭圆圆心 O 及其长、短轴的端点 A、B、C、D，如图 1-31a 所示。

2）连接 AC，以 O 为圆心、OA 为半径作弧交 CD 延长线于点 E；以 C 为圆心、CE 为半径作弧交 AC 于点 F，如图 1-31b 所示。

3）作 AF 的垂直平分线交长轴于点 O_1，交短轴于 O_2；在 AB 上截取 $BO_3=AO_1$，在 CD 延长线上截取 $CO_4=DO_2$，如图 1-31c 所示。

4）分别以 O_1、O_2、O_3、O_4 为圆心，O_1A、O_2C、O_3B、O_4D 为半径作弧，使各圆弧分别在 O_2O_1、O_2O_3、O_4O_1、O_4O_3 的延长线上的点 G、I、H、J 处连接，如图 1-31d 所示。

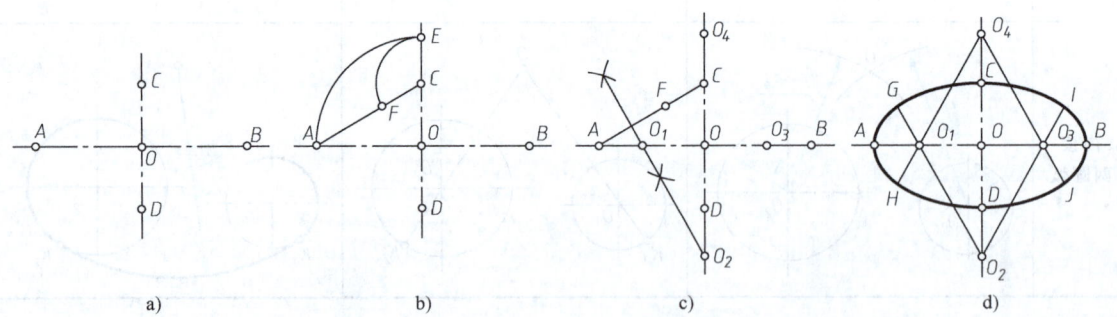

图 1-31　四心法作椭圆

1.3.6　平面图形的作图方法

一个平面图形能否正确绘制出来，要看图中所给的尺寸是否齐全和正确。如图 1-32 所示，平面图形一般是由一些线段连接而成的一个或多个封闭线框所构成。画图时，要根据图中的尺寸和线段之间的关系确定画图步骤。标注尺寸时，需根据线段间的关系，分析需要标注哪些尺寸。标注尺寸时不能有多余、缺漏或自相矛盾的现象。

1. 平面图形的尺寸分析

对平面图形进行尺寸分析，检查尺寸的完整性，确定各线段的作图顺序。尺寸按其作用，可分为定形尺寸和定位尺寸两类。

（1）定形尺寸　确定图形中各部分形状和大小的尺寸称为定形尺寸，如直线段的长度，圆或圆弧的直径或半径，角度大小等。图 1-32 中的尺寸 $\phi30$、$\phi15$、$R60$、$R35$、$R5$、$R20$、10、32、44 均为定形尺寸。

（2）定位尺寸　确定图形中线段或线框间相对位置的尺寸称为定位尺寸。图 1-32 中确定圆弧位置的尺寸 23、70、35 和确定线框水平位置的尺寸 6 都是定位尺寸。

（3）基准　确定线段位置的点或线称为尺寸基准。一个平面图形至少要有两个方向上的主要尺寸基准。图 1-32 中标注了 x、y 方向的主要尺寸基准。通常以对称图形的对称中心线、较大圆的中心线以及较长的直线等作主要尺寸基准。

在平面图形中，除 x、y 方向的两个主要尺寸基准外，一般还会有一个或几个辅助基准。如图 1-32 所示，从 x 方向主要尺寸基准标注定位尺寸 70，确定了尺寸为 $\phi30$ 及 $\phi15$ 两个圆的位置，其圆心是 x 方向的辅助基准，标注定位尺寸 35，以确定尺寸为 $R5$ 圆圆心的位置。

2. 平面图形的线段分析

图 1-32 中有三个封闭线框，其中右边的矩形作图较容易，而其余两个都是由圆弧连接构成的线框，如何按顺序，准确、光滑作图，则

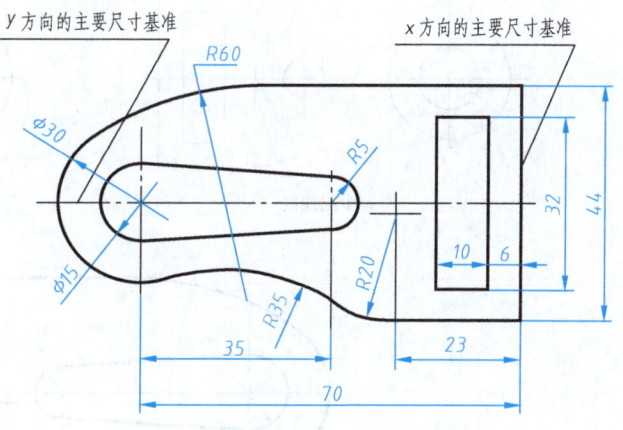

图 1-32　平面图形的线段分析

需要根据尺寸标注确定图形中各线段的性质。平面图形中的线段按其尺寸是否齐全，通常可分为三类。

（1）已知线段　有齐全的定形尺寸和定位尺寸，能根据已知尺寸直接画出的线段。对于圆弧（或圆），必须知道圆心以及半径（或直径）尺寸；对于直线，要知道直线上两点，或知道直线上一点并且知其方向。所以，在图 1-32 中的圆弧尺寸 $\phi30$、$\phi15$、$R5$，长度尺寸 44、32、10、23 等，都为已知线段。

（2）中间线段　只有定形尺寸和一个定位尺寸，另一个定位尺寸必须根据该线段与相邻已知线段的几何关系确定后，才能画出的线段。对于圆弧（或圆），只知道圆心的 x 或 y 某个方向的定位尺寸以及半径（或直径）；对于直线，已知直线上一点的位置或直线的方向且与定圆（圆弧）相切。所以，图 1-32 中尺寸为 $R20$ 的圆弧为中间线段。

（3）连接线段　只有定形尺寸，没有定位尺寸，其定位尺寸必须根据该线段与两端相邻已知线段的几何关系确定后，才能画出的线段。对于圆弧（或圆），不给圆心的定位尺寸，仅知道半径（或直径）；对于直线，只知道两端与定圆（圆弧）相切。所以，图 1-32 中的尺寸为 $R60$、$R35$ 圆弧，尺寸为 $\phi15$ 与 $R5$ 圆弧之间的直线段，皆为连接线段。

分析上述三类线段的含义，结合图 1-32 中图线的连接情况，不难得出线段光滑连接的一般规律：在两条已知线段之间可以有多个中间线段，但必须有且只能有一条连接线段。

3. 平面图形的画图步骤

通过对平面图形的尺寸与线段分析可知，在绘制平面图形时，首先应画已知线段，其次画中间线段，最后画连接线段，如图 1-33 所示。

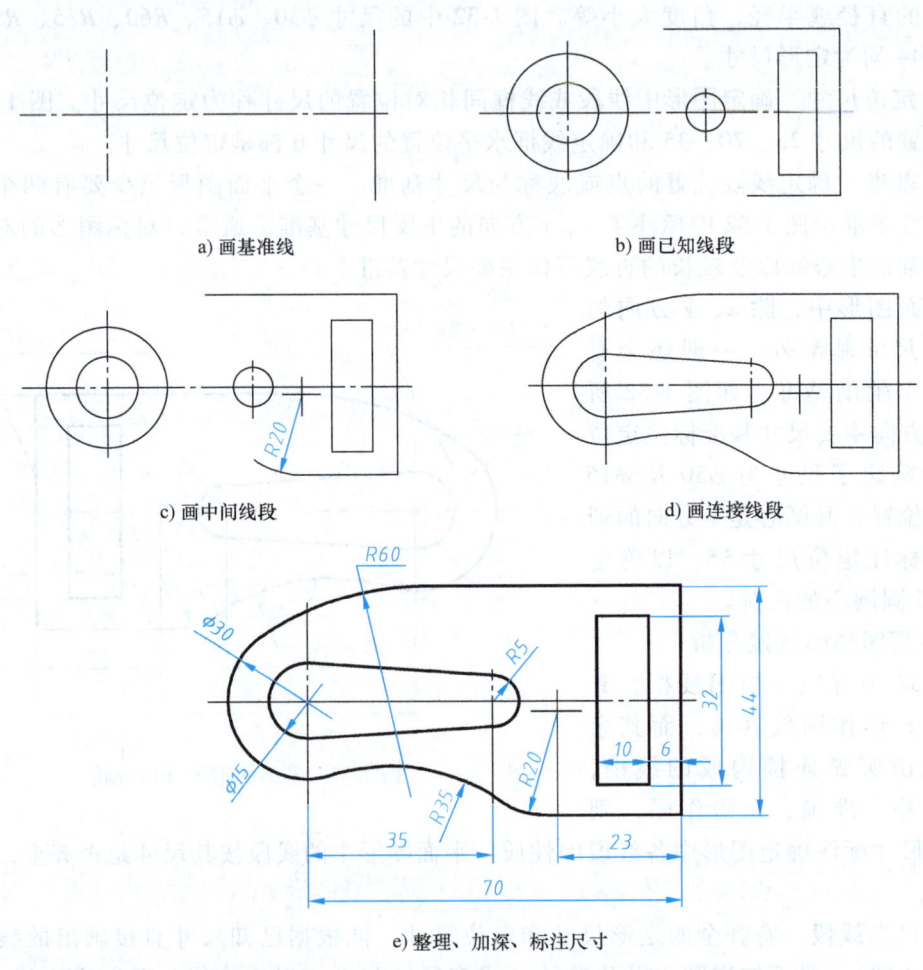

图 1-33 平面图形的画图示例

4. 平面图形的尺寸标注

标注平面图形的尺寸时，也必须根据上述线段光滑连接的一般规律进行。标注的尺寸应做到符合相关的国家标准规定，不多不少（即完整），排列整齐，标注清晰。标注时，应先分析图形各部分的构成，确定基准；然后按先定形尺寸后定位尺寸的顺序标注所有尺寸，最后检查整理。

1.4 徒手绘图

徒手绘图也称为绘草图，用铅笔而不用或部分使用其他绘图工具，通过目测估计比例，徒手绘制图样。在机器测绘、讨论设计方案、参观记录时，受现场条件和时间限制，经常需要绘草图，所以工程技术人员必须具备徒手绘图的能力。

绘草图不是潦草画图，应基本做到：图线清晰，图形正确，线型分明，比例匀称，字体工整，尺寸无误，图面整洁。

要画好草图，必须掌握徒手绘制各种图线的基本方法。

1. 握笔

手握笔的位置要比用仪器绘图时稍高些，以利于运笔和观察目标。笔杆与纸成45°~60°，执笔要稳而有力。

2. 画直线

画直线时，手腕轻轻靠着纸面，沿画线方向移动，眼睛看着图线的终点，用力均匀，一次画成；画垂直线时自上向下运笔，画水平线时自左向右运笔，如图1-34所示。为了作图方便，图纸可任意转动和移动。用方格纸画直线时，要充分利用方格线和其对角线方向。

画直线的要领：笔杆略向画线方向倾斜，执笔的手腕或小指轻靠纸面，眼睛略看直线终点以控制画线方向。画短线转动手腕即可，画长线可移动手臂画出，且肘部不宜接触纸面，否则不易画直。

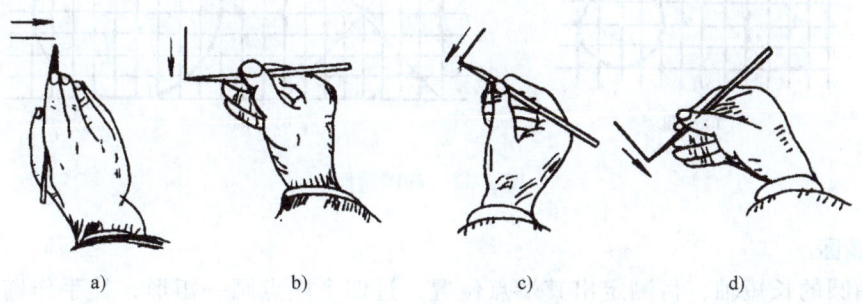

图 1-34 画直线

3. 等分线段

等分线段时，根据等分数的不同，应凭目测，先分成相等或成一定比例的两（或几）大段，然后，再逐步分成符合要求的多个相等小段。如八等分线段，先目测取得中点4，再取分点2、6，最后取其余分点1、3、5、7，如图1-35a所示。又如五等分线段，先目测将线段分成2∶3，得分点2，再得分点3，最后取得分点1和4，如图1-35b所示。

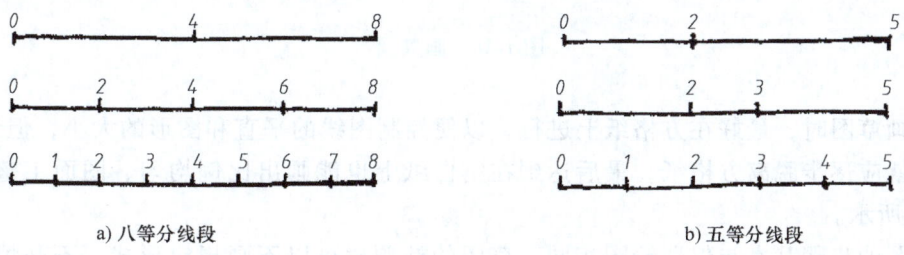

a) 八等分线段 　　　　　　　　　b) 五等分线段

图 1-35 等分线段

4. 画角度线

对 30°、45°、60°等常见角度，可根据两直角边的比例关系，定出两端点，然后连接两点即可。如画 10°、15°等角度线，可先画出 30°角后，再等分求得，如图 1-36 所示。

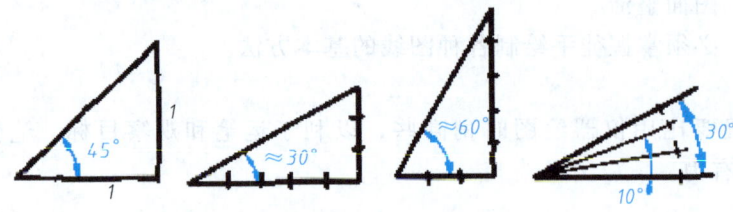

图 1-36　角度线

5. 画圆

画小圆时，可按半径先在中心线上截取四点，然后分四段逐步连接成圆，如图 1-37a 所示。画大圆时，可再增画两条对角线，在对角线上再取四点，分八段画出，如图 1-37b 所示。

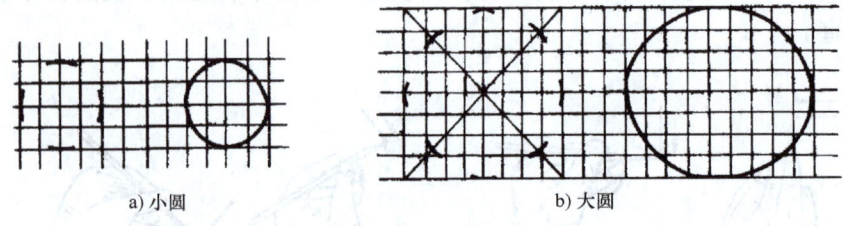

a) 小圆　　　　　　　　　　　　b) 大圆

图 1-37　草图画圆

6. 画椭圆

根据椭圆的长短轴，目测定出其端点位置，过四个端点画一矩形，徒手作椭圆与此矩形相切，如图 1-38 所示。

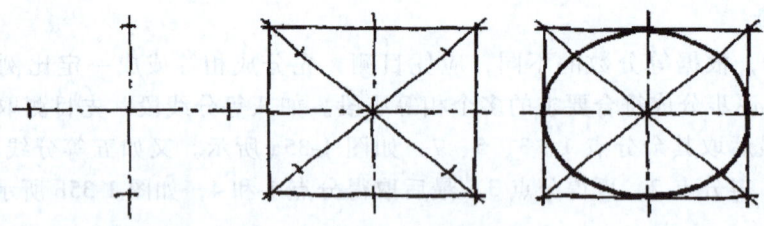

图 1-38　画椭圆

初学画草图时，最好在方格纸上进行，以便控制图线的平直和图形的大小，但经过一定的练习后就应逐步脱离方格纸，最后达到在空白纸上也能画出比例均匀、图面工整的草图，如图 1-39 所示。

画草图的步骤基本与仪器绘图相同。草图的标题栏可以不画规定形式，不必填写比例。绘图时不用固定图纸，但完成的草图图形必须基本上保持物体各部分的比例关系。

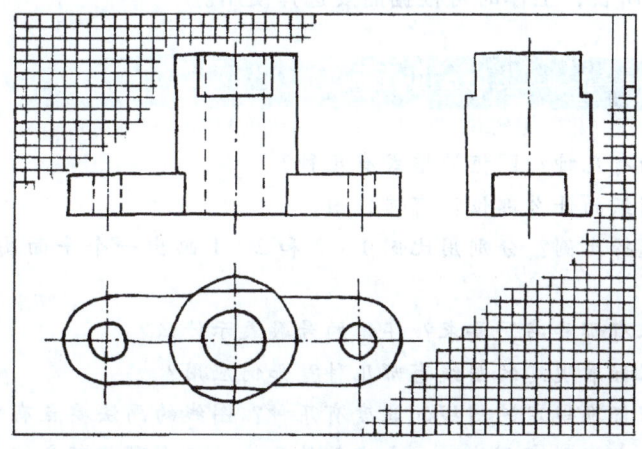

图 1-39 草图示例

1.5 计算机绘图

随着科学技术的发展，工业产品设计和加工的自动化程度越来越高，计算机辅助设计和辅助绘图已经成为工程设计和技术交流不可缺少的手段，掌握计算机绘图技术也已成为工程技术人员必备的基本技能。

目前，工程设计中应用的计算机辅助绘图主要是指利用二维绘图软件绘制工程图样，并将其显示于屏幕或输出打印到图纸上的技术。利用计算机绘图代替传统的仪器绘图，可大大减轻设计人员的劳动强度，缩短设计周期。国内常用的绘制二维工程图的软件有 AutoCAD、CAXA、中望 CAD 等。这些软件绘图思路大同小异，操作方法也比较接近，可根据实际工作需要，结合个人喜好等选择合适的软件进行学习。AutoCAD 是美国 Autodesk 公司开发的通用性绘图软件，被广泛应用于建筑、电子、机械、广告、装饰、服装等诸多平面及立体设计领域，目前它是占有率最高的 CAD 软件。国产 CAD 软件（如 CAXA 电子图板等）的主要特点是有符合国家标准要求的图库，且使用方便，如绘图时无须像在 AutoCAD 中那样先设置绘图环境，而是直接通过相关命令调用所需要的标准图纸进行绘图，大大提高了软件使用的实用性和方便性，正被越来越多的工程技术人员所接受。

二维绘图是传统二维设计的辅助手段，而近年来迅速发展的三维设计是建立在二维设计的基础上，使设计目标更立体化、更形象化的一种新兴设计方法。用三维模型表达产品设计理念，不仅更为直观、高效，而且基于包含质量、材料、结构等物理、工程特性的三维功能模型，可以实现真正的虚拟设计和优化设计。三维设计技术进入企业应用的速度非常惊人，从其诞生到实用化仅仅用了不到 20 年的时间。由于技术优势明显，世界多国制造企业都非常重视三维设计技术的应用。一些发达国家和地区，三维 CAD 技术不仅在航空、航天、汽车、船舶等高端制造业得到应用，而且在形形色色的民用消费品设计和制造中也得到了广泛应用。因此，工程语言从二维向三维转变、计算机辅助绘图向计算机辅助设计转变，数字化设计向虚拟设计、智能设计发展，是现代设计发展的必然趋势，三维技术的普及势在必行。目前工程设计中应用比较多的三维设计软件有 Pro-e，UG，CATIA，Solidworks 和 Solidedge

等。这几款软件各有所长，工作时可根据需要选择使用。

思考题

1. 图纸基本幅面有几种？图框的格式有几种？
2. 标题栏位于图纸的什么部位？有何作用？
3. 绘图时如何选择比例？分别用比例1∶2和2∶1画出一个平面图形，画出的图形哪个大？为什么？
4. 图样中的字体有哪些书写要求？字体的号数表示什么？
5. 机械制图国家标准规定的图线有哪几种？如何应用？
6. 机械制图国家标准规定的图线的宽度有几种？图线的画法要点有哪些？
7. 尺寸标注的基本规则有哪些？一个完整的尺寸一般由哪几部分组成？
8. ∠1∶5和⊿1∶5各表示什么？标注时应注意什么？
9. 常见的圆弧连接方式有哪些？圆弧连接作图的关键是什么？连接点应在什么地方？
10. 什么是定形尺寸和定位尺寸？如何确定尺寸基准？
11. 如何确定已知线段、中间线段和连接线段？
12. 平面图形的作图顺序是什么？
13. 简述仪器绘图的一般步骤。
14. 什么是草图？一般在什么情况下使用？
15. 什么是计算机绘图？常用绘图软件有哪些？

思政拓展

中国创造：笔头创新之路

第 2 章

投影基本知识

内容提要： 投影法是绘制工程图样的基本方法，其中多面正投影图是表达形体最主要的形式。本章主要介绍正投影法的基本知识以及轴测投影的作图方法，为后续内容的学习奠定基础。

本章重点： 三面正投影的形成及投影规律；正等轴测图和斜二等轴测图的画法。

2.1 投影的概念及其分类

2.1.1 投影法的概念

当灯光或日光照射物体时，在地面上或墙壁上就出现了物体的影子，这就是日常生活中经常遇到的投影现象。人们根据这种现象，经过科学抽象，逐步总结归纳，创造了投影法。

在图 2-1a 中，把光源抽象为一点 S，称为投射中心。点 S 与物体上任一点之间的连线（如 SA、SB 等），称为投射线。平面 H 称为投影面。延长 SA、SB、SC 与投影面 H 相交，其交点 a、b、c 称为点 A、B、C 在 H 面上的投影。$\triangle abc$ 就是 $\triangle ABC$ 在 H 面上的投影。这种用投射线投射物体，在选定投影面上得到物体投影的方法，称为投影法。

投影必须具备三个条件：投射线、投影面、物体。当投影条件一经确定，被表达物体在投影面上所产生的投影就是唯一的。

2.1.2 投影法的分类

根据投射线是否平行，投影法分为中心投影法和平行投影法两类。

1. 中心投影法

投射中心 S 在有限的距离内，发出放射状的投射线，通过这些投射线形成的投影，称为中心投影。这种投影法称为中心投影法，如图 2-1a 所示。在中心投影法的条件下，物体投影的大小是随投射中心 S 距离物体的远近和物体离投影面 H 的远近而变化的，因此中心投影不能反映原物体的真实形状和大小。

中心投影法主要用于绘制透视投影图（图 2-5）。

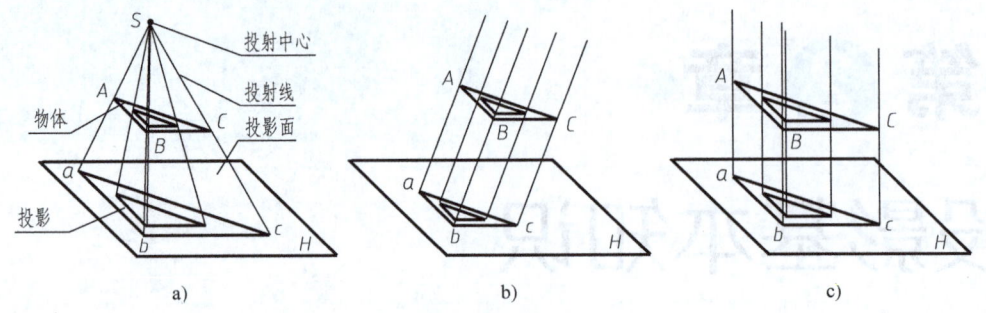

图 2-1 投影法

2. 平行投影法

如果将投射中心 S 移至无穷远处，则所有的投射线都可视为相互平行的，这种投射线相互平行的投影法称为平行投影法，如图 2-1b、c 所示。用平行投影法得到的投影，称为平行投影。

根据投射线与投影面所成角度不同，平行投影法又分为斜投影法与正投影法两种。

斜投影法——投射线与投影面倾斜的平行投影法（图 2-1b）。

正投影法——投射线与投影面垂直的平行投影法（图 2-1c）。

在平行投影中，物体投影的大小与物体离投影面的远近无关。投影法的分类，如图 2-2 所示。

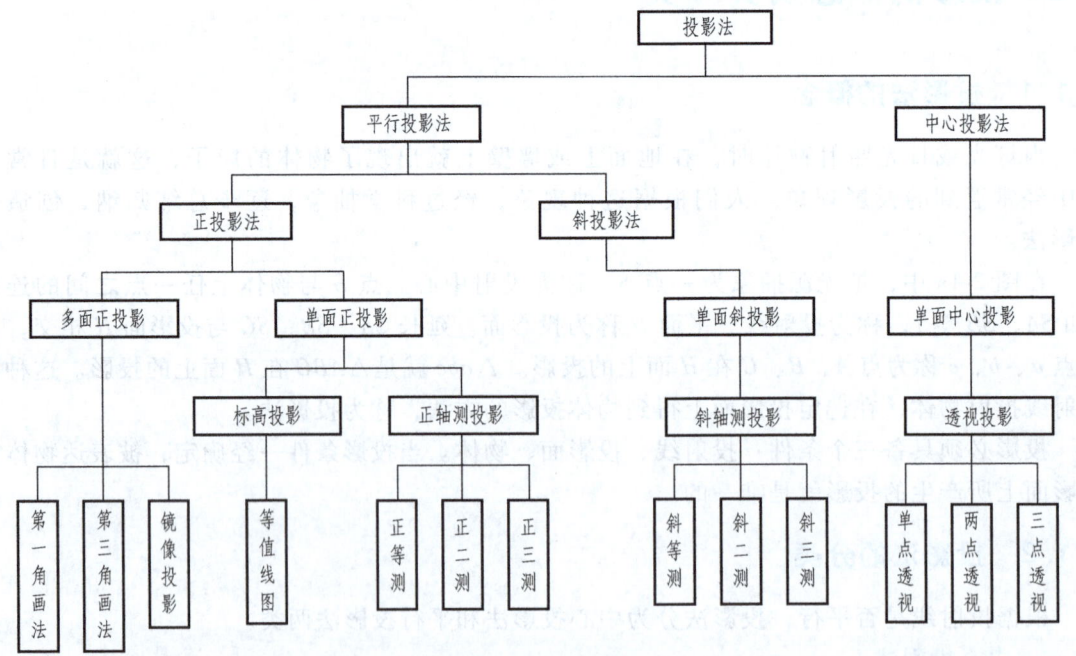

图 2-2 投影法的分类

2.2 工程中常用的投影图

由于表达目的和对象不同，常用不同的投影方法绘制不同的投影图。应用最广泛的投影图是多面正投影图,另外,透视投影、轴测投影和标高投影等单面投影图也在一些领域中得到应用,下面分别介绍其图示方法。

2.2.1 多面正投影图

使用正投影法,把物体分别投射到两个或两个以上相互垂直的投影面上,然后把几个投影面展平到一个平面上,用这种方法所得到的一组图形,称为多面正投影图。在工程中,多面正投影图是表达物体最主要的形式,通常又被称为多面视图。图 2-3 所示为压板的立体图和三面正投影图。多面正投影图由于便于度量且作图简便,所以在工程中得到广泛应用,但其缺乏立体感,需要掌握投影的基本理论,经过必要的训练才能够实现"体"和"图"之间的转换。三面正投影图的形成及投影规律见 2.3 节。

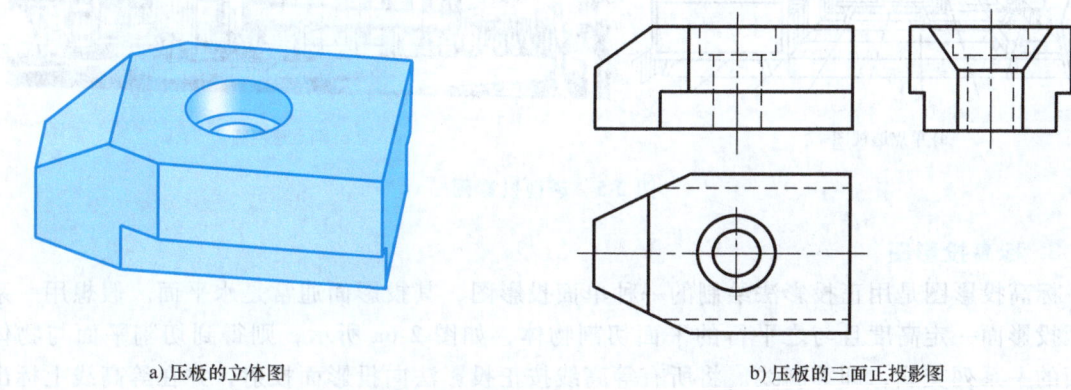

a) 压板的立体图　　　　　　　　b) 压板的三面正投影图

图 2-3　压板的立体图和三面正投影图

2.2.2 单面投影图

1. 轴测投影图

将物体连同确定其空间位置的参考直角坐标系,沿不平行于任一坐标平面的方向,用平行投影法将其投射在单一投影面上所得到的具有立体感的图形,称为轴测投影又称为轴测图。按照投射方向和投影面的位置不同,轴测图可分为正轴测图(图 2-4a)和斜轴测图(图 2-4b)。轴测图能够同时反映空间物体长、宽、高三个方向的结构特征,立体感较强,但度量性稍差,作图麻烦,通常应用于产品设计过程中的构思与交流以及作为生产过程中的辅助工程图样,其原理及具体绘图方法见 2.4 节。

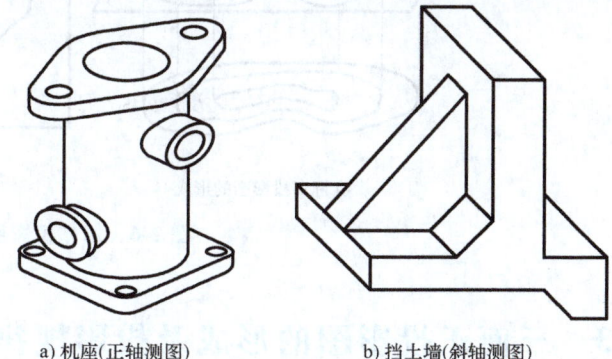

a) 机座(正轴测图)　　　b) 挡土墙(斜轴测图)

图 2-4　轴测图

2. 透视投影图

采用中心投影法,以人眼为投射中心,将空间几何元素投射在单一投影面上,得到的投影图称为透视投影又称透视图。根据视点数量以及投影面与物体之间的相对位置关系不同,透视图可分为单点透视图、两点透视图和三点透视图三种。透视图符合人眼观察物体的习惯，立体效果逼真，但作图较为烦琐，通常用于建筑设计、室内设计、工业设计等工程领域绘制相关效果图，如图2-5所示。

a) 单点透视图　　　　　　　　　　　　　　b) 两点透视图

图 2-5　透视投影图

3. 标高投影图

标高投影图是用正投影法绘制的一种单面投影图，其投影面通常是水平面。假想用一系列距投影面一定高度且与之平行的平面切割物体，如图2-6a所示，则得到切割平面与物体表面的一系列交线，即等高线。将所有等高线按正投影法向投影面投射，并在等高线上标出其高度数值，得到标高投影图，如图2-6b所示。标高投影图主要用于描述一些不规则曲线、曲面或绘制比较复杂的地形图。

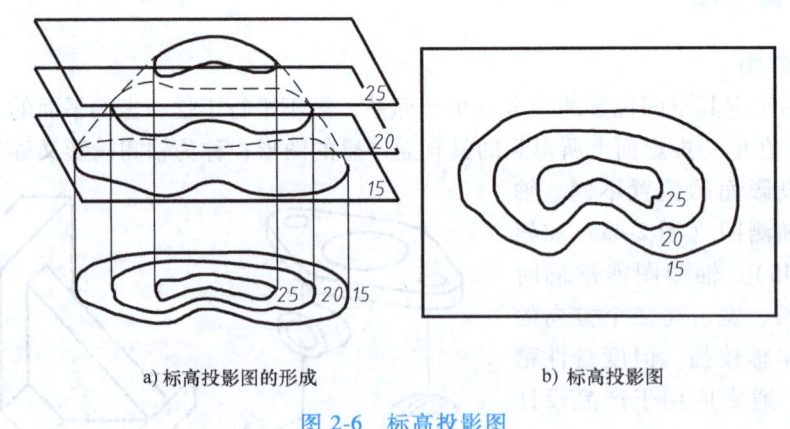

a) 标高投影图的形成　　　　　　　　b) 标高投影图

图 2-6　标高投影图

2.3　三面正投影图的形成及投影规律

2.3.1　正投影法的基本性质

工程中最常使用的投影法是平行投影法中的正投影法。正投影法具有如下基本性质。

1. 实形性

平行于投影面的任意直线或平面，其投影分别反映直线的实长或平面的实形。如图 2-7a 所示，由于空间 $AB/\!/H$，$\triangle CDE/\!/H$，则有 $ab=AB$，$\triangle cde \cong \triangle CDE$。

2. 积聚性

垂直于投影面的任意直线或平面（柱面），其投影分别积聚为点或直线（圆弧）。如图 2-7b 所示，由于垂直于 H 面，因此直线 AB 的投影积聚为点 $a(b)$，平面 CDE 的投影积聚为直线 cde，柱面 R 的投影积聚为圆弧 r。

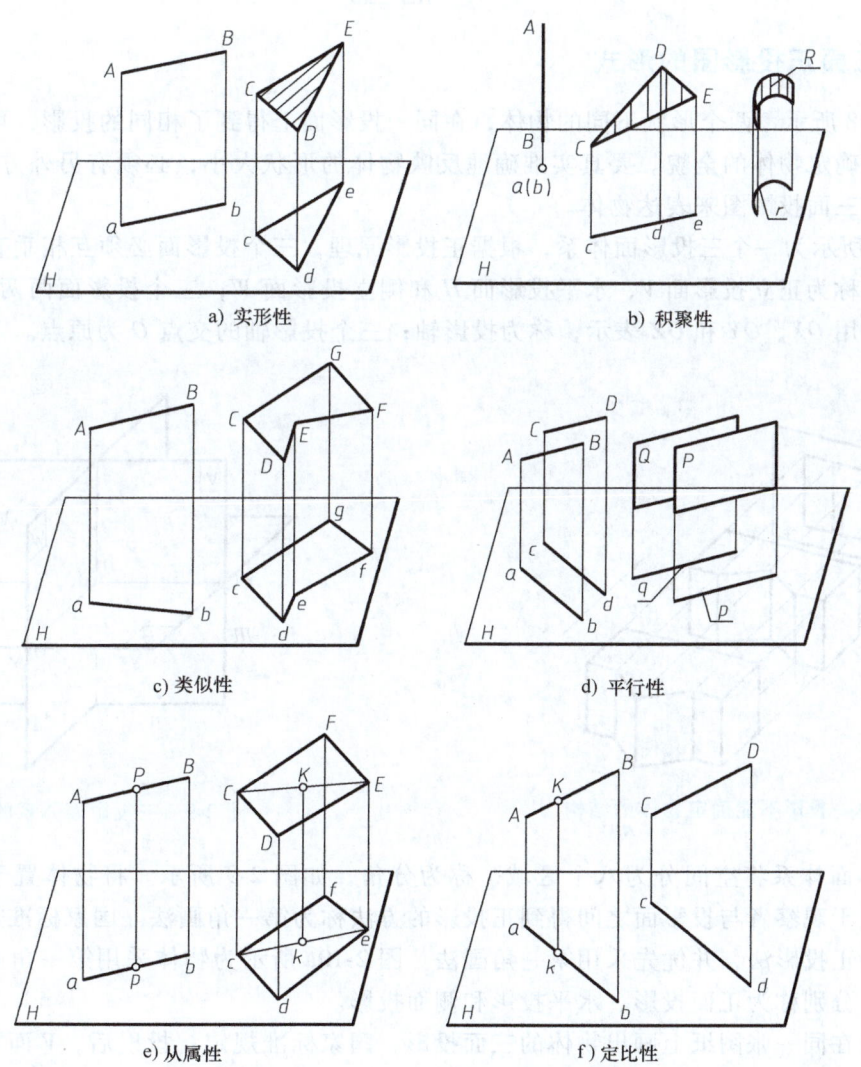

图 2-7 正投影法的基本性质

3. 类似性

当直线倾斜于投影面时，直线的投影仍为直线；当平面倾斜于投影面时，平面的投影为该平面图形的类似形，如图 2-7c 所示。类似形与原平面图形保持基本特性不变，即边数相等，凸凹状态相同，平行关系、曲直关系保持不变。

4. 平行性

空间相互平行的直线，其投影一定平行；空间相互平行且垂直于同一投影面的平面，其积聚性投影相互平行，如图 2-7d 所示。

5. 从属性和定比性

直线或曲线上点的投影必在该直线或曲线的投影上，平面或曲面上的点、线的投影必在该平面或曲面的投影上，如图 2-7e 所示；点分线段之比，投影后保持不变；空间两平行线段长度的比，投影后保持不变，如图 2-7f 所示 $\dfrac{AK}{KB} = \dfrac{ak}{kb}$，$\dfrac{AB}{CD} = \dfrac{ab}{cd}$。

2.3.2 三面正投影图的形式

如图 2-8 所示，两个形状不同的物体，在同一投影面上得到了相同的投影，可见一个投影不能唯一确定物体的全貌。要真实准确地反映物体的形状大小，必须有另外方向的投影。工程中常用三面投影图来表达物体。

图 2-9 所示为一个三投影面体系，根据正投影原理，三个投影面必须互相垂直。三个投影面分别被称为正立投影面 V、水平投影面 H 和侧立投影面 W；三个投影面两两垂直相交，其交线分别用 OX、OY 和 OZ 表示，称为投影轴；三个投影轴的交点 O 为原点。

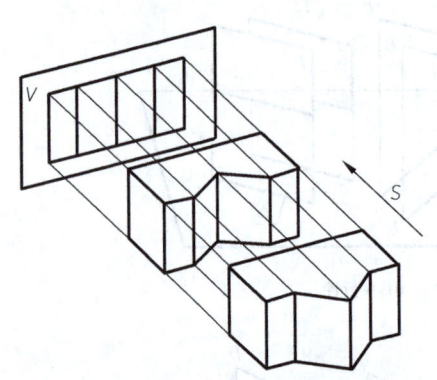

图 2-8 单一投影不能确定物体的结构

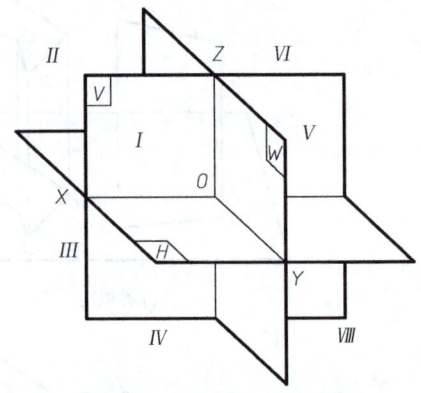

图 2-9 三投影面体系的建立

三投影面体系将空间分为八个区域，称为分角，如图 2-9 所示。将物体置于第 I 分角内，使其处于观察者与投影面之间得到正投影的方法称为第一角画法。国家标准规定，工程图样应采用正投影法，并优先采用第一角画法。图 2-10a 所示为物体采用第一角画法得到的三面投影，分别称为正面投影、水平投影和侧面投影。

为了能在同一张图纸上画出物体的三面投影，国家标准规定：投射后，V 面不动，H 面绕 OX 轴向下旋转 90°与 V 面重合，W 面绕 OZ 轴向右旋转 90°与 V 面重合，如图 2-10b 所示。这时 OY 轴分为两条，一条随 H 面转到与 OZ 轴在同一铅直线上，标注为 OY_H；另一条随 W 面转到与 OX 轴在同一水平线上，标注为 OY_W，以示区别。投影面展开后，以正面投影为基准，水平投影配置在正面投影的下方，侧面投影配置在正面投影的右方，如图 2-11a 所示。为了作图简便，投影图中不必画出投影面的边框，也可以不画投影轴，如图 2-11b 所示。

第2章 投影基本知识

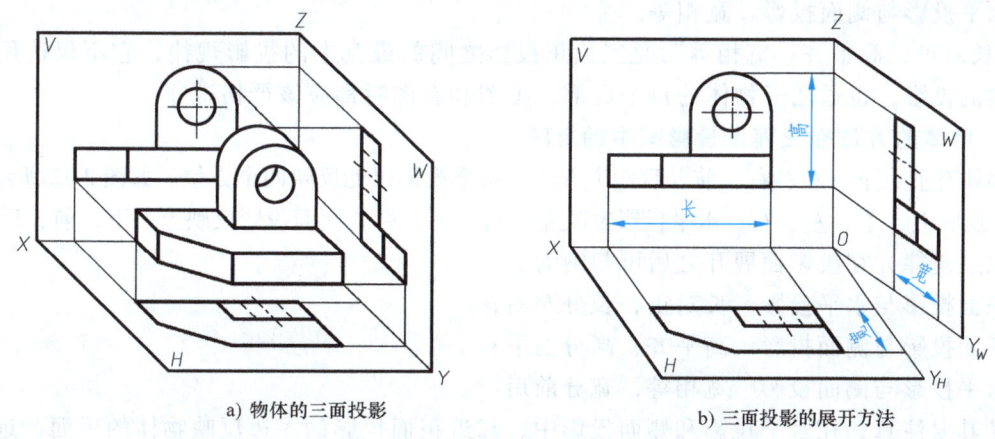

a) 物体的三面投影 b) 三面投影的展开方法

图 2-10 三面正投影图的定义

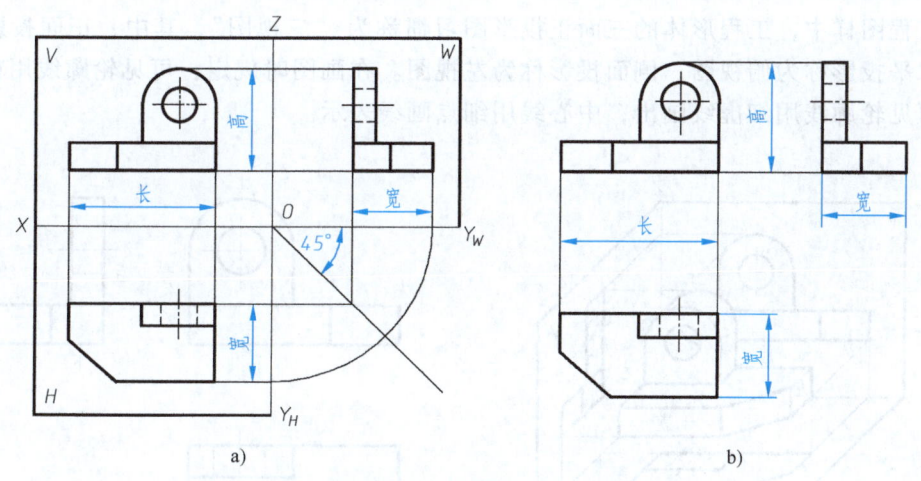

a) b)

图 2-11 三面正投影的形成及规律

2.3.3 三面正投影图的投影规律

1. 三面正投影之间的投影关系

在三投影面体系中，通常使 OX、OY、OZ 轴分别平行于物体的三个向度（长、宽、高）。物体的长度就是物体上最左和最右两点之间平行于 OX 轴方向的距离；物体的宽度就是物体上最前和最后两点之间平行于 OY 轴方向的距离；物体的高度就是物体上最高和最低两点之间平行于 OZ 轴方向的距离。

物体的三面正投影，反映出物体长、宽、高三个方向的尺寸大小，如图 2-11 所示。正面投影反映物体的长度和高度，水平投影反映物体的长度和宽度，侧面投影反映物体的宽度和高度。也就是，正面投影和水平投影都反映了物体的长度，水平投影和侧面投影都反映了物体的宽度，正面投影和侧面投影都反映了物体的高度。以上规律，在投影面展开之后可归纳为：

正面投影与水平投影　长对正；

正面投影与侧面投影　高平齐；

水平投影与侧面投影　宽相等。

"长对正，高平齐，宽相等"是三面正投影之间的最基本的投影规律，它不仅适用于整个物体的投影，也适用于物体的每个局部，画图和看图时都应该严格遵守。

2. 物体的方位在三面正投影图中的反映

物体有上、下、左、右、前、后六个方位，每个投影仅能反映四个方位。如图 2-12 所示，正面投影反映上、下、左、右，水平投影反映左、右、前、后，侧面投影反映上、下、前、后。

以上规律，在投影面展开之后可归纳为：

正面投影与水平投影　长对正，长分左右；

正面投影与侧面投影　高平齐，高分上下；

水平投影与侧面投影　宽相等，宽分前后。

尤其要注意，在水平投影和侧面投影中，靠近正面投影的一边反映物体的后面，远离正面投影的一边反映物体的前面。在根据"宽相等"作图时，不但要注意量取尺寸的起点，而且要注意量取尺寸的方向。

在工程图样中，工程形体的三面正投影图习惯称为"三视图"，其中，正面投影称为主视图，水平投影称为俯视图，侧面投影称为左视图。在画图时规定：可见轮廓线用粗实线画出，不可见轮廓线用细虚线画出，中心线用细点画线表示。

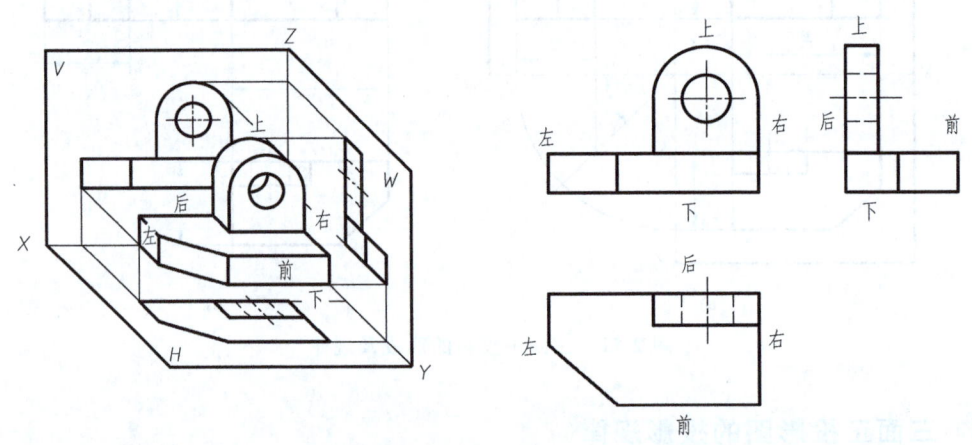

图 2-12　物体的方位在三面正投影图中的反映

2.4　轴测投影图的形成及画法

利用上述正投影法得到如图 2-13a 所示的三视图，能够准确表达物体特征，度量性好，绘图方便，所以在工程上得以广泛应用。但是正投影图中每一个投影只能反映物体长、宽、高中的两个，立体感较差，绘图和读图都需要具有一定的投影基础和一定的空间思维能力。而如图 2-13b 所示的轴测投影图则能够比较直观表现立体的特征。但轴测投影图一般不能反映物体各表面的实形，如零件上原来的长方形平面，在轴测投影图中变成了平行四边形，圆变成了椭圆，因而度量性差，同时作图较复杂。因此，在工程上常把轴测投影图作为生产的辅助图样，可以辅助读图，也可以用来表示机器的结构、安装、使用等情况。在设计过程中，则可用轴测投影图帮助构思、想象物体的形状，以弥补正投影图的不足。

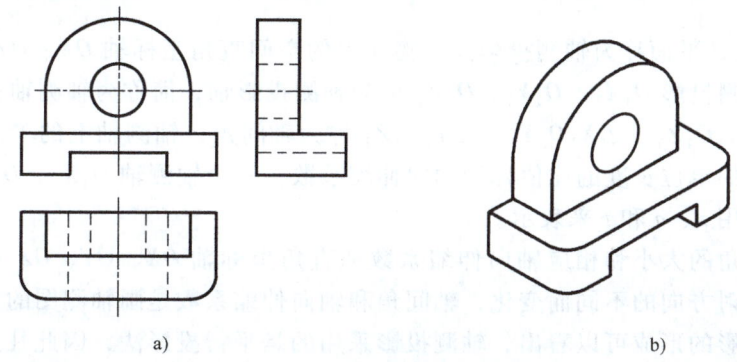

a)　　　　　　　　　　　　　　　b)

图 2-13　正投影图和轴测投影图

2.4.1　轴测投影图的形成

在图 2-14a 中，使物体的主要表面平行或垂直于投影面，按与投影面 P 垂直的方向 S_0 投射，则在投影面 P 上得到它的正投影图。由于投射线均平行于物体的侧面和顶面，因而这些面在投影面 P 上具有积聚性，即所得的视图不能反映顶面和侧面的形状，只能反映长和高，立体感不强。如果根据平行投影法，选取适当的投射方向，将物体连同确定它空间位置的直角坐标轴一起，沿着不垂直于这三条坐标轴组成的任一坐标面的方向，投射到单一投影面上，则所得的投影能反映物体的长、宽、高，这样的投影称为轴测投影，该单一投影面称为轴测投影面。用轴测投影的方法绘制的图形，称为轴测投影图，简称为轴测图。根据投射方向与轴测投影面是否垂直，可将轴测图分为两类。

（1）斜轴测图　如图 2-14a 所示，投射方向 S_1 与轴测投影面 P 倾斜，即采用平行投影法中的斜投影法对物体进行投射，为了便于作图，通常取轴测投影面 P 平行于 XOZ 坐标面，这样所得到的投影图为斜轴测图。

（2）正轴测图　如图 2-14b 所示，投射方向 S_1 与轴测投影面 P 垂直，即采用正投影法，

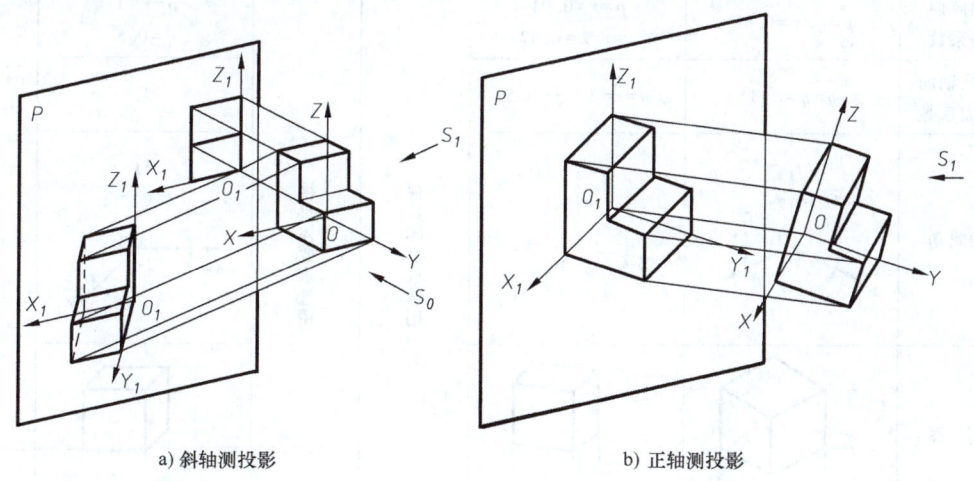

a) 斜轴测投影　　　　　　　　　　　b) 正轴测投影

图 2-14　轴测投影的形成

将物体倾斜，使物体上三个坐标面均和轴测投影面 P 斜交，这样所得到的投影图为正轴测图。

图 2-14 中的 P 平面称为轴测投影面；物体中的空间直角坐标轴 OX、OY、OZ 在轴测投影面上对应的轴测投影 O_1X_1、O_1Y_1、O_1Z_1 称为轴测投影轴，简称为轴测轴；相邻两个轴测轴之间的夹角 $\angle X_1O_1Z_1$、$\angle X_1O_1Y_1$、$\angle Y_1O_1Z_1$ 称为轴间角；轴测轴上的单位长度与其对应的直角坐标轴上的单位长度的比值称为轴向伸缩系数。三个轴测轴 O_1X_1、O_1Y_1、O_1Z_1 的轴向伸缩系数分别用 p、q 和 r 来表示。

显然，轴间角的大小和相应轴向伸缩系数随直角坐标轴 OX、OY、OZ 对轴测投影面 P 倾斜的程度及投射方向的不同而变化，轴间角和轴向伸缩系数是画轴测图的重要依据。

通过轴测投影的形成可以看出，轴测投影采用的是平行投影法，因此凡是平行投影法所具有的性质，轴测投影都满足。这些性质包括实形性、积聚性、类似性、平行性、从属性和定比性。

这些特性是绘制轴测图的依据，同时也是绘制轴测图时必须遵循的规则。根据轴向伸缩系数的定义，再考虑到平行性和定比性，则平行于原坐标轴的线段长度乘以相应的轴向伸缩系数，就是该线段的轴测投影长度。也就是，凡是与坐标轴平行的线段，就可以在轴测图上沿轴测轴进行度量和作图，轴测投影由此而得名；与坐标轴不平行的线段其伸缩系数与之不同，不能直接度量与绘制，只能根据端点坐标，求出两端点后连线绘制，这就是绘制轴测投影的基本方法。

常用的轴测图，见表 2-1。为了获得立体感较强且作图又简便的轴测图，国家标准规定采用正等轴测图（简称正等测）、正二轴测图（简称正二测）、斜二轴测图（简称斜二测），其中正等轴测图和斜二轴测图在工程中更为常用。

表 2-1 常用的轴测图

名称		正轴测图			斜轴测图		
特性		投射线与轴测投影面垂直			投射线与轴测投影面倾斜		
轴测类型		等测投影	二测投影	三测投影	等测投影	二测投影	三测投影
简称		正等测	正二测	正三测	斜等测	斜二测	斜三测
应用举例	轴向伸缩系数	$p=q=r=0.82$	$p=r=0.94$ $q=p/2=0.47$	视具体要求选用	视具体要求选用	$p=r=1$ $q=0.5$	视具体要求选用
	简化轴向伸缩系数	$p=q=r=1$	$p=r=1$ $q=0.5$			无	
	轴间角	120°, 120°, 120°	97°, 131°, 132°			90°, 135°, 135°	
	例图						

2.4.2 正等轴测图的画法

1. 轴间角和轴向伸缩系数

正等轴测图的三个轴间角均为120°,三个轴向伸缩系数均为0.82,即 $p=q=r=0.82$。为了简化作图,国家标准规定,正等轴测图的轴向伸缩系数可以取为1,即 $p=q=r=1$,称为正等轴测图的简化轴向伸缩系数,如图2-15所示。采用简化轴向伸缩系数后,凡是平行于轴测轴的线段均可以直接按测量的尺寸绘制,不必再进行换算,从而大大地方便了图样的绘制。采用简化轴向伸缩系数绘制正等轴测图,画出来的图形是真实的正等轴测图的 $1/0.82 \approx 1.22$ 倍,但不影响立体感。图2-16a为一长方体的多面正投影图,其长、宽、高分别为 a、b、h。按照未简化及简化轴向伸缩系数绘制的正等轴测图,如图2-16b、c所示。两者相比,形状不变,仅大小变化了。

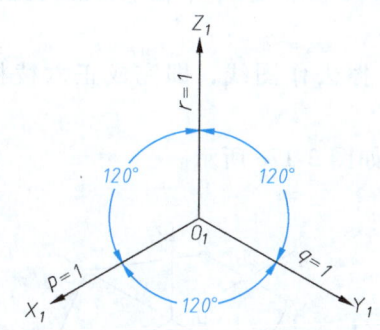

图 2-15 正等轴测图的轴向伸缩系数和轴间角

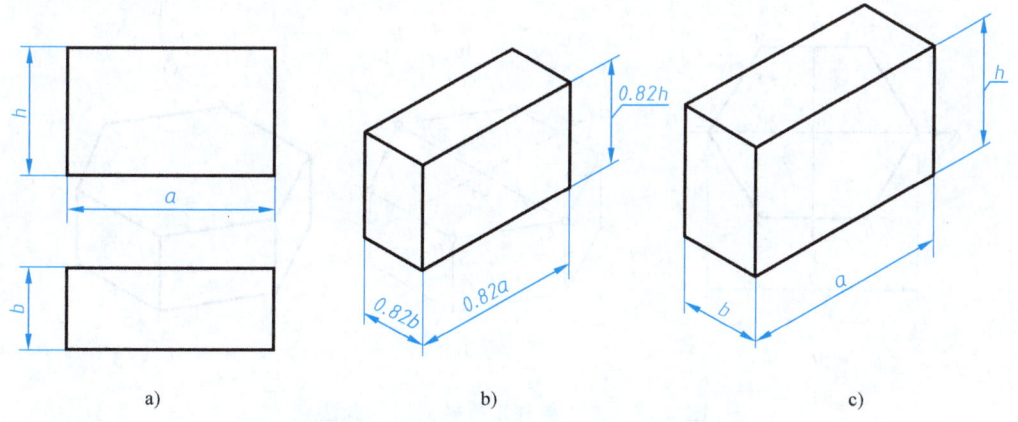

图 2-16 长方体的不同轴向伸缩系数的正等轴测图比较

2. 平面立体正等轴测图的画法

画平面立体正等轴测图的基本方法有坐标法、切割法和叠加法。坐标法就是根据立体表面上的每个顶点的坐标,画出它们的轴测投影,然后连接相应点,从而获得轴测图的方法;切割法是把平面立体看成是以一定的切割方式切割一个基本立体后形成的,可先画出基本立体的轴测图,然后按一定位置和切割方式切去多余部分;叠加法是把立体看成是多个基本立体的组合,先逐个画出每一部分的轴测图,再按邻接表面间的位置关系擦去多余的线条而得到轴测图的方法。这三种方法适用于各种轴测图。在实际应用中，绝大多数情况下是将以上三种方法综合在一起应用，可称为综合法。

【例 2-1】 已知正六棱柱的主、俯视图，如图 2-17a 所示，用坐标法绘制其正等轴测图。

分析： 如图 2-17a 所示，由正投影图可知，正六棱柱的顶面、底面均为水平的正六边形，在轴测图中顶面可见、底面不可见，宜从顶面画起，以减少作图工作量。

作图（坐标法）：

1）在视图上确定直角坐标系，坐标原点取为顶面的中心，如图 2-17a 所示。

2）画轴测轴；在 O_1X_1 轴上取 $O_1A_1 = a/2$ 和 $O_1D_1 = a/2$，得到 A_1、D_1 两点；在 O_1Y_1 轴上取对边宽度，得 M_1、N_1 两点；分别过 M_1、N_1 两点作 O_1X_1 轴的平行线，并截取 E_1F_1 和 B_1C_1 等于正六边形的边长，连接 A_1、B_1、C_1、D_1、E_1、F_1 各点，得到了正六棱柱顶面的轴测投影，如图 2-17b 所示。

3）分别过 A_1、B_1、C_1、F_1 向下作与 O_1Z_1 轴平行的可见侧棱线，使其长度等于棱柱高度 h，如图 2-17c 所示。

4）连接底面可见轮廓线，擦去作图线，即完成正六棱柱的正等轴测图，如图 2-17d 所示。

5）检查描深，完成作图，如图 2-17e 所示。

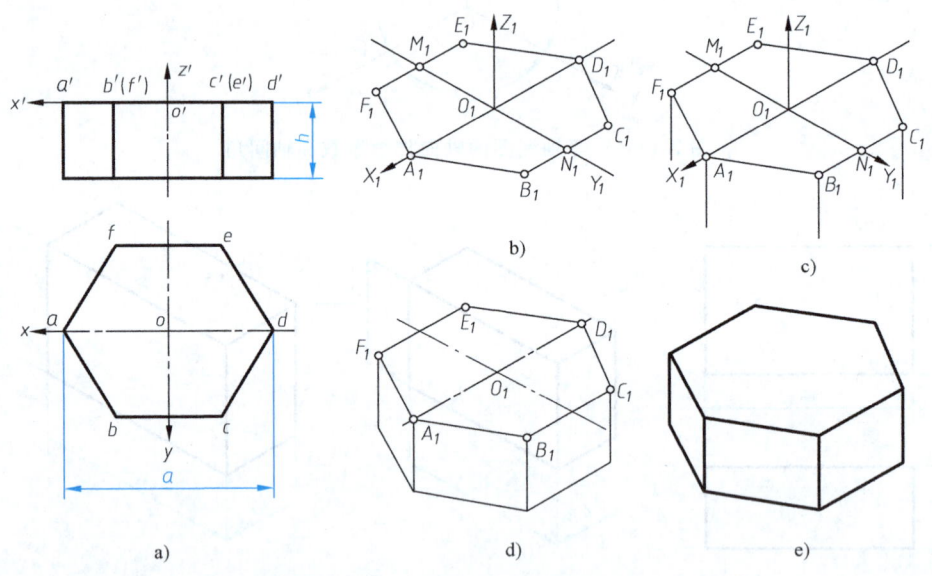

图 2-17　正六棱柱正等轴测图的画法

【例 2-2】 根据如图 2-18a 所示立体三视图，画出它的正等轴测图。

分析： 从三视图可知，该立体可看作是长方体分别切去左上角、上前角而形成，此类完全由切割形成的切割体可采用切割法来绘制其正等轴测图，即先用坐标法画出长方体的正等轴测图，然后用挖切方法逐步画出各个切口部分。

作图（切割法）：

1）在三视图中确定直角坐标系，选择坐标原点，如图 2-18a 所示。

2）画轴测轴，根据尺寸 25、14 和 18 按坐标法画出完整长方体的轴测图，如图 2-18b 所示。

3）根据三视图中尺寸 6 和 12，沿相应轴测轴方向量取尺寸，并应用两平行线的投影特性，切去左上角的三棱柱，如图 2-18c 所示。

4）根据三视图中尺寸 7 和 11，沿相应轴测轴方向量取尺寸，并应用两平行线的投影特性，切去上前角的柱体，如图 2-18d 所示。

5）擦去多余作图线，检查描深，即完成立体的正等轴测图，如图 2-18e 所示。

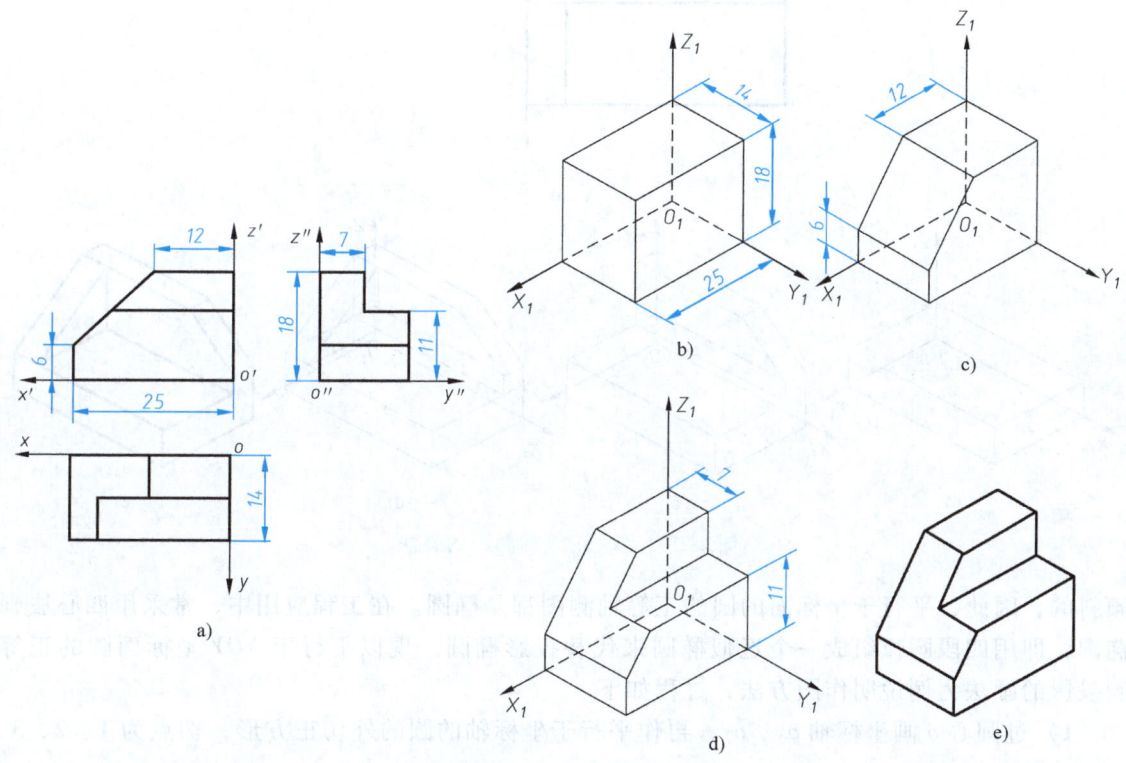

图 2-18 切割体正等轴测图的画法

【例 2-3】 根据图 2-19a 所示垫块的三视图，画出它的正等轴测图。

分析： 从三视图可知，可把该垫块看作是由底板、后板、右板三部分叠加而成的形体，此类完全由叠加而成的形体，可以采用叠加法画出其正等轴测图；叠加法仍以坐标法为基础，根据各基本体的坐标分别画出其正等轴测图并按其相对位置进行叠加。

作图（叠加法）：

1）在垫块三视图中确定坐标系，将形体分解成三部分，如图 2-19a 所示。

2）画出轴测轴，并按坐标法画出底板的正等轴测图，如图 2-19b 所示。

3）根据相应坐标在底板上画出后板，如图 2-19c 所示。

4）根据相应坐标画出右板，如图 2-19d 所示。

5）擦去多余作图线，检查描深，即完成垫块的正等轴测图，如图 2-19e 所示。

3. 回转体正等轴测图的画法

（1）正等轴测图中圆的画法 从正等轴测图的形成可知，各坐标面对轴测投影面都是

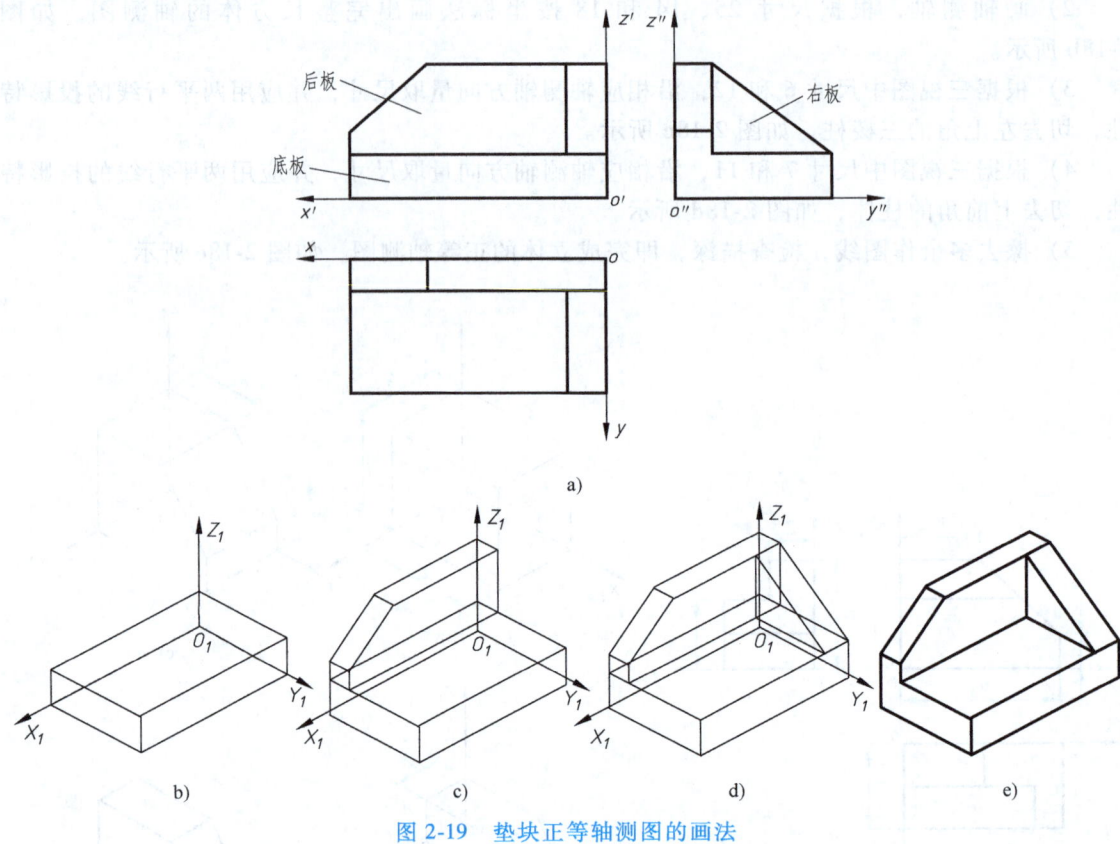

图 2-19 垫块正等轴测图的画法

倾斜的，因此，平行于坐标面的圆的正等轴测图都是椭圆。在工程应用中，常采用四心法画椭圆，即用四段圆弧组成一个近似椭圆来代替投影椭圆。现以平行于 XOY 坐标面圆的正等测投影的画法为例说明作图方法，过程如下。

1) 过圆心 o 画坐标轴 ox、oy，再作平行于坐标轴的圆的外切正方形，切点为 1、2、3、4，如图 2-20a 所示。

2) 作轴测轴 O_1X_1、O_1Y_1，从点 O_1 开始沿轴测轴按半径量取切点 I_1、II_1、III_1、IV_1，通过这些点作轴测轴的平行线得菱形，即为圆的外切正方形的轴测投影，作菱形的对角线，如图 2-20b 所示。

3) 菱形短对角线端点为 O_2、O_3，连接 $O_2 I_1$、$O_2 IV_1$、$O_3 III_1$、$O_3 II_1$ 交菱形长对角线于点 O_4、O_5，得四个圆心 O_2、O_3、O_4、O_5，如图 2-20c 所示。

4) 以点 O_2、O_3 为圆心，$O_2 I_1$ 为半径，画弧 $I_1 IV_1$、$II_1 III_1$；以 O_4、O_5 为圆心，$O_4 I_1$ 为半径，画弧 $I_1 III_1$、$II_1 IV_1$，检查描深，如图 2-20d 所示。

5) 侧平圆和正平圆的正等轴测图，根据各坐标面的轴测轴画出菱形，其余画法与水平圆的正等轴测图的画法类似，如图 2-20e、f 所示。

(2) 平行于各坐标面圆的正等轴测图的特征 当以立方体三个不可见的平面作为坐标面时，其余三个可见平面的内切圆的正等轴测图，如图 2-21 所示，从图中可以看出：

1) 三个椭圆的形状和大小一样，但方向不同。

2) 各椭圆的短轴平行于与该坐标面垂直的轴测轴，长轴与该轴测轴垂直，即：

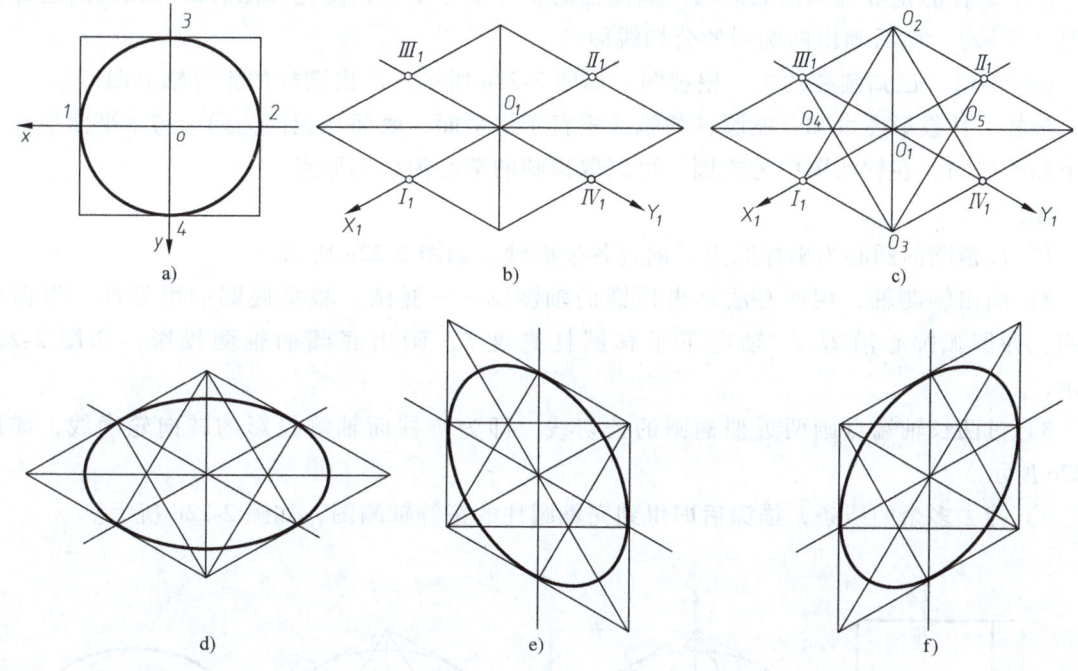

图 2-20 椭圆的近似画法（四心法）

① 水平椭圆的短轴平行于 O_1Z_1 轴，长轴垂直于 O_1Z_1 轴。
② 正面椭圆的短轴平行于 O_1Y_1 轴，长轴垂直于 O_1Y_1 轴。
③ 侧面椭圆的短轴平行于 O_1X_1 轴，长轴垂直于 O_1X_1 轴。

3）如采用理论轴向伸缩系数，则椭圆的长轴为圆的直径 d，短轴为 $0.58d$，如图 2-21a 所示；如按简化轴向伸缩系数作图，其长、短轴均放大 1.22 倍，即长轴等于 $1.22d$，短轴等于 $1.22 \times 0.58d \approx 0.7d$，如图 2-21b 所示。

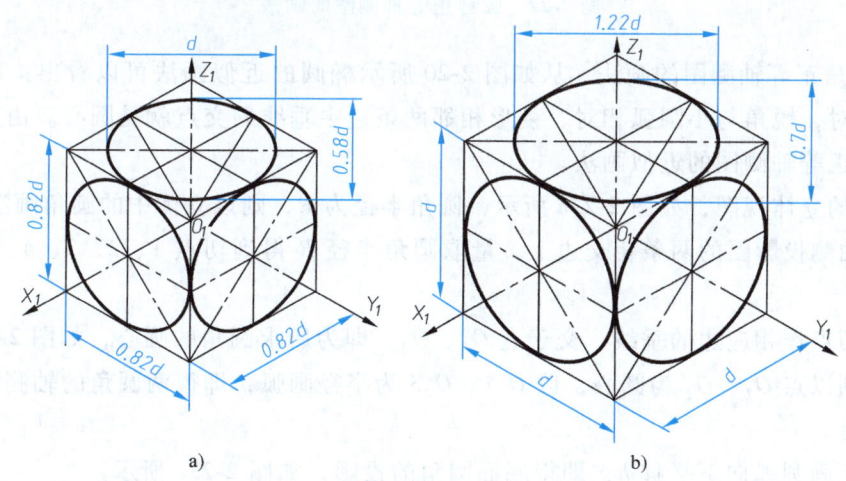

图 2-21 平行于各坐标面的圆的正等轴测图

(3) 圆柱的正等轴测图的画法　画圆柱的正等轴测图，只要先画出底圆和顶圆的正等轴测图（椭圆），然后画出两椭圆的公切线即可。

【例 2-4】 已知圆柱的主、俯视图，如图 2-22a 所示，画出圆柱的正等轴测图。

分析： 从投影图可知，此圆柱的轴线垂直于水平面，底面和顶面为两个与水平面平行且大小相等的圆，在轴测图中为椭圆，可以取顶圆的圆心为坐标原点。

作图：

1）以顶圆的圆心为坐标原点，确定各坐标轴，如图 2-22a 所示。

2）画出轴测轴，用四心法画出顶圆的轴测图——椭圆；根据底圆的可见性，将顶面椭圆三段圆弧圆心沿 O_1Z_1 轴向下平移圆柱高度 h，画出底圆的轴测投影，如图 2-22b 所示。

3）过两长轴端点画两近似椭圆的公切线，即为圆柱面轴测投影的转向轮廓线，如图 2-22c 所示。

4）擦去多余的线条，描深后即得到完整圆柱的正等轴测图，如图 2-22d 所示。

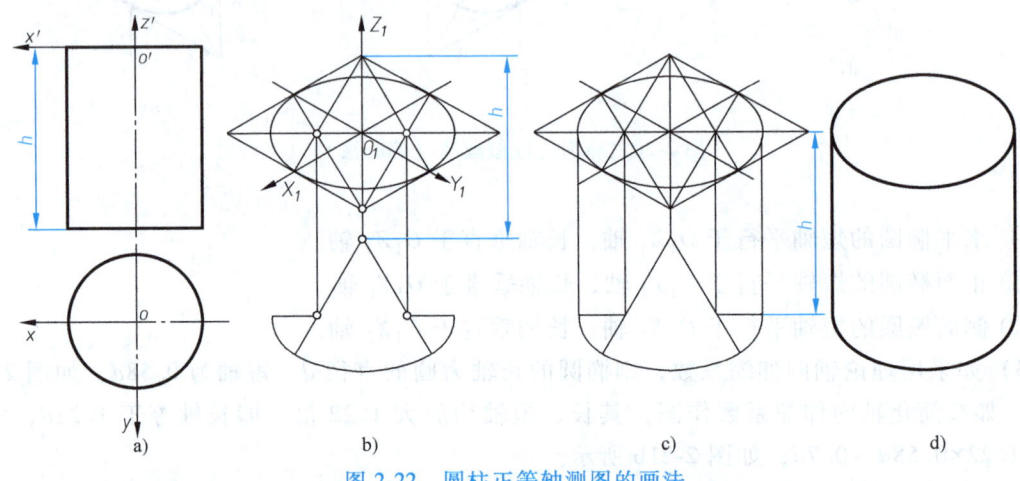

图 2-22　圆柱正等轴测图的画法

(4) 圆角正等轴测图的画法　从如图 2-20 所示椭圆的近似画法可以看出：菱形的钝角与大圆弧相对，锐角与小圆弧相对，菱形相邻两条边中垂线的交点就是圆心。由此可得出四分之一圆的正等轴测图的近似画法。

带圆角的立体视图，如图 2-23a 所示，圆角半径为 R，则该立体中的圆角画法如下。

1）在轴测投影图的两条相交边上，量取圆角半径 R 得到切点 1、2、3、4，如图 2-23b 所示。

2）过切点作相应边的垂线，交于点 O_1、O_2，即为所求圆角的圆心，如图 2-23c 所示。

3）分别以点 O_1、O_2 为圆心，以 O_11、O_23 为半径画弧，即得两圆角的轴测投影图，如图 2-23d 所示。

4）将所画圆弧向下平移 h，即得底面圆角的投影，如图 2-23e 所示。

5）擦除多余作图线，描深即完成全图，如图 2-23f 所示。

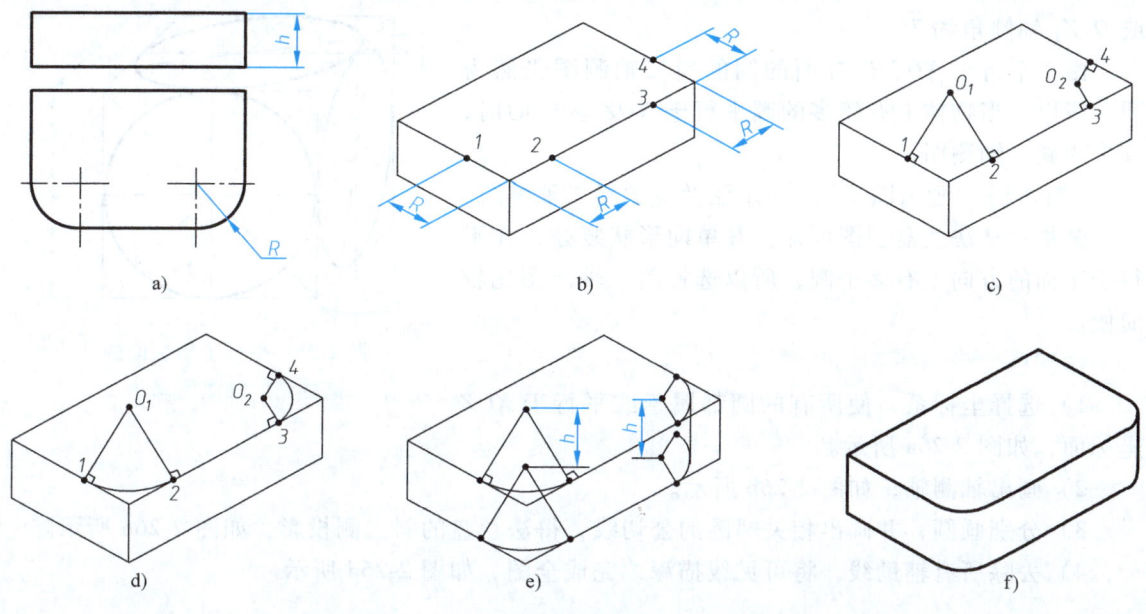

图 2-23 圆角正等轴测图的近似画法

2.4.3 斜二轴测图的画法

1. 轴间角和轴向伸缩系数

斜轴测图的形成过程是"物体正放,光线斜射"。工程上常用的斜二测投影中,直角坐标轴 OX、OZ 就是轴测轴 O_1X_1、O_1Z_1,它们之间的轴间角总是 $90°$。O_1X_1 和 O_1Z_1 方向的投影长度等于原长度,即轴向伸缩系数 $p=r=1$。轴测轴 O_1Y_1 轴的方向和伸缩系数与投射方向有关,可以任意选定,一般取 $q=0.5$(正面斜二测)或 $q=1$(正面斜等测)。通常为了画图方便,同时增强立体感,多采用 $q=0.5$,且轴测轴 O_1Y_1 与水平线的倾角为 $45°$,如图 2-24 所示。

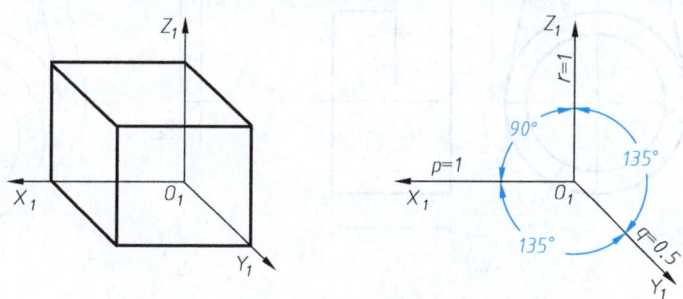

图 2-24 斜二轴测图的轴间角和轴向伸缩系数

斜二轴测图的特点是:物体上凡是与轴测投影面平行的表面在投影中反映实形,因此画斜二轴测图时,应尽量使物体上形状复杂的一面平行于 $X_1O_1Z_1$ 面;凡是平行于 O_1Y_1 轴的线段长度为物体上相应长度的一半。

2. 平行于坐标面的圆的斜二轴测图画法

平行于坐标面的圆的斜二轴测图画法,如图 2-25 所示。平行于 XOZ 坐标面圆的斜二轴测图仍然是圆,平行于 XOY、YOZ 坐标面圆的斜二轴测图都是椭圆,且形状相同,作图方法一样,只是椭圆的长短轴方向不同。根据计算,斜二轴测图中,$X_1O_1Y_1$ 和 $Y_1O_1Z_1$ 坐标面

上的椭圆长轴 = 1.06d，短轴 = 0.33d。椭圆长轴与 O_1X_1 或 O_1Z_1 轴倾角约 7°。

由于平行于 XOZ 坐标面的圆的斜二轴测图仍然为圆，所以，当物体上有较多的圆平行于 XOZ 坐标面时，宜采用斜二轴测图。

【例 2-5】 画出图 2-26a 所示法兰盘的斜二轴测图。

分析： 从法兰盘视图可知，其单向形状复杂，在平行于正面的方向上有多个圆，所以选择斜二轴测图比较简便。

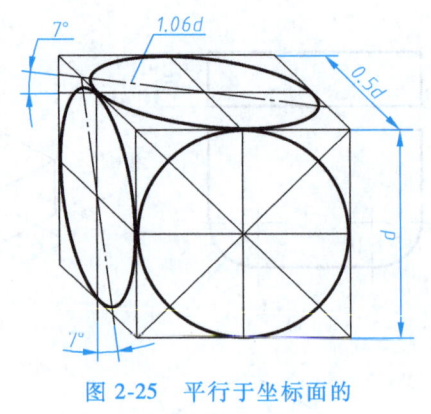

图 2-25　平行于坐标面的圆的斜二轴测图画法

作图：

1）选择坐标系，使所有的圆都属于或平行于 XOZ 坐标面，如图 2-26a 所示。

2）画出轴测轴，如图 2-26b 所示。

3）分别画圆，并画出相关两圆的公切线，得法兰盘的斜二测投影，如图 2-26c 所示。

4）去除所有辅助线，将可见线描深，完成全图，如图 2-26d 所示。

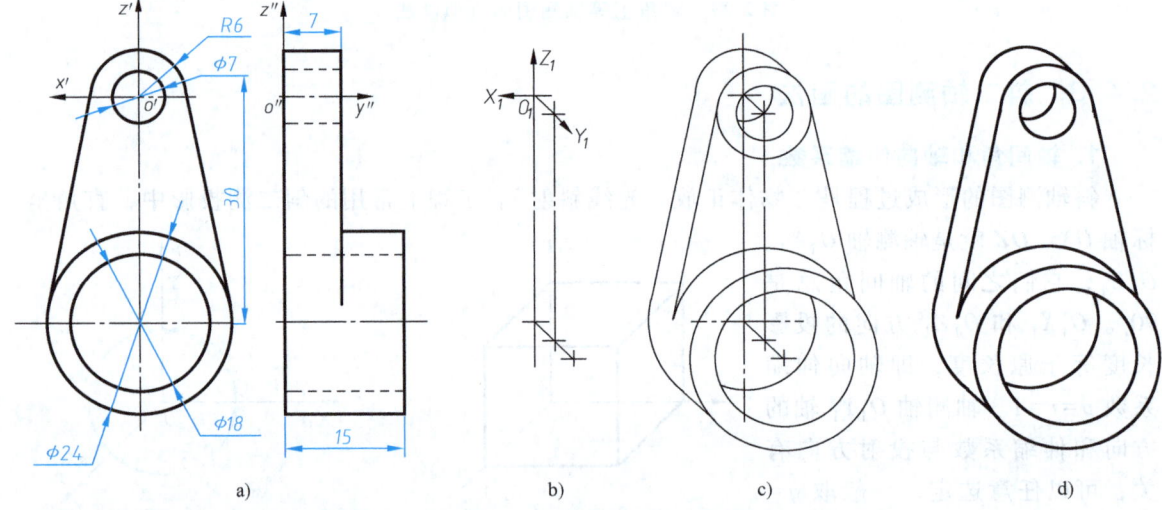

图 2-26　法兰盘的斜二轴测图画法

由于正等轴测图中各个方向的椭圆画法相对比较简单，所以当物体多个方向有圆时，一般都采用正等轴测图。斜二轴测图的优点是物体上凡是平行于正立投影面的平面在轴测图上都反映实形，因此，当物体只有一个方向的形状比较复杂，特别是只有一个方向有圆时，常采用斜二轴测图。

思考题

1. 简述投影法的分类及特点。绘制工程图样通常采用什么投影法？它有哪些性质？
2. 三投影面体系中各投影面间的关系是怎样的？投影面及其投影的名称各是什么？

3. 第一角画法中，物体、观察者与投影面之间的关系如何？
4. 三面正投影图的投影规律是什么？物体的方位在三面投影图中如何体现？
5. 轴测图分为哪两大类？与多面正投影图相比，轴测图有哪些特点？
6. 画轴测图的步骤如何？OZ轴通常放置在什么位置？
7. 正等轴测图和斜二轴测图分别属于哪一类轴测图？其轴间角、轴向伸缩系数分别为多少？
8. 试述平行于坐标面的圆的正等轴测图（近似椭圆）的画法；这类椭圆的长、短轴的位置有什么特点？
9. 如何根据物体特征选择适当的轴测图？

思政拓展

信物百年：重建黄鹤楼手绘设计图

第 3 章

基本几何元素的投影

内容提要：点、直线和平面是构成物体的基本几何元素，必须熟练掌握这些几何元素的投影规律和作图方法。本章主要介绍点、直线和平面的投影规律及投影作图方法，各种位置线和面的空间位置及相对位置关系。

本章重点：点的投影规律；各种位置直线和平面的投影规律；几何元素间的相对位置关系及其判别。

投影法规定，形体的投影应当是由形体上所有面与边的投影构成的几何图形。如图 3-1 所示，三棱锥由底面 △ABC，侧面 △SAB、△SBC 和 △SAC 围成，各平面分别由棱线 SA、SB 和 SC 及底边 AB、BC 和 AC 围成，各棱线、各底边分别由顶点 S、A、B、C 决定。要正确绘制这类立体以及更复杂立体的视图，除掌握前述的投影相关理论，还需学习有关空间几何元素（点、线、面）及其相对位置的投影知识。本章所介绍的理论和作图方法，是解决立体投影问题的基础。

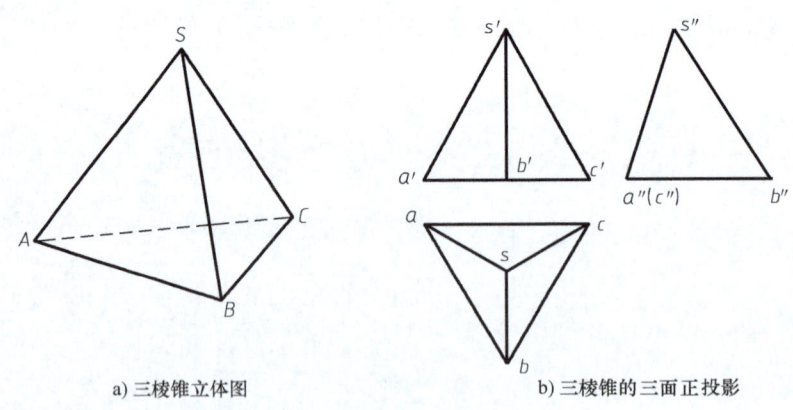

a) 三棱锥立体图　　　　b) 三棱锥的三面正投影

图 3-1　三棱锥及其三面正投影

3.1　点的投影

如图 3-2a 所示，已知空间点 A 和投影面 H，过点 A 垂直于 H 面的投射线与 H 面交于一点 a，点 a 即为点 A 在 H 面上的正投影。显然空间点 A 在 H 面上的投影是唯一的，反之投影

a 对应多个空间点（A_1、A_2、A_3 等），如图 3-2b 所示。

由于点的单面正投影无法唯一确定该点的空间位置，因此常将点置于两投影面体系或三投影面体系中去研究其投影规律。

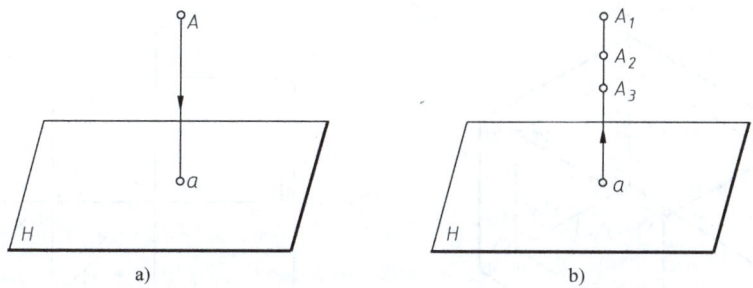

图 3-2　点的单面正投影

1. 点在两投影面体系中的投影

不妨认为空间点只有空间位置而无大小，而点的单面投影不能唯一确定其空间位置，因此将点 A 置于由两个互相垂直的投影面构成的两投影面体系之中，如图 3-3a 所示。过点 A 分别向 V 面和 H 面作投射线，得两个垂足 a'、a，其中 a' 为点 A 的正面投影，a 为点 A 的水平投影。反之，在图 3-3a 中过已知点 A 的两个投影 a' 和 a，分别向 V 面、H 面作垂线，即可得到唯一交点 A。因此，空间点 A 的两个投影能唯一确定该点的空间位置。

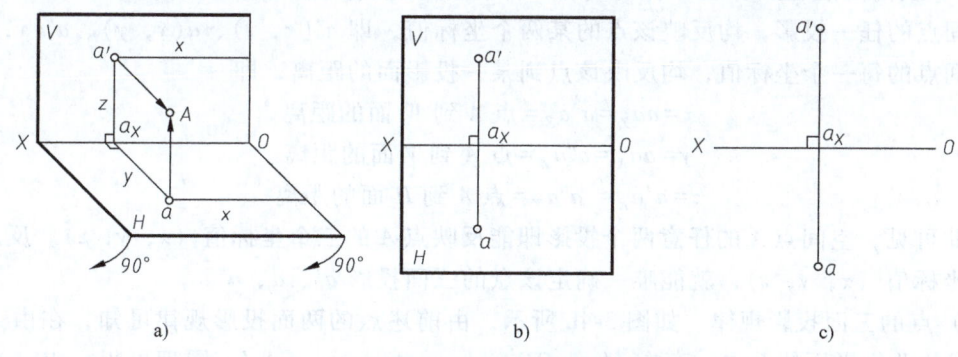

图 3-3　点的两面投影

为便于识别，这里规定：空间点用大写英文字母或罗马数字（如 A、B、C 等或 Ⅰ、Ⅱ、Ⅲ 等）表示，点在 H 面上的投影用相应的小写字母或数字（如 a、b、c 等或 1、2、3 等）表示，点在 V 面上的投影用相应的小写字母或数字再加一撇（如 a'、b'、c' 等或 $1'$、$2'$、$3'$ 等）表示。将图 3-3a 展开后即得到点的两面投影图，如图 3-3b、c 所示。

在图 3-3a 中，Aa' 与 Aa 构成的平面同时垂直于 V 面和 H 面，与 OX 轴交于 a_X，则 $a'a_X \perp OX$，$aa_X \perp OX$，Aaa_Xa' 构成一个矩形。由平面几何可知，$a'a \perp OX$，$a'a_X = Aa$，$aa_X = Aa'$。

因此，点在两投影面体系中的投影特性为：

1）点的投影连线垂直于投影轴，即 $a'a \perp OX$。

2）点的投影到投影轴的距离，等于该点到相邻投影面的距离，即 $a'a_X = Aa$，$aa_X = Aa'$。

2. 点在三投影面体系中的投影

对于比较复杂的形体，有时需要向三个或者更多的投影面进行投射才能表达清楚。过点

A 分别向三个投影面作投射线,在三个投影面上分别得到投影 a'、a 和 a'',如图 3-4a 所示,规定空间点在 W 面(侧面)上的投影用相应的小写字母或数字加两撇(如 a''、b''、c'' 等或 $1''$、$2''$、$3''$ 等)表示。将图 3-4a 展开后即可得到点的三面投影图,如图 3-4b 所示。

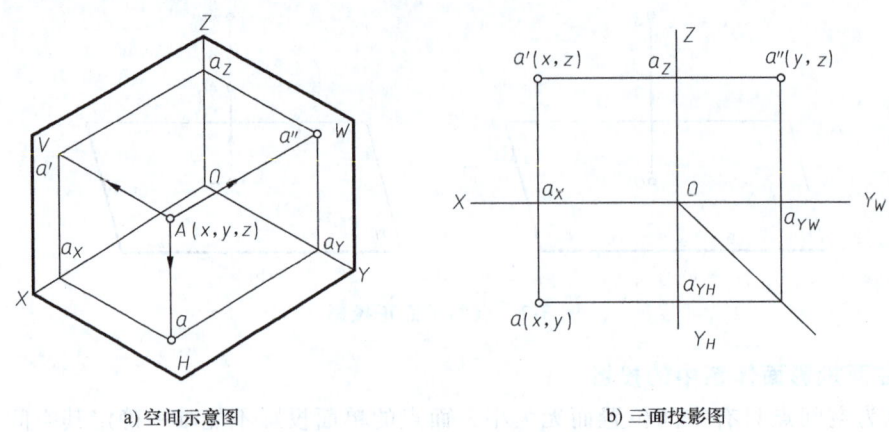

a) 空间示意图　　　　　　　　b) 三面投影图

图 3-4　点的三面投影

(1) 点的投影与直角坐标的关系　如图 3-4a 所示,三投影面体系可以视为笛卡儿直角坐标系,则投影面 V、H、W 相当于坐标面,投影轴 OX、OY、OZ 相当于坐标轴 X、Y、Z,原点 O 为坐标原点。空间点 A 的三面投影与其坐标之间存在如下关系。

空间点的任一投影,均反映该点的某两个坐标值,即 $a'(x,z)$、$a(x,y)$、$a''(y,z)$。

空间点的每一个坐标值,均反映该点到某一投影面的距离,即

$$x = aa_Y = a'a_Z = 点 A 到 W 面的距离$$

$$y = aa_X = a''a_Z = 点 A 到 V 面的距离$$

$$z = a'a_X = a''a_Y = 点 A 到 H 面的距离$$

由此可见,空间点 A 的任意两个投影即能反映点 A 的三个坐标值 (x, y, z)。反之,有了点的坐标值 (x, y, z),就能唯一确定该点的三面投影 a'、a、a''。

(2) 点的三面投影规律　如图 3-4b 所示,由前述点的两面投影规律可知,在由 H 面和 V 面构成的两投影面体系中,存在 $a'a \perp OX$,$a'a_X = Aa$,$aa_X = Aa'$。同理可得,点 A 的正面投影和侧面投影的连线必垂直于 OZ 轴,即 $a'a'' \perp OZ$。空间点 A 的水平投影到 OX 轴的距离和侧面投影到 OZ 轴的距离均反映该点的 y 坐标,故 $aa_X = a''a_Z = y$。

综上所述,点的三面投影规律可归纳为:

1) 点的两个相邻投影的连线垂直于投影轴。

2) 点的投影到投影轴的距离等于空间点到与该轴相邻投影面的距离。

实际上,上述点的投影规律也体现了三视图的"长对正、高平齐、宽相等"的投影规律。

(3) 点的三面投影规律的应用

1) 根据点的两面投影可求作点的第三面投影。

2) 根据点的坐标值、点到三投影面的距离可作点的三面投影。

【例 3-1】　已知 a'、a'',如图 3-5a 所示,求点 A 的 H 面投影 a。

作图:

如图 3-5b 所示，过已知投影 a'作 OX 轴的垂线，所求的 a 必在这条连线上（a'a⊥OX）。同时，a 到 OX 轴的距离等于 a″到 OZ 轴的距离。因此，过 a″作 OY_W 轴的垂线，遇 45°斜线转折 90°至水平方向继续作水平线，与过 a'向下垂线的交点即为 a，如图 3-5c 所示。

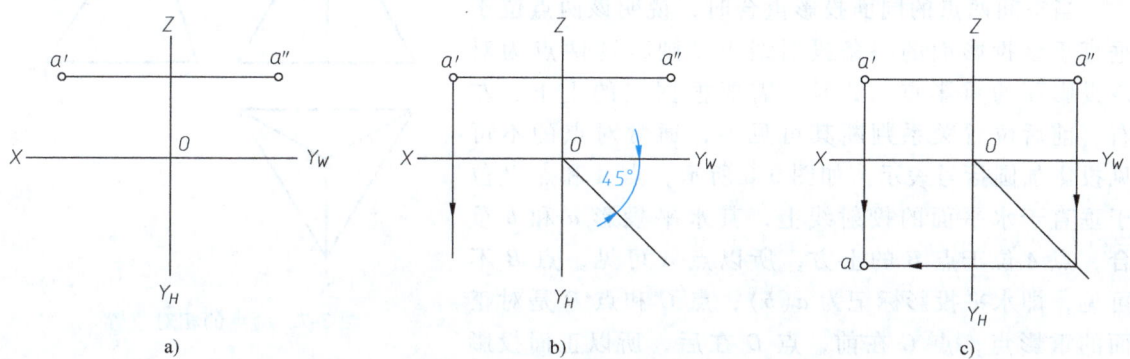

图 3-5 求点的第三面投影

【例 3-2】 已知空间点 A(15，15，20)，试作点 A 三面投影，并作立体图。

作图：

三面投影的作图步骤，如图 3-6a~c 所示。

1）作坐标轴得原点 O，并在距 OZ 轴 15mm（x 坐标）处作 OX 轴的垂线，如图 3-6a 所示。

2）在该垂线上自 OX 轴向下取 15mm（y 坐标）得到水平投影 a，自 OX 轴向上取 20mm（z 坐标）得到正面投影 a'，如图 3-6b 所示。

3）根据点的投影规律作侧面投影 a″，如图 3-6c 所示。

4）立体图，如图 3-6d 所示。

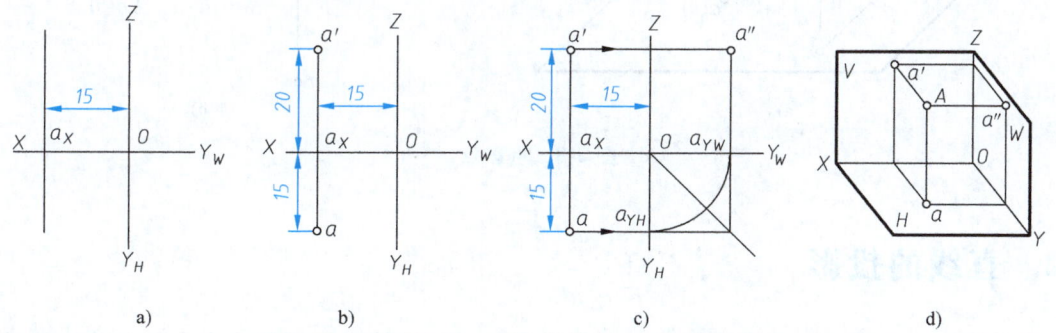

图 3-6 已知点的坐标求作其三面投影

3. 两点相对位置的判断

两点的相对位置是指空间两点之间上下、左右、前后的位置关系。

在三面投影图中，比较两点的正面投影可判断两点的上下、左右关系；比较两点的侧面投影可判断两点的前后、上下关系；比较两点的水平投影可判断两点的前后、左右关系。

图 3-7 中给出了三棱锥的三面投影图，分析其中两点 A、S 的相对位置关系：在正面投影中，a'在 s'左方，a'比 s'低，说明点 A 在点 S 的左下方；在水平投影中，a 在 s 的后方，说

明点 A 在点 S 后方；归纳起来，点 A 在点 S 的左后下方。

4. 重影点

当空间两点的同面投影重合时，说明该两点位于垂直于该投影面的一条投射线上，则称这两点为对该投影面的重影点。此时，需要根据点的上下、左右、前后位置关系判断其可见性，通常对点的不可见投影加圆括号表示。如图 3-8 所示，点 A 和点 B 位于垂直于水平面的投射线上，其水平投影 a 和 b 重合，点 A 位于点 B 的上方，所以点 A 可见，点 B 不可见，即水平投影标记为 $a(b)$；点 C 和点 D 是对正面的重影点，点 C 在前，点 D 在后，所以正面投影标记为 $c'(d')$。

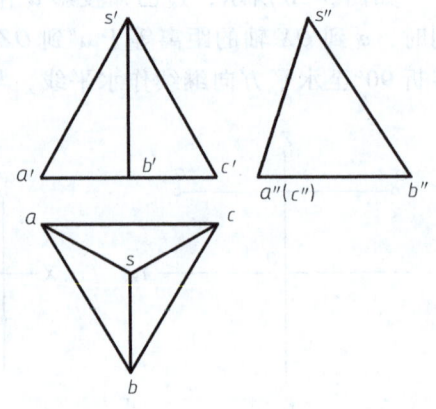

图 3-7 两点的相对位置

在图 3-7 中，点 A 与点 C 是对侧面的重影点，其侧面投影重合，点 A 位于点 C 的左侧，所以点 A 可见，点 C 不可见，侧面投影标记为 $a''(c'')$。

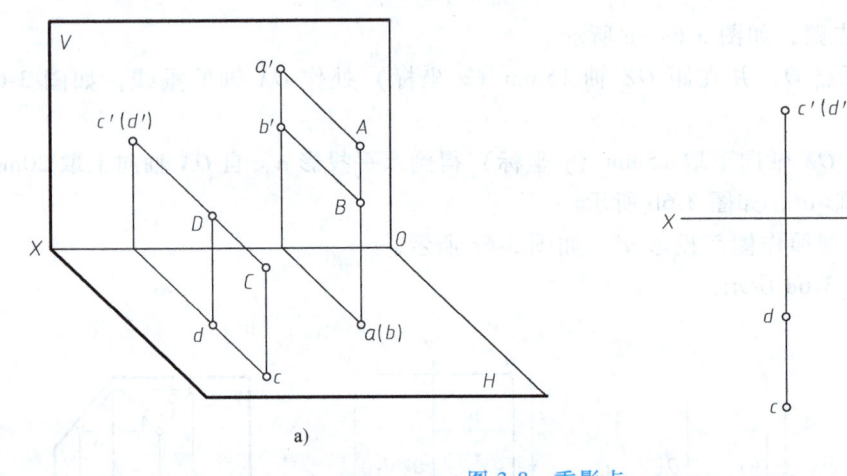

图 3-8 重影点

3.2 直线的投影

两点确定一条直线。直线的投影一般仍为直线，特殊情况下积聚为点。因此作直线的投影，实质上就是求作直线两端点的投影，并连接两端点的同面投影，如图 3-9 所示。

1. 各种位置直线的投影

根据直线与投影面的相对位置关系，可将直线分为一般位置直线和特殊位置直线。特殊位置直线包括投影面平行线和投影面垂直线。直线相对 H、V、W 三个投影面的倾角分别用 α、β、γ 表示。

（1）一般位置直线　与三个投影面都倾斜的直线，称为一般位置直线，如图 3-10 所示。一般位置直线与三个投影面都倾斜，它的三个投影都不反映实长，一般位置直线 AB 的实长

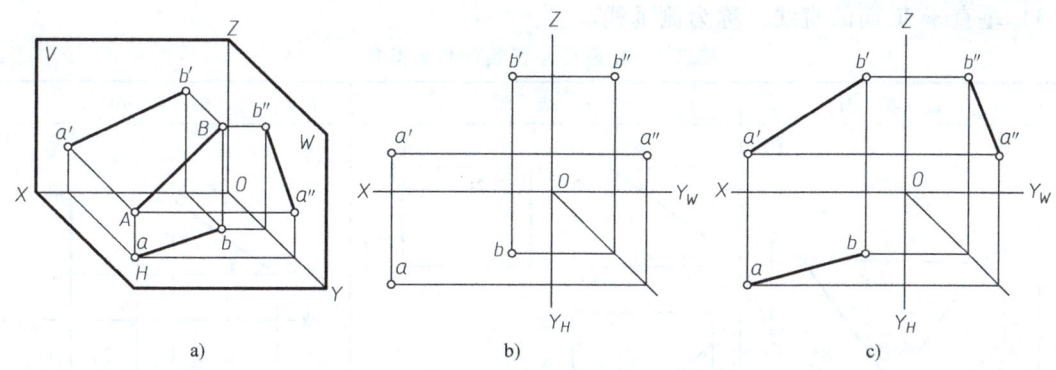

图 3-9 直线的投影

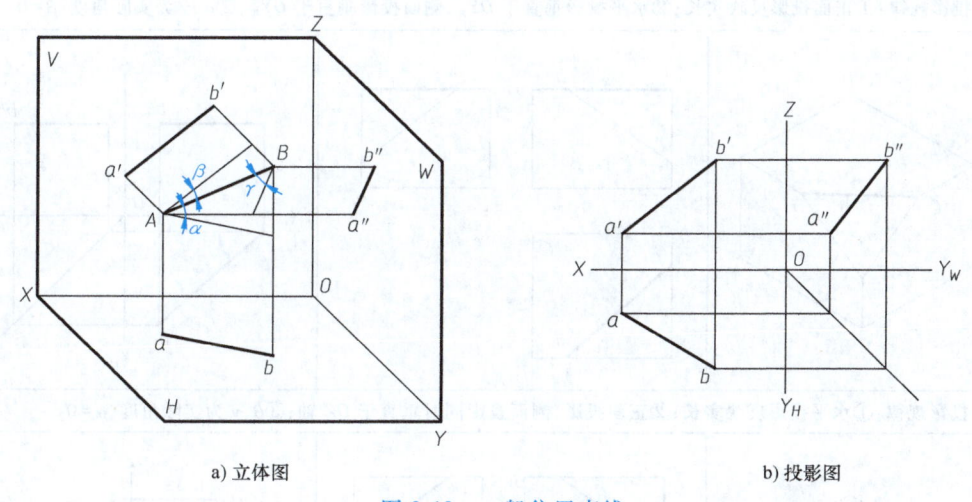

a) 立体图　　　　　　　　　　b) 投影图

图 3-10 一般位置直线

和投影长及其与投影面的倾角之间有下列关系，即 $ab = AB\cos\alpha$，$a'b' = AB\cos\beta$，$a''b'' = AB\cos\gamma$。

（2）投影面平行线　仅平行于一个投影面且与另外两个投影面都倾斜的直线，称为投影面平行线。投影面平行线分为以下三种。

1）平行于 V 面，并且与 H 面和 W 面都倾斜的直线，称为正平线。

2）平行于 H 面，并且与 V 面和 W 面都倾斜的直线，称为水平线。

3）平行于 W 面，并且与 H 面和 V 面都倾斜的直线，称为侧平线。

投影面平行线的投影规律可归纳为"一斜线两垂直线"，即：空间直线在其所平行的投影面上的投影，为一条反映实长的斜线；在另外两个投影面上的投影为两条缩短的直线，并垂直于同一坐标轴。投影面平行线的投影规律，见表 3-1。

（3）投影面垂直线　垂直于某一投影面（必平行于另外两个投影面）的直线，称为投影面垂直线，投影面垂直线分为以下三种。

1）垂直于 V 面的直线，称为正垂线。

2）垂直于 H 面的直线，称为铅垂线。

3）垂直于 W 面的直线，称为侧垂线。

表 3-1 投影面平行线的投影规律

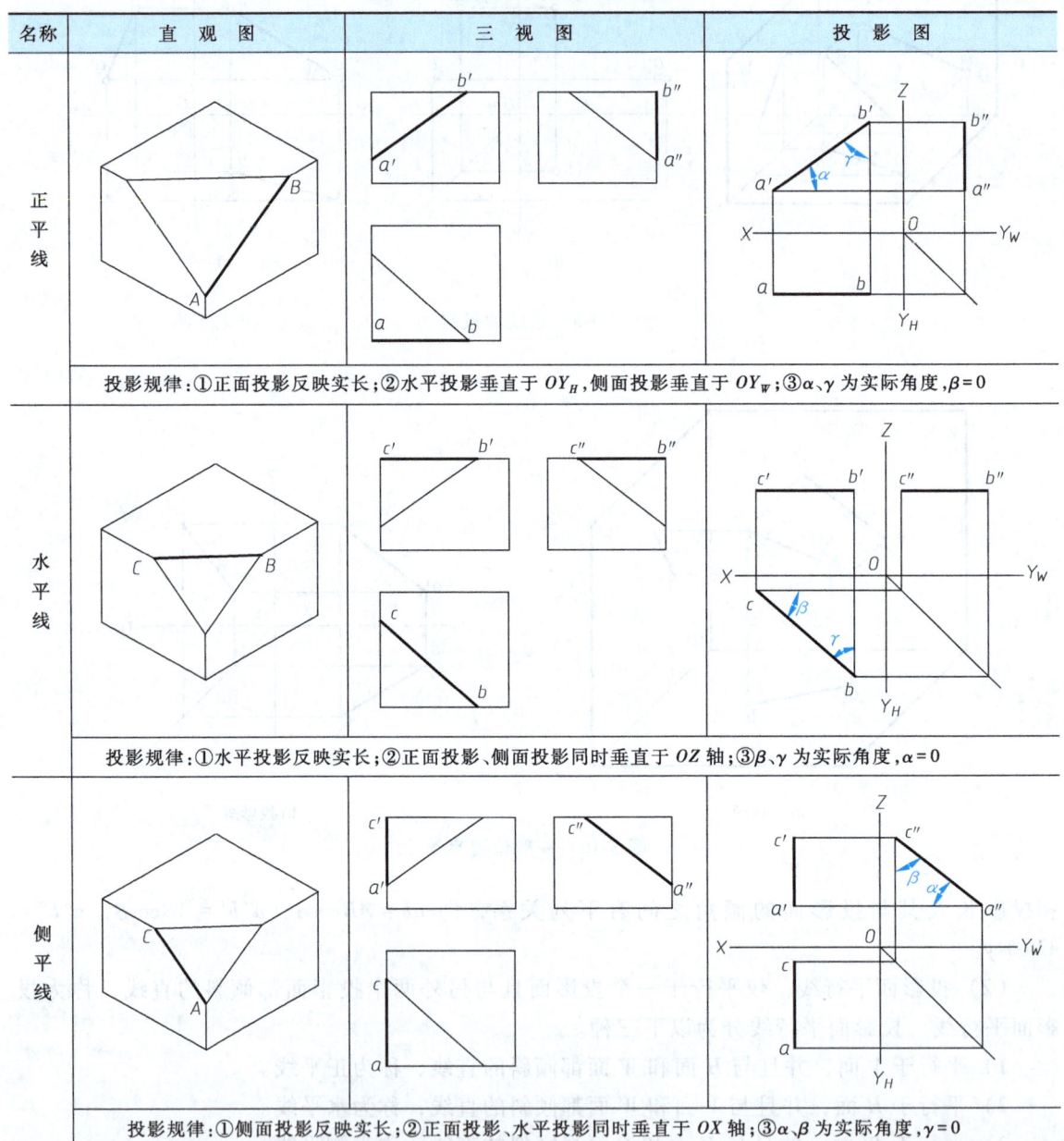

投影面垂直线的投影规律可归纳为"一点两线"，即：空间直线在其所垂直的投影面上的投影积聚成一点；在另两个投影面上的投影为反映实长的直线，并平行于同一投影轴。投影面垂直线的投影规律，见表 3-2。

2. 直线上的点

点与直线的相对位置有点在直线上或点不在直线上两种情况。点在直线上的几何特性有以下两种，据此可得直线上点的基本作图和判断方法。

（1）从属性 点从属于直线，则点的各面投影必从属于直线的同面投影。如图 3-11a 所示，点 K 从属于直线 AB，则 k 从属于 ab，k' 从属于 $a'b'$，k'' 从属于 $a''b''$。

表 3-2 投影面垂直线的投影规律

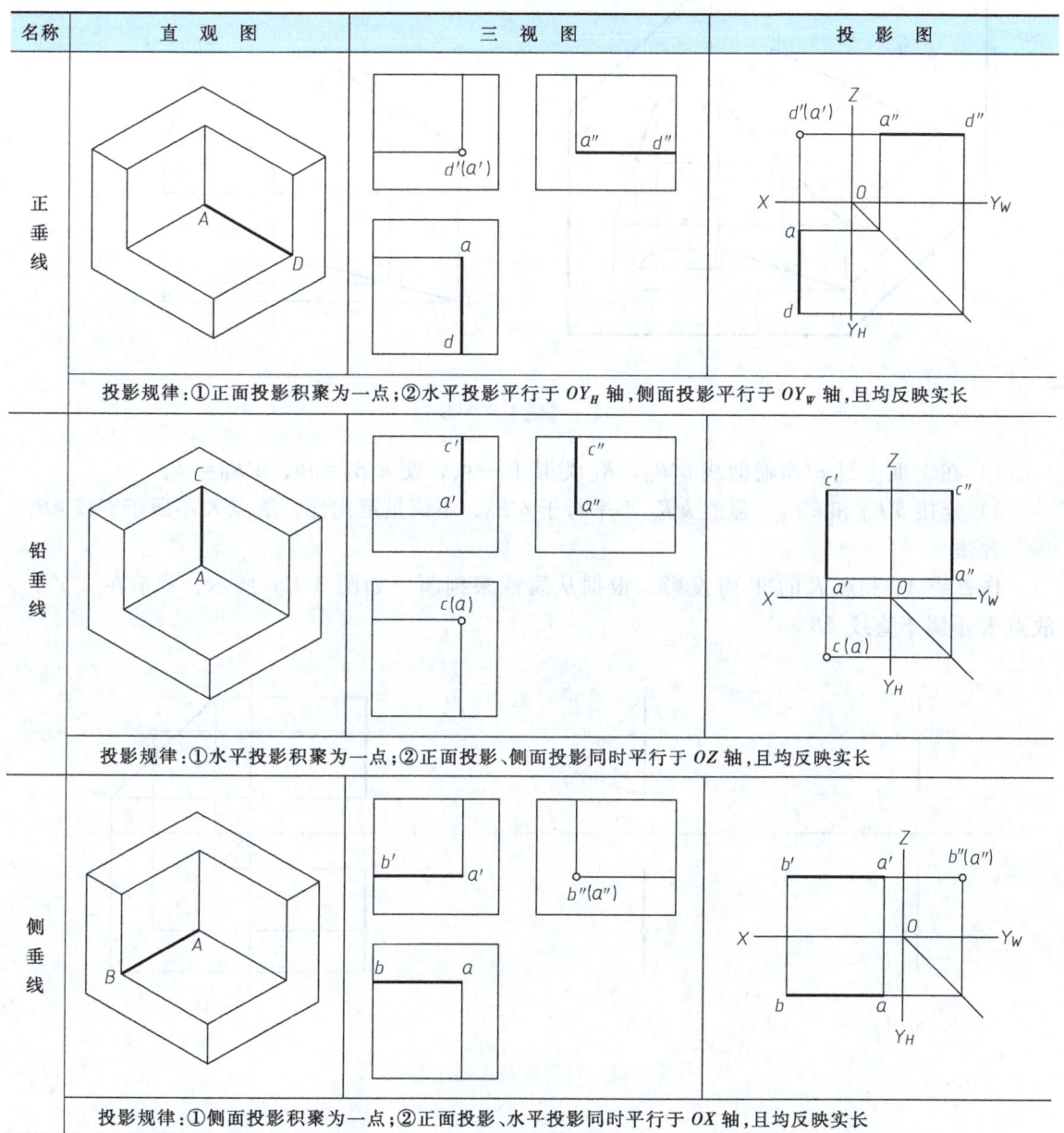

反之，如点的各面投影从属于直线的同面投影，则该点必定从属于此直线。

（2）定比性 从属于直线的点分割线段的长度之比，投影后保持不变。在图 3-11 中，点 K 将线段 AB 分为 AK、KB 两段，则 $AK:KB = ak:kb = a'k:k'b' = a''k'':k''b''$。

【例 3-3】 判断点 K 是否在侧平线 AB 上，如图 3-12a 所示。

方法 1：

由定比性可知，若点在直线上，则 $AK:KB = ak:kb = a'k':k'b'$，因此可利用定比性判断点是否在直线上，如图 3-12b 所示。作图步骤如下：

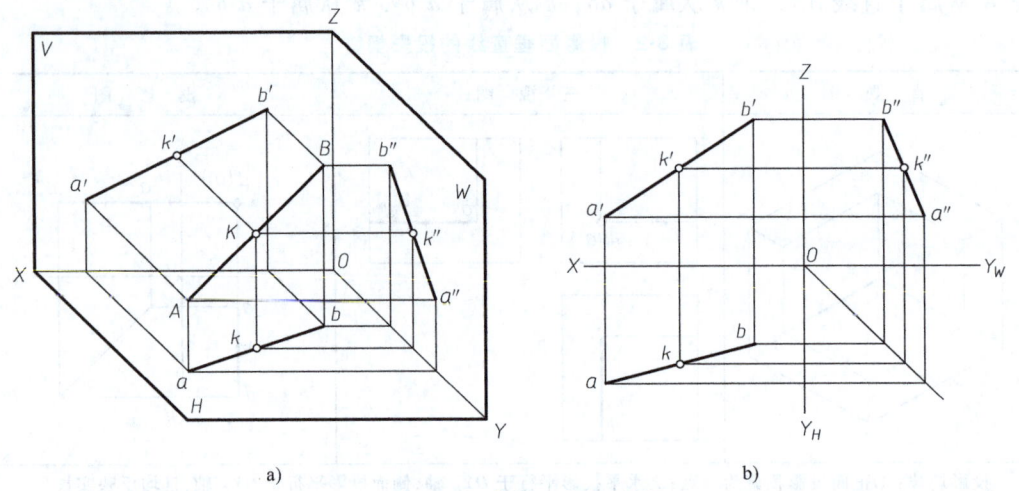

图 3-11 直线上点的投影

1) 在 V 面上过 a' 作辅助线 $a'B_0$，K_0 为其上一点，使 $a'B_0 = ab$，$a'K_0 = ak$。
2) 连接 $b'B_0$ 和 $k'K_0$，显然 $k'K_0$ 不平行于 $b'B_0$，不满足定比性，故点 K 不属于直线 AB。

方法 2：
作直线 AB 和点 K 的 W 面投影，根据从属性来判断。如图 3-12c 所示，k'' 不在 $a''b''$ 上，故点 K 不属于直线 AB。

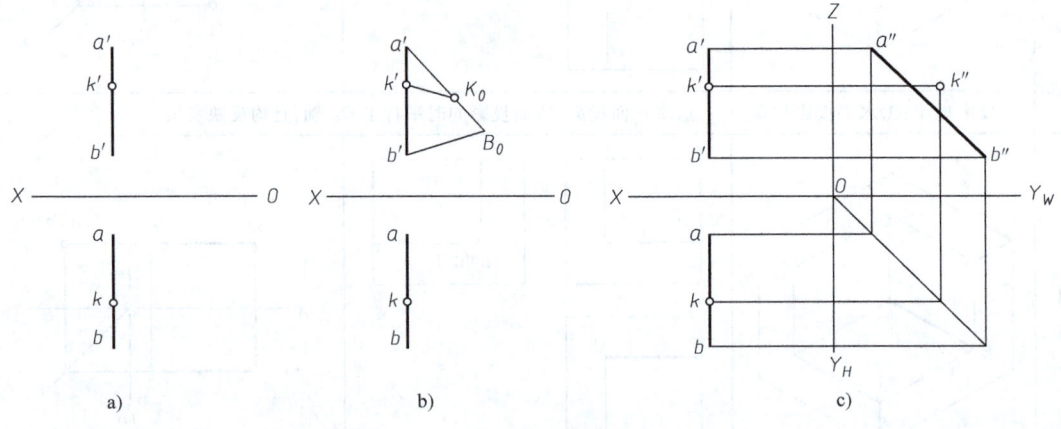

图 3-12 判别点是否属于直线

3. 两直线的相对位置关系

空间两直线的相对位置关系有三种：平行、相交、交叉。平行和相交两直线属于共面直线，交叉两直线属于异面直线。

（1）**平行** 若两直线平行，则它们的同面投影必互相平行（平行性）。如图 3-13a 所示，$AB//CD$，则 $ab//cd$、$a'b'//c'd'$。反之，若两直线的各组同面投影均互相平行，则可判定该两直线平行，如图 3-13b 所示。

（2）**相交** 若两直线相交，必有一交点，该点是两条直线的共有点，其投影符合点的投影规律，空间两直线交点的投影即是两直线同面投影的交点，如图 3-14 所示。

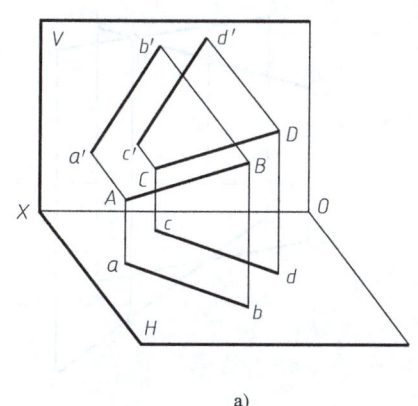 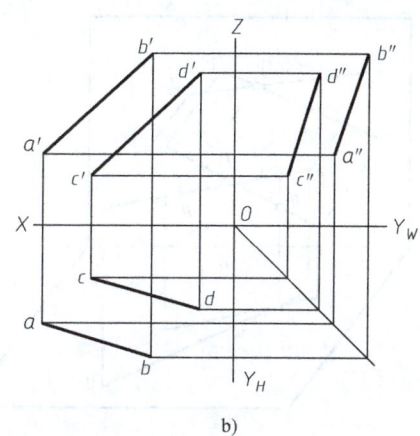

图 3-13 平行两直线

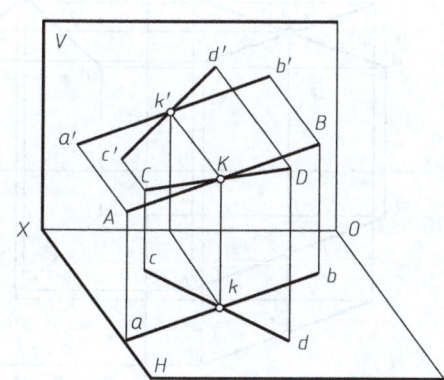 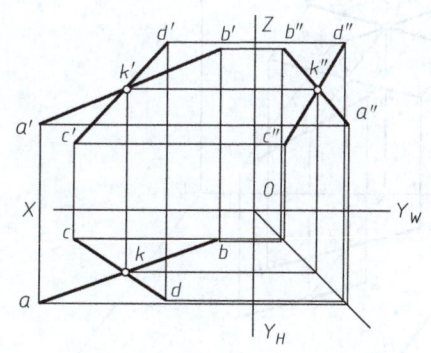

图 3-14 相交两直线

（3）交叉　若两直线既不平行又不相交，则必为交叉两直线。交叉两直线不存在共有点，它们在投影图中虽然有时同面投影相交，但交点不符合点的投影规律，其仅为两直线上不同两点的投影（即重影点），如图 3-15a 所示。两直线在某个投影面上的投影可能会平行，但不会在三个面上的投影都平行，如图 3-15b 所示。

交叉两直线上重影点可见性的判断方法：

如图 3-15a 所示，直线 AB 与 CD 水平投影的交点为空间一对重影点 Ⅰ、Ⅱ 的水平投影，点 Ⅰ 属于直线 CD，点 Ⅱ 属于直线 AB，水平投影重合，由正面投影可以看出点 Ⅰ 在上、点 Ⅱ 在下，故水平投影中点 1 可见，点 2 不可见，标注为 1(2)。

直线 AB 与 CD 正面投影的交点为空间一对重影点 Ⅲ、Ⅳ 的正面投影，点 Ⅲ 属于直线 CD，点 Ⅳ 属于直线 AB，正面投影重合，由水平投影可以看出点 Ⅲ 在前、点 Ⅳ 在后，故正面投影中点 3′ 可见，点 4′ 不可见，标注为 3′(4′)。

4. 直角投影定理

原定理：在空间互相垂直的（含相交和交叉）两条直线，如果其中有一条直线平行于某投影面，那么两直线在该投影面上的投影仍垂直，如图 3-16 所示。

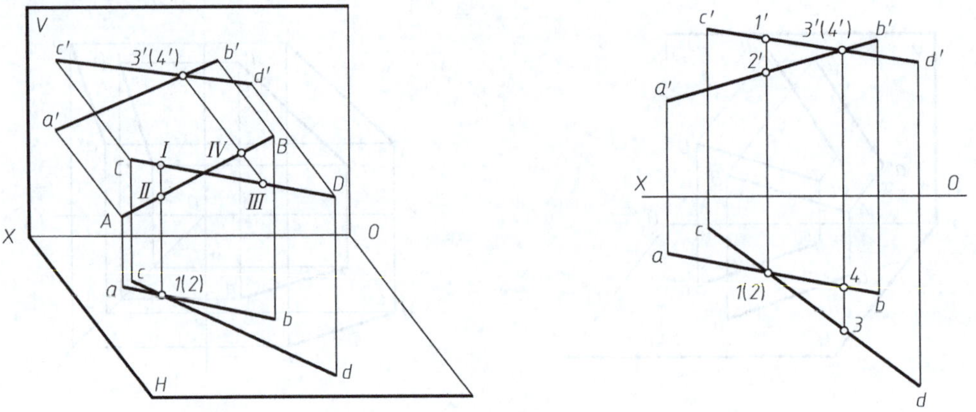

图 3-15 交叉两直线

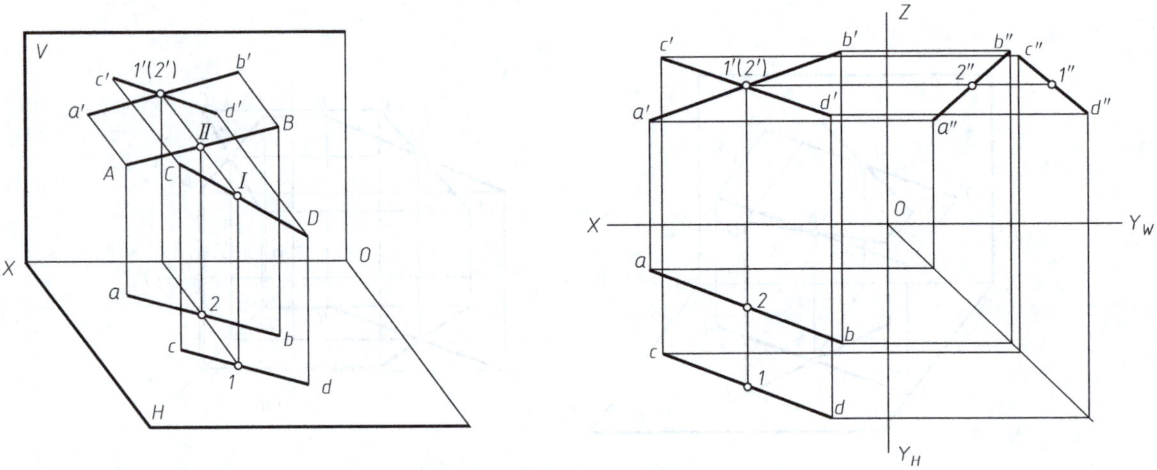

逆定理：若两直线在某投影面上的投影互相垂直，且其中有一条直线是该投影面的平行线，则两直线在空间一定互相垂直（含相交和交叉），如图 3-16 所示。

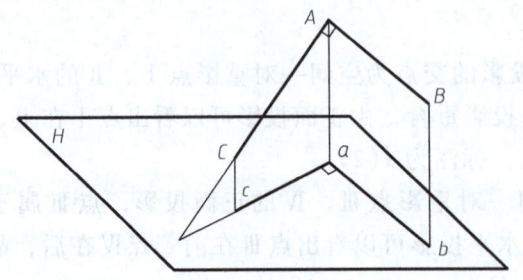
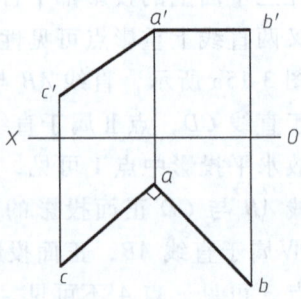

图 3-16 直角投影定理

【例 3-4】 如图 3-17a 所示，过点 A 作直线 AB 与已知直线 CD 正交。

分析： 已知直线 CD 的正面投影 $c'd'//OX$，侧面投影 $c''d''//OY_W$，由直线的投影规律可知 CD 为水平线，因此可利用直角投影定理求解。

作图：

1）作点 A 和直线 CD 的水平投影 a、cd，如图 3-17b 所示。

2）作直线 AB 的水平投影 ab，使 $ab\perp cd$，交点即为 b，如图 3-17c 所示。

3）作 b'、b''，并连接 $a'b'$ 和 $a''b''$，如图 3-17c 所示。

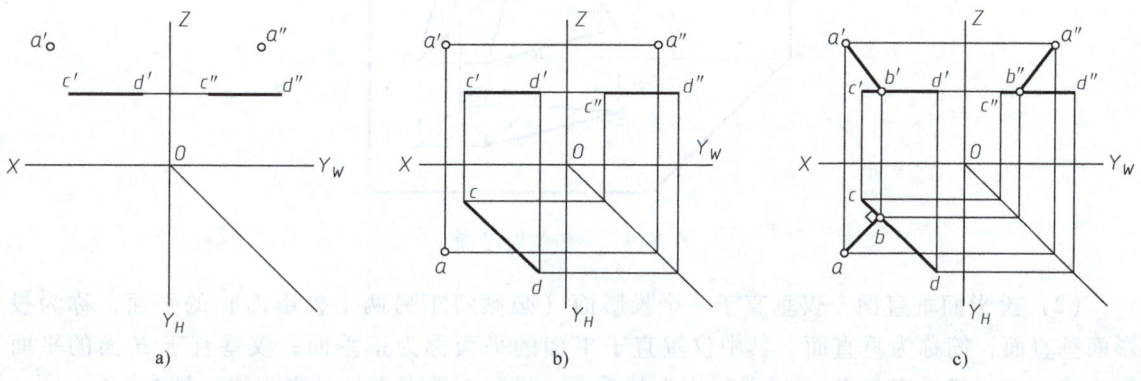

图 3-17 求作直线与已知直线正交

3.3 平面的投影

1. 平面的表示法

此处所指的平面是无限大的，平面可用几何元素来确定和表达，如图 3-18 所示。

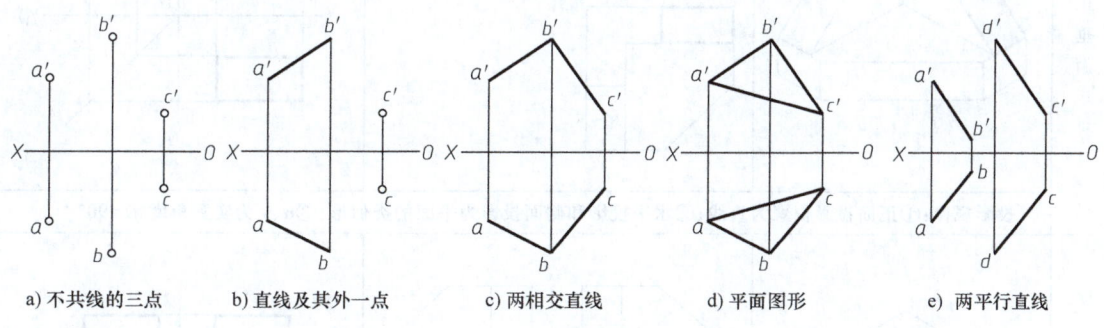

a) 不共线的三点　　b) 直线及其外一点　　c) 两相交直线　　d) 平面图形　　e) 两平行直线

图 3-18 平面的表示法

2. 各种位置平面的投影

根据平面与投影面的相对位置不同，可将平面分为一般位置平面和特殊位置平面。特殊位置平面又包括投影面垂直面和投影面平行面。平面相对 H、V、W 三个投影面的倾角分别用 α、β、γ 表示。

（1）一般位置平面　与三个投影面都倾斜的平面为一般位置平面。一般位置平面的三面投影都没有积聚性，也都不反映实形及倾角，均为比原平面图形面积小的类似形，如图 3-19 所示。

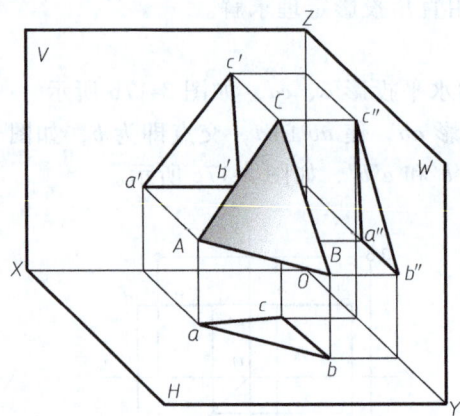

图 3-19 一般位置平面

（2）投影面垂直面　仅垂直于一个投影面（必倾斜于另两个投影面）的平面，称为投影面垂直面，简称为垂直面。其中仅垂直于 V 面的平面称为正垂面；仅垂直于 H 面的平面称为铅垂面；仅垂直于 W 面的平面称为侧垂面。投影面垂直面的投影规律，见表 3-3。

表 3-3　投影面垂直面的投影规律

名称	直 观 图	三 视 图	投 影 图
正垂面			
投影规律：①正面投影积聚为直线；②水平投影和侧面投影为平面的类似形；③α、γ 为实际角度，$\beta=90°$			
铅垂面			
投影规律：①水平投影积聚为直线；②正面投影和侧面投影为平面的类似形；③β、γ 为实际角度，$\alpha=90°$			

第3章 基本几何元素的投影

（续）

名称	直观图	三视图	投影图
侧垂面	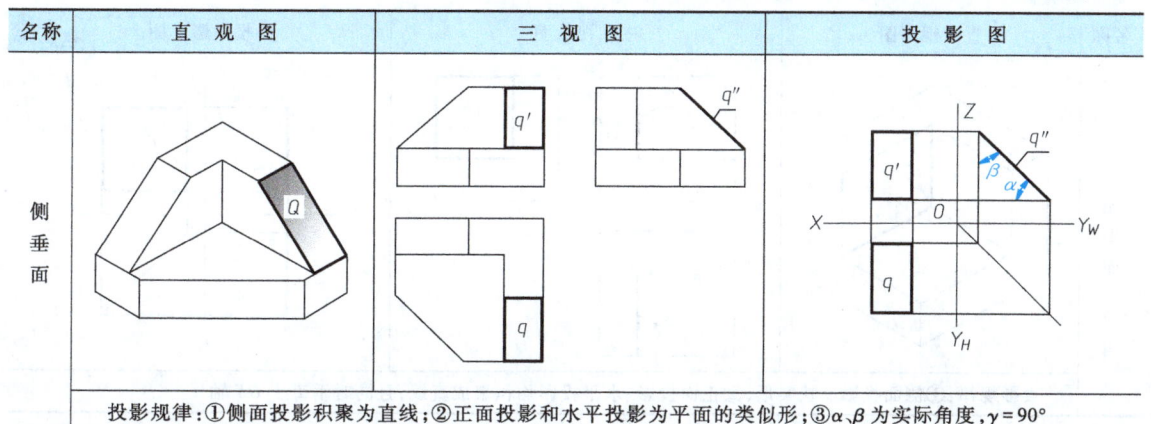		

投影规律：①侧面投影积聚为直线；②正面投影和水平投影为平面的类似形；③α、β 为实际角度，$\gamma = 90°$

投影面垂直面的投影规律可归纳为：在平面所垂直的投影面上，该平面的投影积聚为一倾斜直线，且反映平面与另两投影面的倾角；其余两个投影都是缩小的类似形。

（3）投影面平行面 平行于某一个投影面（必同时垂直于另两个投影面）的平面，称为投影面平行面，简称为平行面。其中，平行于 V 面的平面称为正平面；平行于 H 面的平面称为水平面；平行于 W 面的平面称为侧平面。投影面平行面的投影规律，见表3-4。

表3-4 投影面平行面的投影规律

名称	直观图	三视图	投影图
正平面	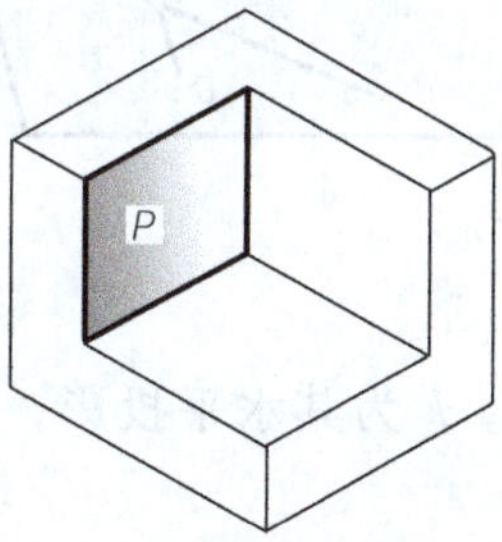	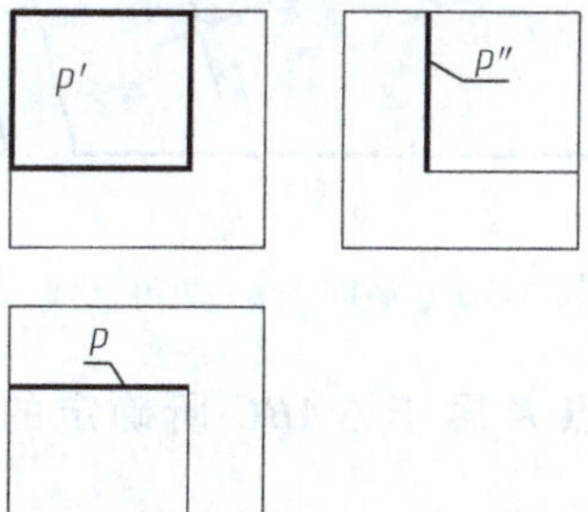	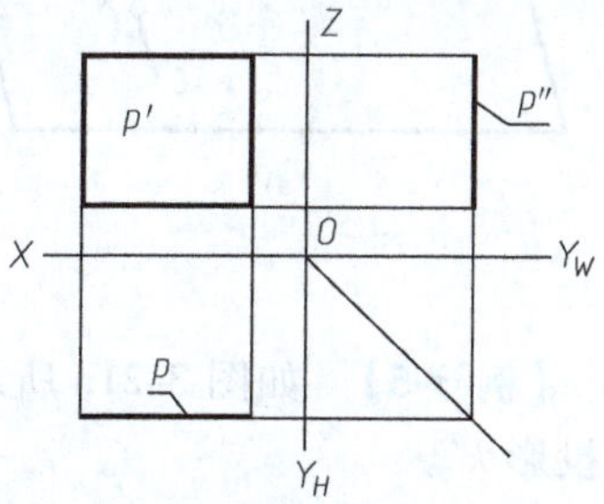

投影规律：①正面投影反映实形；②水平投影积聚成直线，且垂直于 OY_H 轴；③侧面投影积聚成直线，且垂直于 OY_W 轴

| 水平面 | 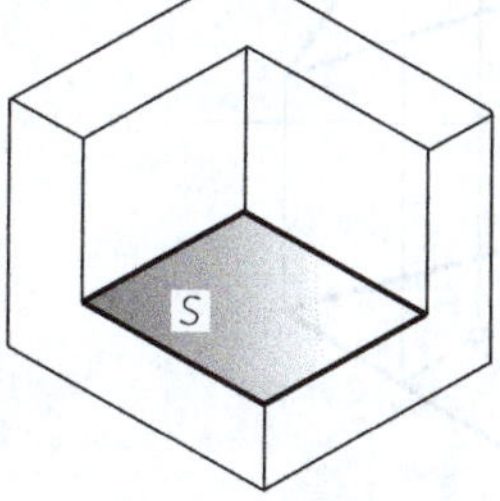 | 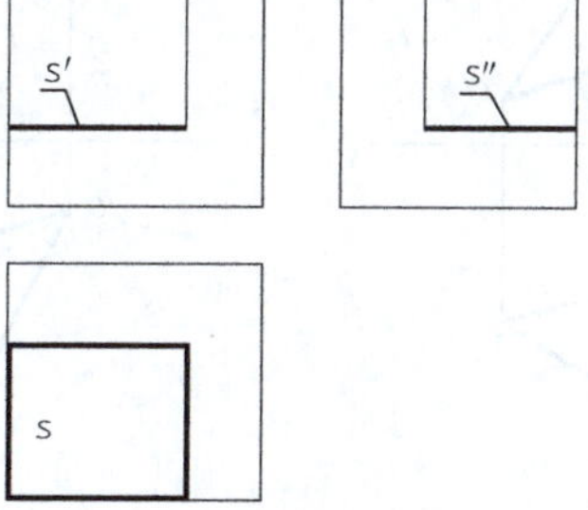 | 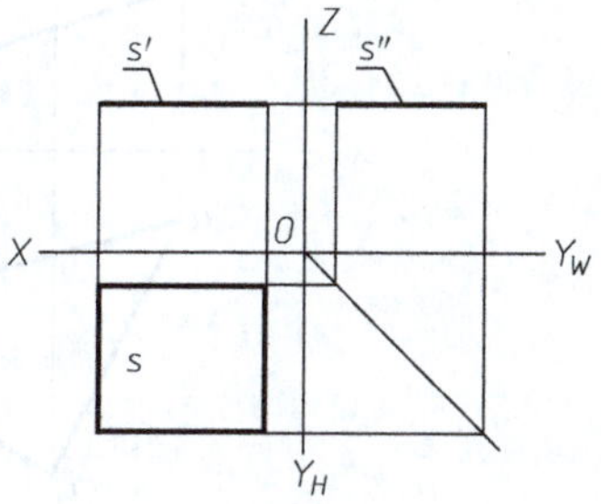 |

投影规律：①水平投影反映实形；②正面投影、侧面投影均积聚成直线，且同时垂直于 OZ 轴

(续)

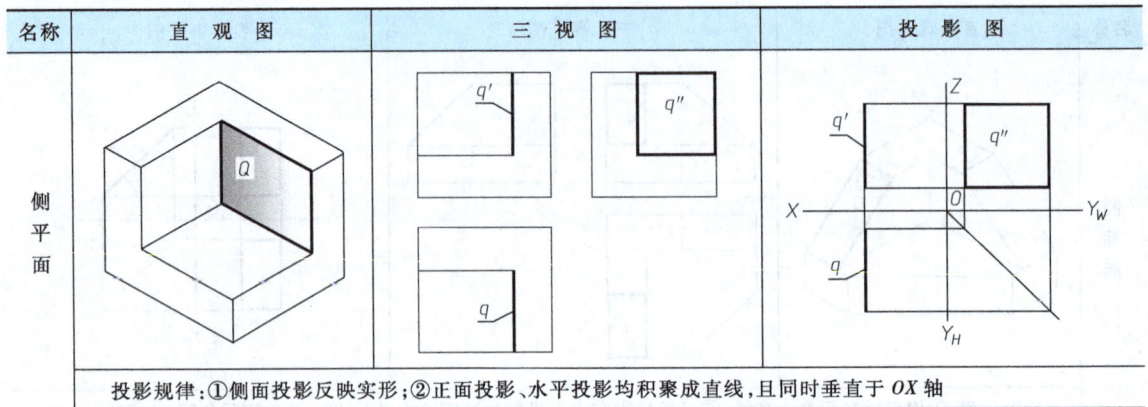

投影面平行面的投影规律可归纳为：在平面所平行的投影面上，该平面的投影反映实形；其余两个投影积聚为直线，且垂直于同一投影轴。

3. 平面内的点和直线

（1）平面内的点　属于平面内的点，必属于平面内的已知直线。如图 3-20a 所示，M、N 分别是直线 AB、BC 上的两点，由于相交两直线 AB 和 BC 确定平面 P，则点 M 和点 N 属于平面 P。

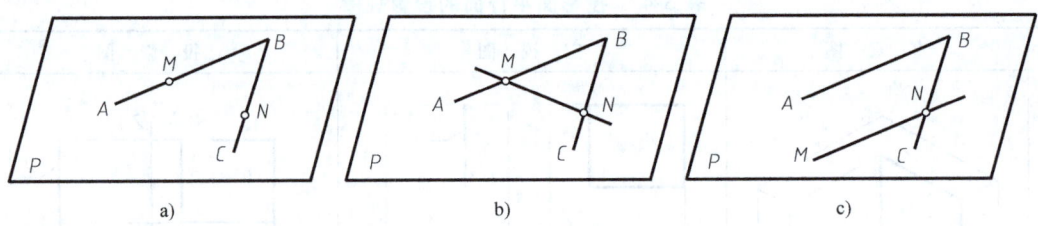

图 3-20　平面上的点和直线

【例 3-5】　如图 3-21a 所示，点 K 属于 $\triangle ABC$ 所确定的平面，k 为其水平投影，求其正面投影 k'。

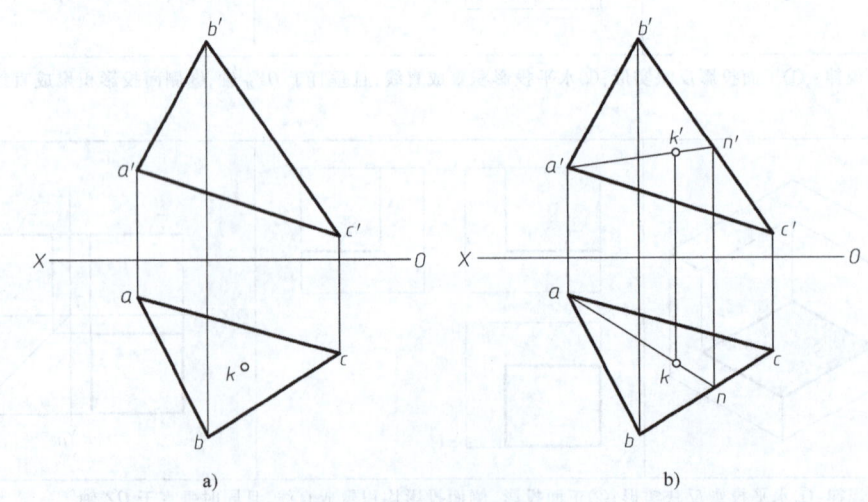

图 3-21　平面内点的投影

分析： 由于点 K 属于 $\triangle ABC$，必属于平面内的某已知直线，为此可利用过点 K 在平面内作辅助线，并根据从属性由 k 求得 k'。

作图：

1）过点 K 在平面内作辅助线 AN。连接 ak 并延长交 bc 于点 n。由点 N 从属于直线 BC，求得 n' 及 AN 的正面投影 $a'n'$，如图 3-21b 所示。

2）根据从属性由 k 求得 k'。由 k 作 OX 轴的垂线交 $a'n'$ 于点 k'，k' 即为点 K 的正面投影。

（2）平面内的直线

1）若直线通过属于平面的两个点，则直线属于该平面。如图 3-20b 所示，已知点 M、N 是平面 P 内的两点，则过点 M、N 连直线，该直线必属于平面 P。

2）若直线通过平面内的一个点，且平行于该平面内一直线，则该直线属于该平面。如图 3-20c 所示，相交两直线 AB、BC 确定平面 P，N 为 BC 上一点（即点 N 在平面 P 内），过点 N 作直线 MN 平行于 AB，则 MN 必属于平面 P。

【例 3-6】 判别直线 MN 是否属于平面 $\triangle ABC$，如图 3-22a 所示。

分析： 直线 MN 若属于平面，则直线上所有的点均应属于该平面。

方法 1：

判别直线两端点 M、N 是否属于 $\triangle ABC$，据此判别直线是否属于平面。作图后发现点 M 属于平面，点 N 不属于平面，则直线 MN 不属于平面，如图 3-22b 所示。

方法 2：

延长直线 MN 的水平投影 mn，与平面内已知直线 AB、BC 的水平投影 ab、bc 分别交于点 e、f，求出直线 EF 的正面投影 $e'f'$，直线 EF 必属于平面 $\triangle ABC$，而直线 MN 的正面投影 $m'n'$ 并不属于 $e'f'$，则直线 MN 不属于 $\triangle ABC$，如图 3-22c 所示。

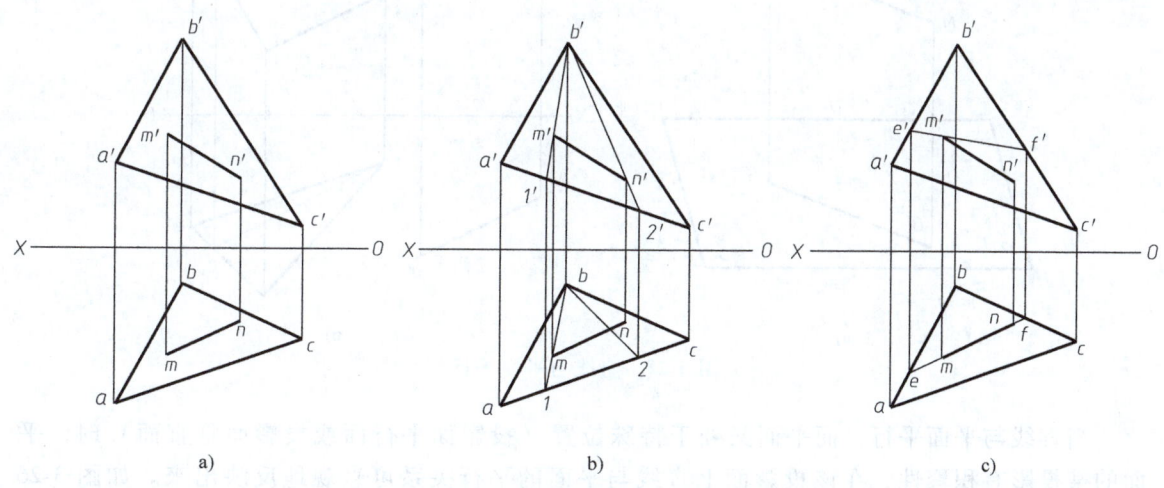

图 3-22 判别直线是否属于平面

（3）平面内的投影面平行线　一般位置平面上有投影面平行线（无穷多条）。它们是特殊位置线，如图 3-23 和图 3-24 所示。它们具有投影面平行线的投影性质，又与所属平面保持从属关系。

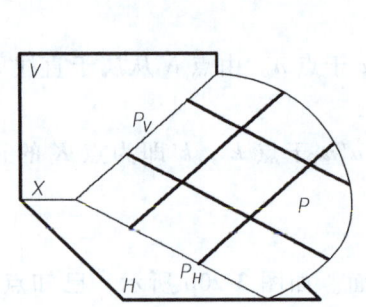
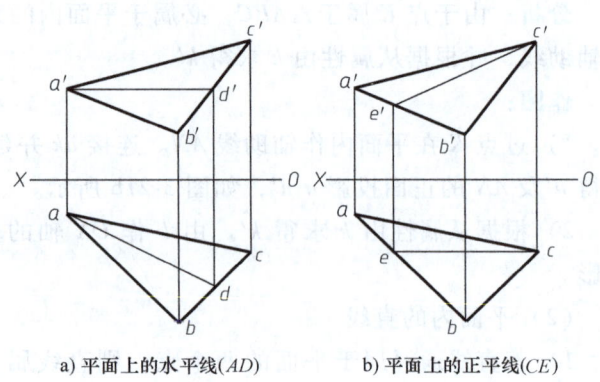

a) 平面上的水平线(AD)　　b) 平面上的正平线(CE)

图 3-23　投影面平行线（空间状态）　　图 3-24　投影面平行线（投影图）

3.4　直线与平面、平面与平面的相对位置关系

1. 平行关系

（1）直线与平面平行　若直线与平面内某一直线平行，则该直线与该平面平行。反之，当直线与平面平行时，平面内一定存在与该直线平行的直线。

如图 3-25a 所示，MN//GH，GH 是属于平面 P 的一条直线，则直线 MN 平行于平面 P。在图 3-25b 中，直线 CF 属于平面 CDE，由于 $a'b'//c'f'$、$ab//cf$，则 AB//CF，那么直线 AB//△CDE。

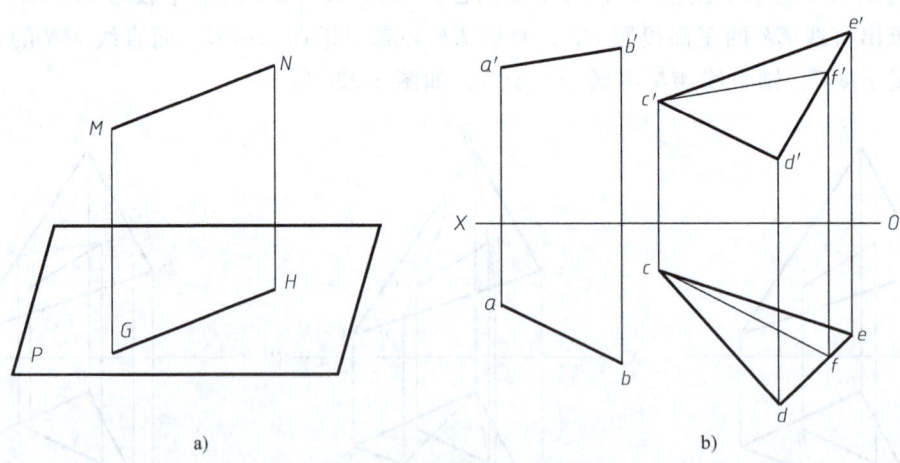

图 3-25　直线与平面平行

当直线与平面平行，而平面又处于特殊位置（投影面平行面或投影面垂直面）时，平面的某投影有积聚性，在该投影面上直线与平面的平行关系可直观地反映出来。如图 3-26 所示，△ABC 是铅垂面，其 H 面投影有积聚性，一般位置直线 L_1//△ABC，则有 l_1//abc。另有铅垂线 L_2//△ABC，两者的 H 面投影都有积聚性，平行关系是肯定的。

（2）平面与平面平行　若属于一平面的相交两直线对应平行于属于另一平面的相交两直线，则此两平面互相平行。

第3章 基本几何元素的投影

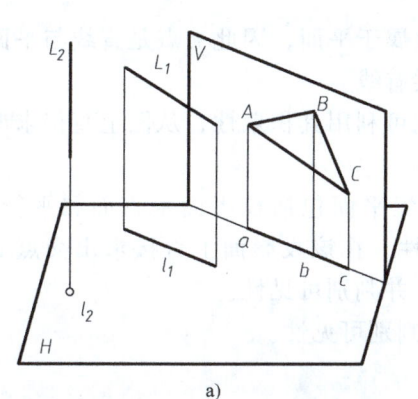
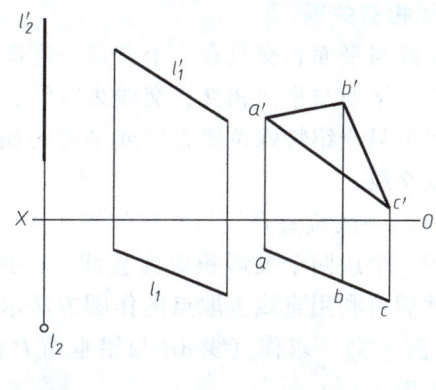

图 3-26　直线与特殊位置平面平行

如图 3-27a 所示，$AB//DE$，$BC//EF$，则平面 ABC//平面 DEF。在图 3-27b 中，平面 ABC 由两相交直线 AB、BC 确定，平面 DEF 内存在两相交直线 DG、FH，由于 $a'b'//d'g'$，$ab//dg$，$b'c'//f'h'$，$bc//fh$，则 $AB//DG$，$BC//FH$，那么平面 ABC//平面 DEF。

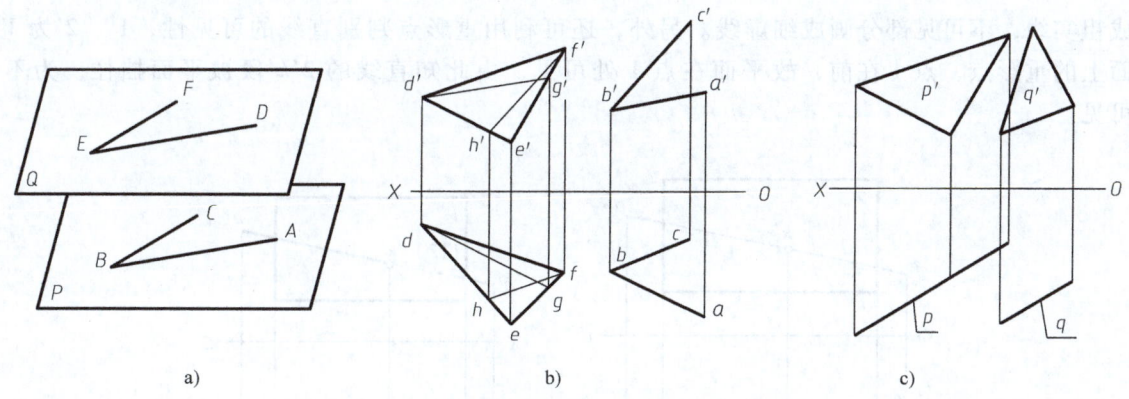

图 3-27　平面与平面平行

当两平行平面同时垂直于某投影面时，两平面的积聚性投影互相平行，如图 3-27c 所示。反之，若两平面在某投影面的积聚性投影平行，则两平面互相平行。

【例 3-7】　判断如图 3-28 所示两已知平面 ABC 和平面 DEF 是否平行。

作图：

可先作平面 ABC 内的一对相交直线，再看是否能在平面 DEF 内找到一对相交直线与之对应平行，为此，作分别属于两平面的水平线和正平线，如图 3-28 所示。从图 3-28 中可以看出，$FM//BK$，$DN//CL$，所以两平面平行。

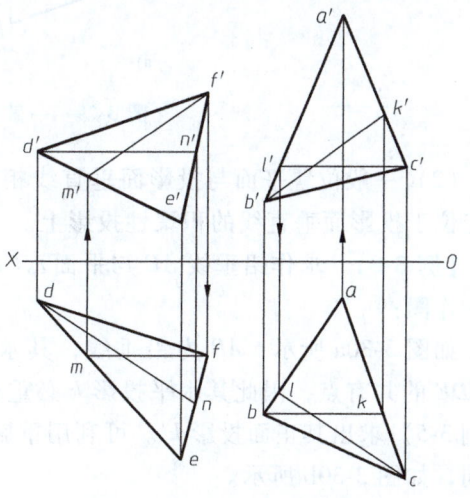

图 3-28　判断两平面是否平行

2. 相交关系

直线与平面相交只有一个交点，它既属于直线，也属于平面，因此交点是直线与平面的共有点。平面与平面相交，交线为直线，是两平面的共有线。

本节只介绍特殊位置直线或平面的相交关系，因此可利用其积聚性，从图上直接求出其交点或交线。

（1）一般位置直线与特殊位置平面相交　特殊位置平面包括投影面垂直面和平行面，平面的一个或两个投影积聚为直线，因此可利用积聚性，在该投影面上直接求出交点的投影，然后再利用直线上取点的作图方法求出其他投影，并判别可见性。

【例 3-8】　求作直线 AB 与铅垂面 P 的交点 K，并判别可见性。

作图：

如图 3-29a 所示，平面 P 为铅垂面，其水平投影积聚为一直线，此直线与直线 AB 的水平投影 ab 交于一点，由共有性可知该点即为交点 K 的水平投影，然后利用直线上取点的方法求出其正面投影 k'。

交点是可见与不可见的分界点，利用积聚性投影可判别无积聚性投影的可见性。在图 3-29b 中，由水平投影可看出 KB 在平面 P 前方，故 KB 的正面投影 $k'b'$ 可见，将可见部分画成粗实线，不可见部分画成细虚线。另外，还可利用重影点判别直线的可见性，$1'$、$2'$ 为 V 面上的重影点，点 1 在前，故平面在点 1 处可见，由此知直线的 $2'k'$ 段被平面挡住，为不可见。

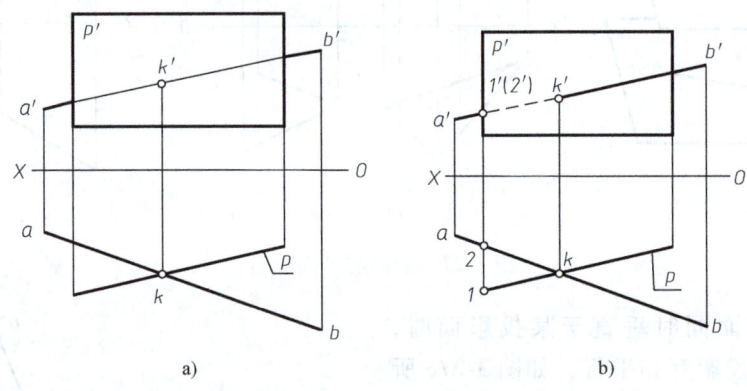

图 3-29　一般位置直线与铅垂面相交

（2）一般位置平面与投影面垂直线相交　投影面垂直线与平面相交，交点的一个投影必定位于投影面垂直线的积聚性投影上。

【例 3-9】　求作铅垂线 AB 与平面 △CDE 的交点 K，并判别可见性。

作图：

如图 3-30a 所示，AB 为铅垂线，其水平投影积聚为一点 a(b)，交点 K 为直线 AB 与 △CDE 的共有点，因此其水平投影 k 必重合于点 a(b)。然后利用在平面上取点的方法（详见例 3-5）求出其正面投影 k'。可利用重影点判别直线 AB 的可见性，判别方法与【例 3-8】相同，如图 3-30b 所示。

（3）两投影面垂直面相交　如图 3-31 所示，平面 P 和平面 △ABC 都为铅垂面，其交

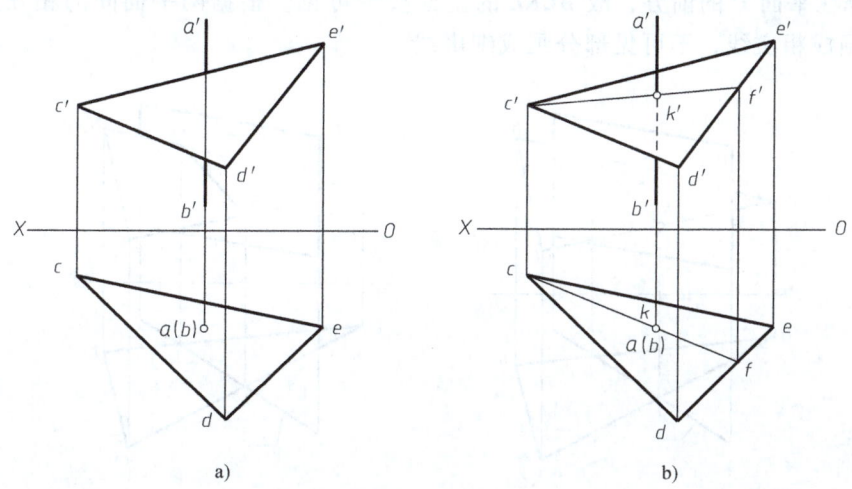

图 3-30 一般位置平面与铅垂线相交

线 KL 为两平面的共有线，必为铅垂线。由铅垂面的投影规律可知，平面 P 和平面 △ABC 的水平投影皆积聚为直线，其交点即为交线 KL 的水平积聚投影 k（l）。然后利用交线的共有性，求出 KL 的正面投影 k'l'。可利用积聚性或重影点判别平面的可见性，判别方法同【例 3-8】。

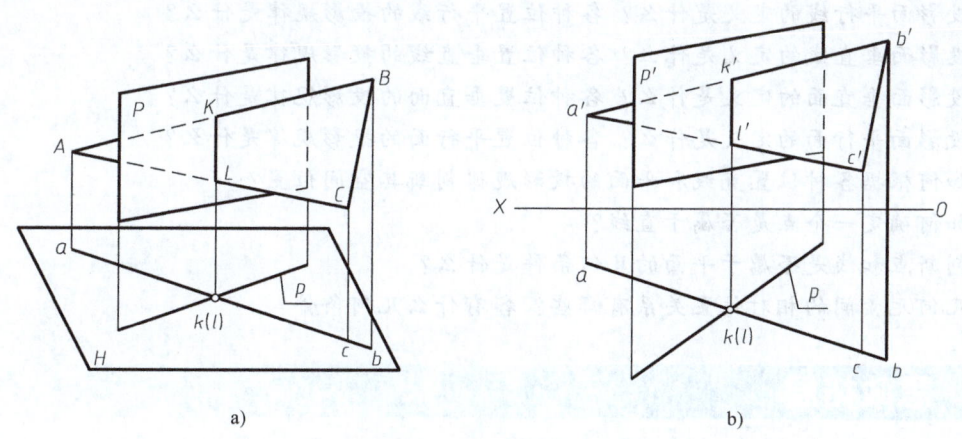

图 3-31 两铅垂面相交

（4）一般位置平面与投影面垂直面相交

【例 3-10】 求作平面 △ABC 和铅垂面 P 的交线 KL，并判别可见性。

作图：

如图 3-32a 所示，平面 P 为铅垂面，其水平投影积聚为一条直线，平面 △ABC 为一般位置平面，交线 KL 为两平面的共有线，故其水平投影 kl 必然与平面 P 的积聚性投影重合，与 △ABC 的 AC 边、AB 边分别交于点 K 和点 L，利用直线上取点的方法求得点 K 和点 L 的正面投影 k' 和 l'，得交线 KL。

交线为两平面可见与不可见的分界线。由图 3-32b 中的水平投影可以看出，平面 △ABC

的 BCKL 部分在平面 P 的前方，故 BCKL 的正面投影可见。根据两平面间的相互遮挡关系，将可见部分画成粗实线，不可见部分画成细虚线。

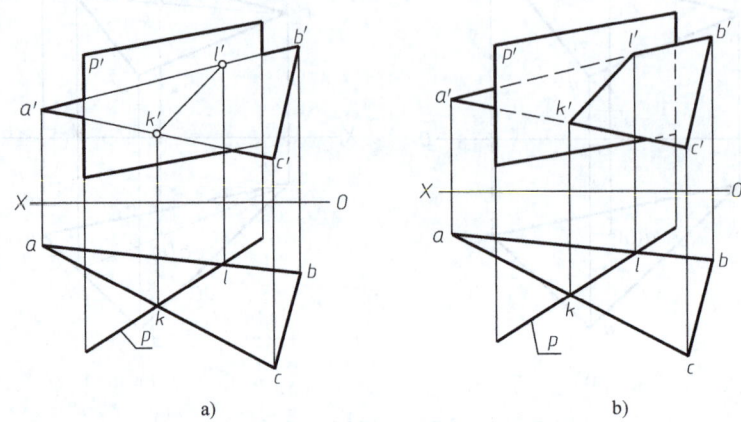

图 3-32　一般位置平面与铅垂面相交

思考题

1. 点的三面投影规律是什么？
2. 投影面平行线的定义是什么？各种位置平行线的投影规律是什么？
3. 投影面垂直线的定义是什么？各种位置垂直线的投影规律是什么？
4. 投影面垂直面的定义是什么？各种位置垂直面的投影规律是什么？
5. 投影面平行面的定义是什么？各种位置平行面的投影规律是什么？
6. 如何根据各种位置直线和平面的投影规律判断其空间位置？
7. 如何确定一个点是否属于直线？
8. 判断点和线是否属于平面的几何条件是什么？
9. 几何元素间的相对位置关系有哪些？各有什么几何条件？

思政拓展

中国创造：东方超环

第 4 章

基本立体及其表面交线

> **内容提要**：基本立体（简称基本体）是构成复杂形体的基本体素，基本立体的投影表达是绘制复杂形体投影图的基础。本章主要介绍基本立体的形成及其投影图的绘制方法，基本立体表面上点和线的作图方法，基本立体表面与平面的交线以及两基本立体表面的交线等。
>
> **本章重点**：基本立体投影图画法及其表面上点和线的作图方法；平面与立体表面的交线（截交线）及两立体表面的交线（相贯线）的作图方法。

4.1 立体的构成与分类

立体的种类繁多，但任何组合体都可以看作是由一些简单几何体组成的，这些简单几何体统称为基本立体或基本体，常见的有棱柱、棱锥、圆柱、圆锥、圆球和圆环等。

根据立体表面的几何性质，基本立体可分为平面立体和曲面立体两大类。表面全部是平面的立体称为平面立体，如棱柱和棱锥等；表面全部是曲面或既有曲面又有平面的立体称为曲面立体，如圆柱、圆锥、圆球和圆环等。

在基本立体的基础上形成的组合体，根据其构型特点，可分为切割式立体、相贯式立体和组合式立体等多种类型。

4.1.1 基本立体

1. 平面立体

常见的平面立体有棱柱和棱锥。

棱柱是由顶面、底面和若干个棱面围成的，相邻棱面的交线称为棱线，棱线互相平行。顶面、底面与棱线垂直的棱柱称为直棱柱，如图 4-1a 所示；顶面、底面与棱线倾斜（不垂直）的棱柱称为斜棱柱，如图 4-1b 所示；顶面、底面为正多边形的直棱柱称为正棱柱，如图 4-1c 所示。

棱锥是由底面和棱面围成的，底面是多边形，各棱面都是三角形，相邻棱面的交线称为棱线，各棱线相交于一点，该点称为棱锥的锥顶。锥顶在底面的投影位于底面中心的棱锥称为正棱锥，如图 4-2a 所示；其余类型的棱锥称为斜棱锥，如图 4-2b、c 所示。

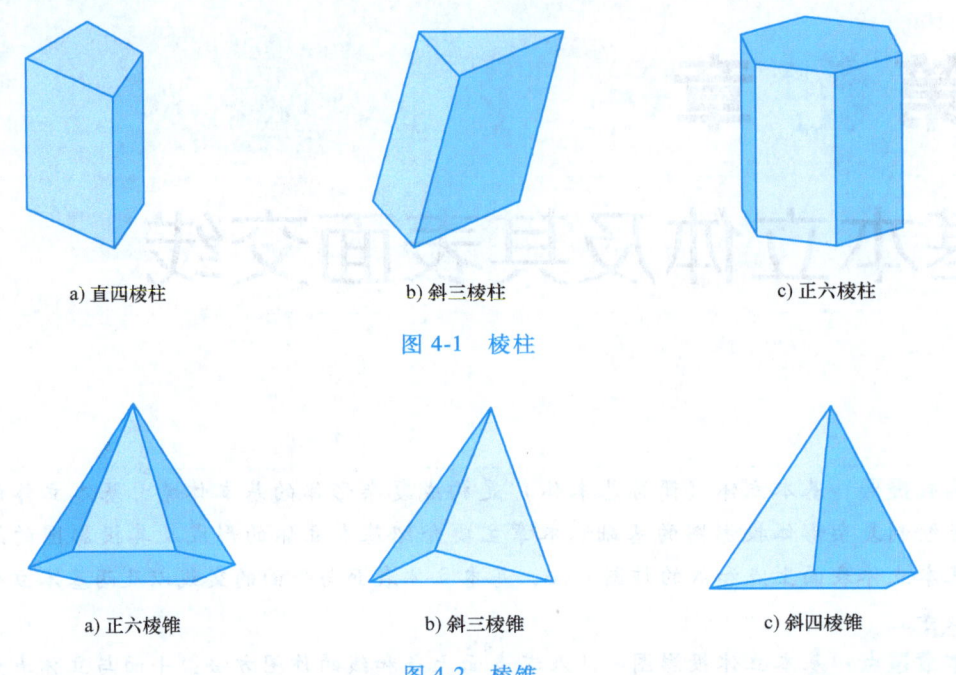

a) 直四棱柱　　　b) 斜三棱柱　　　c) 正六棱柱

图 4-1　棱柱

a) 正六棱锥　　　b) 斜三棱锥　　　c) 斜四棱锥

图 4-2　棱锥

2. 曲面立体

一动线（直线、圆弧或其他曲线）在空间连续运动所形成的轨迹即为曲面。形成曲面的动线称为母线。母线在曲面上任一位置时的线条称为曲面的一条素线。

母线绕固定轴线做旋转运动形成的曲面称为回转面。如图 4-3a 所示，该回转面的母线是由多段直线段和圆弧线段构成的，母线上每一点绕轴线旋转的运动轨迹都是一个圆，该圆称为纬圆，纬圆的半径为母线上的点到回转轴线的距离。

表面由平面与曲面或完全由曲面围成的立体称为曲面立体。其中，曲面为回转面的立体称为回转体，如图 4-3b 所示。回转体分为直线回转体（如圆柱和圆锥）和曲线回转体（如圆球和圆环）两种类型。

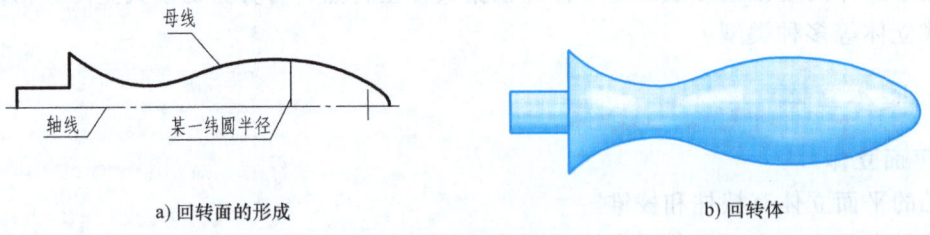

a) 回转面的形成　　　　　　　　b) 回转体

图 4-3　回转面的形成与回转体

常见的回转体有圆柱、圆锥、圆球和圆环，如图 4-4 所示。

圆柱是由圆柱面、顶面圆、底面圆围成的，圆柱面是由直母线绕与之平行的轴线回转而成的，如图 4-5a 所示。

圆锥是由圆锥面和底面圆围成的，圆锥面是由直母线绕与它相交于端点的轴线回转而成的，如图 4-5b 所示。

圆球是由球面围成的，球面是由一个圆母线绕通过圆心且在同一平面上的轴线回转而成的，如图 4-5c 所示。

圆环是由圆环面围成的，圆环面是由圆母线绕不过圆心、但与母线在同一平面上的轴线回转而形成的，如图 4-5d 所示。

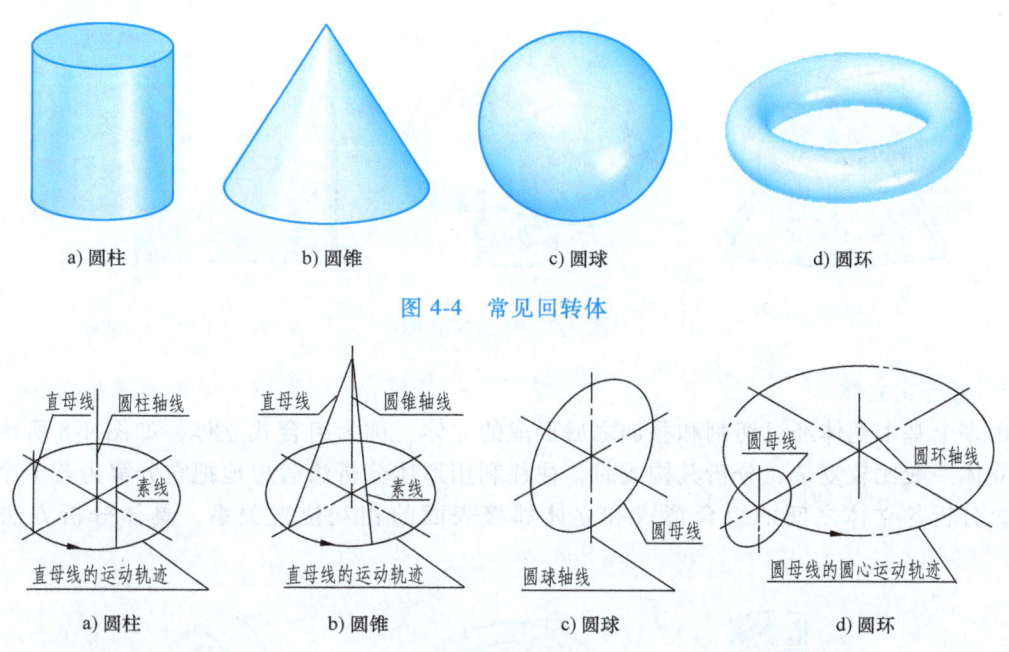

图 4-4 常见回转体

图 4-5 常见回转体的形成

4.1.2 组合体

以基本立体为基础，通过切割或叠加的方式，可以构成形状多样、结构不同的组合体。为了便于分析，通常将组合体分为如下几种。

1. 切割式立体

切割式立体，简称为切割体，是以基本立体为初始形状，利用平面、柱面或曲面等进行切割后形成的立体，如图 4-6 所示。平面截切立体时，平面与立体表面的交线称为截交线。截交线的作图方法见本章 4.4 节。

图 4-6 切割式立体

2. 叠加式立体

叠加式立体是指平面立体与平面立体、平面立体与曲面立体或曲面立体与曲面立体以叠加的方式相交（相贯）而形成的立体，如图 4-7 所示。相贯后的各个基本立体各自的形状都不具有完整性。这种立体不但要分析各基本立体的形状和相对位置关系，还要分析相交后立体表面上形成的相贯线（相贯线是立体表面之间的交线）。相贯线的作图方法见本章 4.5 节。

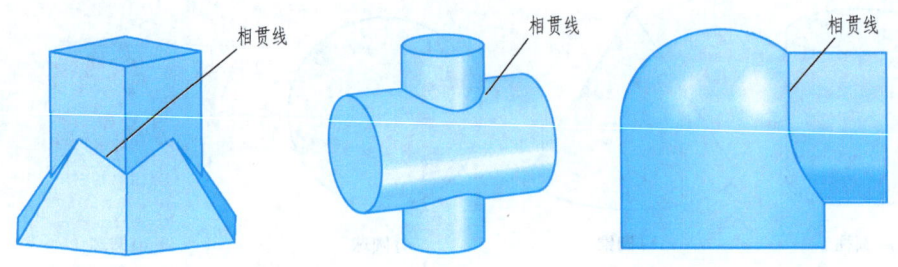

图 4-7 叠加式立体

3. 组合式立体

由多个基本立体经过切割和叠加之后形成的立体，称为组合式立体，如图 4-8 所示。组合式立体一般比较复杂，分析其构成时，往往利用形体分析法假想地把它分解为若干个基本立体，分析各立体之间的组合形式和立体邻接表面的相互位置关系，具体分析方法见第 5 章。

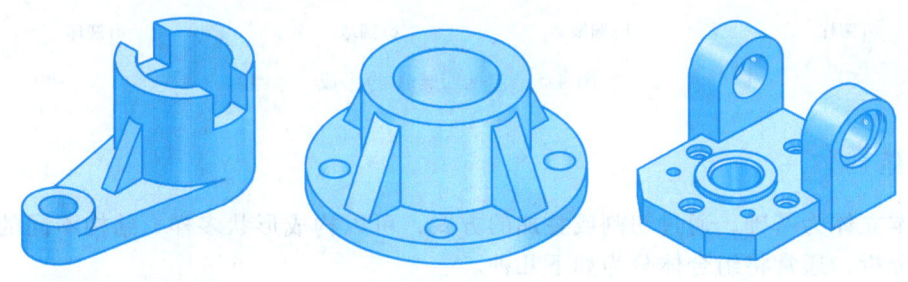

图 4-8 组合式立体

4.2 基本立体的投影

立体可看作是由面（平面或曲面）围成的，面又可看作是由线（直线或曲线）围成的，而线则可看作是满足特定条件的点的集合。绘制立体的投影，实质就是绘制出构成该立体的点、线和面的投影。

4.2.1 平面立体的投影

平面立体的各个面都是平面多边形，画平面立体的投影，可归纳为画出围成立体的各个表面的投影或是画出立体上所有棱线的投影。

1. 棱柱的投影

（1）投影分析　如图 4-9a 所示，将正六棱柱置于三投影面体系中，其顶面、底面均为水平面，水平投影反映实形，正面投影和侧面投影各积聚为一直线段。该棱柱有六个棱面：前、后棱面为正平面，其正面投影反映实形，水平投影和侧面投影各积聚为一直线段；该棱柱的其他四个棱面均为铅垂面，其水平投影均积聚为直线段，正面投影和侧面投影均为类似形。

（2）作图过程（图4-9b）

1）画出对称中心线（用细点画线画出），以确定投影图的位置。

2）画出顶面、底面的水平投影（反映实形的正六边形）。

3）根据棱线的高度，画出正六棱柱的正面投影和侧面投影。

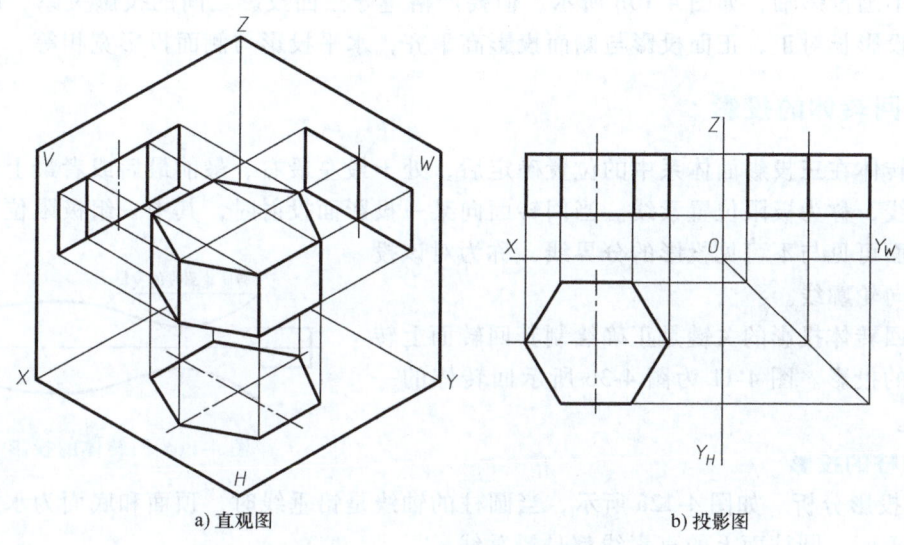

a) 直观图　　　　　　　　　　　b) 投影图

图 4-9　正六棱柱的投影

2. 棱锥的投影

（1）投影分析　如图4-10a所示，将三棱锥置于三投影面体系中，其底面为水平面，在水平投影中反映实形；后棱面为侧垂面，在侧面投影中积聚为一斜线；左、右棱面是一般位

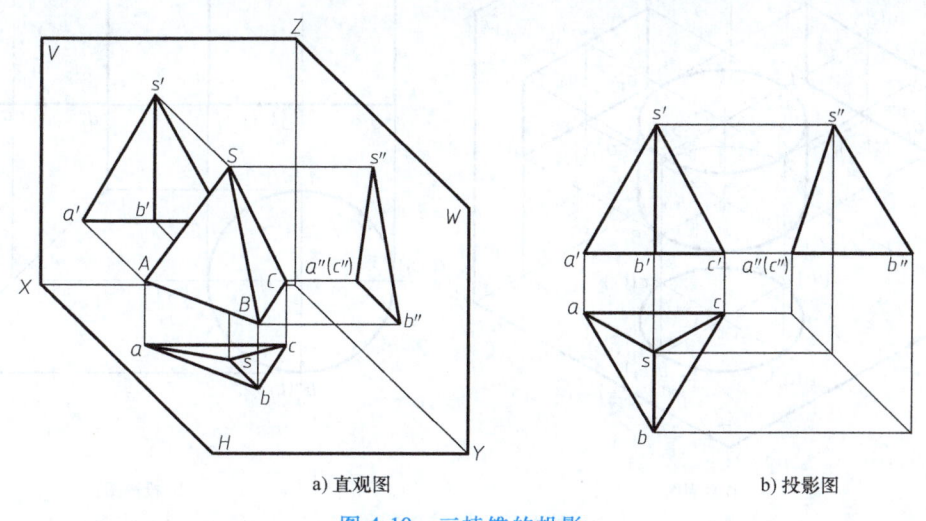

a) 直观图　　　　　　　　　　　b) 投影图

图 4-10　三棱锥的投影

置平面,它们的三个投影均为类似形。

(2) 作图过程(图 4-10b)

1) 先画出反映底面 △ABC 实形的水平投影 △abc,再画出其正面投影和侧面投影,两者均积聚为直线段。

2) 确定顶点 S 的三面投影 s、s′ 和 s″。

3) 分别连接顶点 S 与底面各顶点 A、B 和 C 的同面投影,画出各棱线 SA、SB 和 SC 的三面投影,从而得到三棱锥的三面投影。

立体投影的形状和大小,与立体相对于投影面的距离无关。在画图时为了合理布置图形,可以不画投影轴,如图 4-10b 所示。但要严格遵守三面投影之间的投影关系,即正面投影与水平投影长对正,正面投影与侧面投影高平齐,水平投影与侧面投影宽相等。

4.2.2 回转体的投影

当回转体在三投影面体系中的位置确定后,处于最左最右、最前最后或者最上最下极限位置的素线,称为极限位置素线。当回转面向某一投影面投射时,其中一组极限位置素线便是该回转面可见与不可见投影的分界线,称为对该投影面的转向轮廓线。

绘制回转体投影的关键是正确绘制其回转面上转向轮廓线的投影。图 4-11 为图 4-3b 所示回转体的一个投影图。

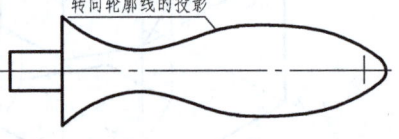

图 4-11 回转体的投影

1. 圆柱的投影

(1) 投影分析 如图 4-12a 所示,当圆柱的轴线是铅垂线时,顶面和底面为水平面,圆柱面为铅垂面,圆柱面上的直素线都是铅垂线。

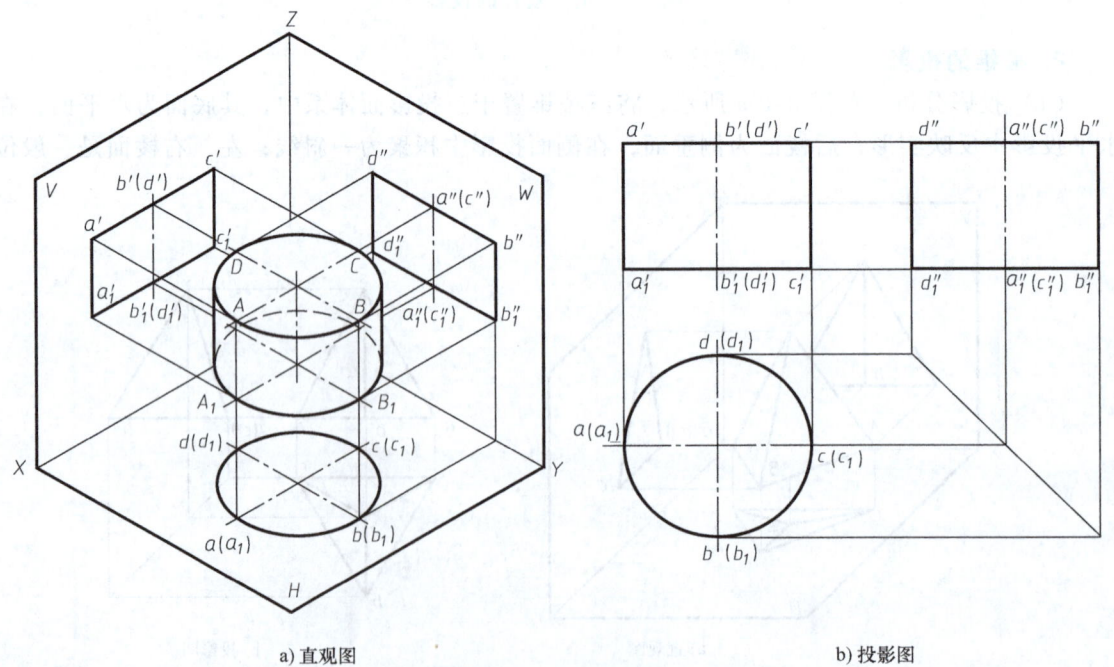

a) 直观图   b) 投影图

图 4-12 圆柱的投影

顶面、底面的水平投影重合为反映实形的圆平面，正面投影和侧面投影分别积聚为两条直线段，其长度等于圆柱的直径；圆柱面的水平投影积聚为一圆曲线；圆柱面的正面投影要画出最左、最右转向轮廓线（AA_1 和 CC_1）的投影，正面转向轮廓线是圆柱面在正面投影图上可见和不可见柱面的分界线；圆柱面的侧面投影要画出最前、最后转向轮廓线（BB_1 和 DD_1）的投影，侧面转向轮廓线是圆柱面在侧面投影图上可见和不可见柱面的分界线。

需要注意的是，AA_1 和 CC_1 的侧面投影与轴线的投影重合，BB_1 和 DD_1 的正面投影与轴线的投影重合，在投影图中不再画出其投影。

（2）作图过程（图 4-12b）

1）画出圆柱轴线的正面投影和侧面投影以及水平投影圆的对称中心线，确定圆柱的位置。

2）根据圆柱直径，绘制反映顶面和底面实形的水平投影圆。圆柱面的水平投影积聚在圆曲线上，四条转向轮廓线的水平投影积聚在圆曲线的四个象限点上。

3）画圆柱的正面投影和侧面投影，其为两个大小完全相等的矩形。矩形中平行于轴线的两边为正面转向轮廓线和侧面转向轮廓线的投影，边长等于圆柱的高度；矩形中垂直于轴线的两边为顶面和底面的积聚性投影，边长等于圆柱的直径。

2. 圆锥的投影

（1）投影分析　如图 4-13a 所示，圆锥是由圆锥面和底面圆围成的。当圆锥的轴线为铅垂线时，圆锥的水平投影为一个圆，这个圆既是平行于 H 面的底面圆的实形，又是圆锥面的水平投影；圆锥的正面投影与侧面投影是大小完全相等的等腰三角形，其底边为底面圆的积聚性投影。

正面投影中 $s'a'$ 和 $s'c'$ 分别为圆锥面上最左素线 SA 和最右素线 SC（又称为圆锥面对正面的转向轮廓线）的正面投影，SA 和 SC 的侧面投影与圆锥轴线的侧面投影重合，画图时不

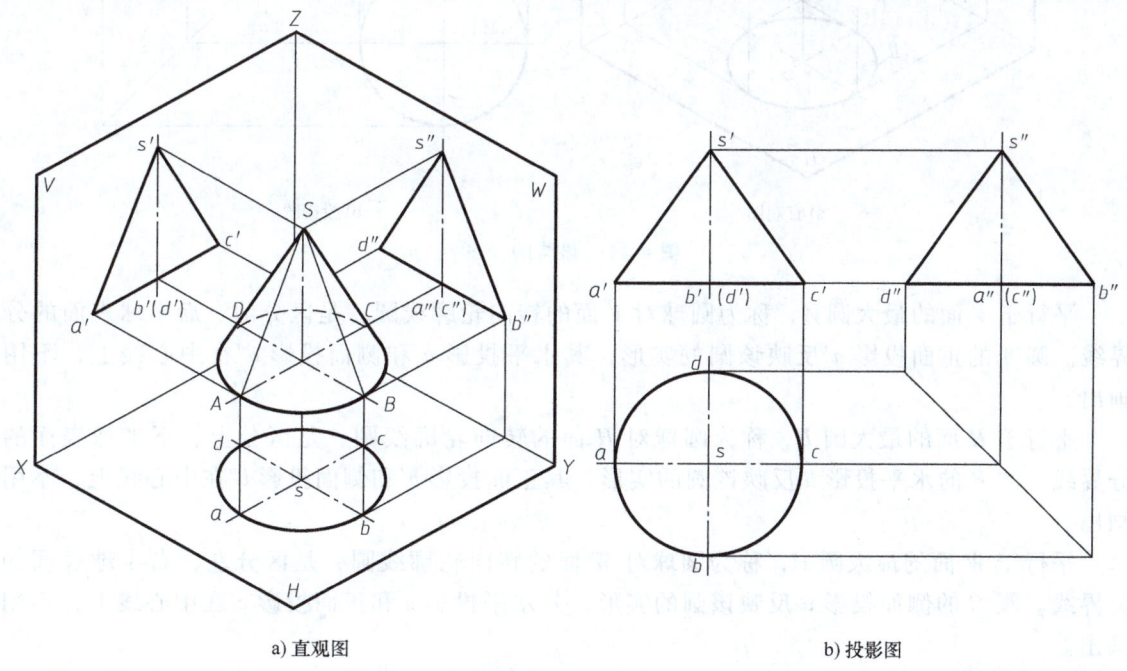

a) 直观图　　　　　　　　　　b) 投影图

图 4-13　圆锥的投影

需要表示。

侧面投影中 $s''b''$ 和 $s''d''$ 分别为圆锥面上最前素线 SB 和最后素线 SD（又称为圆锥面对侧面的转向轮廓线）的侧面投影，SB 和 SD 的正面投影与圆锥轴线的正面投影重合，画图时不需要表示。

（2）作图过程（图 4-13b）

1）画出轴线的正面投影和侧面投影、水平投影面上的圆的对称中心线，确定圆锥的位置。

2）绘制水平投影，圆的直径为圆锥底面圆的实际直径。

3）根据圆锥的高度，绘制正面投影及侧面投影，其为两个大小完全相等的等腰三角形。

3. 圆球的投影

（1）投影分析　图 4-14a 所示为在三投影面体系中的圆球。圆球有无数条轴线，一旦其在三投影面体系中的位置确定后，各投影的转向轮廓线圆就随之确定了。

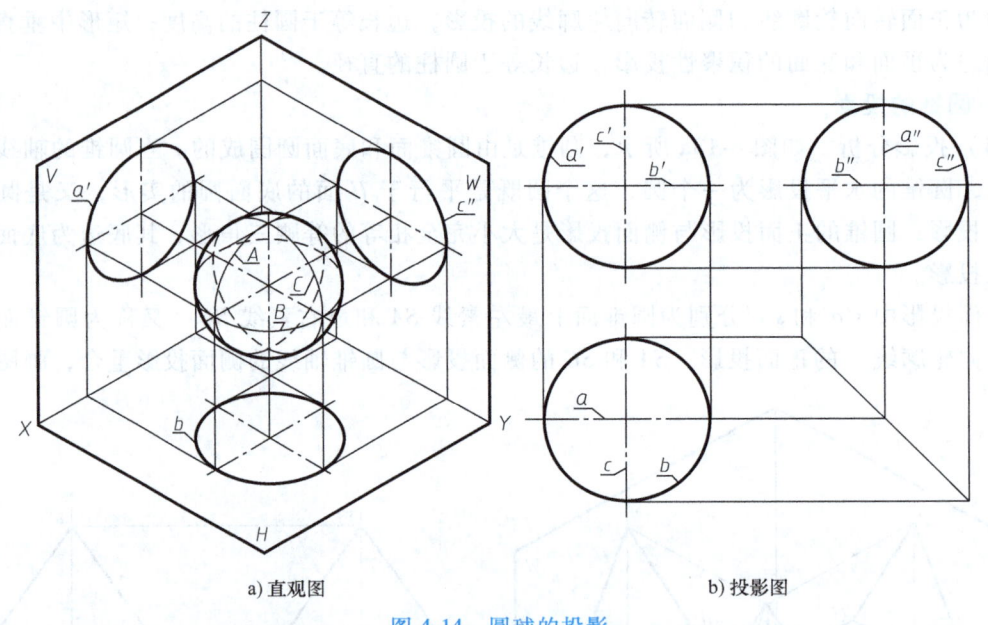

a) 直观图　　　　　b) 投影图

图 4-14　圆球的投影

平行于 V 面的最大圆 A，称为圆球对 V 面的转向轮廓线圆，是区分前、后半球表面的分界线。圆 A 的正面投影 a' 反映该圆的实形，其水平投影 a 和侧面投影 a'' 在中心线上，不用画出。

平行于 H 面的最大圆 B，称为圆球对 H 面的转向轮廓线圆，是区分上、下半球表面的分界线。圆 B 的水平投影 b 反映该圆的实形，其正面投影 b' 和侧面投影 b'' 在中心线上，不用画出。

平行于 W 面的最大圆 C，称为圆球对 W 面的转向轮廓线圆，是区分左、右半球表面的分界线。圆 C 的侧面投影 c'' 反映该圆的实形，其水平投影 c 和正面投影 c' 在中心线上，不用画出。

因此，圆球的三面投影均为大小相等的圆，其直径等于圆球的直径，但三个投影面上的圆是圆球对不同投影面的转向轮廓线圆的投影，三个转向轮廓线圆在空间两两垂直。

（2）作图过程　如图 4-14b 所示，作图时首先画出各投影的对称中心线，然后画出与圆球直径相等的圆曲线。

4. 圆环的投影

如图 4-15a 所示，将圆环置于轴线为铅垂线的位置，向三个投影面分别投射。在圆环的水平投影中，细点画线圆为圆母线圆心运动轨迹的投影，大圆、小圆为上半个圆环和下半个圆环的分界线圆的投影。在圆环的正面投影和侧面投影中，两个圆曲线为圆母线在极限位置时的投影，由于内环面不可见，故一半画成细虚线；两圆曲线的上下两条切线为内环面和外环面的分界线圆的投影。

一般情况下，圆环由正面投影和水平投影表示即可，侧面投影可以省略不画，如图 4-15b 所示。

当圆环的轴线为铅垂线时，如图 4-15c 所示，从前往后投射时，前半个外环面可见，内环面和后半个外环面均不可见；从上往下投射时，上半个环面可见，下半个环面不可见。

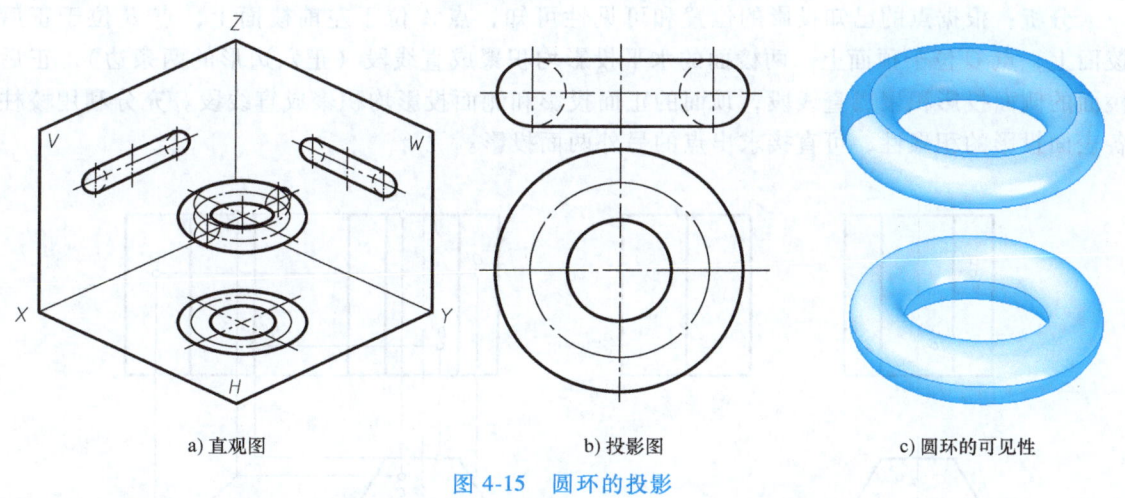

a）直观图　　　　　　b）投影图　　　　　　c）圆环的可见性

图 4-15　圆环的投影

4.3　立体表面的点和线

立体表面有无数的点和线，这些点和线从属于立体表面，那么其投影必然与立体表面的投影密切相关。画立体表面点的投影时，应先判断点的从属性，然后根据点的投影规律及其从属性作图，并充分利用立体表面投影的积聚性来求解。若点所在平面的投影可见，点的投影可见；若平面的投影积聚成直线，点的投影也可见。画立体表面线的投影时，则应先判断线的从属性及其形状，然后按先画特殊点再画一般点的顺序，画出线上一系列点的投影，判别可见性之后，将相关点的同面投影连接即可。

4.3.1　立体表面的点

根据点在立体表面的位置，可将其分为三类。
- 立体表面已知线上的点；

- 立体表面特殊位置面上的点；
- 立体表面一般位置面上的点。

前两类点的投影可直接根据其所属的线或面的已知投影画出，而第三类点的投影则需通过在一般位置面上画出包含该点的辅助线来完成。

1. 立体表面已知线上的点

这种情况下，线的三面投影已知，根据正投影的从属性，点的各面投影一定在其所属的已知线的同面投影上。作图时，从点的已知投影入手，按点的三面投影规律，分别在已知线的投影上画出点的相应投影。

2. 立体表面特殊位置面上的点

特殊位置面包括投影面垂直面和投影面平行面。如果点在投影面平行面或垂直面上，则可先求出点在平面积聚性投影上的投影，再按点的投影规律求出其第三面投影。

【例 4-1】 如图 4-16a 所示，已知正六棱柱的三面投影图，并已知其表面上点 A、B 和 C 的投影 a'、(b') 和 c，求这三个点的另外两面投影。

分析：根据点的已知投影的位置和可见性可知，点 A 位于左前棱面上，点 B 位于正后棱面上，点 C 位于顶面上。两棱面的水平投影均积聚成直线段（正六边形的两条边），正后棱面的侧面投影积聚成直线段，顶面的正面投影和侧面投影均积聚成直线段。充分利用棱柱各表面投影的积聚性，可直接求出点的另外两面投影。

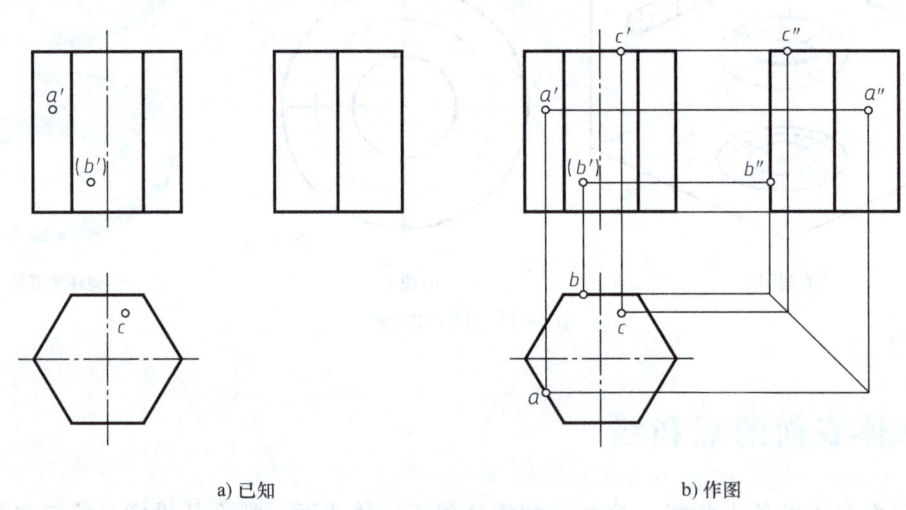

a) 已知　　　　　　　　b) 作图

图 4-16　正六棱柱表面上取点

作图过程如图 4-16b 所示。

【例 4-2】 如图 4-17a 所示，已知圆柱表面上四个点 A、B、C 和 D 的一面投影，求它们的另外两面投影。

分析：首先要判断点在圆柱表面上的位置，再利用圆柱面投影的积聚性或转向轮廓线投影的特殊性来确定另外两面投影，并判别可见性。

作图（图 4-17b）：

1) a' 可见，故点 A 位于圆柱面的左前方，属于特殊位置面上的点，根据圆柱面水平投影的积聚性，可确定出点 A 的水平投影 a，再由 a 和 a' 求得 a''，a'' 可见。

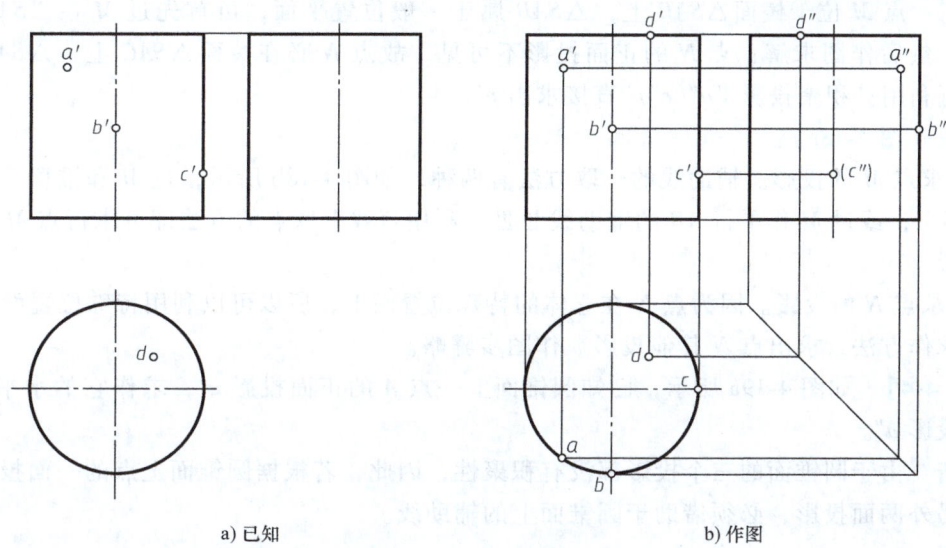

a) 已知　　　　　　　　　　　b) 作图

图 4-17　圆柱表面上取点

2) 根据 b' 的位置特征，可知点 B 在圆柱面最前素线上，属于已知线上的点，由此可直接确定 b 和 b''。

3) 由投影 c' 可知，点 C' 在圆柱面最右素线上，属于已知线上的点，由此即可确定 c 和 (c'')，且 (c'') 不可见。

4) d 在圆平面上并可见，说明点 D 在圆柱的顶面上，由此即可确定 d' 和 d''。

3. 立体表面一般位置面上的点

这种情况下，可采用平面内取点的方法，即首先在一般位置面内作包含该点的辅助线，然后利用直线上点的投影作图方法求出点的投影，即求点先作线。

【例 4-3】　如图 4-18a 所示，已知三棱锥表面上两点 M 和 N 的投影 m' 和 (n')，求两点的其余两面投影。

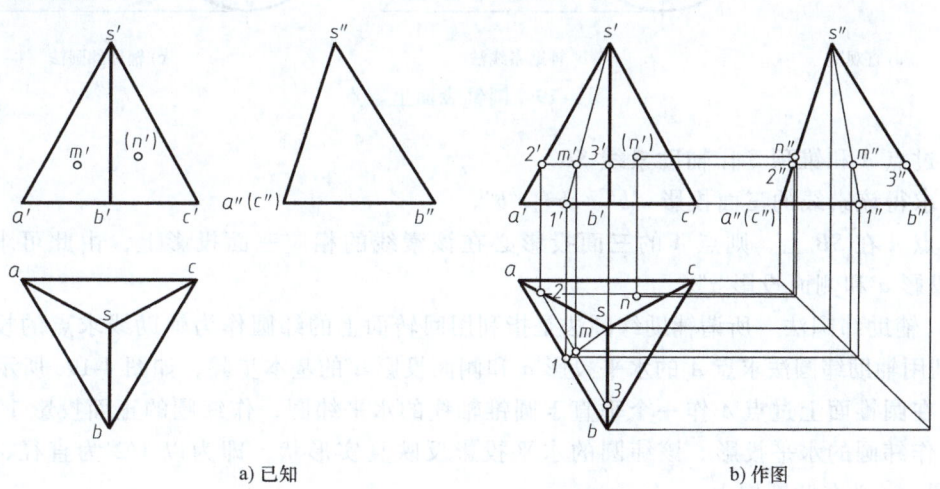

a) 已知　　　　　　　　　　　b) 作图

图 4-18　三棱锥表面上取点

分析：点 M 位于棱面 $\triangle SAB$ 上，$\triangle SAB$ 属于一般位置平面，可首先过 M 在 $\triangle SAB$ 内作辅助线，然后作图求解；点 N 的正面投影不可见，故点 N 必在棱面 $\triangle SAC$ 上，$\triangle SAC$ 为侧垂面，可利用其积聚投影 $s''a''(c'')$ 直接求出 n''。

作图（图 4-18b）：

1）求点 M 的投影。辅助线的选取方法有两种，如图 4-18b 所示，过 M 和锥顶 S 连线并延长得 $S\text{I}$，或过 M 作平行 AB 的辅助线 II III，利用直线上取点的方法即可求得点 M 的其他两面投影。

2）求点 N 的投影。因为点 N 在立体的特殊位置面上，所以可以利用特殊位置面上的点的投影求作方法，求出点 N 其他投影。作图步骤略。

【例 4-4】 如图 4-19a 所示，已知圆锥面上一点 A 的正面投影 a'，求作它的水平投影 a 和侧面投影 a''。

分析：由于圆锥面的三个投影都没有积聚性，因此，若根据圆锥面上点的一面投影求作该点的另外两面投影，必须借助于圆锥面上的辅助线。

作图：

（1）**辅助素线法** 所谓辅助素线法是指利用曲面的素线作为辅助线求点的投影的作图方法。利用辅助素线法求点 A 的水平投影 a 和侧面投影 a'' 的基本步骤，如图 4-19b 所示。

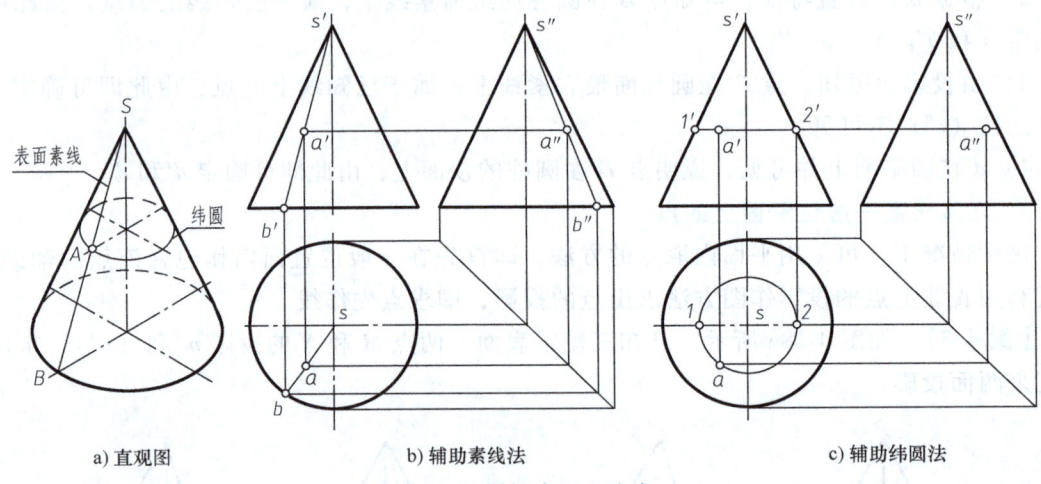

a) 直观图　　　　b) 辅助素线法　　　　c) 辅助纬圆法

图 4-19　圆锥表面上取点

1）过点 A 和锥顶 S 作辅助素线 SB。

2）求得该素线的三面投影 $s'b'$、sb、$s''b''$。

3）点 A 在 SB 上，则点 A 的三面投影必在该素线的相应三面投影上，由此可求出点 A 的水平投影 a 和侧面投影 a''。

（2）**辅助纬圆法** 所谓辅助纬圆法是指利用回转面上的纬圆作为辅助线求点的投影作图方法。利用辅助纬圆法求点 A 的水平投影 a 和侧面投影 a'' 的基本步骤，如图 4-19c 所示。

1）在圆锥面上过点 A 作一个垂直于圆锥轴线的水平纬圆，作纬圆的正面投影 $1'2'$。

2）作纬圆的水平投影，该纬圆的水平投影反映真实形状，即为以 $1'2'$ 为直径，以 s 为圆心的圆，a 必在此圆周上。

3）作点 A 的水平投影 a，并由 a 和 a' 通过投影关系求得 a''。

【例 4-5】 如图 4-20a 所示,已知圆球面上一点 A 的正面投影 a',求作它的水平投影 a 和侧面投影 a''。

分析: 由于圆球面的三个投影都没有积聚性,若根据圆球面上点的一面投影求作该点的另外两面投影,必须借助于圆球面上的辅助线。虽然过圆球面上的一点可以作无数个圆曲线,但为了作图方便,一般取投影面的平行圆作为辅助线。

作图: 取辅助圆的方法有三种:如图 4-20b 所示,过点 A 取水平圆作为辅助圆;如图 4-20c 所示,过点 A 取正平圆作为辅助圆;如图 4-20d 所示,过点 A 取侧平圆作为辅助圆。三种方法所得的结果相同。根据辅助圆投影即可求得点 A 的另两面投影。

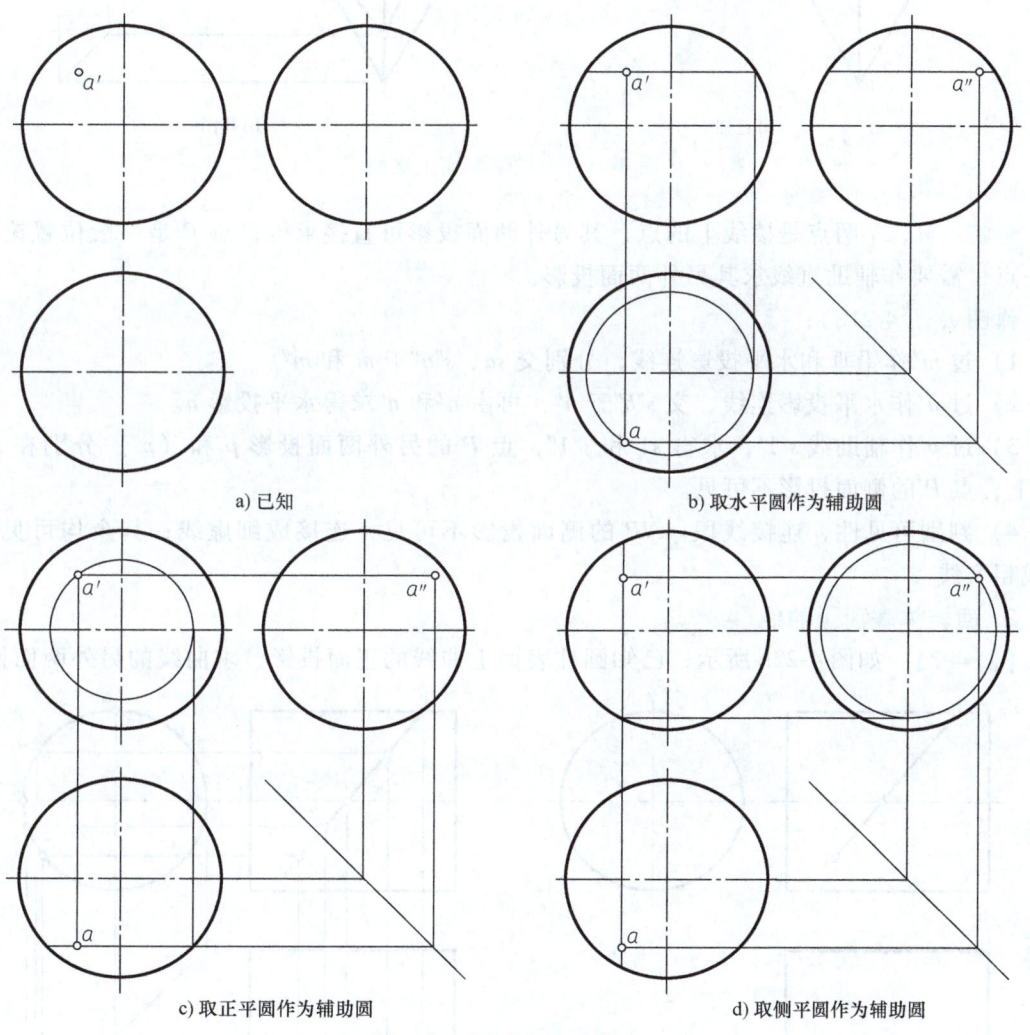

图 4-20 圆球表面上取点

4.3.2 立体表面的线

1. 平面立体表面上的线

【例 4-6】 如图 4-21a 所示,已知三棱锥表面上的两条线段 MN 和 NP 的正面投影,求两线段的水平投影和侧面投影,并判别可见性。

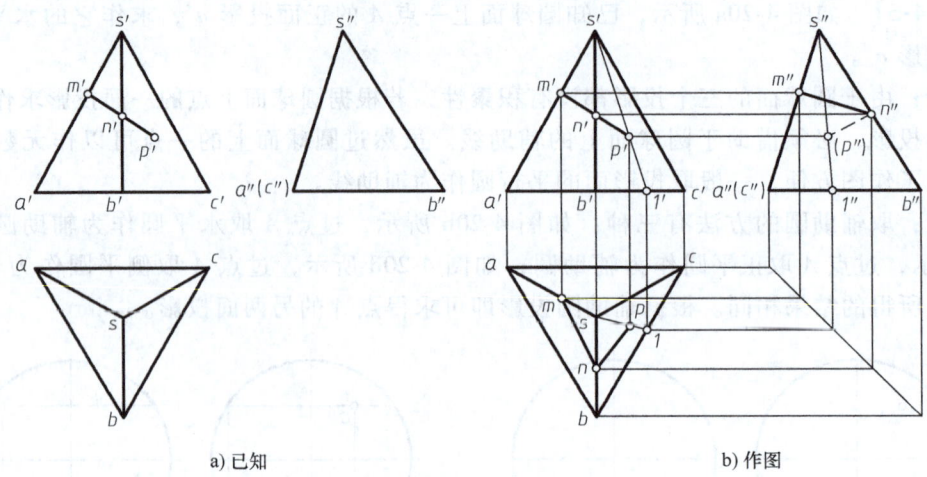

图 4-21 三棱锥表面上取线

分析：M、N 两点是棱线上的点，其另外两面投影可直接求得；点 P 是一般位置棱面内的一点，需要作辅助直线求其另外两面投影。

作图（图 4-21b）：

1) 过 m' 作铅垂和水平投影连线，分别交 sa、$s''a''$ 于 m 和 m''。

2) 过 n' 作水平投影连线，交 $s''b''$ 于 n''，再由 n' 和 n'' 求得水平投影 n。

3) 过 p' 作辅助线 $s'1'$，求得 $s1$ 和 $s''1''$，点 P 的另外两面投影 p 和 (p'') 分别在 $s1$ 和 $s''1''$ 上；点 P 的侧面投影不可见。

4) 判别可见性，连接线段。NP 的侧面投影不可见，连接成细虚线；其余均可见，连接成粗实线。

2. 回转体表面上的线

【例 4-7】 如图 4-22a 所示，已知圆柱表面上曲线的正面投影，求曲线的另外两面投影。

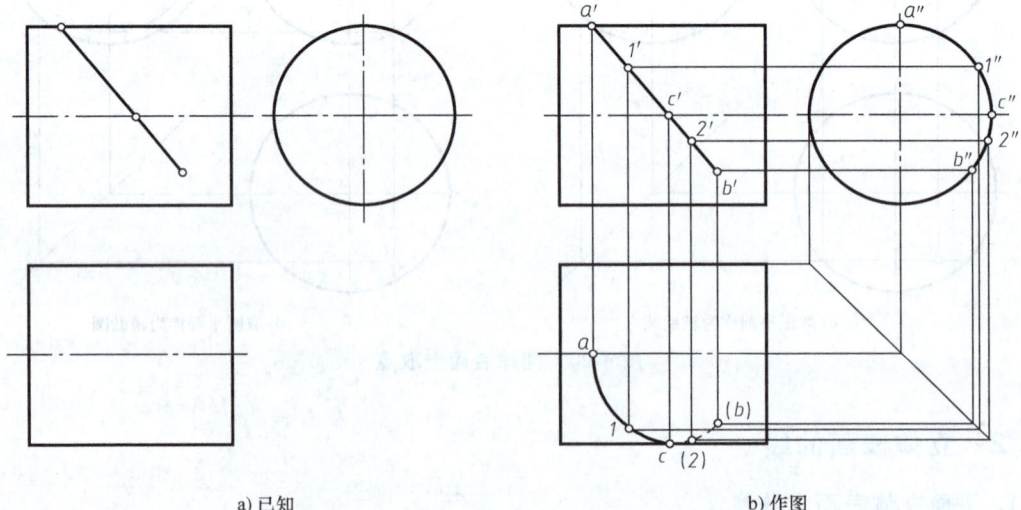

图 4-22 圆柱表面上取线

分析：曲线是由许多点组成的，求作曲线的投影，可先在曲线上选择若干点，求出这些点的投影后，再顺序光滑连接这些点的同面投影，即可得曲线的投影。取点时，要先取特殊点（如转向轮廓线上的点），再取若干一般位置点。此圆柱的轴线垂直于 W 面，圆柱面的侧面投影积聚为圆曲线，所求曲线从属于圆柱面，因此，曲线的侧面投影直接可得，应是一段圆弧，再根据曲线的两面投影可求得其水平投影。

作图（图 4-22b）：

1）取特殊点，即转向轮廓线上的点 a'、c' 和端点 b'；取一般点 $1'$ 和 $2'$。

2）利用积聚性，求出各点的侧面投影 a''、b''、c''、$1''$ 和 $2''$。

3）再由各点的正面投影和侧面投影，求各个点的水平投影 a、(b)、c、1 和 (2)。

4）判别可见性。对于水平投影，c 为可见性的分界点，AC 段曲线在圆柱的上半部分，水平投影可见；CB 段曲线在圆柱的下半部，故不可见。

5）依次圆滑连接曲线的水平投影。侧面投影有积聚性，不必处理。

4.4 平面与立体表面的交线

平面与立体表面相交，即用平面截切立体，如图 4-23 所示。用来截切立体的平面称为截平面。平面截切立体时，平面与立体表面的交线称为截交线。截交线围成的平面图形称为断面。切割之后的立体称为切割体。正确掌握截交线的特点和画法是画好切割体投影的关键。

截交线的空间形状取决于立体的形状及截平面与立体的相对位置；截交线投影的形状取决于截交线的空间形状以及截平面相对于投影面的位置。

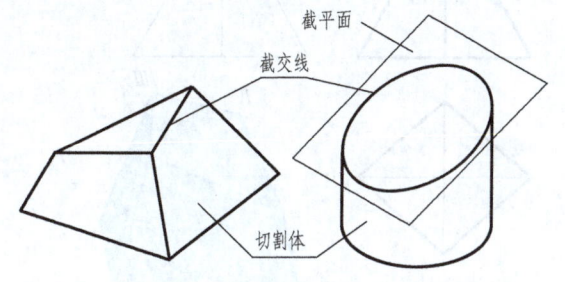

图 4-23 截交线与切割体

无论截交线的形状如何，都具有下列两个性质。

1）共有性。截交线是截平面与立体表面的共有线，是截平面和立体表面共有点的集合，因此，求截交线的投影就是求截平面与立体表面一系列共有点的投影。

2）封闭性。截交线一般是由直线、曲线或直线和曲线围成的封闭的平面图形。

4.4.1 平面立体的截交线

平面立体被截切后形成的切割体常称为平面立体切割体，如图 4-24 所示。平面立体由

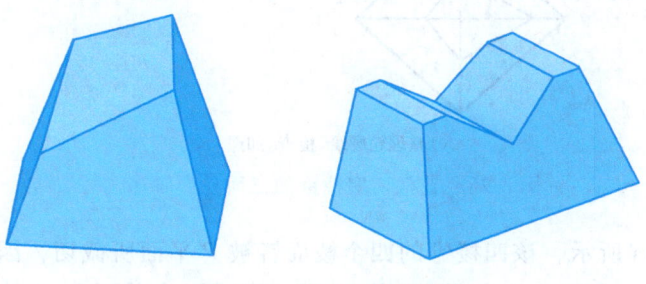

图 4-24 平面立体切割体

平面围成，所以平面立体上的截交线是由直线组成的封闭多边形。多边形的各个顶点是棱线或底边与截平面的交点，多边形的每一条边是立体的某一个平面与截平面的交线。

平面立体切割体及其截交线的投影图画法及步骤如下。

1. **分析**

(1) 空间分析　明确所画对象的基本立体是什么，用什么位置的平面在立体的哪个位置切割立体，截平面截切到了立体的哪些平面，截切后的立体出现了哪些新的面和线等；初步确定截交线的空间形状。

(2) 投影分析　根据截平面相对于投影面的位置，确定截交线各投影的形状。

2. **画截交线的投影，完成切割体投影**

先画基本立体三面投影，再分别确定截平面在各投影中的投影特性（特别是截平面的积聚性投影）；逐个画出截交线的投影；修改并整理轮廓线的投影，注意各线的可见性，描深完成切割体的三面投影。

【例 4-8】　如图 4-25a 所示，四棱锥被正垂面 P 截切，画出被截切四棱锥的三面投影。

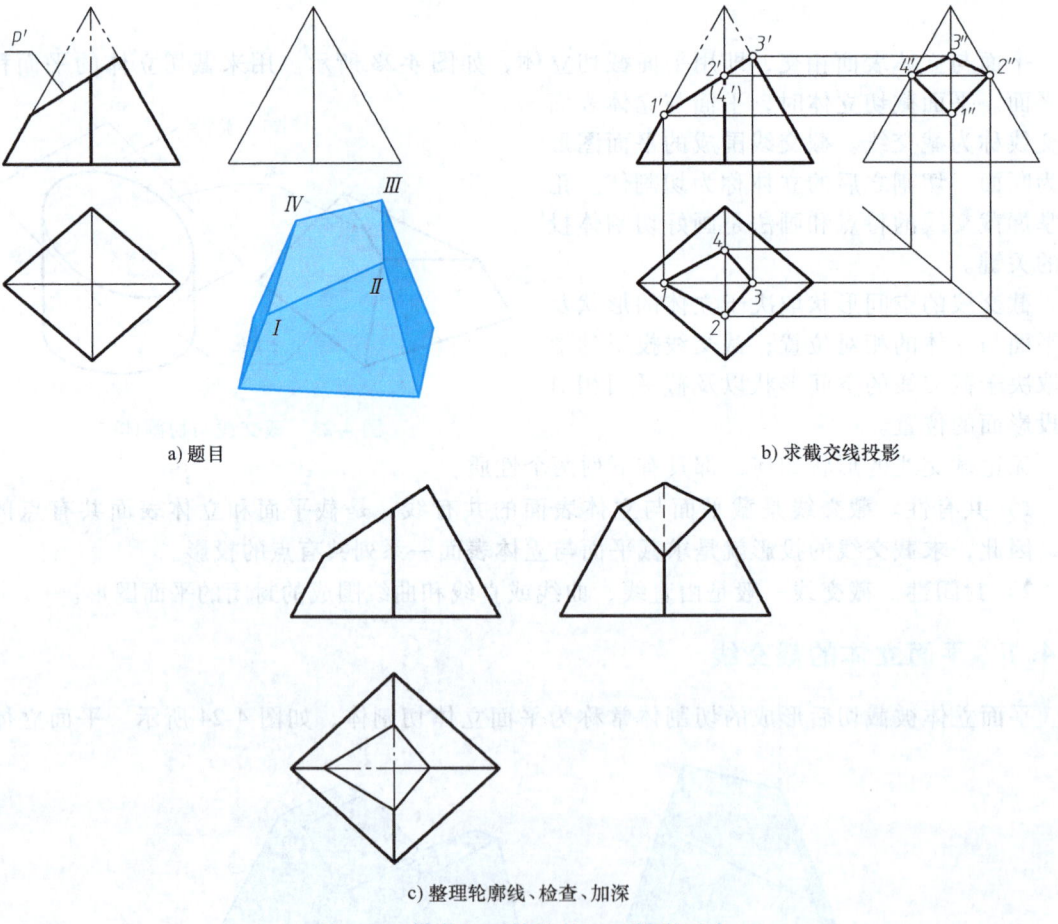

a) 题目　　　　　　　　b) 求截交线投影

c) 整理轮廓线、检查、加深

图 4-25　被截切四棱锥的三面投影画法

分析： 如图 4-25a 所示，该四棱锥的四个棱面皆被 P 平面所截切，因而会产生四条截交线，这四条交线围成一个四边形断面Ⅰ-Ⅱ-Ⅲ-Ⅳ；同时因为截平面 P 是一个正垂面，所以该四边形断面也是一个正垂面，其投影特点为正面投影积聚为直线，水平投影和侧面投影都是其原形的类似形。

作图：

1）画完整基本立体的投影，如图 4-25a 所示。

2）求截交线的投影，如图 4-25b 所示。

3）整理轮廓线，注意各棱线和边被截切后的长度和可见性。

4）检查、加深，完成全图，如图 4-25c 所示。

如图 4-26a 所示平面立体切割体，是在长方体上用侧垂面 A 切去前上角，并在中间切出由水平面 B 和两个侧平面 C 围成的槽所产生的。其作图过程如图 4-26b~d 所示。

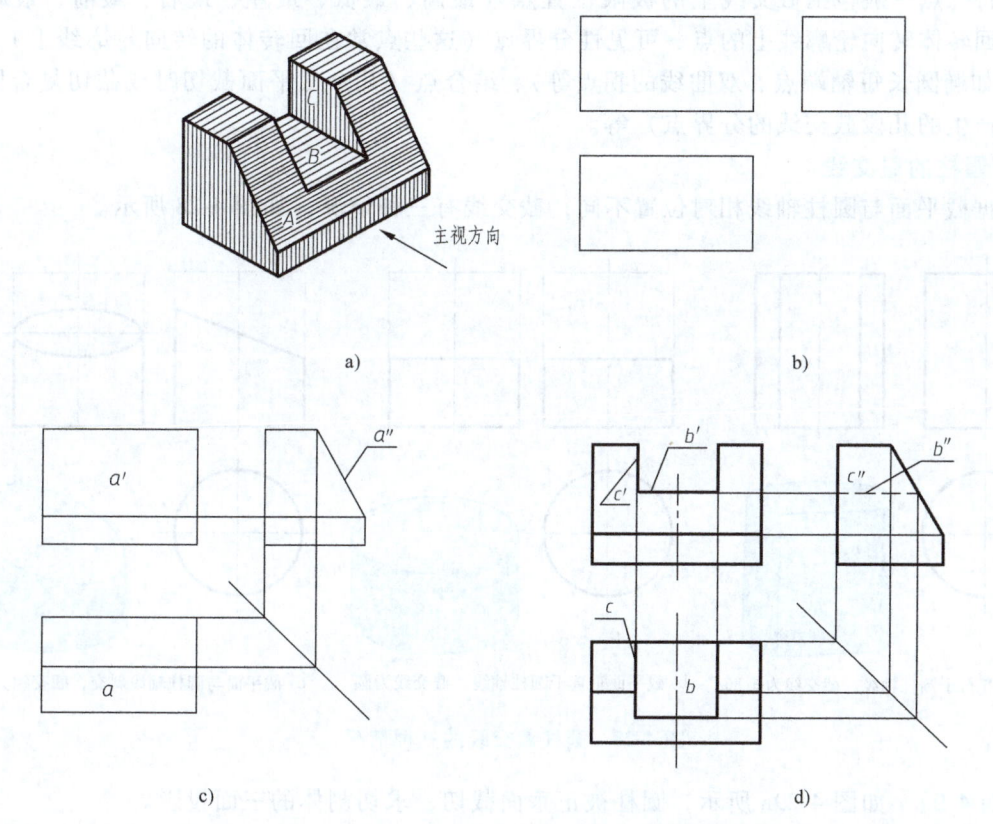

图 4-26 平面立体切割体三面投影的画法

4.4.2 回转体的截交线

回转体被截平面切去某些部分后的形体常称为回转体切割体，如图 4-27 所示。回转体截交线与平面立体截交线具有共同的性质，即共有性和封闭性。因此，求回转体截交线的实质，仍然是求截平面与

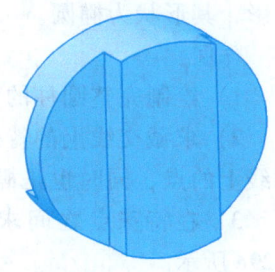

图 4-27 回转体切割体

立体表面共有点的集合。它的作图步骤与平面立体的截交线作图步骤类似。但由于回转体不同于平面立体的特点，其截交线一般为封闭的平面曲线，特殊情况含直线或为平面多边形。截交线的几何形状取决于回转体的几何形状以及截平面与回转体轴线的相对位置。

回转体截交线的作图方法如下。

1）当截平面或回转体表面有积聚性可利用时，即截平面或回转体的某些投影有积聚性时（如正圆柱），可利用它们有积聚性的投影，直接求出截交线上点的其他投影。

2）当没有积聚性可利用，且截交线的投影为非圆曲线时，常采用取点连线方法。先求特殊点确定截交线的轮廓和范围，再求若干一般点完善截交线形状，最后按可见性光滑连成曲线。特殊点一般包括截交线上的极限位置点（最高、最低、最左、最右、最前、最后）、端点、回转体转向轮廓线上的点、可见性分界点（这些点常在回转体的转向轮廓线上）、特征点（如椭圆长短轴端点、双曲线的拐点等）、结合点（几个截平面截切时或截切复合回转体时，产生的几段截交线的分界点）等。

1. 圆柱的截交线

根据截平面与圆柱轴线相对位置不同，截交线有三种情况，如图 4-28 所示。

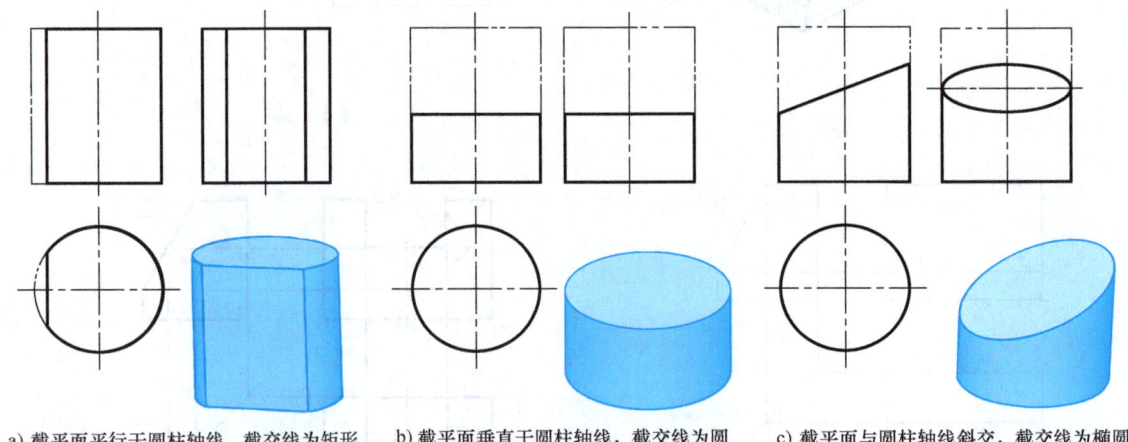

a) 截平面平行于圆柱轴线，截交线为矩形　　b) 截平面垂直于圆柱轴线，截交线为圆　　c) 截平面与圆柱轴线斜交，截交线为椭圆

图 4-28　圆柱截交线的三种情况

【例 4-9】　如图 4-29a 所示，圆柱被正垂面截切，求切割体的三面投影。

分析：截平面与圆柱轴线斜交，截交线为椭圆。截平面为正垂面，截交线的正面投影积聚为直线（已知投影），侧面投影与圆柱面的侧面投影重合（已知投影），水平投影为所求投影，其形状为椭圆。

作图：

1）绘制完整圆柱的水平投影，如图 4-29b 所示。

2）求截交线上的特殊位置点Ⅰ、Ⅱ、Ⅲ、Ⅳ的投影。这四点既是极限点，也是转向轮廓线上的点，同时也是椭圆的特征点，如图 4-29c 所示。

3）在特殊点之间求一般位置点。作两组一般位置点Ⅴ、Ⅵ、Ⅶ、Ⅷ的投影，如图 4-29c 所示。

4）判别可见性，并光滑且顺次地连接各点。

5）整理轮廓线，检查、加深，完成圆柱切割体的三面投影，如图 4-29d 所示。

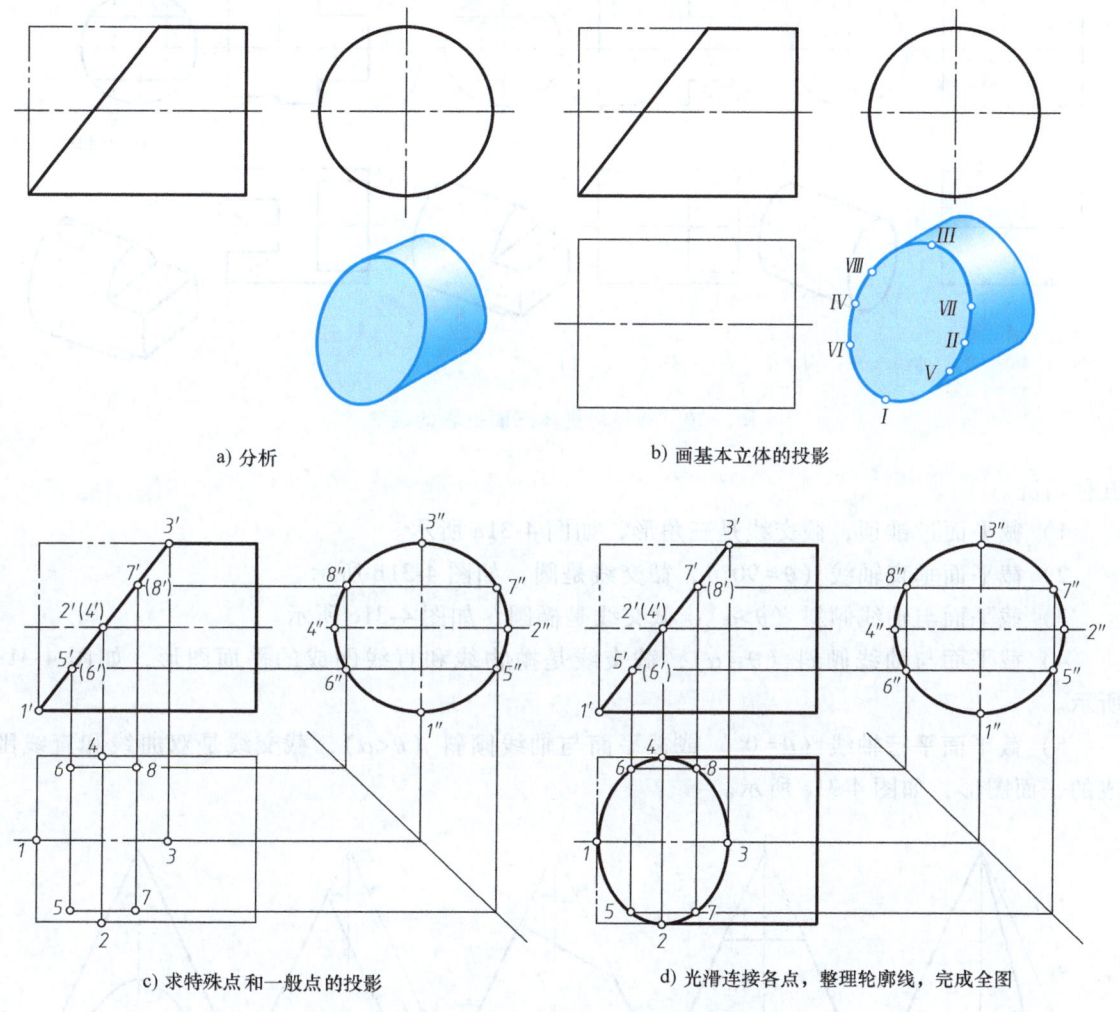

图 4-29 平面截切圆柱时截交线的画法

【例 4-10】 如图 4-30 所示，在圆柱的左端上下对称切割，外部成缺口，在圆柱的右端中间对称位置开槽，求切割体的三面投影。

分析：略。

作图：

1）用细实线画出圆柱的三面投影，如图 4-30a 所示。

2）画左端上、下截交线。水平投影为矩形，侧面投影为上、下两部分圆弧和直线，如图 4-30b 所示。

3）画右端中间对称切割的截交线。正面投影为矩形，侧面投影为两条虚线及其之间的上、下两部分圆弧，如图 4-30c 所示。

4）分析轮廓线的改变，整理轮廓线，加深粗实线，完成切割体的三面投影。

2. 圆锥的截交线

平面截切圆锥，截交线形状取决于截平面相对于圆锥轴线的位置，有如图 4-31 所示的

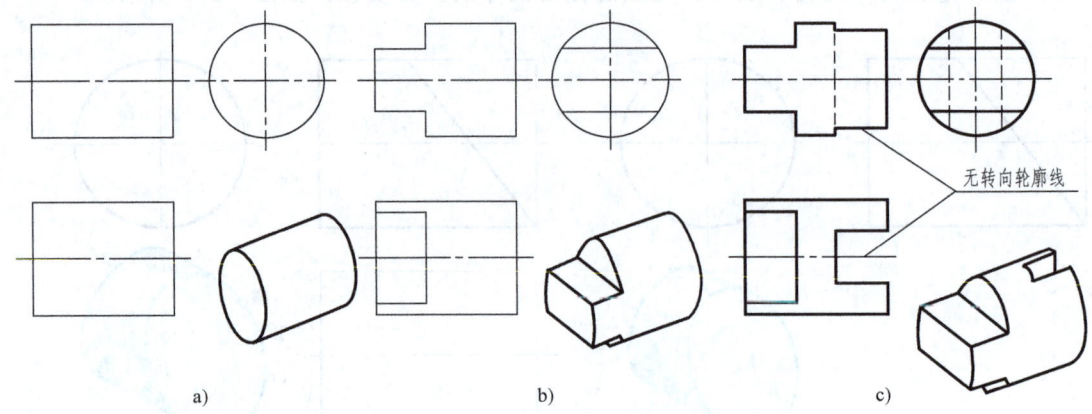

a)   b)   c)

图 4-30 圆柱切割体三面投影的画法

五种情况。

1) 截平面过锥顶，截交线是三角形，如图 4-31a 所示。

2) 截平面垂直轴线（$\theta=90°$），截交线是圆，如图 4-31b 所示。

3) 截平面与轴线倾斜（$\theta>\alpha$），截交线是椭圆，如图 4-31c 所示。

4) 截平面与轴线倾斜（$\theta=\alpha$），截交线是抛物线和直线围成的平面图形，如图 4-31d 所示。

5) 截平面平行轴线（$\theta=0°$）或截平面与轴线倾斜（$\theta<\alpha$），截交线是双曲线和直线围成的平面图形，如图 4-31e 所示。

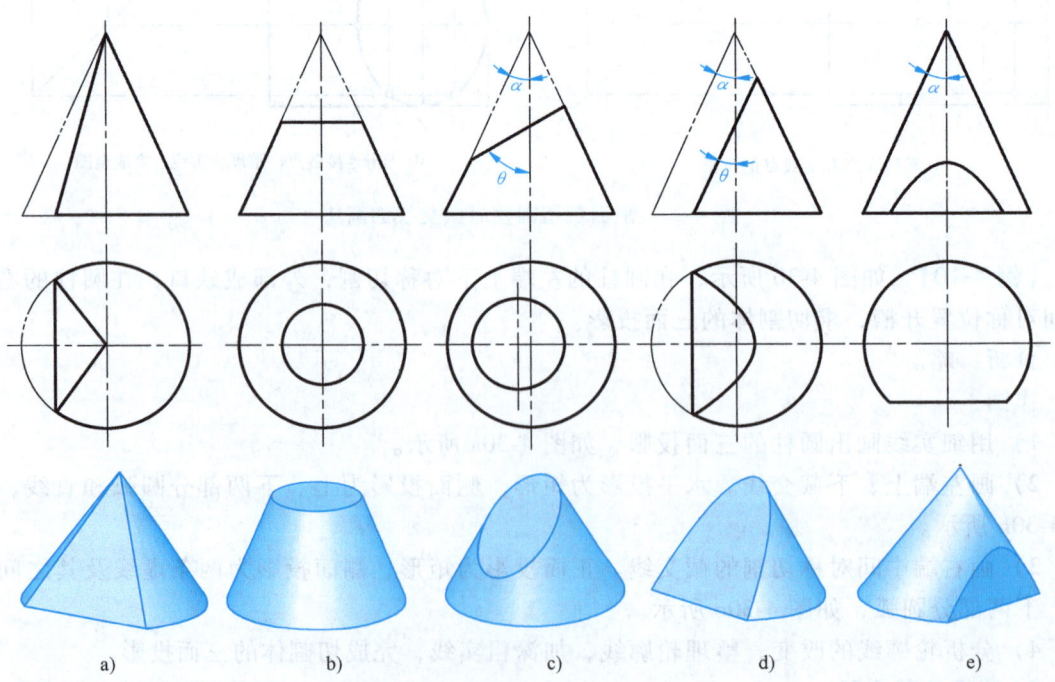

a)   b)   c)   d)   e)

图 4-31 圆锥截交线的五种情况

【例 4-11】 如图 4-32 所示，正平面 P 截切圆锥，求作圆锥切割体的三面投影。

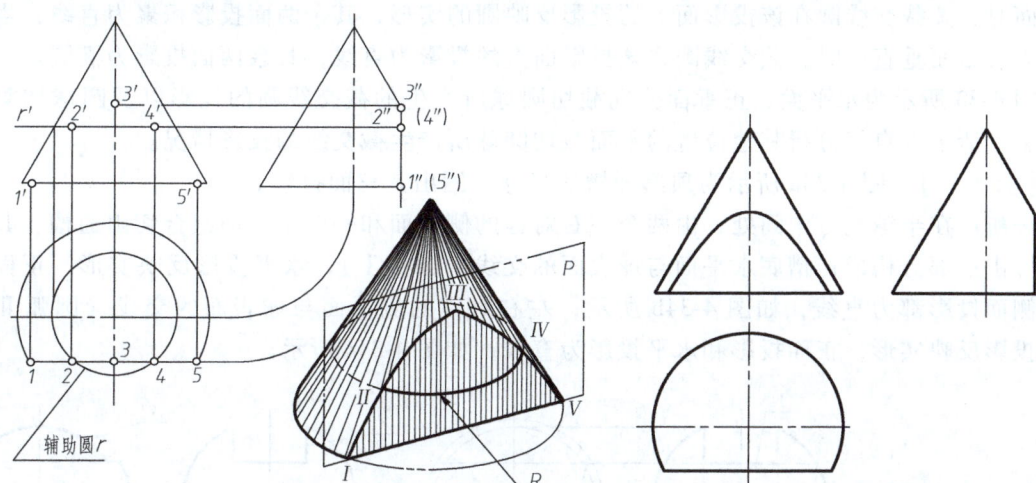

图 4-32 圆锥截交线的画法

分析：由于截平面 P 平行于圆锥轴线，所以截交线空间形状为双曲线和直线围成的平面图形；由于截平面为正平面，其水平投影和侧面投影积聚为直线，故截交线的水平投影和侧面投影均为已知的直线，仅需求作截交线的正面投影。

作图：

1) 由截交线的水平投影和侧面投影，求其正面投影。

① 求特殊点 Ⅰ、Ⅲ、Ⅴ 的投影。最高点 Ⅲ 的侧面投影 3″ 已知，自 3″ 作投影连线求得 3′；根据最低点 Ⅰ、Ⅴ 的水平投影 1、5，即可求出 1′、5′。

② 求一般点 Ⅱ、Ⅳ 的投影。作辅助圆 R，与截平面 P 相交于点 Ⅱ、Ⅳ，2′、4′ 可从水平投影中 2、4 作投影连线求出。

③ 判别可见性，光滑连接 1′、2′、3′、4′、5′，即可求得截交线的正面投影。

2) 整理轮廓线，检查加深，完成圆锥切割体的三面投影。

3. 圆球的截交线

用任何位置的平面截切圆球，其截交线都是圆，如图 4-33 所示。截交线圆的直径大小

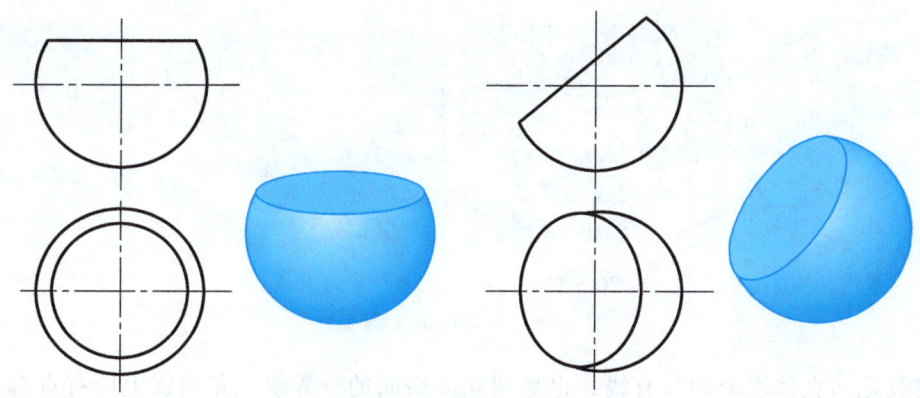

图 4-33 平面截切圆球的截交线

取决于截平面距离球心的远近，截平面距球心越近，截交线圆直径越大。当截平面为投影面平行面时，其截交线圆在该投影面上的投影反映圆的实形，其余两面投影积聚为直线；当截平面为投影面垂直面时，截交线圆在该投影面上的投影为直线，其余两面投影为椭圆。

图 4-33 所示为水平面、正垂面分别截切圆球所产生的截交线圆的投影以及圆球切割体的投影。请读者自行分析其他位置的平面截切圆球所产生截交线的投影情况。

【例 4-12】 图 4-34a 所示为顶部开槽的半球，画出其三面投影。

分析： 在半球上方中间处，由两个左右对称的侧平面和一个水平面组合切出通槽，其截交线应由三部分构成；槽底水平面与球表面的交线（圆弧Ⅰ），水平投影反映实形，正面投影和侧面投影都为直线，如图 4-34b 所示；左右对称的侧平面与球表面的交线（圆弧Ⅱ），侧面投影反映实形，正面投影和水平投影为直线，如图 4-34c 所示。

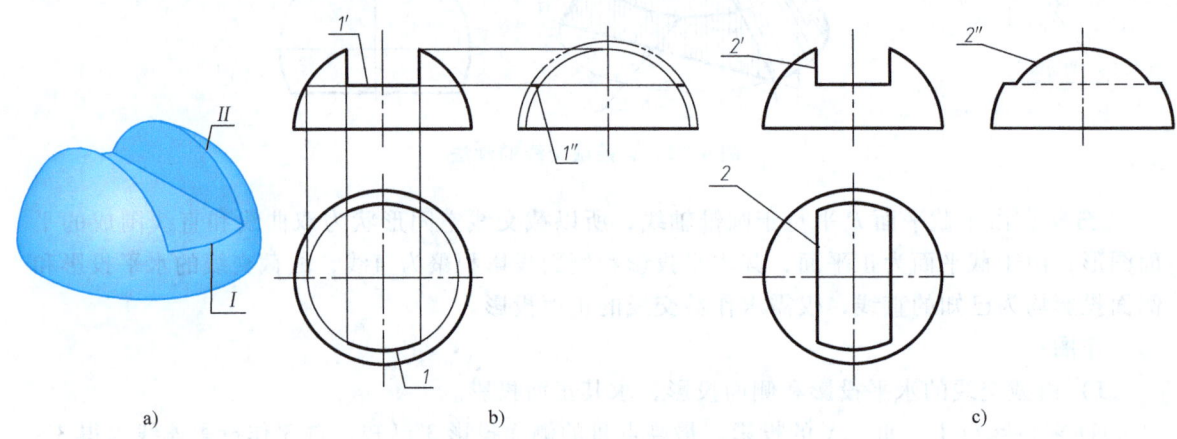

图 4-34 开槽半球三面投影的画法

4.5 两立体表面相交的交线

两个或两个以上基本立体相交形成的立体，称为相贯体。它们的表面交线称为相贯线。相贯体的工程实例，如图 4-35 所示。根据立体的几何性质，通常将立体相贯分为两平面立体相贯、平面立体与回转体相贯以及两回转体相贯三种情形进行讨论，如图 4-36 所示。

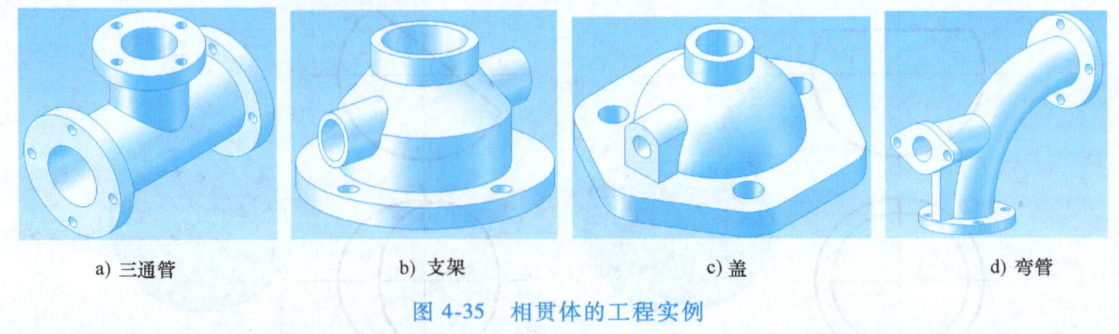

a) 三通管　　　b) 支架　　　c) 盖　　　d) 弯管

图 4-35 相贯体的工程实例

相贯线是两立体表面的共有线，也是两立体表面的分界线，相贯线上所有点都是两立体表面的共有点。相交的两立体的几何形状、大小和相对位置不同，相贯线的形状也不相同。

相贯线通常是封闭的空间多边形，边可能是一条或几条，可能是直线或曲线，特殊情况下可能不封闭或是平面图形。

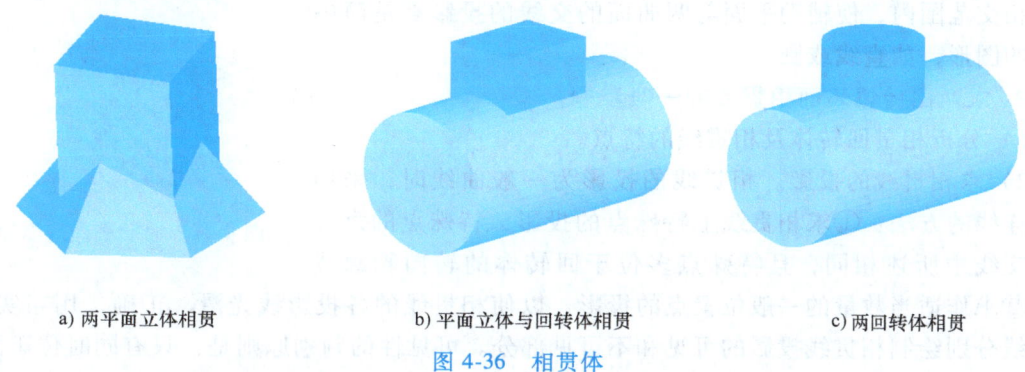

a) 两平面立体相贯　　　　b) 平面立体与回转体相贯　　　　c) 两回转体相贯

图 4-36　相贯体

4.5.1　两平面立体表面的相贯线

两平面立体表面相交产生的相贯线，一般是封闭的空间折线。折线的每一段是其中一个立体的某一表面与另一立体的某一表面的交线；折线的顶点是一个立体的棱线与另一立体表面或者棱线的交点。因此，求两平面立体的相贯线，可采用求两平面交线的方法，最终转化为求平面与直线的交点问题。

4.5.2　平面立体与回转体表面的相贯线

平面立体与回转体相贯所产生的相贯线，一般是由若干段平面曲线所组成的封闭曲线。每段平面曲线是平面立体的某一表面与回转体表面相交所得的截交线。两段平面曲线的交点称为结合点，它是平面立体的棱线与回转体表面的交点。因此求平面立体与回转体表面交线可以归结为两个基本问题，即求平面与回转体的截交线及直线与回转体表面的交点。

4.5.3　两回转体表面的相贯线

两个回转体的相贯线一般是闭合的空间曲线，特殊情况下可能是平面曲线或直线。

1. 求两回转体表面相贯线的基本方法

常用的求两回转体表面相贯线的方法有两种，即利用积聚性投影取点作图法和辅助平面或辅助球面法。

（1）利用积聚性投影取点作图法　当相交的两个表面中有一个（或两个）是圆柱面，且其轴线垂直于某投影面时，由于圆柱面在该投影面上的投影（圆）具有积聚性，相贯线上的点在该投影面上的投影也一定在这个圆周上，相当于相交两表面上若干共有点的一个（或两个）投影已知，然后采用回转体表面取点的方法求出它们的未知投影，从而求出相贯线的投影。

（2）辅助平面法　当相交的两回转体的相贯线不能用积聚性投影求作时，可采用辅助平面法，条件合适时，也可采用辅助球面法作图。

辅助平面法是根据三面共点的原理，用一假想平面（即辅助平面）截切两回转面得到两条截交线，求两条截交线的共有点即为相贯线上的点，从而画出相贯线投影的方法。辅助平面法原理，如图 4-37 所示。

为使作图简化，选择辅助平面的原则是：辅助平面要在两立体相交范围内，使辅助平面与两曲面的交线的投影都是简单易画的图形，如直线或圆。

2. 求两回转体表面相贯线的一般步骤

1）分析相贯回转体及相贯线的特点。

2）求相贯线的投影。相贯线的投影为一般曲线时，采用取点连线的方法：①求相贯线上特殊点的投影，特殊点的意义与截交线中所述相同，且特殊点多位于回转体的转向轮廓线上；②求作适当数量的一般位置点的投影，以使相贯线的各投影线光滑、正确，用粗实线、细虚线分别绘制相贯线投影的可见和不可见部分。可见性的判别原则是：只有同时位于两立体可见表面上的相贯线部分，其投影才可见，否则为不可见。

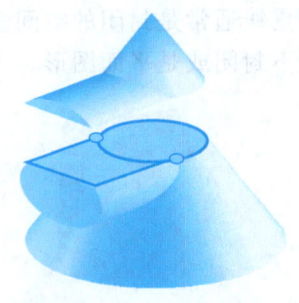

图 4-37　辅助平面法原理

3）按图线要求加深各线，完成整个相交立体的投影。

【例 4-13】　求轴线正交两圆柱所形成的相贯线，如图 4-38 所示。

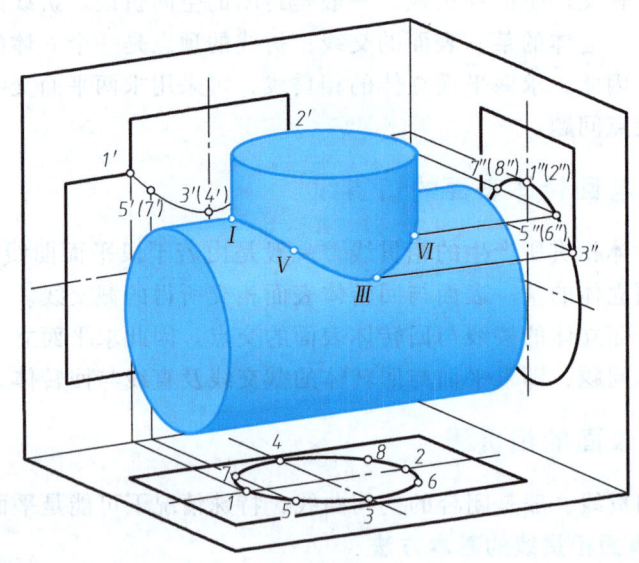

图 4-38　轴线正交两圆柱相贯

分析：如图 4-39a 所示，两圆柱轴线垂直相交，且分别垂直于 H 面和 W 面，因此相贯线的水平投影在小圆柱的积聚投影（圆）上，相贯线的侧面投影在小圆柱两条转向轮廓线之间的大圆柱面的积聚投影（圆）上。这样由相贯线的两个已知投影，可作它的正面投影。

作图：

1）求特殊点。图 4-39b 所示相贯线上 Ⅰ、Ⅱ 两点分别位于两圆柱对 V 面的转向轮廓线上，是相贯线上的最高点，也分别是相贯线上的最左点和最右点；Ⅲ、Ⅳ 两点分别位于小圆柱对 W 面的转向轮廓线上，是相贯线上的最低点，也分别是相贯线上的最前点和最后点。在投影图上可直接作投影连线求得 1′、2′、3′、(4′)。

2）求一般点。先在水平投影中的小圆柱投影圆上，适当地确定出若干个一般点的投影，如图 4-39c 所示 5、6、7、8。再按点的三面投影规律，作侧面投影 5″(6″)、7″(8″) 和正面投影 5′(7′)、6′(8′)。

3）判别可见性及光滑连接。由于该相贯线前后左右部分对称，且形状相同，所以在正面投影中可见与不可见部分重合，按 1′-5′-3′-6′-2′ 顺序用粗实线光滑地连接起来，完成作图，如图 4-39d 所示。

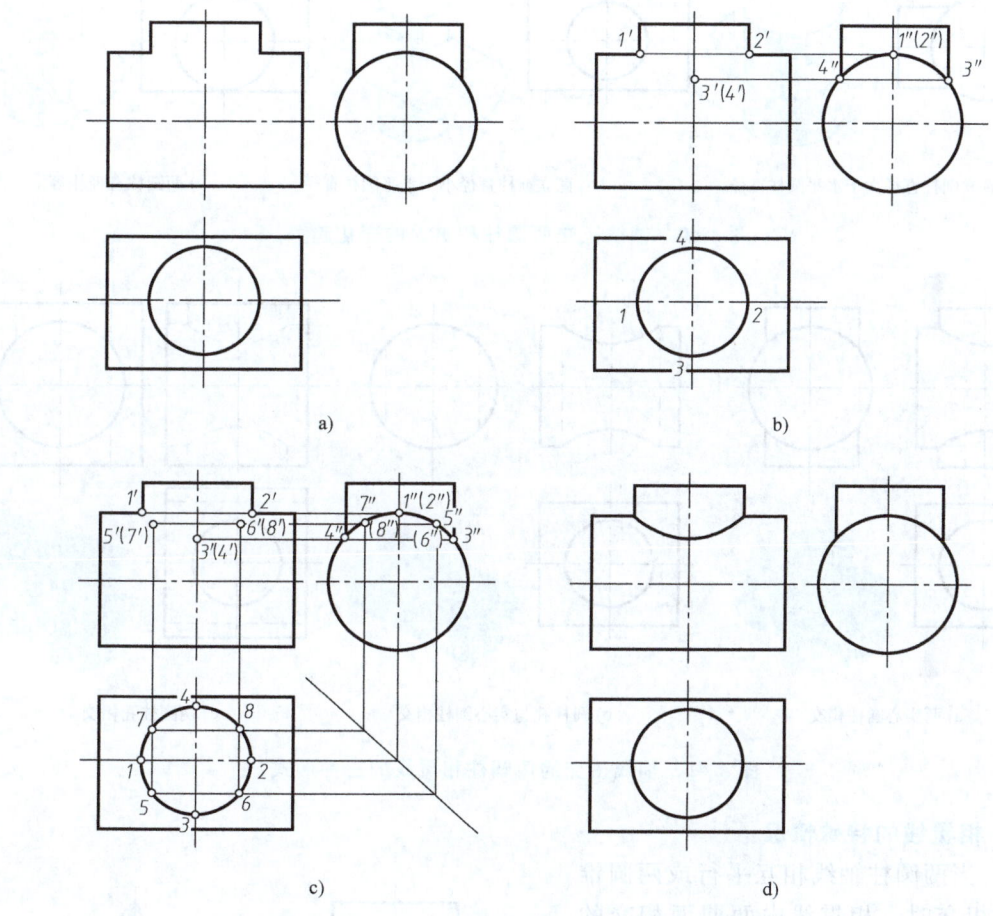

图 4-39 轴线正交的两圆柱相贯线的作图方法

3. 轴线正交两圆柱相贯线的变化趋势分析

如图 4-40 所示，当两圆柱轴线正交且平行于同一投影面时，两圆柱的直径大小相对变化会引起它们表面的相贯线的形状和位置变化。变化的趋势是：相贯线总是从小圆柱向大圆柱的轴线方向弯曲；当两圆柱等径时，相贯线由两条空间曲线变为两条平面曲线（椭圆），此时它们的正面投影为相交两直线。

此外，两形体相贯时，相交的表面可能是立体的外表面，也可能是内表面。轴线正交的两圆柱相贯线的三种形式如图 4-41 所示。这三种情况下相贯线的形状、性质均相同，其作图方法也相同，所不同的是圆柱孔与圆柱孔相交时，圆柱孔的转向轮廓线和相贯线的投影不可见。

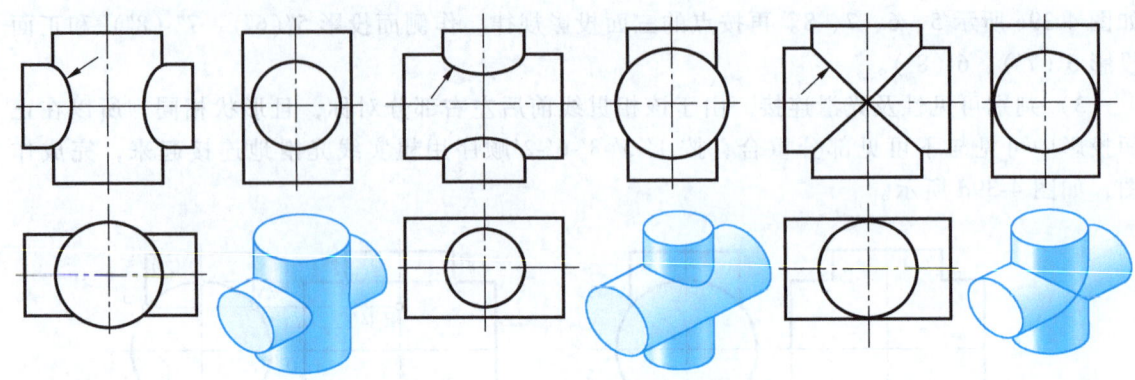

a) 直立圆柱直径大于水平圆柱直径　　b) 直立圆柱直径小于水平圆柱直径　　c) 两圆柱直径相等

图 4-40　轴线正交两圆柱相贯线的变化趋势

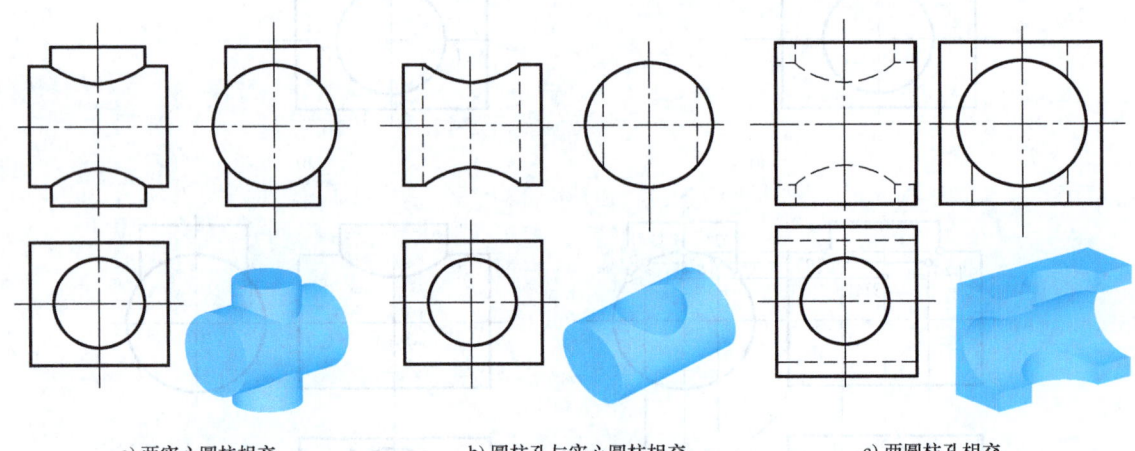

a) 两实心圆柱相交　　　　b) 圆柱孔与实心圆柱相交　　　　c) 两圆柱孔相交

图 4-41　轴线正交的两圆柱相贯线的三种形式

4. 相贯线的特殊情况

1) 当两圆柱轴线相互平行或两圆锥共锥顶相交时，相贯线中两曲面相交的部分为直线，如图 4-42 所示。

2) 当圆柱与圆柱、圆柱与圆锥轴线相交，并公切于一个球面时，相贯线为平面椭圆。如图 4-43 所示，椭圆的正面投影为一直线，水平投影为类似形（圆或椭圆）。

3) 当两回转体具有公共轴线时，相贯线是垂直于轴线的圆；当轴线平行于某一投影面时，相贯线在该投影面上的投影是直线，如图 4-44 所示。

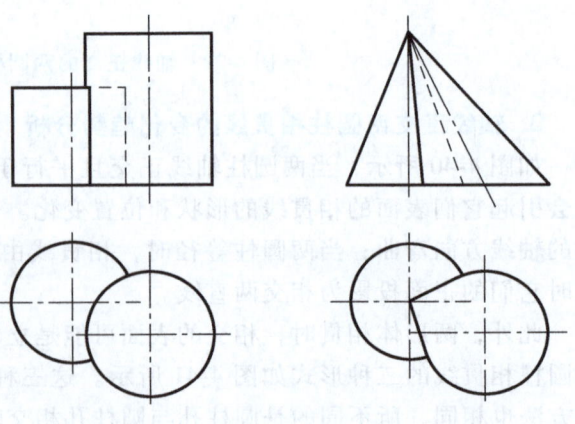

图 4-42　相贯线特殊情况（一）

第4章 基本立体及其表面交线

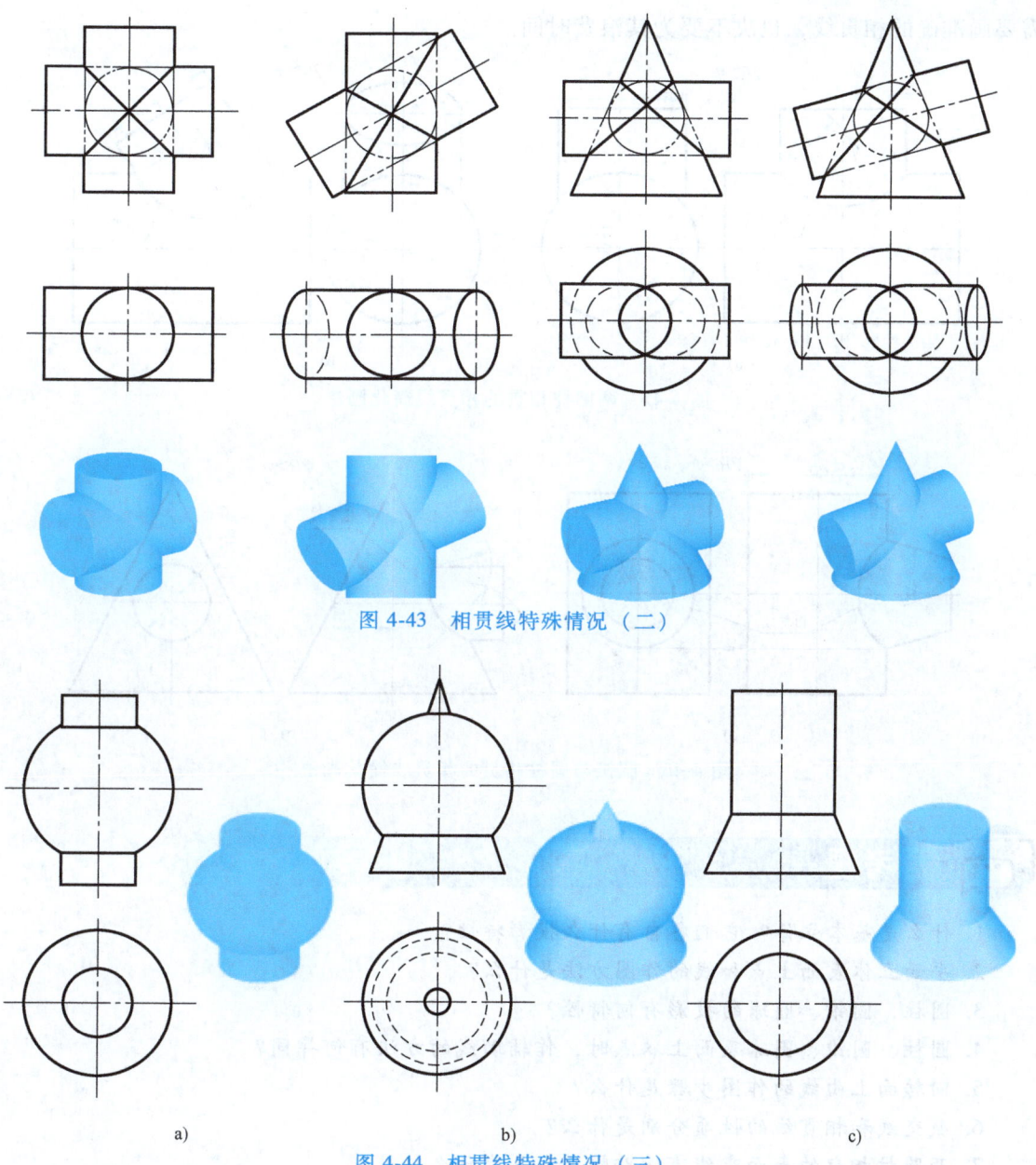

图 4-43 相贯线特殊情况（二）

  a)   b)   c)

图 4-44 相贯线特殊情况（三）

5. 两回转体相贯线的简化画法

  由以上分析可知，两相贯体的形状和大小及相对位置一旦确定，相贯线的形状也就确定了。相贯线是自然形成的表面共有线。在工程实际中，绝大多数情况下只要相贯体的形状、大小、相对位置是正确的，即使相贯线的投影画错了，也丝毫不会影响工程形体的形状（或质量）。除极少数情况下需要画出准确的相贯线外（如绘制正确的相贯体表面展开图，必须先绘出其准确的相贯线），大多数情况下只需要示意性地表达相贯线即可。因此，GB/T 16675.1—2012 中推荐一般情况下采用简化画法，即用圆弧代替相贯线，如图 4-45 和图 4-46 所示。所以，在工程实际中，如果需要画准确的相贯线，绘图时决不能偷懒；如果不需要画准确的相贯线，也决不要为其浪费时间。

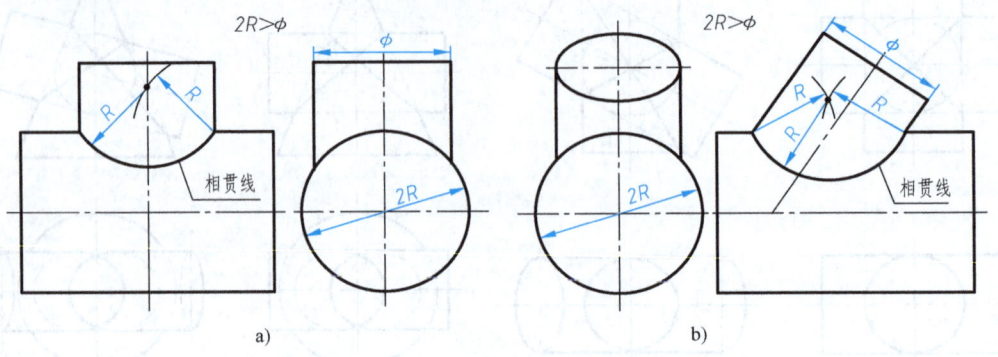

图 4-45　两圆柱相贯的相贯线简化画法

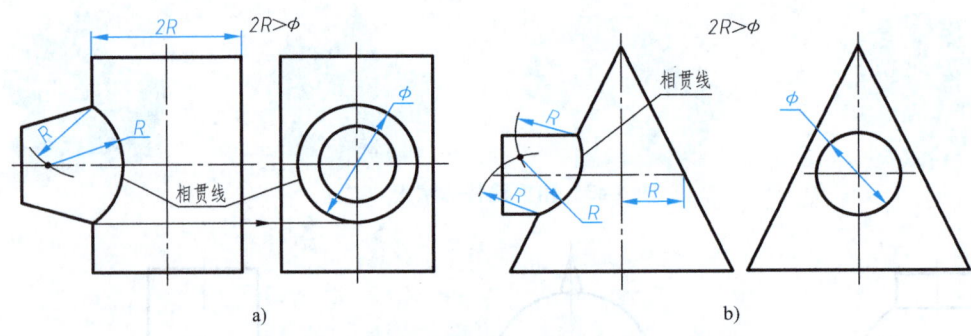

图 4-46　圆锥与圆柱相贯的相贯线简化画法

 思考题

1. 什么是基本立体？它们各自有什么投影特性？
2. 平面立体表面上点和线的作图方法是什么？
3. 圆柱、圆锥、圆球的投影有何特性？
4. 圆柱、圆锥、圆球表面上取点时，作辅助线的方法有何异同？
5. 回转面上曲线的作图步骤是什么？
6. 截交线和相贯线的性质分别是什么？
7. 两圆柱相交的表面交线有哪些情况？各有什么特性？
8. 相贯线的特殊情况主要有哪些？
9. 作切割体和相贯体三面投影的步骤是什么？

思政拓展

中国创造：蛟龙号

第 5 章

组合体及其分析方法

内容提要：组合体是由基本立体按一定方式组合而成的复杂形体，要解决组合体的投影问题，除要掌握基本立体的投影特征外，还需要掌握一定的分析方法。本章主要介绍组合体的构成与分析方法，组合体三视图的画图与读图方法，组合体的构形设计等内容。

本章重点：组合体的分析法；画组合体视图的方法；读组合体视图的方法。

任何复杂的机器零件，如果只是考虑它们的形状、大小和表面相对位置，都可以抽象地看成是由一些基本立体（棱柱、棱锥、圆柱、圆锥、圆球等）按一定相对位置和连接关系组合而成，故称为组合体。组合体是忽略掉机器零件的工艺特征，或是从零件的局部结构中抽象简化后的"几何模型"。组合体投影图的绘制和阅读是投影理论过渡到实际应用的桥梁。

5.1 组合体的组合方式及其表面连接关系

将基本形体组合在一起，主要有叠加和切割两种方式。图 5-1a 所示的组合体可看成由如图 5-1b 所示几个形体叠加而成；而图 5-1c 所示的支座则可视为简单形体上切割一些基本形体而形成。常见的组合体都可归结为这两种组合方式的综合。

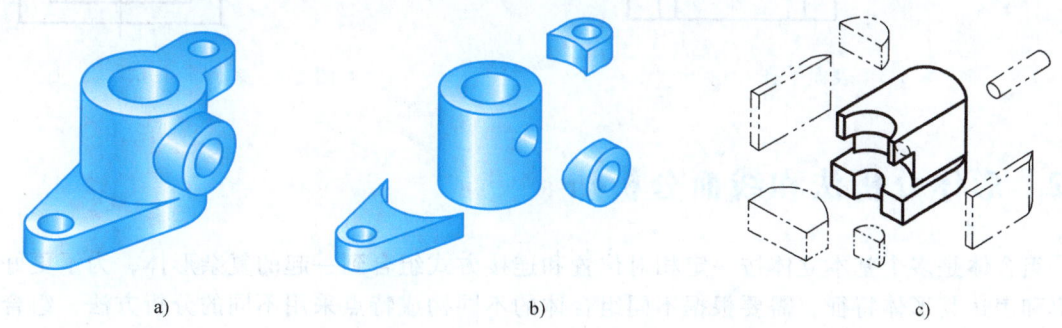

a)   b)   c)

图 5-1 组合体的组合方式

各形体经叠加、切割组合后，形体的邻接表面间可能产生相交、相切和平齐三种位置关系。读图时，必须看懂形体之间的表面位置关系，才能彻底搞清楚物体形状；画图时，也必须注意这些关系，才能不多线、不漏线。

（1）相交　两形体的表面相交，邻接两表面在相交处一定产生交线，作图时要画出交线的投影，如图 5-2a 所示。

（2）相切　两形体的表面相切，由于相切的两表面光滑地过渡，因此相切处切线的投影在三个视图中均不画出，如图 5-2b 所示。

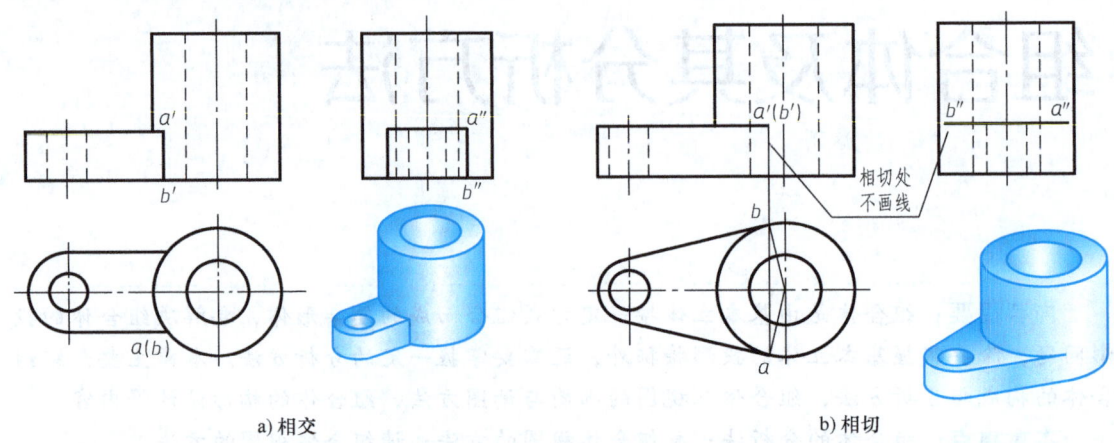

图 5-2　表面相交与相切

（3）平齐　组合体形成过程中，当相邻表面处于同一平面内时，称为平齐（即共面），此时在视图上不应画出两表面的分界线，如图 5-3 所示；反之，若相邻两表面不平齐，视图中两表面的投影之间一定有线分开，如图 5-4 所示。

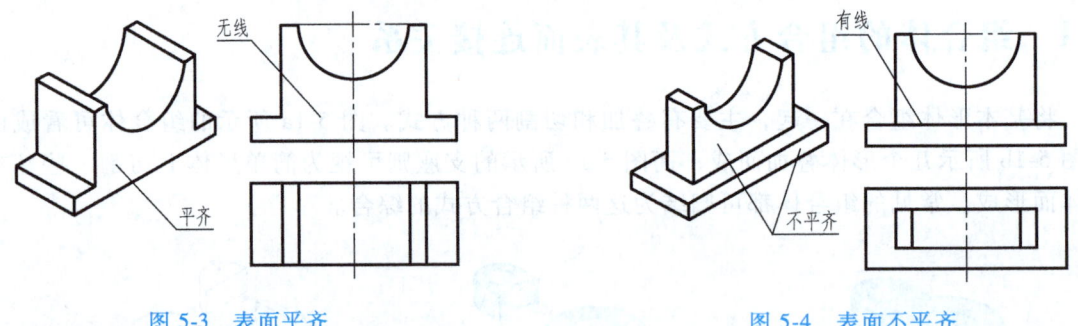

图 5-3　表面平齐　　　　　　　　图 5-4　表面不平齐

5.2　形体分析法和线面分析法

组合体是多个基本立体按一定相对位置和连接方式组合到一起的复杂形体，为了更好地理解和表达其形体特征，需要根据不同组合体的不同构成特点采用不同的分析方法，组合体的分析方法主要有两种，即形体分析法和线面分析法。其中，形体分析法是画图、读图及尺寸标注的基本方法，可使复杂的问题简单化。

5.2.1　形体分析法

形体分析法是根据组合体的组合方式，假想把组合体分解为若干个相互叠加或切割的基本立体，然后分析各形体的形状、形体间的相对位置以及形体邻接表面连接方式的一种方法。

图 5-5 所示的轴承座由圆筒Ⅰ、支承板Ⅱ、肋板Ⅲ、底板Ⅳ及凸台Ⅴ组成。凸台和圆筒是两个垂直相交的空心圆柱，内外表面都有相贯线；支承板、肋板和底板分别是不同形状的平面体，当以 A 向作为观察方向时，支承板的左、右侧面与圆筒的外柱面相切，前、后侧面与圆筒的外柱面相交，产生相贯线；肋板的左、右侧面及前面与圆筒的外圆柱面相交，在外圆柱面上均产生相贯线；支承板和肋板在底板的上面且左右对称。

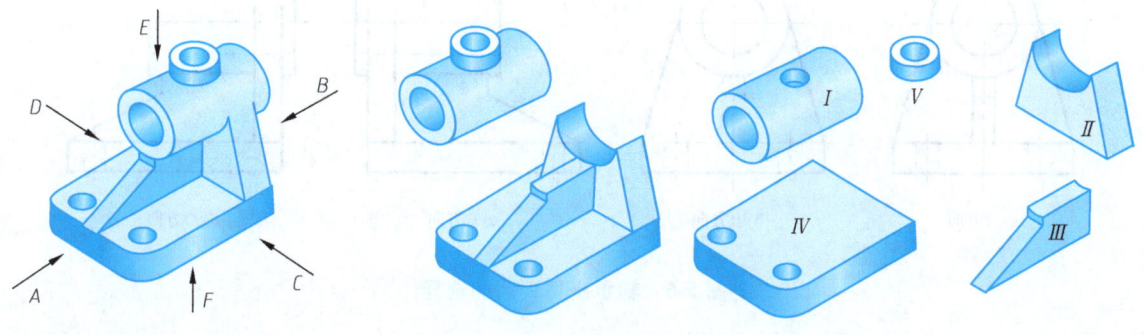

图 5-5　轴承座的形体分析

5.2.2　线面分析法

形体分析法是从"体"的角度去分析视图，线面分析法则是从"线"和"面"的角度去分析视图。通过分析立体表面上线、面等几何要素的空间形状和位置，来想象物体各表面的形状和相对位置，从而想象出组合体的形状。对于切割类的组合体及一些局部投影比较复杂的组合体，在形体分析的基础上，还常使用线面分析法来帮助想象和理解这些结构。具体分析方法见"5.4 组合体视图的阅读"一节。

5.3　组合体视图的画法

形体分析法是将复杂形体简单化的一种思维方法。因此，画组合体三视图时一般以形体分析法为主，必要时采用线面分析法。下面以图 5-5 所示轴承座为例，说明画组合体三视图的方法与步骤。

5.3.1　形体分析及主视图的选择

在前述形体分析的基础上，根据立体的结构特征选择适当的主视图。主视图的选择包括确定组合体的安放位置及主视图的投射方向。画组合体视图时，一般使组合体处于自然安放位置，即使主要平面放置成投影面平行面，主要轴线放置成投影面垂直线，选择最能反映其形体特征的方向作为主视图的投射方向，同时尽可能减少俯视图和左视图中的细虚线，并使图幅布局匀称。

如图 5-5 所示的轴承座，已处于自然安放位置，可分别从箭头所指 A、B、C、D 四个方向进行观察，结果如图5-6所示。经过比较可以看出，D方向会造成左视图中细虚线较多，B方向主视图细虚线较多，C方向可以很好反映轴承座各组成部分的位置特征，A方向可以很好反映轴承座各部分的轮廓特征，A和C两个方向都可以作为主视方向。考虑该轴承座尺寸合理布图，俯视图中前后尺寸不宜过长，所以确定C方向作为主视图的投射方向。主视图确定后，其他视图也随之而定。

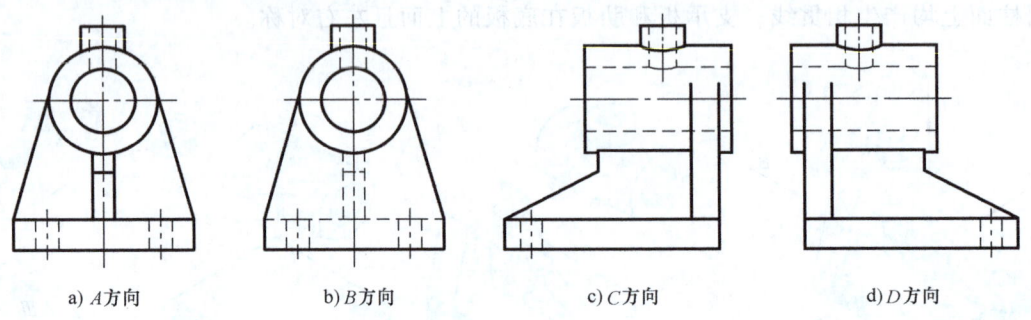

a) A方向　　　　b) B方向　　　　c) C方向　　　　d) D方向

图5-6　轴承座主视图的选择

5.3.2　组合体三视图的画图步骤

1. 定比例、选图幅

视图确定后，即可根据所画组合体的大小及复杂程度，确定画图比例和图幅。一般尽量选用1∶1的比例，必要时可选用适当的放大或缩小比例，图幅应尽量选用标准图纸幅面。

2. 布置视图，画出作图基准线

在选好的图幅上，先按标准画出图框和标题栏，然后根据组合体长、宽、高三个方向的尺寸大小布置三个视图的位置，画出作图基准线。布置视图时，要根据各个视图每个方向的最大尺寸，在视图之间、视图和图框间留出足够标注尺寸的空间。视图布局应合理，排列匀称，不要偏向一方、挤在一起或相距太远。

3. 画底稿

在布置好视图位置的图幅上，用细实线绘制各视图的底稿。画底稿时，应注意以下问题。

1) 按形体分析法逐个地画出各基本形体的三视图，应从反映形状特征的视图画起，再按投影规律，三个视图配合作图。这样既能保证各基本形体间的相对位置和投影关系，又能提高画图速度、避免多画和错画图线。切忌画完某个完整视图后，再画另一个视图。

2) 画图顺序是：先画主体，后画细节；先画完整基本几何体，后画切割、挖孔结构；先画可见的轮廓，后画不可见的轮廓。

4. 检查、加深

底稿画完后，应认真检查各基本形体表面间的连接、相交、相切等处的合理性，以及是否符合投影原则。经全面检查、修改，确定无误后，擦去多余的底稿图线，按规定线型加深。

轴承座三视图的画图步骤，如图5-7所示。

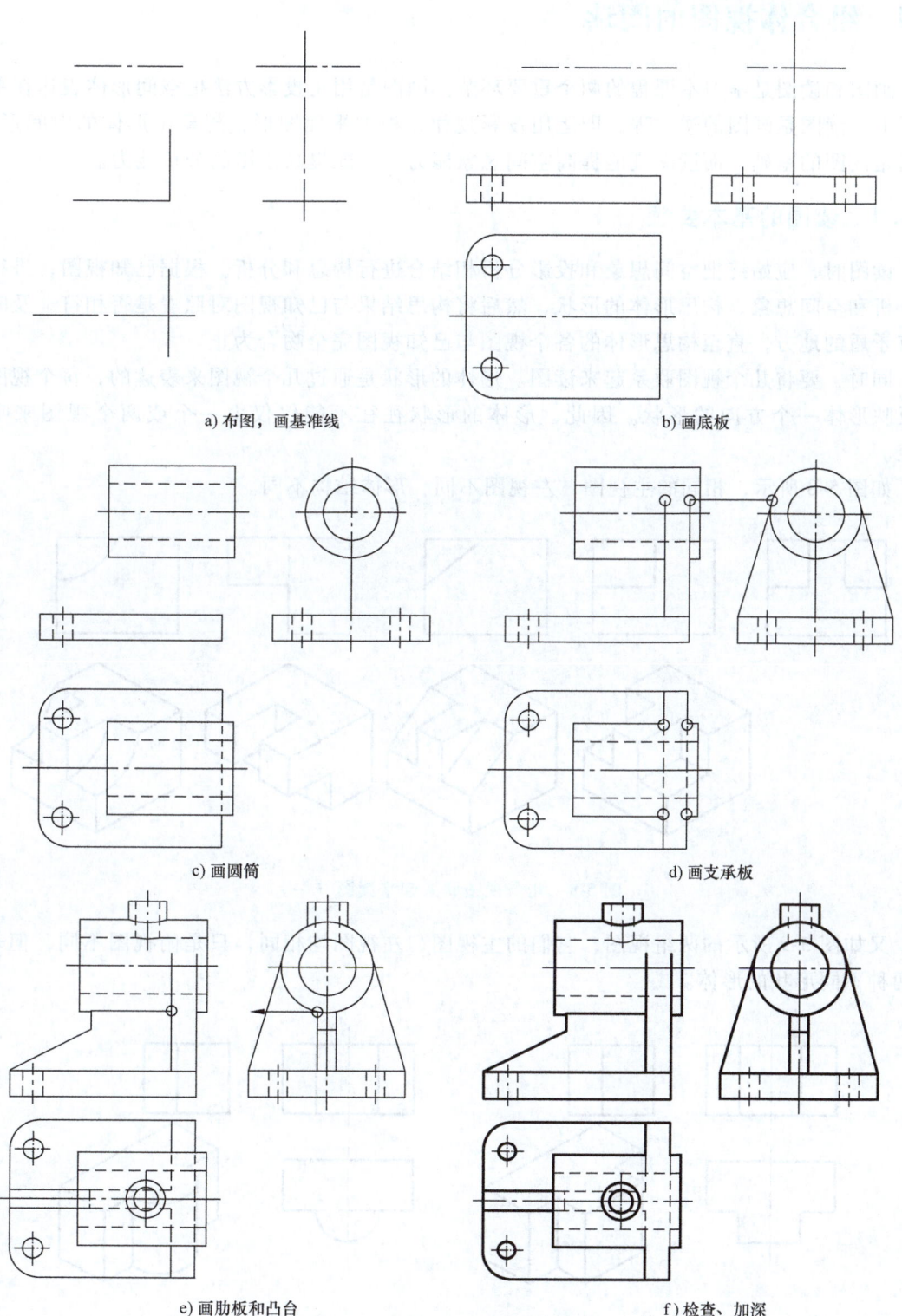

图 5-7 轴承座三视图的画图步骤

5.4 组合体视图的阅读

画图和读图是学习本课程的两个重要环节。画图是用正投影方法把空间形体表达在平面图纸上；读图是画图的逆过程，即运用投影规律，根据平面图形，想象出形体的空间形状。画图是读图的基础，而读图既能提高空间想象能力，又能提高投影的分析能力。

5.4.1 读图的基本要领

读图时，应始终把空间想象和投影分析相结合进行构思和分析。根据已知视图，进行投影分析和空间想象，构思形体的形状，然后将构思结果与已知视图对照看是否相符，及时修正有矛盾的地方，直至构思形体的各个视图与已知视图完全吻合为止。

同时，要将几个视图联系起来读图。形体的形状是通过几个视图来表达的，每个视图只能反映形体一个方向的形状。因此，形体的形状往往不能仅仅由一个或两个视图来唯一确定。

如图 5-8 所示，相同的主视图，左视图不同，形体结构不同。

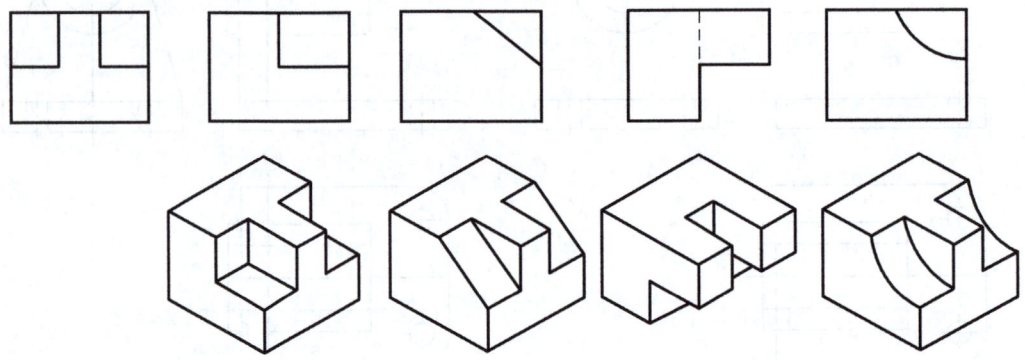

图 5-8 几个视图联系起来读图（一）

又如图 5-9 所示的两组视图，它们的主视图、左视图均相同，只是俯视图不同，但表示了两种不同形状的形体。

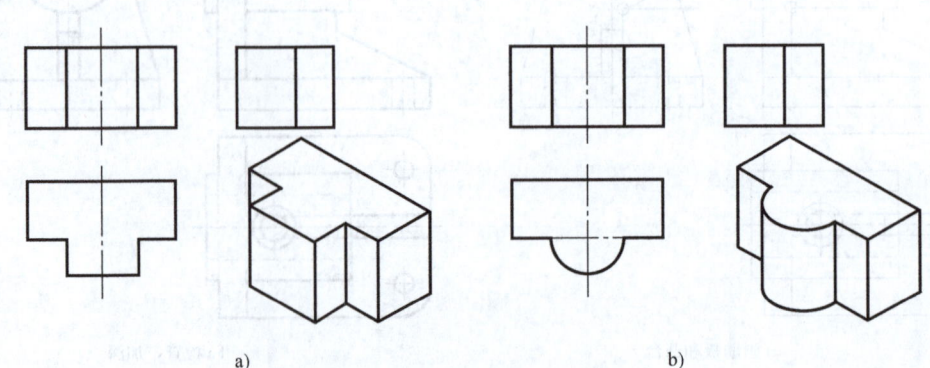

a)   b)

图 5-9 几个视图联系起来读图（二）

事实上，根据这两个视图，还可构思出其他很多种不同形体。如果只有一个视图相同，则可以构思出更多种不同形体。可见，在读图时，一定要将几个视图联系起来，进行分析和构思，才能想象出这组视图所表示的真实形体特征。

5.4.2 读图的基本方法和步骤

读组合体视图的方法主要是形体分析法和线面分析法。通常以形体分析法为主，对于一些复杂的视图或切割类组合体可用线面分析法作为辅助手段，即用形体分析法分析构成组合体的各基本形体的形状以及它们之间的相对位置，从而确定组合方式，想象出整个组合体的结构和形状，必要时，用线面分析法分析局部的细节。

1. 形体分析法读图

形体分析法是读叠加式或综合式组合体视图的基本方法。一般是从最能反映形体特征的视图入手，将其分为若干个封闭线框，找出与这些线框对应的其他投影，分析确定它们所表达的基本形体的形状，然后再按各基本形体的相对位置，综合想象出组合体的完整形状。

因此，利用形体分析法读图时，要善于抓住反映形体特征的视图。要先从反映形状特征和位置特征较明显的视图看起，再与其他视图联系起来，形体的形状才能识别出来。如图5-10 所示的组合体，其Ⅰ、Ⅱ、Ⅲ部分的形状特征视图分别是俯视图、主视图和左视图。如图 5-11 所示的两个组合体，左视图是反映形体上Ⅰ和Ⅱ两部分位置特征最明显的视图。

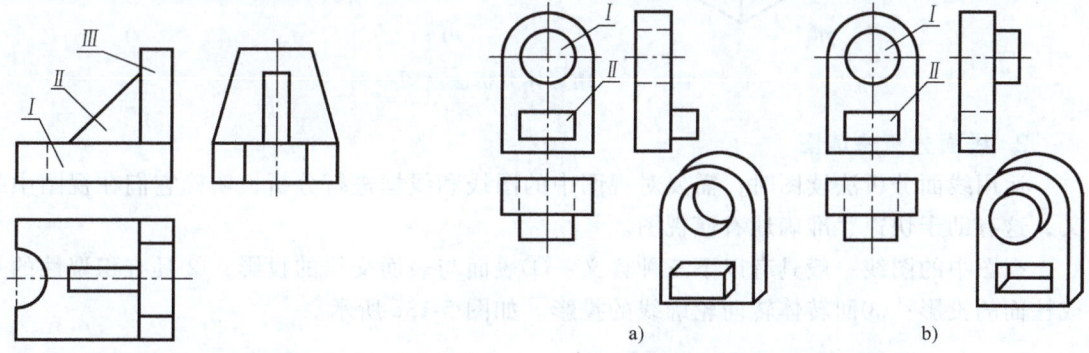

图 5-10 从反映形体特征视图看起（一）　　图 5-11 从反映形体特征视图看起（二）

下面以图 5-12 所示的支承座三视图为例，说明运用形体分析法识读组合体视图的方法和步骤。

（1）分析视图，抓特征　首先要把各视图联系起来初步识读，根据视图之间的投影关系，可以大体上看出整个组合体的组成情况，从而判断该形体是以叠加为主的组合体还是以切割为主的组合体。

（2）分线框、对投影，想象各个形体　组成组合体的每一个基本形体的投影轮廓，除相切和平齐关系外，一般都是一个封闭的线框，因此，可对视图进行形体分析，分出表示每个基本立体的线框。一般从主视图入手，结合其他视图进行分析。如图 5-12a 所示，将主视图分为 1′、2′、3′、4′四个封闭线框，看作这个支承座的四个组成部分。

根据三视图的投影规律，分别把每个线框的其余投影找出来，将有投影关系的线框联系起来看，就可以确定各线框所表示的简单形体的形状。如图 5-12b～d 所示，依次确定形体Ⅰ、Ⅱ、Ⅲ、Ⅳ的形状。

（3）综合起来想整体　看懂了各线框所表示的简单形体后，再分析各简单形体之间的相对位置和相邻表面间的连接关系，想象出整个组合体的形状，如图 5-12e 所示。

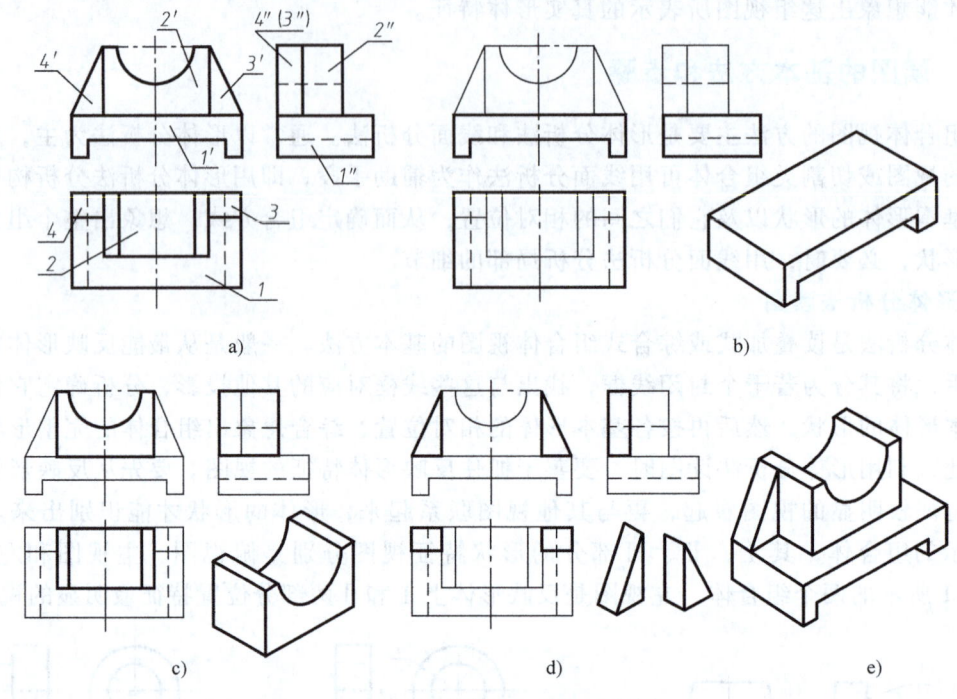

图 5-12　用形体分析法读图举例

2. 线面分析法读图

运用线面分析法读图时，需要对视图中的图线和线框进行分析，明确它们在视图中的含义，这有助于快速、准确地看懂视图。

视图中的图线一般具有以下三种含义：①表面与表面交线的投影；②具有积聚性的平面或柱面的投影；③回转体转向轮廓线的投影。如图 5-13a 所示。

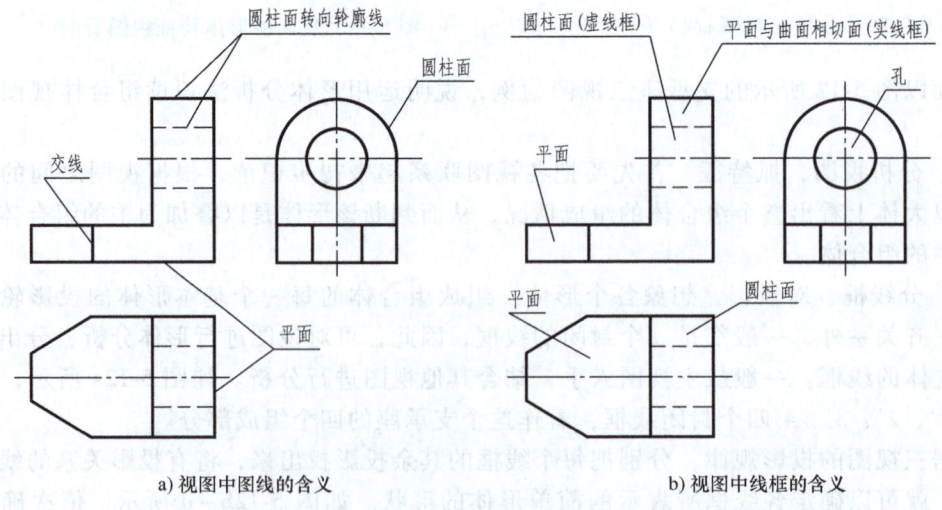

图 5-13　视图中图线和线框的含义

视图中的每一个封闭的线框一般具有以下三个含义：①物体上一个平面或曲面的投影；②在平面与曲面或曲面与曲面相切时，表示曲面及其切面的投影；③孔的投影。视图中线框的含义，如图 5-13b 所示。

同时，分析线框间的关系，明确表面间的相对位置，有利于想象形体的形状。

当相邻两线框表示两个不同位置的表面时，两线框的分界线可以表示具有积聚性的第三表面的积聚投影或两表面的交线，如图 5-14 所示。

线框里有另一线框时，可以表示凸起或凹进的表面，也可以表示具有积聚性的通孔的内表面，如图 5-15 所示。

线框边上有开口线框或闭口线框时，分别表示通槽或不通槽，如图 5-16 所示。

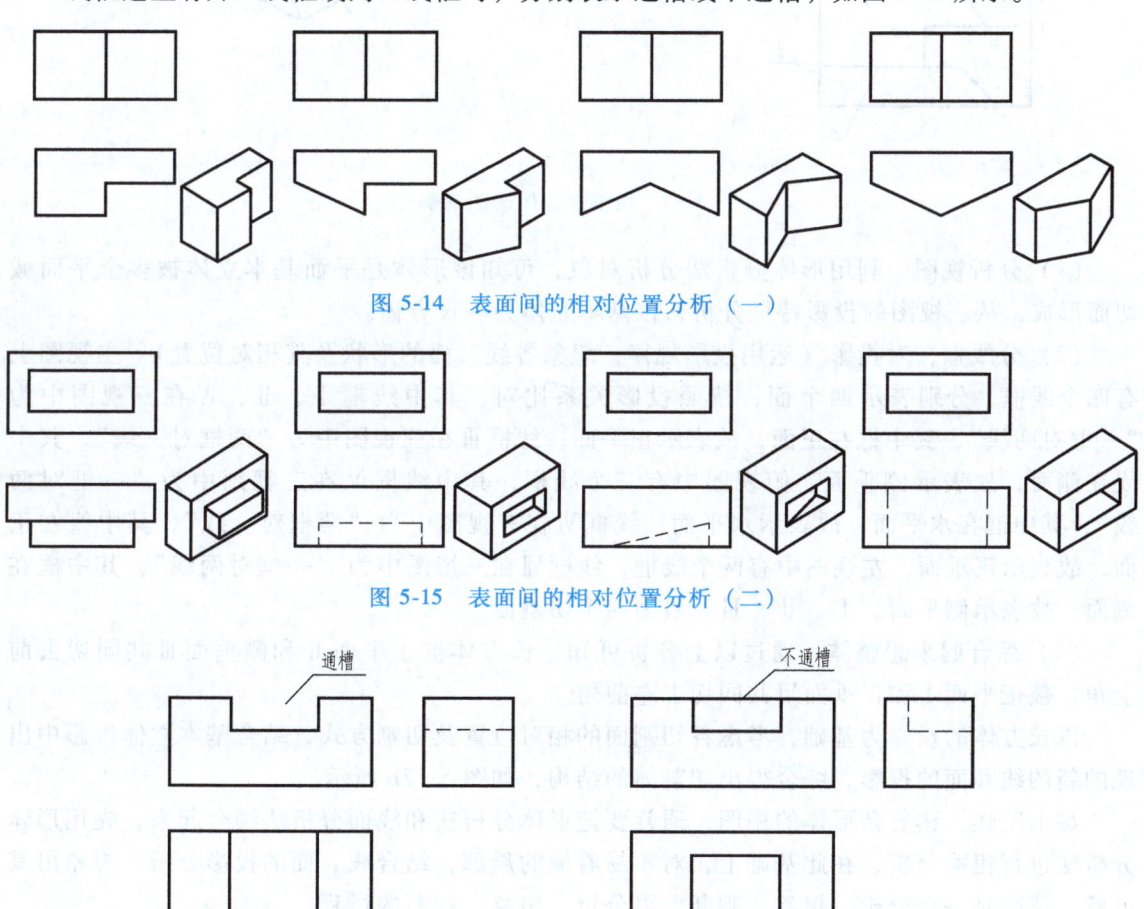

图 5-14　表面间的相对位置分析（一）

图 5-15　表面间的相对位置分析（二）

a) 通槽　　b) 不通槽

图 5-16　表面间的相对位置分析（三）

读图时，先在视图中确定出欲分析的线框或线条，按视图间的投影关系找出它们在各视图中的投影。然后再根据线、面的投影规律逐一想象并判定其位置和形状。对于一个平面图形，它的各投影之间除了必须符合"长对正、高平齐、宽相等"的投影规律外，还必须符合反映实形、类似形或积聚性的投影规律，即"若非实形、类似形，必有积聚性"。

下面以图 5-17a 所示组合体三视图为例，说明综合运用形体分析法和线面分析法识读组合体视图的方法和步骤。

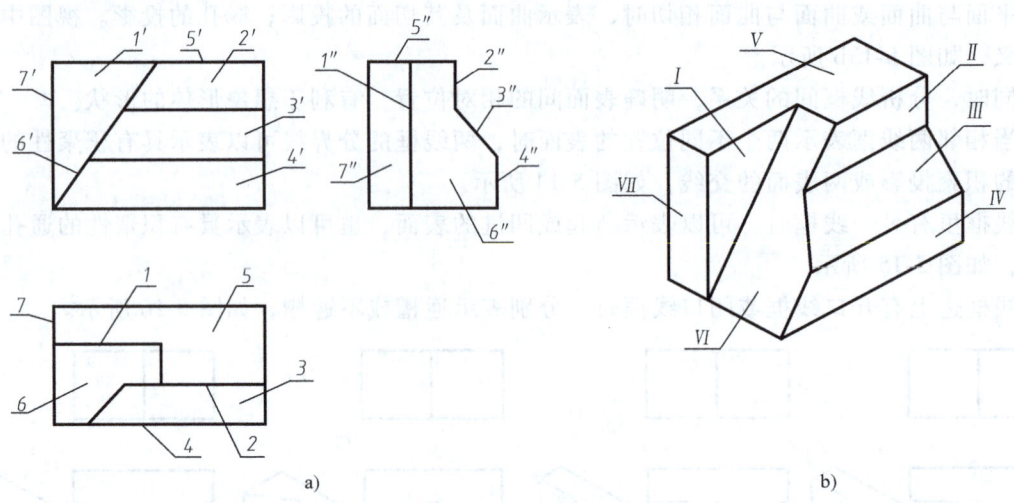

图 5-17 切割组合体读图举例

（1）分析视图 利用形体分析法分析对象，可知该形体是平面基本立体被多个平面截切而形成，从三视图的投影特征分析，该基本立体为一长方体。

（2）分线框，对投影（运用投影规律，想象各线、面的形状及其相对位置） 主视图上有四个线框，分别表示四个面，按照投影关系比对，其中线框Ⅰ、Ⅱ、Ⅳ在三视图中为"一框对两线"，其中框在正面，故表示正平面；线框Ⅲ在三视图中为"两框对一线"，其中线在侧面，故表示侧垂面。俯视图中有三个线框，其中线框Ⅴ在三视图中为"一框对两线"，其中框在水平面，故表示水平面；线框Ⅵ在三视图中为"两框对一线"，其中线在正面，故表示正垂面。左视图中有两个线框，线框Ⅶ在三视图中为"一框对两线"，其中框在侧面，故表示侧平面。Ⅰ、Ⅱ、Ⅲ、Ⅵ为四个切割面。

（3）综合起来想整体 通过以上分析可知，长方体被正平面Ⅱ和侧垂面Ⅲ共同切去前上角，被正平面Ⅰ和正垂面Ⅵ共同切去左前角。

以长方体的投影为基础，考虑各切割面的相对位置及切割方式，结合基本立体投影中出现的新的线和面的投影，综合得出切割体的结构，如图 5-17b 所示。

综上所述，读复杂形体的视图，通常要把形体分析法和线面分析法结合起来，先用形体分析法进行粗略分析，在此基础上，对不易看懂的局部，结合线、面的投影分析，想象出其形状。读图是一个分析、想象、判断，再分析、想象、判断的过程。

5.5 综合应用示例分析

由两个视图补画第三视图及由已知视图补画漏线是读图和画图的综合训练。通过分析已知的视图，判断形体特征，分析组合体的形状，最后补出所缺视图或图线。

下面举例说明，由两视图补画第三视图的方法与步骤，补画漏线的步骤与此相似，请读者自行总结。

【例 5-1】 如图 5-18a 所示，已知组合体的主、俯视图，求作左视图。

作图：

1）形体分析，分线框，对投影。初步阅读两视图，可知该组合体主要为叠加形成，采用形体分析法，将主视图分解为三个线框，对照俯视图找出其相对应的投影，如图 5-18a 所示。

2）重建组合体空间结构。根据各部分的投影特征，分别想象出各部分的结构，然后根据已知两视图中显示的各部分间的相对位置和连接关系，构建整体结构，如图 5-18b 所示。

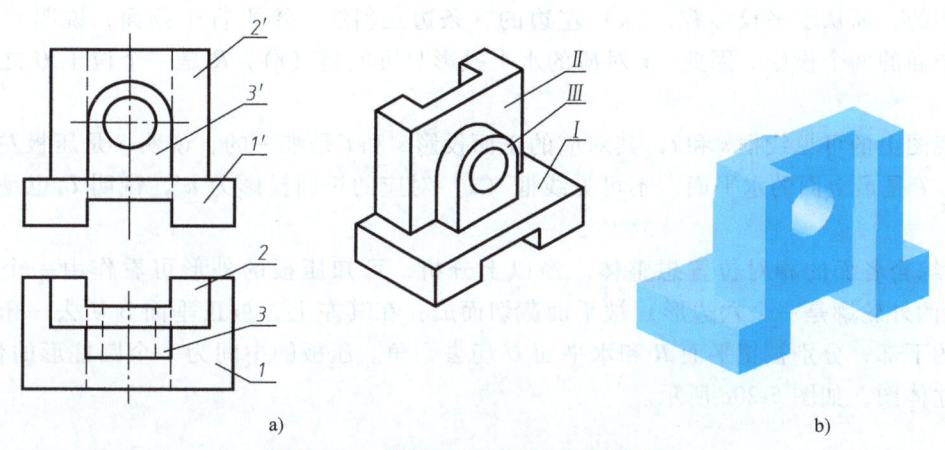

图 5-18 根据已知视图分析形体结构

3）补画左视图。如图 5-19 所示，根据形体分析的结果，依次画出各部分简单形体的侧面投影，并考虑形体邻接表面间的连接关系及相对位置，确定相邻立体表面分界线的画法。该形体的左视图，如图 5-19d 所示。

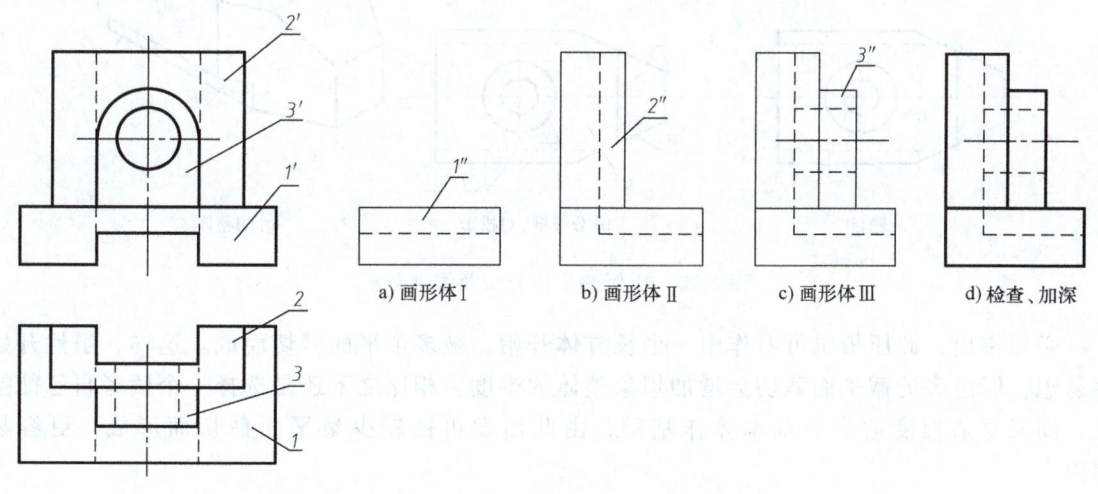

图 5-19 根据已知两视图补画第三视图

【例 5-2】 如图 5-20a 所示，已知压板的主、俯视图，求作左视图。

作图：

1）形体分析，由已知视图，分析判断形体的结构特征。初步阅读所给视图，可知其外形是由基本立体被多个平面截切而形成，因此该形体为切割式组合体，可用线面分析法读图。

2）分线框、对投影。主视图上有三个可见的线框 p'、q'和 r'，如图 5-20b 所示，其中 p'、q'对应的水平投影 p、q 是唯一的，其中 P 是铅垂面，Q 是压板最前面的正平面。而 r'对应的水平投影有两个可能：积聚成虚线（r）或由三条实线和一条虚线组成的四边形（u）。到底是哪一个？可采用"先假定，后验证，边分析，边想象"的方法来分析。假定 r'对应的投影为（u），说明空间的 R 应是一个前高后低的斜面。从正面投影看，r'的左、右两边是平行侧面的，而从水平投影看，（u）左边的一条边是斜线，不平行于侧面，说明 r'和（u）不是一个面的两个投影。因此，r'对应的水平投影只可能是（r），R 是一个位于 Q 之后的正平面。

俯视图上的可见线框 s 和 t，其对应的正面投影 s'和 t'是唯一的，说明 S 是压板左上方的正垂面，T 是最上面的水平面。不可见线框（u）对应的正面投影为 u'，说明 U 也是一个水平面。

3）综合各面的相对位置想整体。经以上分析，可知压板的外形可看作由一个六棱柱（俯视图的外轮廓是一个六边形）被平面截切而成：在其左上方被正垂面 S 切去一角；在其前后面的下部，分别被正平面 R 和水平面 U 切去一角。压板的中间为一个圆柱形的台阶孔。压板的立体图，如图 5-20c 所示。

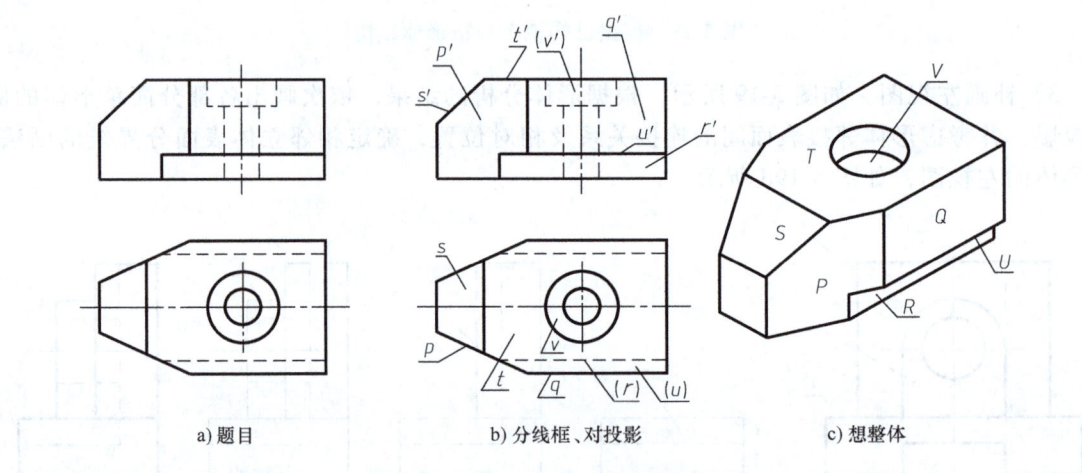

a）题目　　　　　　　b）分线框、对投影　　　　　　c）想整体

图 5-20　压板的形体分析及线面分析

必须指出，此压板也可看作由一个长方体开始，被多个平面截切而成。这样，虽然开始容易想，但过多的截平面截切会增加想象整体的难度。相比之下还是选择一个读者自己能接受，而又复杂程度适当的基本体作基础，由此出发再被较少量平面截切而形成，更容易想象。

4）补画左视图。对此类组合体，由两个视图求作第三视图的步骤如下。

① 作未截切前基本立体的第三视图。如前所述，未截切前的基本立体为一个六棱柱，其侧面投影如图 5-21a 所示。

② 画出台阶孔的投影，如图 5-21b 所示。

③ 作立体上投影面垂直面的侧面投影。分别作正垂面 S 和铅垂面 P 的侧面投影 s"和 p"（图 5-21c），s"和 p"的形状应分别与 s 和 p'的形状相类似。

④ 作立体上投影面平行面的侧面投影。水平面 U 和正平面 R 的侧面投影 u″和 r″都积聚为直线，根据其切割位置，作其侧面投影，如图 5-21d 所示。

⑤ 检查、修改后加深，如图 5-21e 所示。台阶圆柱孔在两孔交界处为平面，必须有线，初学者常易漏掉，务必注意。检查的重点放在投影面垂直面投影的类似性上，以验证所作投影结果的准确性。如 S 为正垂面，其水平投影 s 和侧面投影 s″为类似形；P 为铅垂面，其正面投影 p′和侧面投影 p″为类似形。

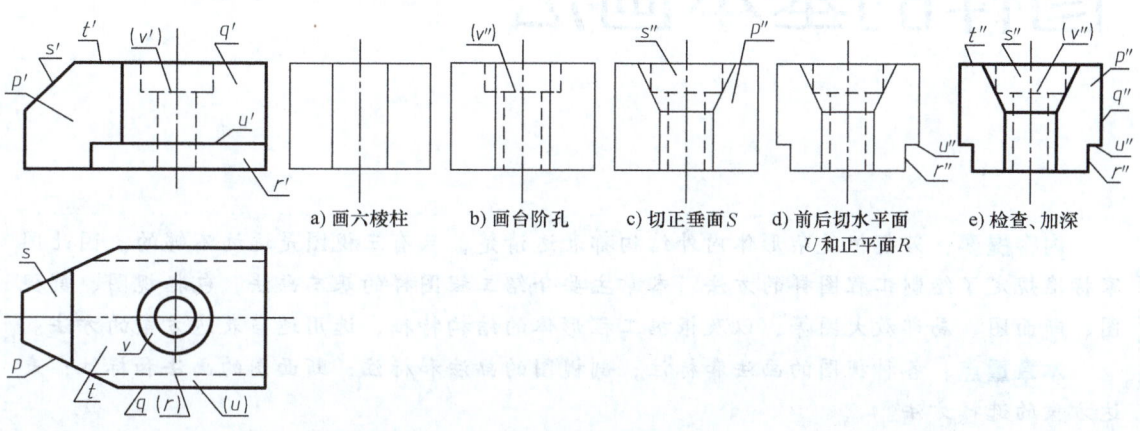

a) 画六棱柱　　b) 画台阶孔　　c) 切正垂面 S　　d) 前后切水平面 U 和正平面 R　　e) 检查、加深

图 5-21　由已知视图补画左视图

思考题

1. 组合体的组合方式及邻接表面间的关系有哪些？
2. 什么是形体分析法？什么是线面分析法？
3. 画组合体三视图的方法和步骤是什么？
4. 读组合体视图时应注意哪些问题？
5. 用形体分析法和线面分析法读组合体视图的步骤是什么？
6. 简述根据两视图补画第三视图的方法和步骤。

思政拓展

信物百年：中国自主研制的"争气机"

第 6 章

图样的基本画法

> **内容提要**：若想把复杂形体内外结构都表达清楚，只有三视图是远远不够的。因此国家标准规定了绘制工程图样的方法。本章主要介绍工程图样的基本画法，包括视图、剖视图、断面图、局部放大图等，以及根据工程形体的结构特征，选用适当表达方案的方法。
>
> **本章重点**：各种视图的画法和标注；剖视图的画法和标注；断面图的画法和标注；表达方案的选择方法。

在生产实际中，工程形体（包括零件、部件和机器）的结构形状多种多样，如果仅仅用三视图表达，很难将它们的内外形状准确、完整、清晰地表达出来。为了满足各种机件表达的需要，国家标准《技术制图》和《机械制图》规定了表达工程图样的各种方法：视图、剖视图、断面图、局部放大图及常用简化画法等。在绘制技术图样时，应根据机件的结构特点，选用适当的表达方法。在完整、清晰表达机件形状的前提下，力求制图简便、看图方便。

6.1 视图

根据有关标准规定，用正投影法所绘制出物体的图形称为视图。视图通常用于物体外形的表达，有基本视图、向视图、局部视图和斜视图。

6.1.1 基本视图

对于形状比较复杂的物体，用两个或三个视图仍不能完整、清晰地表达它们的内外形状。根据国家标准规定，在原有三个投影面的基础上，再增设三个投影面，组成一个正六面体，这六个投影面称为基本投影面。物体在基本投影面上的视图称为基本视图，如图 6-1 所示。

各视图名称如下。

主视图：A 方向表示自前方投射，得到主视图或正立面图。

俯视图：B 方向表示自上方投射，得到俯视图或平面图。

左视图：C 方向表示自左方投射，得到左视图或左侧立面图。

右视图：D 方向表示自右方投射，得到右视图或右侧立面图。

仰视图：E 方向表示自下方投射，得到仰视图或底面图。

后视图：F 方向表示自后方投射，得到后视图或背立面图。

六个基本投影面的展开方法如图 6-1b 所示，即正面保持不动，其他投影面旋转后与正面处于同一平面上。展开后各视图的配置，如图 6-2 所示。

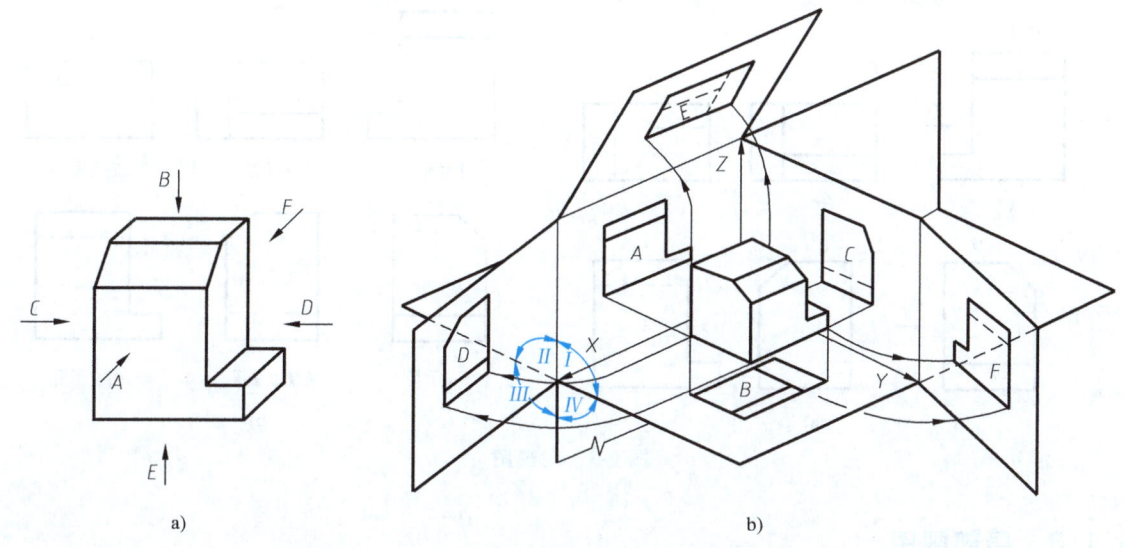

图 6-1 基本视图的投射方向及展开

六个基本视图的投影关系，仍符合"长对正、高平齐、宽相等"的"三等"规律，即主、俯、仰、后视图等长，主、左、右、后视图等高，左、右、俯、仰视图等宽。

六个基本视图的方位对应关系，仍然反映物体的上、下、左、右、前、后的位置关系，左、右、俯、仰视图靠近主视图的一边代表物体的后面，而远离主视图的一边代表物体的前面，后视图的左侧对应物体右侧。

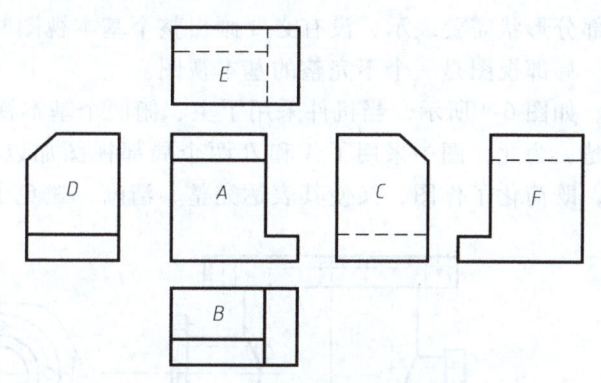

图 6-2 展开后各视图的配置

在同一张图纸内按投影关系配置的基本视图，一律不标注视图的名称。

在实际制图时，应根据物体的形状和结构特点，按需要选择视图。在完整、清晰地表达物体特征的前提下，使视图数量为最少，力求制图简便。一般优先选用主、俯、左三个基本视图。任何机件的表达都必须有主视图，主视图应尽量反映物体的主要特征。

6.1.2 向视图

向视图是可以自由配置的基本视图。

有时为了合理利用图幅，各基本视图不能按投影关系配置时，可自由配置，但只允许从以下两种表达方式中选择一种。

1) 在视图的上方用大写拉丁字母标注视图的名称"×"，在相应的视图附近用箭头指明投射方向，并注上同样的字母，如图 6-3a 所示。此标注方式常用于机械工程图样。

2) 在视图下方标出图名。注写图名的各视图的位置，应根据需要和可能，按相应的规则布置，如图 6-3b 所示。此标注方式常用于建筑工程图样。

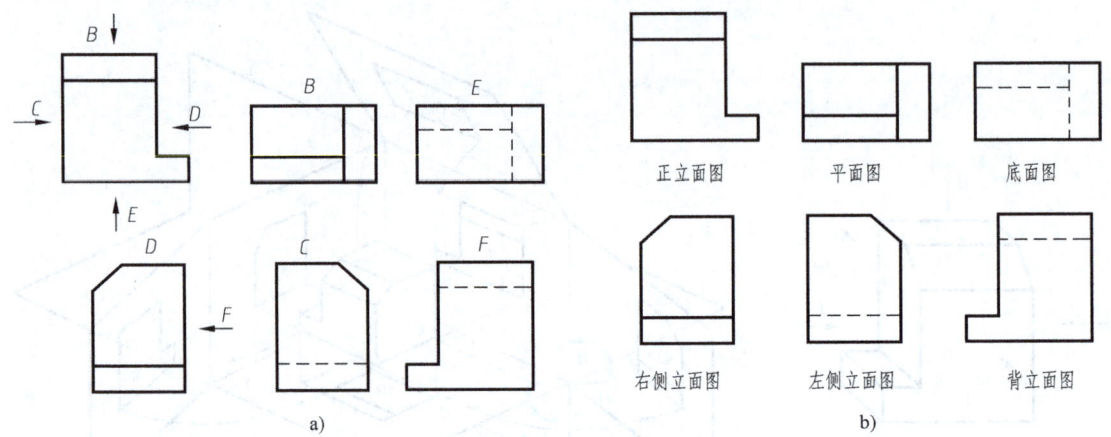

图 6-3 向视图

6.1.3 局部视图

将机件的某一部分向基本投影面投射，所得的视图称为局部视图。当机件在某个方向仅有部分形状需要表示，没有必要画出整个基本视图时，可采用局部视图。

局部视图是一个不完整的基本视图。

如图 6-4 所示，当机件采用了主、俯两个基本视图表达后，只有两侧凸台部分尚未表达清楚，为此，图中采用了 A 和 B 两个局部视图加以补充表达。这样就省去画左视图和右视图，既简化了作图，又使其表达完整、清晰，避免了重复。

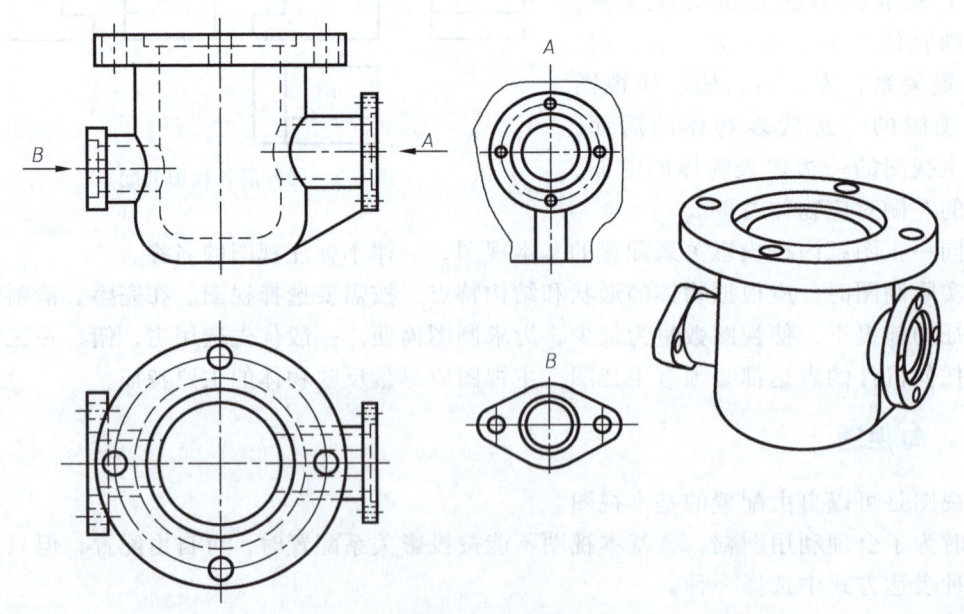

图 6-4 局部视图

标注局部视图时，通常在其上方用大写拉丁字母标出视图的名称，在相应视图附近用箭头指明投射方向，并注上相同的字母，如图6-4所示。

在机械制图中，局部视图的配置可选用以下方式，并进行必要的标注。

1）按基本视图的配置形式配置，如图6-5所示俯视图，当与相应的另一视图之间没有其他图形隔开时，可省略标注。

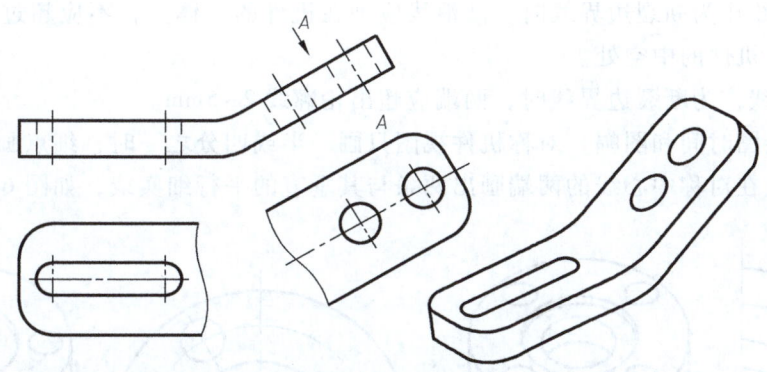

图6-5 按基本视图配置的局部视图（俯视图）

2）按向视图的配置形式配置并标注，如图6-4所示 B 向局部视图。

3）按第三角画法配置在视图上所需表示物体局部结构的附近，如图6-4所示 A 向局部视图；若用细点画线将两者相连，无中心线的图形也可用细实线联系两图，此时，则可省略标注，如图6-6所示。

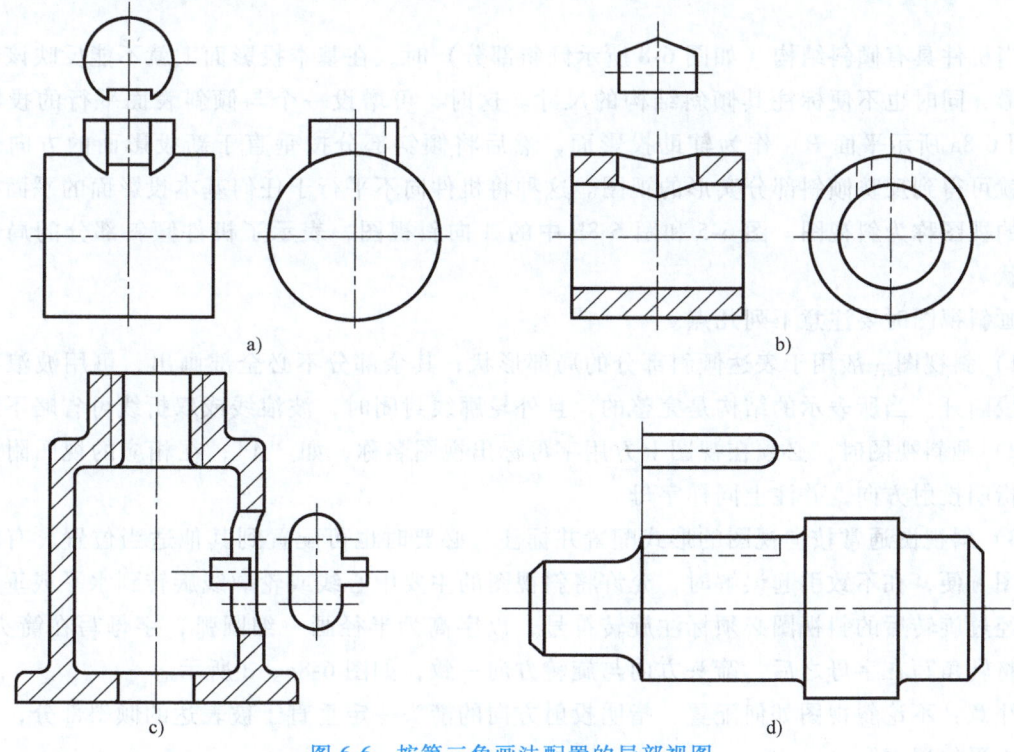

图6-6 按第三角画法配置的局部视图

画局部视图时，其断裂边界用波浪线或双折线绘制，如图 6-4 所示 A 向局部视图和图 6-5 所示俯视图。绘制时应注意以下几点。

1) 波浪线不应与轮廓线重合或画在轮廓线的延长线上。

2) 当所表示的局部视图的外轮廓成封闭时，则不必画出其断裂边界线，如图 6-4 所示 B 向局部视图。

3) 用波浪线作为断裂边界线时，波浪线应画在机件的实体上，不应超过断裂机件的轮廓线，不可画在机件的中空处。

4) 用双折线作为断裂边界线时，两端应超出轮廓线 2~5mm。

为了节省绘图时间和图幅，对称机件视图只画一半或四分之一时，细点画线可视为断裂边界线，此时应在对称中心线的两端画出两条与其垂直的平行细实线，如图 6-7 所示。

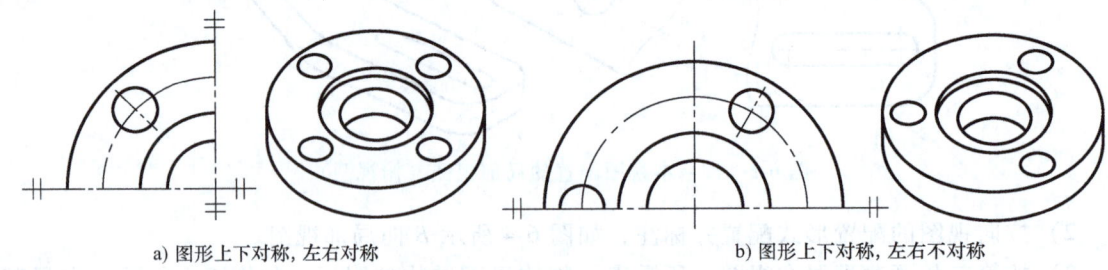

a) 图形上下对称，左右对称　　　　　　　b) 图形上下对称，左右不对称

图 6-7　对称机件视图的画法

6.1.4　斜视图

当机件具有倾斜结构（如图 6-8 所示倾斜部分）时，在基本投影面上就不能反映该部分的实形，同时也不便标注其倾斜结构的尺寸。这时，可增设一个与倾斜表面平行的投影面（如图 6-8a 所示平面 P）作为辅助投影面，然后将倾斜部分按垂直于新投影面的方向作投射，就可得到反映倾斜部分实形的视图。这种将机件向不平行于任何基本投影面的平面投射所得的视图称为斜视图。图 6-5 和图 6-8b 中的 A 向斜视图，表示了机件倾斜部分的局部真实形状。

画斜视图时要注意下列几点。

1) 斜视图一般用于表达倾斜部分的局部形状，其余部分不必全部画出，可用波浪线或双折线断开。当所表示的结构是完整的，且外轮廓线封闭时，波浪线或双折线可省略不画。

2) 画斜视图时，必须在视图上方用字母标出视图名称，如"A"，在相应的视图附近用箭头指明投射方向，并注上同样字母。

3) 斜视图通常按向视图的形式配置并标注，必要时也可配置到其他适当位置。有时为了画图方便，在不致引起误解时，允许将斜视图的主要中心线或轮廓线旋转到水平或垂直位置。经过旋转后的斜视图必须标注旋转符号，以字高为半径画一细圆弧，字母写在箭头端，也可将转角写在字母之后，箭头方向与旋转方向一致，如图 6-8c、d 所示。

注意：不论斜视图如何配置，指明投射方向的箭头一定垂直于被表达的倾斜部分，而字母按水平位置书写。

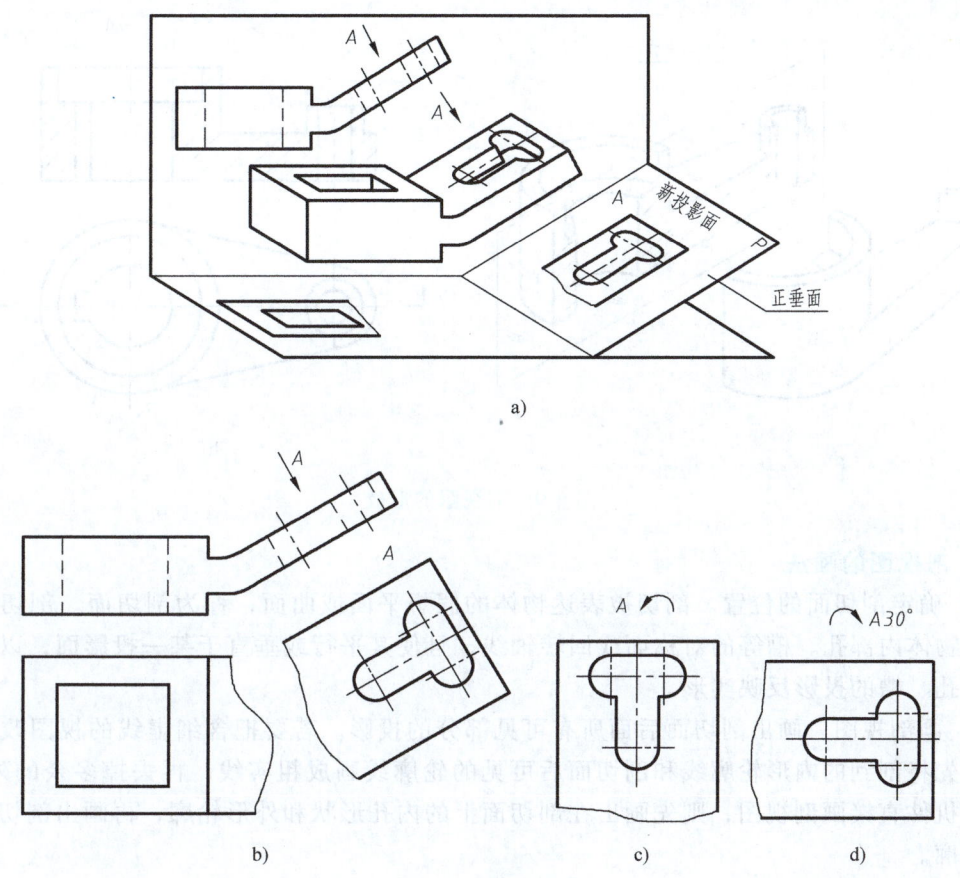

图 6-8 斜视图

6.2 剖视图

6.2.1 剖视图的概念

视图主要用来表示物体的外部结构形状,当物体的内部结构形状较复杂时,视图中会出现很多细虚线,这些虚线往往与其他图线重叠在一起,既影响视图清晰,又不利于读图和标注尺寸。为了完整、清晰地表达物体的内部结构形状,国家标准 GB/T 17453—2005《技术制图 图样画法 剖面区域的表示法》和 GB/T 4458.6—2002《机械制图 图样画法 剖视图和断面图》做出相关规定。

1. 剖视图的形成

假想用剖切面剖开物体,将处在观察者和剖切面之间的部分移去,而将其余部分向投影面投射所得的图形称为剖视图,简称剖视。如图 6-9a 所示,假想用一个剖切平面通过机件的前后对称平面将机件剖开,移去观察者和剖切平面之间的一半,而将留下的一半向正立投影面投射,就可得到处于主视图位置上的剖视图,如图 6-9b 所示。由此可见,剖视图主要用于表达零件内部的不可见结构。

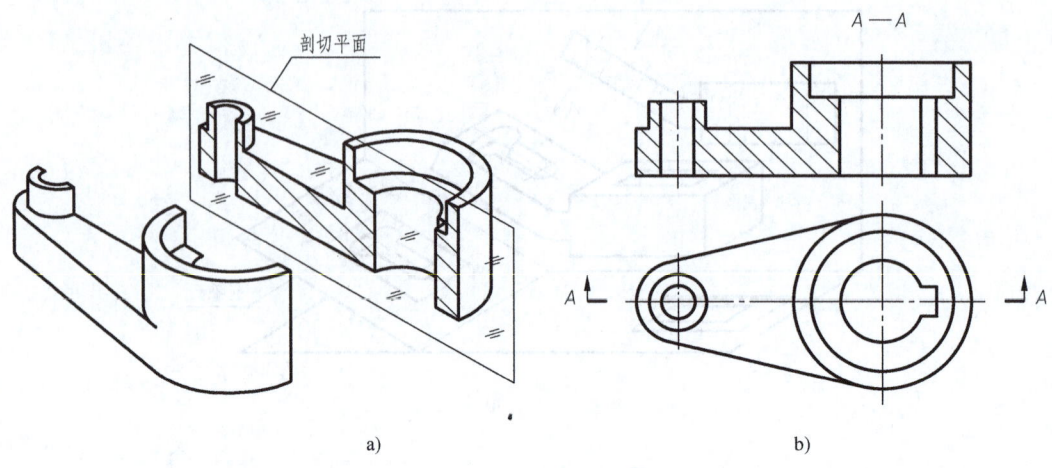

图 6-9 剖视图的形成

2. 剖视图的画法

1）确定剖切面的位置。剖切被表达物体的假想平面或曲面，称为剖切面。剖切面一般应通过物体内部孔、槽等的对称面或回转轴线，且使其平行或垂直于某一投影面，以便使剖切后的孔、槽的投影反映实形。

2）画剖视图。画出剖切面后面所有可见部分的投影。若要把含细虚线的视图改成剖视图，则先将剖到的内形轮廓线和剖切面后可见的轮廓线画成粗实线，再去掉多余的外形线。若要由机件直接画剖视图，则先画出在剖切面上的内孔形状和外形轮廓，再画出剖切面后的可见轮廓。

3）将剖面区域画上剖面符号。假想用剖切面剖开物体，剖切面与物体的接触部分称为剖面区域。画剖视图时，应在剖面区域画出剖面符号。

3. 剖面区域的表示法

剖面符号因机件的材料不同而不同，见表 6-1。

表 6-1 常用剖面符号

材　料	剖面符号	材　料	剖面符号
金属材料 （已有规定剖面符号者除外）		木质胶合板 （不分层数）	
线圈绕组元件		基础周围的泥土	
转子、电枢、变压器和电抗器等的叠钢片		混凝土	
非金属材料 （已有规定剖面符号者除外）		钢筋混凝土	

(续)

材　料	剖面符号	材　料	剖面符号
型砂、填砂、粉末冶金、砂轮、陶瓷刀片、硬质合金刀片等		砖	
玻璃及供观察用的其他透明材料		格网 （筛网、过滤网等）	
木材 纵断面		液体	
木材 横断面			

注：1. 剖面符号仅表示材料的类型，材料的名称和代号另行注明。
　　2. 叠钢片的剖面线方向，应与束装中叠钢片的方向一致。
　　3. 液面用细实线绘制。

根据 GB/T 17453—2005《技术制图　图样画法　剖面区域的表示法》规定，剖面线应用国家标准规定的细实线来绘制，而且与剖面或断面外轮廓成对称或相适宜的角度（参考角 45°），如图 6-10 所示。

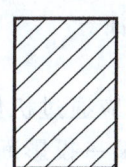 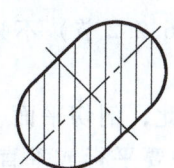 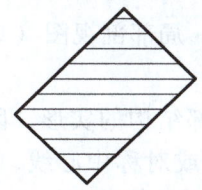 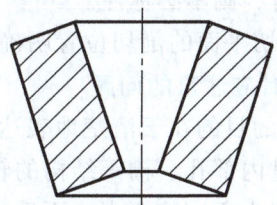 

图 6-10　剖面线示例

当不需在剖面区域中表示材料的类别时，所有材料的剖面符号均可采用与金属材料相同的通用剖面线。剖面线之间的距离视剖面区域的大小而异，通常可取 2~4mm。

同一零件的各个剖面区域，其剖面线方向和间隔应一致。

4. 剖视图的标注

为了便于看图，在画剖视图时，一般应按规定进行标注。

（1）剖切线　指示剖切面位置的线，以细点画线表示。

（2）剖切符号　指示剖切面起、讫和转折位置（用粗短线表示）及投射方向（用箭头或粗短线表示）的符号。剖切符号尽可能不要与图形的轮廓线相交。

（3）剖视名称　指示剖视图名称。

剖视图标注时，一般应在剖视图的上方用大写拉丁字母标出剖视图的名称"×—×"，在相应的视图上用剖切符号表示剖切位置和投射方向，并标注相同的字母。如果在同一张图上同时有几个剖视图，则其名称应按字母顺序排列，不得重复。

剖切符号、剖切线和名称的标注方法，如图 6-11a 所示。剖切线也可省略不画，如图

6-11b 所示。

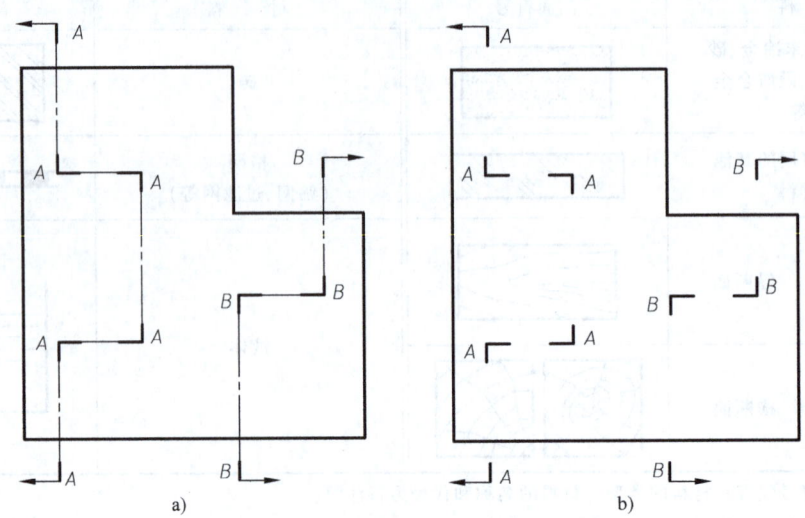

图 6-11 剖切符号、剖切线和名称的标注方法

剖视图的标注省略：

1) 当剖视图按投影关系配置，中间又没有其他图形隔开时，可以省略箭头。

2) 当单一剖切平面通过机件的对称面或基本对称面，且剖视图按照投影关系配置，中间又无图形隔开时，则不必标注。

3) 当单一剖切平面的剖切位置明确时，局部剖视图（见 6.2.2 节）不必标注。

5. 画剖视图时应注意的问题

1) 画剖视图的目的在于清楚地表达内部结构的实形，因此，剖切平面一般应通过机件的对称平面或通过内部孔、槽等结构的轴线或对称中心线，并要平行或垂直于某一投影面。剖切时，要避免产生不完整要素或不反映实形的截断面。

2) 由于剖切是假想的，所以当机件的一个视图画成剖视后，其他视图的完整性不受影响，仍应完整画出。

3) 剖切平面后面的可见轮廓应全部画出，避免漏线、多线，如图 6-12 所示。

4) 对于剖切平面后的不可见部分，若在其他视图上已表达清楚，则细虚线可省略，即一般情况下剖视图中不画细虚线；当省略虚线后，物体不能定形，或画出少量细虚线能节省一个视图时，则应画出需要的细虚线，如图 6-13 所示。

6.2.2 剖视图的种类

根据剖切范围不同，剖视图可分为全剖视图、半剖视图和局部剖视图三种。

1. 全剖视图

用剖切面完全地剖开机件所得的剖视图，称为全剖视图。

全剖视图主要用于表达内部结构复杂、外形比较简单或其外部形状在其他视图中已表达清楚的机件。如图 6-14a 所示机件，它的外形比较简单，内部结构比较复杂，上下、左右不对称。假想用一个剖切平面沿右侧槽的中心线将它完全剖开，移去前半部分，将剩下的后半

第6章 图样的基本画法

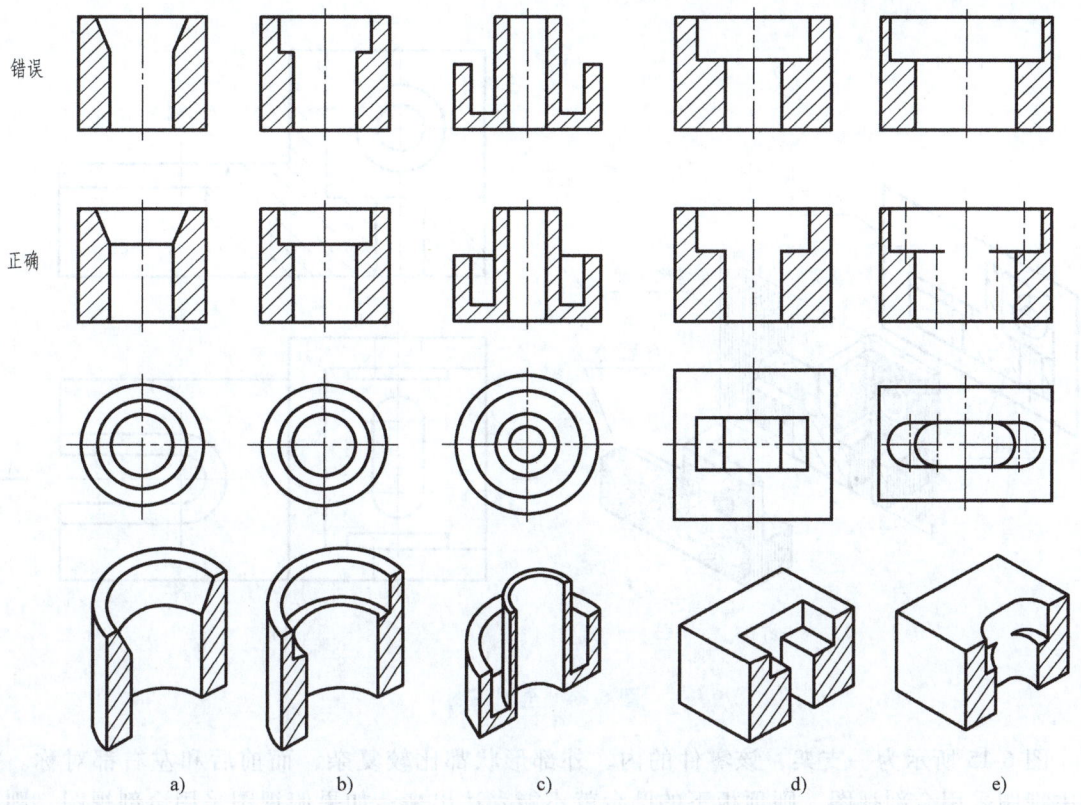

图 6-12 剖视图中漏线、多线

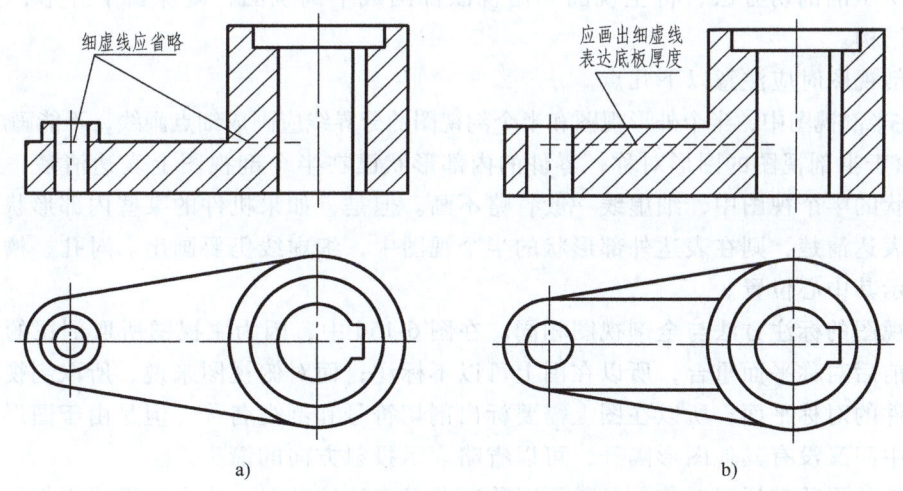

图 6-13 剖视图中虚线的处理

部分向正面投射，即可得出它的全剖视图，如图 6-14b 所示。

2. 半剖视图

当机件具有对称平面时，向垂直于对称平面的投影面上投射所得的图形，可以对称中心线为界，一半画成剖视图，另一半画成视图，这样的图形称为半剖视图。

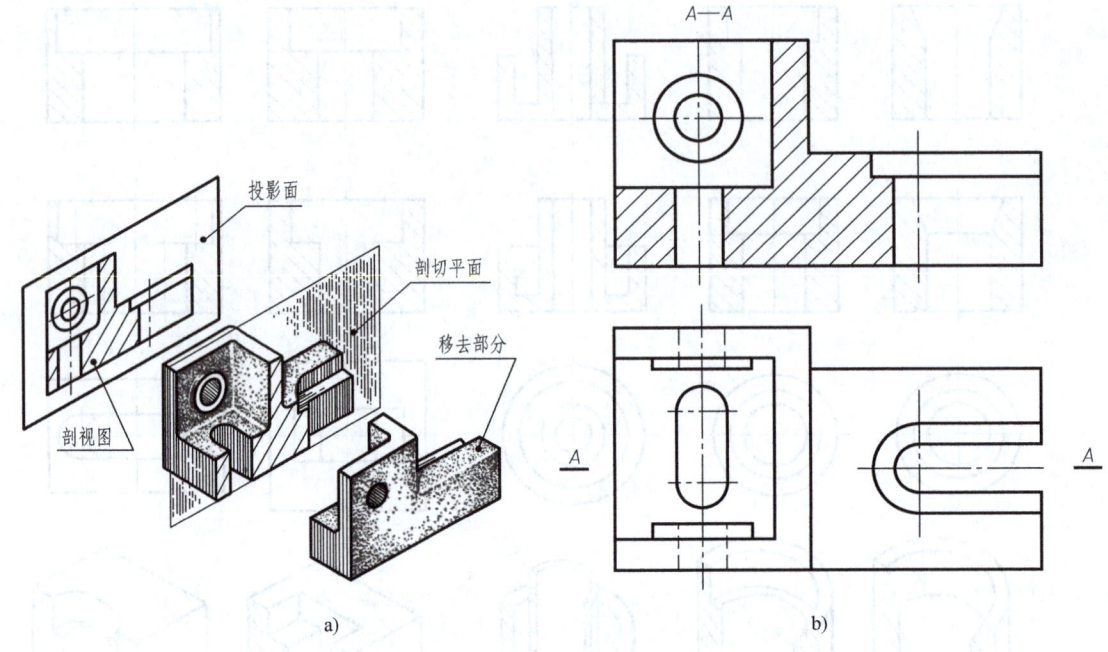

图 6-14 全剖视图

图 6-15 所示为一支架，该零件的内、外部形状都比较复杂，而前后和左右都对称。如果主视图采用全剖视图，则顶板下的凸台就不能表达出来；如果俯视图采用全剖视图，则长方形顶板及其四个小孔也不能表达出来。因此，为了清楚地表达支架各部分结构，可采用图 6-15a、b 所示的剖切方法，将主视图和俯视图都画成半剖视图，既保留了外形，又表达清楚了内部结构。

画半剖视图时应注意以下几点。

1) 在半剖视图中，半个外形视图和半个剖视图的分界线应画成细点画线，不能画成粗实线。

2) 由于半剖视图的图形对称，零件的内部形状已在半个剖视图上表达清楚，所以在表达外部形状的半个视图中，细虚线一般省略不画。但是，如果机件的某些内部形状在半剖视图中没有表达清楚，则在表达外部形状的半个视图中，细虚线仍要画出。对孔、槽等需用细点画线表示其中心位置。

半剖视图的标注方法与全剖视图相同。在图 6-15d 中，因为主视图所取剖视的剖切平面与机件的前后对称平面重合，所以在图上可以不标注；而对俯视图来说，所取剖视的剖切平面不是机件的对称平面，所以在图上需要标出剖切符号和剖视名称，但是由于图形按投影关系配置，中间又没有其他图形隔开，可以省略表示投射方向的箭头。

当机件的形状接近于对称，且其不对称部分已表达清楚时，也允许画成半剖视图，如图 6-16 所示。

3. 局部剖视图

用剖切面局部地剖开机件所得的剖视图，称为局部剖视图，如图 6-17 所示。

局部剖视图与视图的分界线为波浪线或双折线。图 6-18 所示为局部剖视图中波浪线的画法。在画分界线时应注意以下几点。

第6章 图样的基本画法

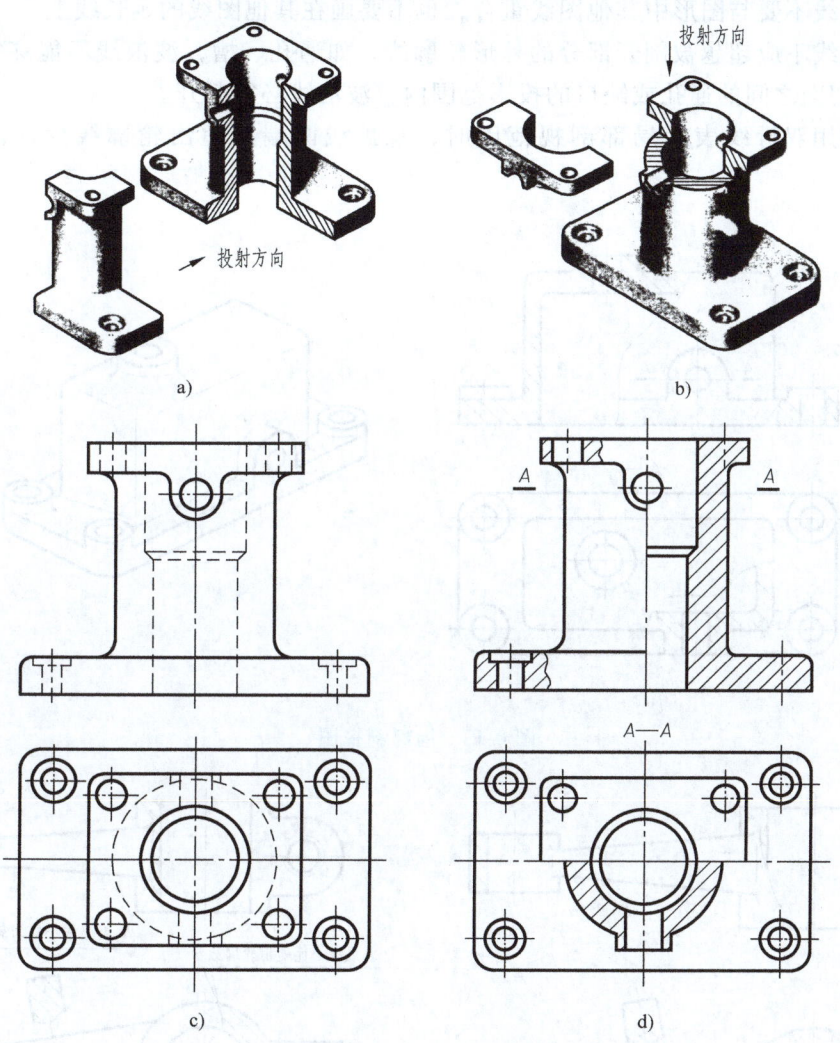

图 6-15 半剖视图

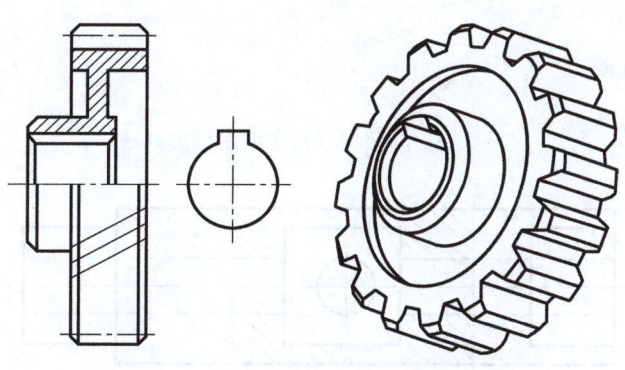

图 6-16 用半剖视图表示基本对称的机件

1) 波浪线不要与图形中其他图线重合,也不要画在其他图线的延长线上。
2) 波浪线不应超越被剖开部分的外形轮廓线,如遇孔、槽,波浪线不能穿空而过,在观察者与剖切面之间的通孔或缺口的投影范围内,波浪线必须断开。
3) 当使用双折线表示局部剖视范围时,双折线两端要超出轮廓线少许,如图 6-19 所示。

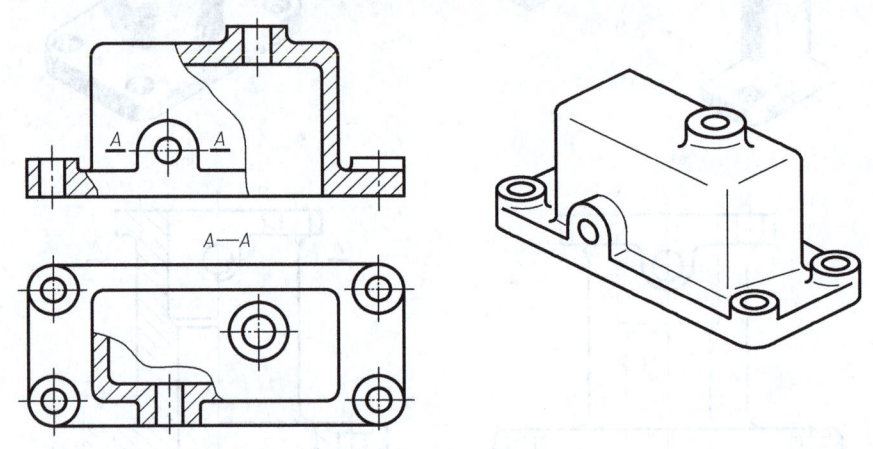

图 6-17 局部剖视图

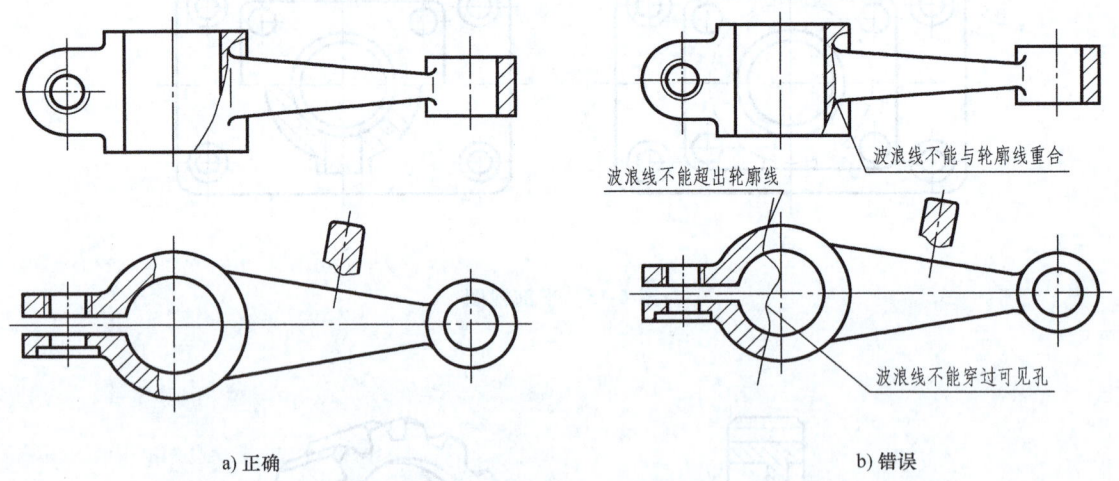

图 6-18 局部剖视图中波浪线的画法

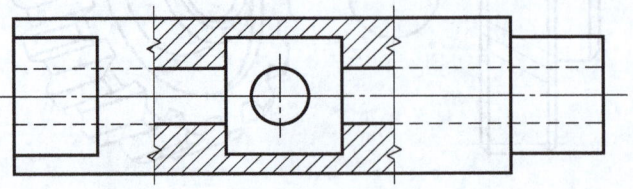

图 6-19 局部剖视图中双折线的用法

局部剖视图是一种比较灵活的表示方法，剖切位置与范围应根据实际需要决定，剖切范围的确定一般在尽可能保留需表达外形的前提下，以尽量大的剖切区域表达内形。局部剖视图运用得好，可使视图简明清晰。但在同一个视图中，局部剖视图的数量不宜过多，不然会使图形过于破碎，反而对看图不利。局部剖视图一般用于下列情况。

1) 当机件只有局部内形需要表达，不必或不宜采用全剖视图，如图 6-18 所示拉杆，只有左右两端有小螺纹孔和圆孔，而中间部分为实心杆，这种情况应采用局部剖视图。当被剖切结构为回转体时，允许以该结构的对称中心线作为局部剖视图与视图的分界线，如图 6-18 右端所示。当轴、手柄、连杆等实心零件上有小孔或槽需要表示时，也宜采用局部剖视图，如图 6-20 所示。

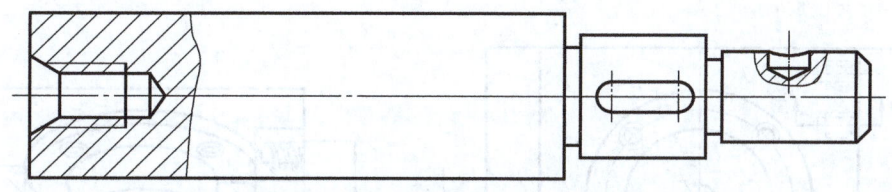

图 6-20 局部剖视图表示实心零件上的小孔

2) 当对称机件的轮廓线与对称中心线重合，不宜采用半剖视图时，可采用局部剖视图，如图 6-21 所示。

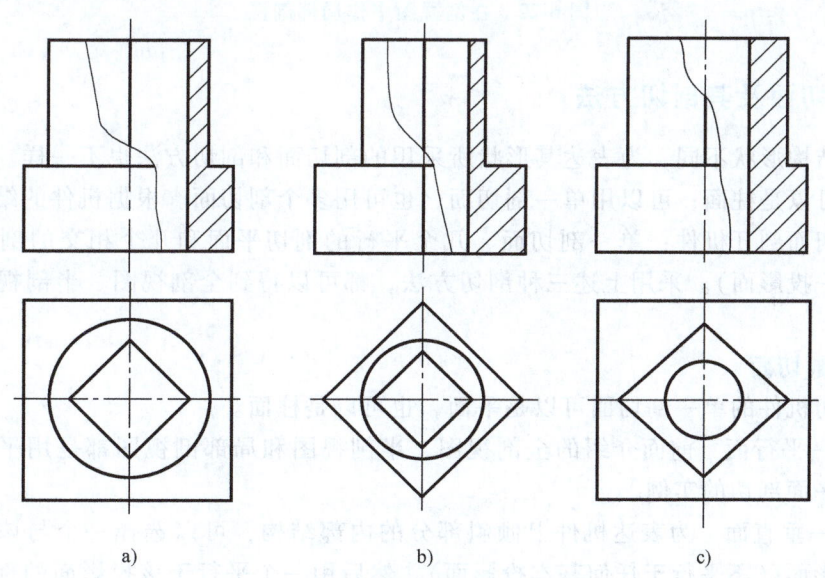

图 6-21 用局部剖视图代替半剖视图

3) 当不对称机件的内、外形状均需要表达，而它们的投影基本上不重叠时（如图 6-17 所示支座，上下、左右、前后都不对称），为了使它的内部和外部都能表达清楚，它的两个视图既不宜采用全剖视图表达，也不能用半剖视图来表达，而是以局部地剖开这个支座为宜，这样可以把它的内、外形状都表达清楚。

4) 必要时，允许在剖视图中再进行一次简单的局部剖视，这时两者的剖面线应同方向、同间隔，但要相互错开，如图6-22所示。

对于剖切位置明显的局部剖视图，一般都不必标注，如图6-20所示。若剖切位置不够明显，则应进行标注，如图6-22所示 B—B 剖视图。

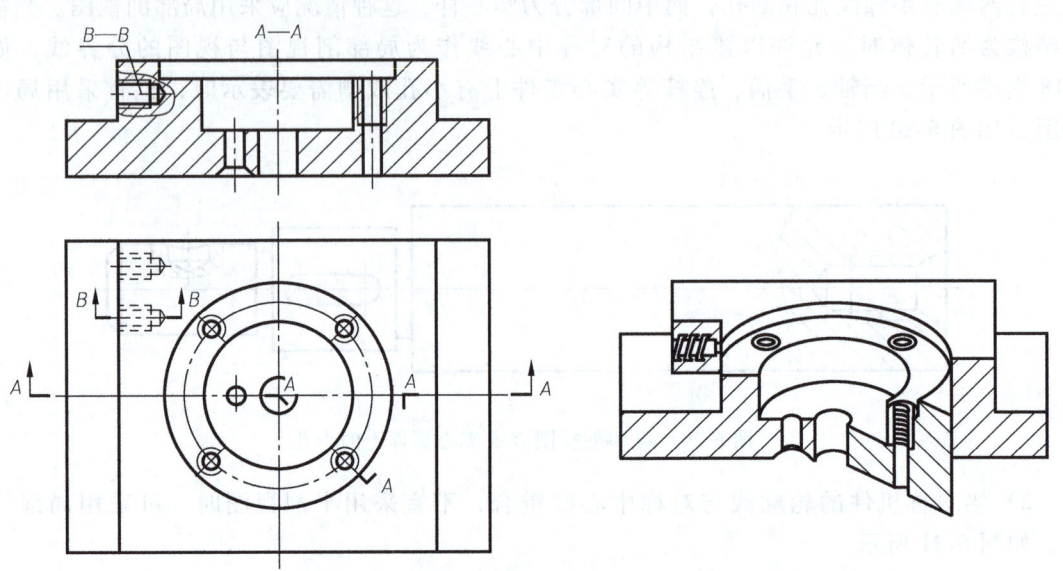

图6-22　在剖视图中作局部剖视

6.2.3　剖切面及其剖切方法

机件的结构形状不同，为表达其形状所采用的剖切面和剖切方法也不一样。剖切面可以是平面，也可以是柱面；可以用单一剖切面，也可用多个剖切面。根据机件的结构特点，可选择以下剖切面剖开机件：单一剖切面、几个平行的剖切平面和几个相交的剖切平面（交线垂直于某一投影面）。采用上述三种剖切方法，都可以得到全剖视图、半剖视图和局部剖视图。

1. 单一剖切面

用来剖切机件的单一剖切面可以是平面，也可以是柱面。

(1) 单一平行面　前面介绍的全剖视图、半剖视图和局部剖视图都是用平行于某一基本投影面的平面剖切的实例。

(2) 单一垂直面　为表达机件上倾斜部分的内部结构，可以选择一个与该倾斜部分平行的新的投影面（不平行于任何基本投影面），然后用一个平行于该投影面的剖切平面剖开机件，如图6-23所示。

采用这种方法画剖视图时，必须标全剖切符号，注明剖视图名称。剖视图最好按投影关系配置，如图6-23a所示。必要时也可以平移到图纸上其他适当位置，如图6-23b所示。在不致引起误解时，允许将图形旋转，并标注旋转符号，如图6-23c所示。

(3) 单一柱面　用单一柱面剖切机件时，剖视图一般应按柱面展开方式绘制，如图

6-24 所示 B—B 剖视图。

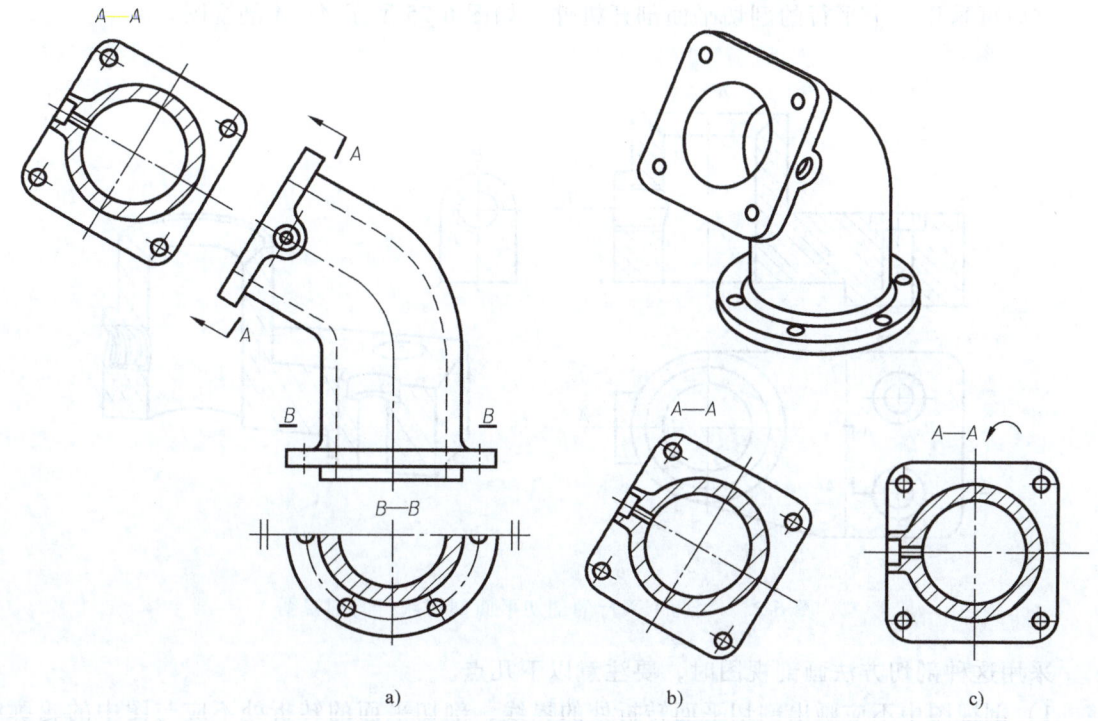

图 6-23 用单一剖切平面剖切获得的剖视图

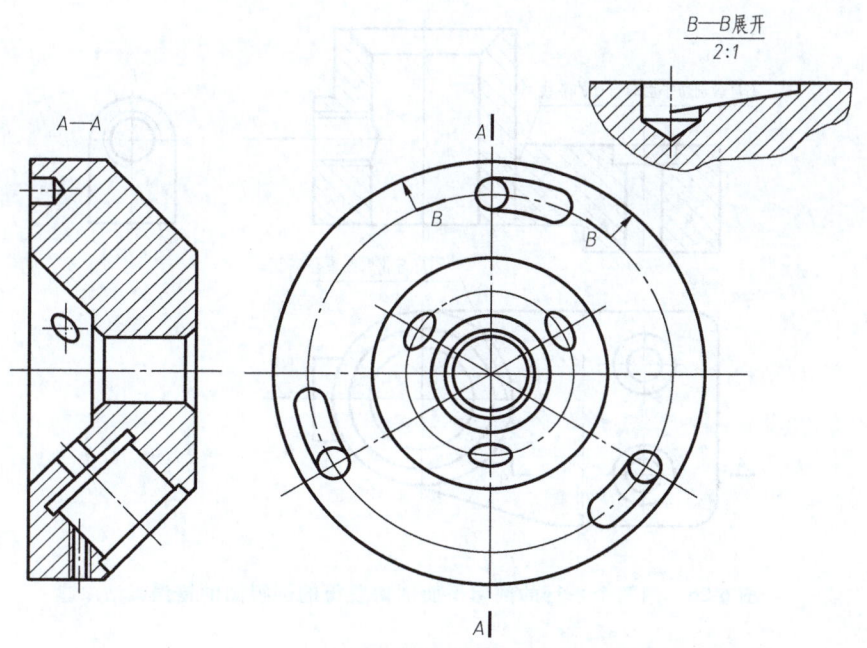

图 6-24 用单一剖切柱面剖切获得的剖视图

2. 几个平行的剖切平面

当需要表达的机件上有较多的内部结构，而这些内部结构又分布在几个相互平行的平面上，这时可采用几个平行的剖切平面剖开机件，如图 6-25 所示 A—A 剖视图。

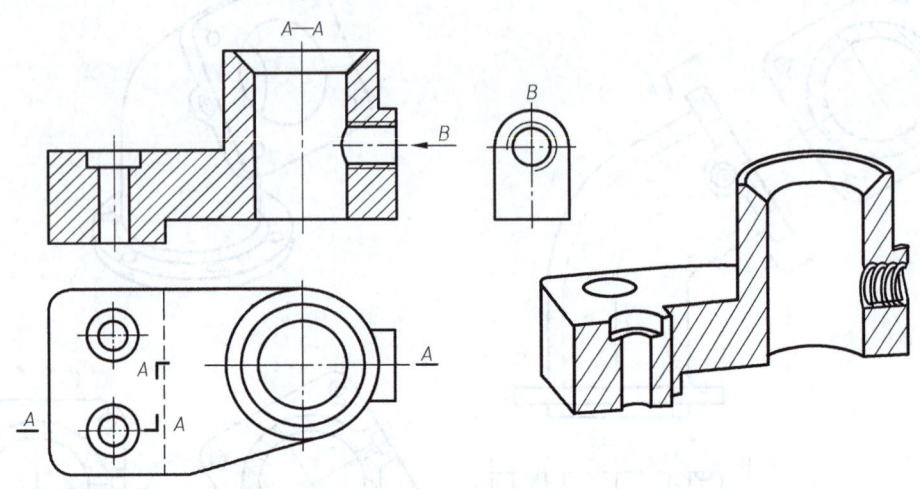

图 6-25　用两个平行的剖切平面剖切获得的剖视图

采用这种剖切方法画剖视图时，要注意以下几点。

1）剖视图中不应画出剖切平面转折处的界线，剖切平面的转折处不应与图中的轮廓线重合，如图 6-26 所示。

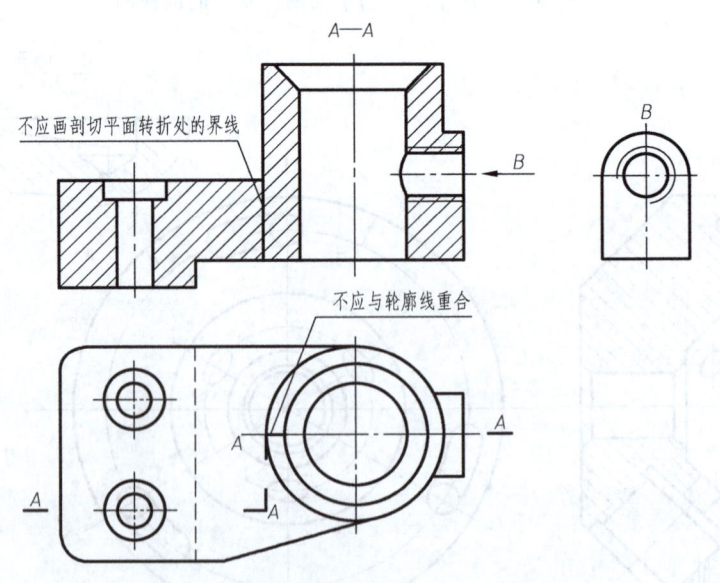

图 6-26　用两个平行的剖切平面剖切获得的剖视图的错误画法

2）剖切平面不得相互重叠，以免剖视图形紊乱。

3）在图形内不应出现不完整的要素，仅当两个要素在图形上具有公共对称中心线或轴线时，可以公共对称中心线或轴线为界各画一半，如图 6-27 所示 A—A 剖视图。

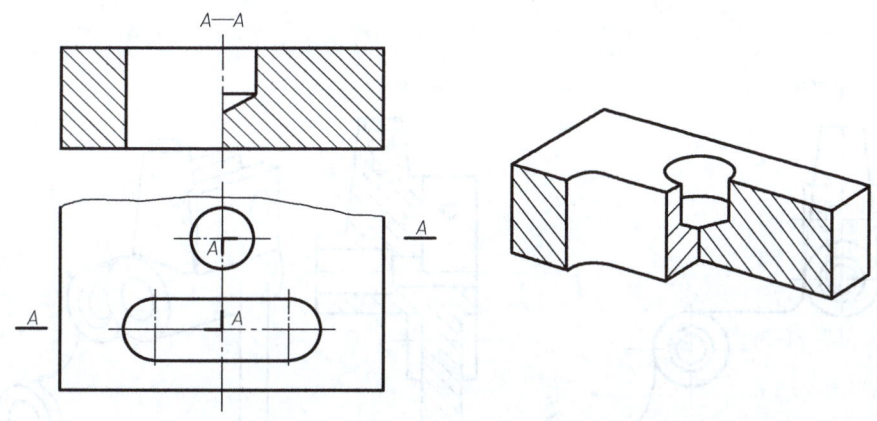

图 6-27　具有公共对称中心线的剖视图

采用几个平行的剖切平面剖切获得的剖视图，必须进行标注。在剖切面的起讫和转折处画剖切符号，并用相同的字母"×"标出，在剖切符号两端画出表示剖切后投射方向的箭头，并在剖视图上方注明剖视图的名称"×—×"；但当转折处空间有限又不致引起误解时，允许省略标注转折处的字母。当剖视图按投影关系配置，且中间无其他图形时，可省略箭头。

3. 几个相交的剖切平面

当机件的内部结构用一个剖切平面剖切不能表达完全，且这个机件在整体上又有回转轴时，可用几个相交的剖切平面（交线即是回转轴线，垂直于某一基本投影面）剖开机件。图 6-28 所示 A—A 剖视图即为用两个相交的剖切平面剖切获得的全剖视图。

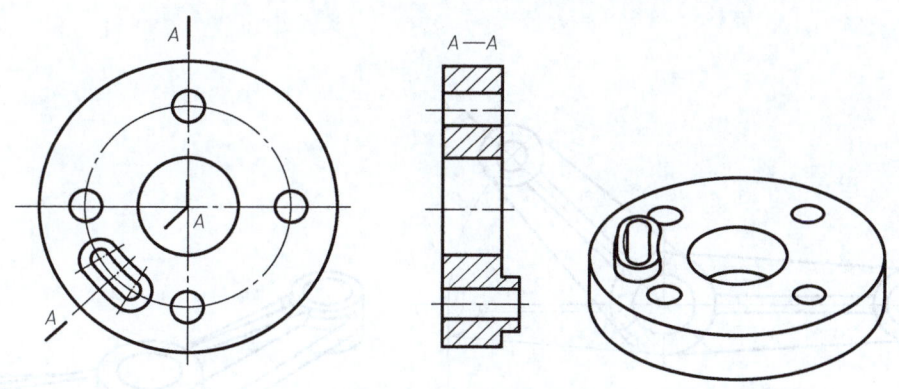

图 6-28　用两个相交的剖切平面剖切获得的全剖视图

采用这种方法画剖视图时，先假想按剖切位置剖开机件，然后将被剖切平面剖开的倾斜结构及其有关部分旋转到与选定的投影面平行再进行投射；或采用展开画法，此时应标注"×—×展开"，如图 6-29 所示。但在剖切平面后的其他结构，一般仍按原来位置投射，如图 6-30 所示油孔。当剖切后产生不完整要素时，应将此部分按不剖绘制，如图 6-31 所示。

采用几个相交的剖切平面剖切获得的剖视图，必须进行标注。标注方式与用几个平行的剖切平面剖切得到的剖视图相同。

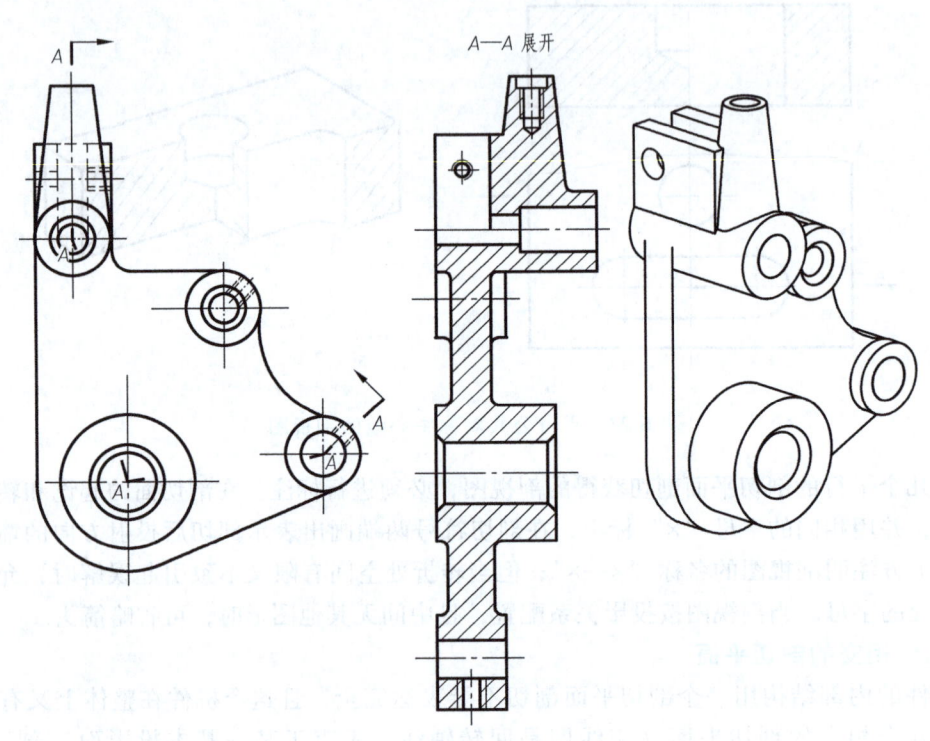

图 6-29　展开绘制的剖视图

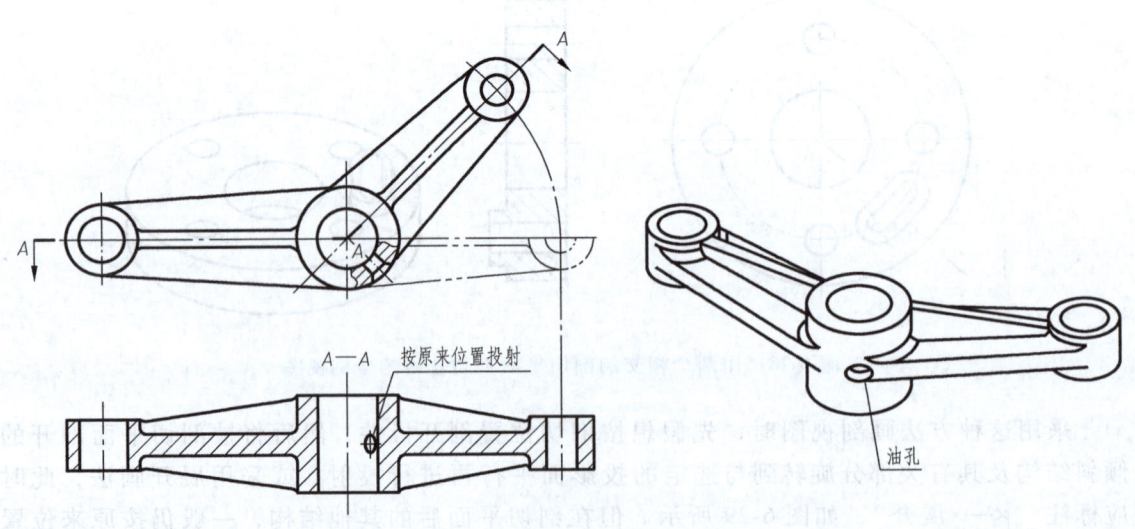

图 6-30　剖切平面后其他结构的处理

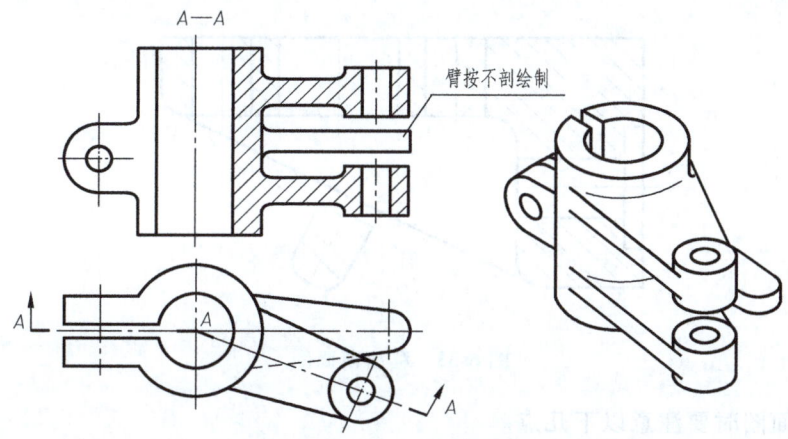

图 6-31 剖切产生不完整要素的处理

6.3 断面图

6.3.1 断面图的概念

假想用剖切面将机件的某处切断，仅画出该剖切面与机件接触部分的图形，称为断面图，也可简称为断面，如图 6-32 所示。通常在断面图上画上剖面符号。

断面图通常用来表示机件上某一部分的断面形状，如机件上的肋、轮辐，轴上的键槽和孔等。为获得机件结构实形，剖切面一般应垂直于机件的主要轮廓线或轴线。

断面图与剖视图的区别：断面图是机件上剖切处断面的投影，而剖视图则是剖切后机件的投影，如图 6-32 所示。

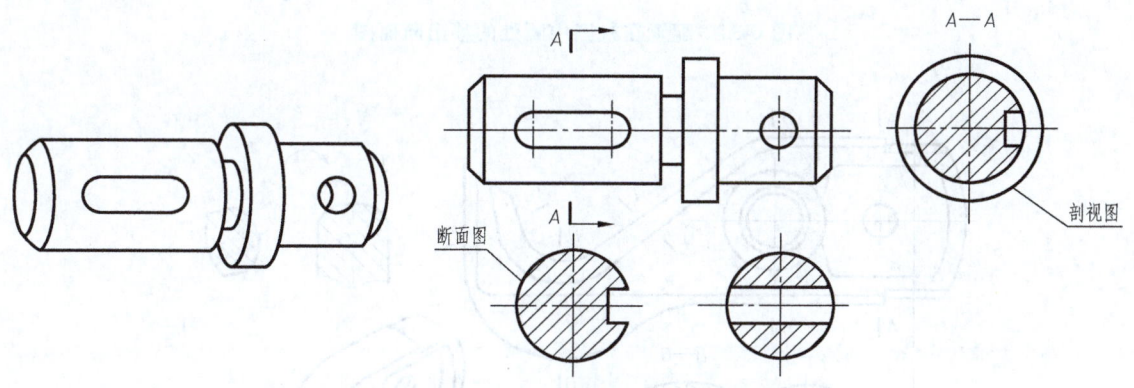

图 6-32 断面图与剖视图的比较

6.3.2 断面图的分类

根据断面图在绘制时所配置的位置不同，断面图可分为移出断面图和重合断面图。

1. 移出断面图

画在视图之外的断面图，称为移出断面图，如图 6-32 和图 6-33 所示。

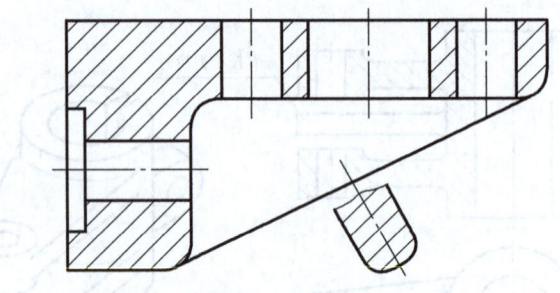

图 6-33 移出断面图

画移出断面图时要注意以下几点。

1)移出断面图的轮廓线用粗实线绘制,通常配置在剖切线(表示剖切面位置的细点画线)的延长线上,如图 6-32 所示。对称断面图可以省略标注,不对称断面图可以省略字母。

2)移出断面图的图形对称时,也可画在视图的中断处,如图 6-34 所示。

3)必要时可将移出断面图配置在其他适当的位置,如图 6-35 所示。在不致引起误解时,允许将图形旋转,其标注形式与剖视图相同。

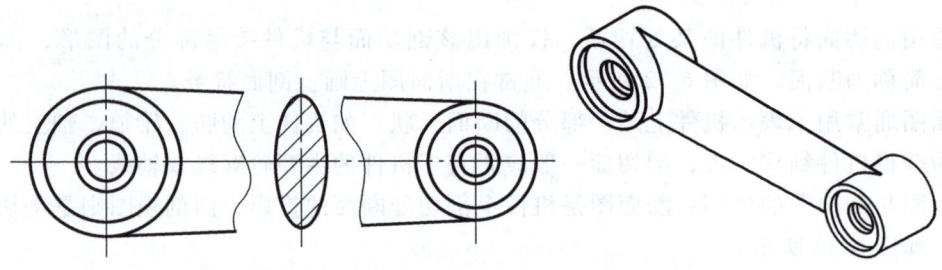

图 6-34 配置在视图中断处的移出断面图

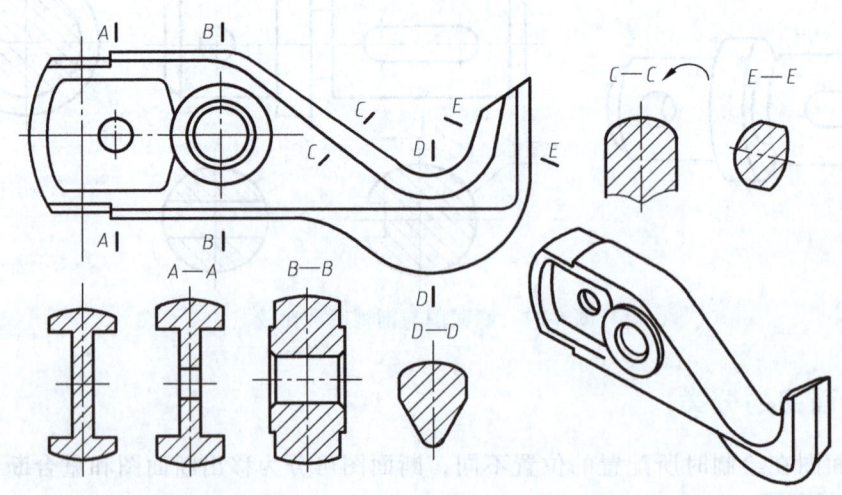

图 6-35 配置在适当位置的移出断面图

4）由两个或多个相交的剖切平面剖切得到的移出断面图，中间一般应以波浪线断开，如图 6-36 所示。

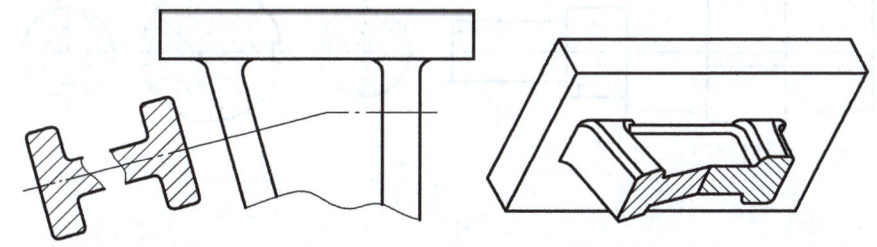

图 6-36　断开的移出断面图

5）当剖切平面通过回转而形成的孔、凹坑的轴线时，这些结构按剖视图要求绘制，如图 6-37 所示。

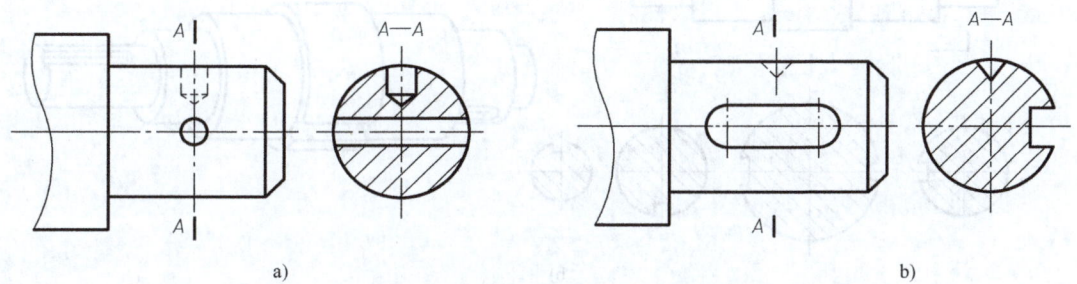

图 6-37　按剖视图要求绘制的移出断面图（一）

6）当剖切平面通过非圆孔会导致出现完全分离的剖面区域时，这些结构应按剖视图要求绘制，如图 6-38 所示。

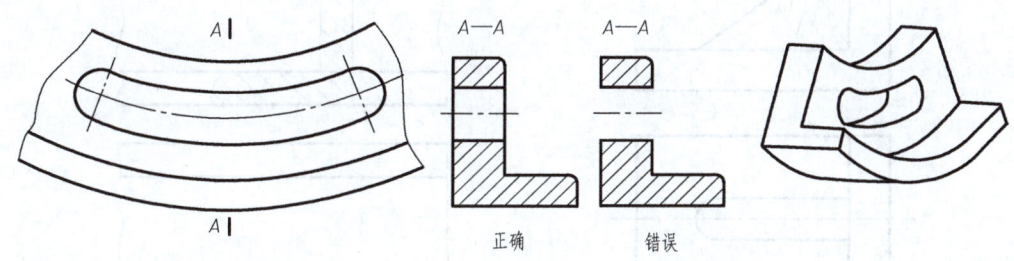

图 6-38　按剖视图要求绘制的移出断面图（二）

7）为便于读图，逐次剖切的多个断面图可按图 6-39a 或图 6-39b 所示形式配置。

2. 重合断面图

画在视图内的断面图称为重合断面图，其轮廓线用实线（通常机械类制图用细实线绘制，建筑类制图用粗实线）绘制，如图 6-40 所示。

重合断面图一般用于断面形状简单、不影响图形清晰的场合。肋的断面图只需表示其端部形状，因此画成局部的，习惯上可省略波浪线，如图 6-40a 所示。当视图中轮廓线与重合断面图的图形重叠时，视图中轮廓线仍应连续画出，不可间断，如图 6-40b 所示。

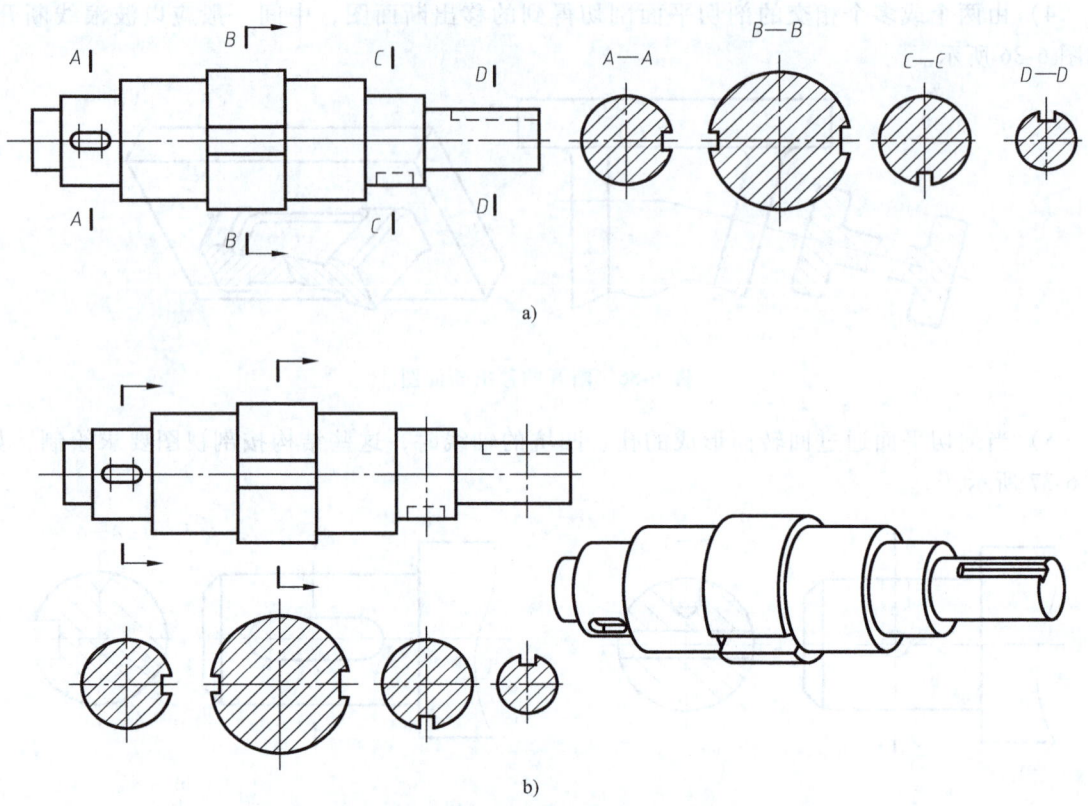

图 6-39 逐次剖切的多个断面图的配置

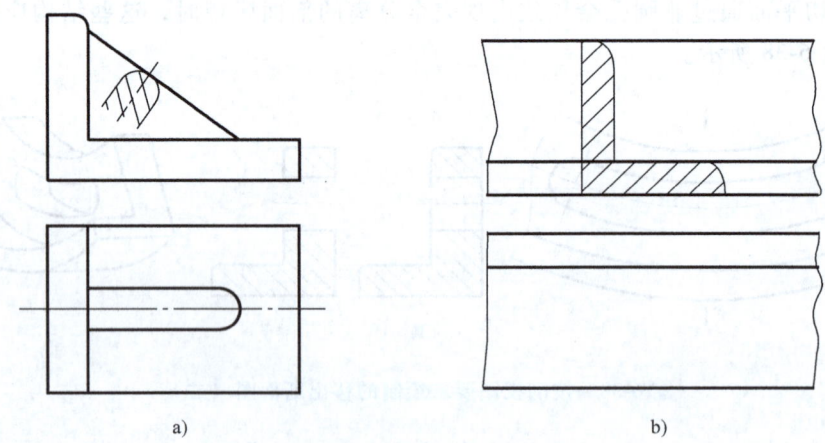

图 6-40 重合断面图

6.3.3 断面图的标注

断面图的标注与剖视图的标注基本相同。

1）一般应用大写的拉丁字母标出移出断面图的名称"×—×"，在相应的视图上用剖切符号表示剖切位置，用箭头表示投射方向，并标注相同的大写字母，剖切符号之间的剖切线可省略不画。

2）配置在剖切符号延长线上的不对称移出断面图不必标注字母，如图 6-32 所示。不配置在剖切符号延长线上的对称移出断面图（图 6-35 所示 A—A 断面图），以及按投影关系配置的移出断面图（图 6-37），一般不必标注箭头。配置在剖切线延长线上的对称移出断面图，不必标注字母和箭头，如图 6-35 所示。

3）不对称的重合断面图可省略标注，如图 6-40b 所示；对称的重合断面图及配置在视图中断处的对称移出断面图不必标注，如图 6-34 和图 6-41 所示。

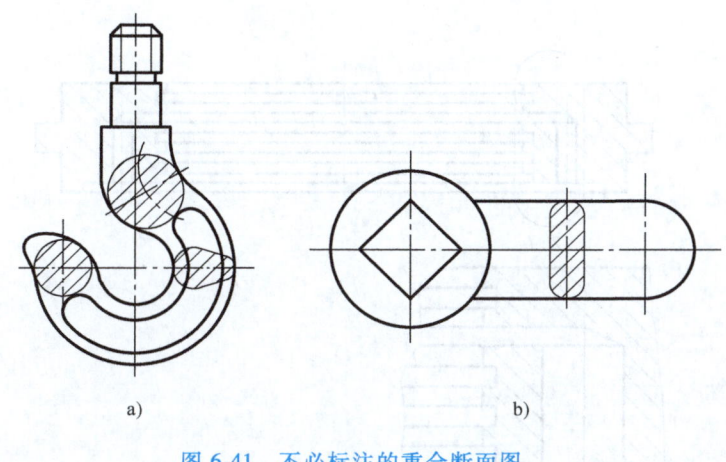

图 6-41　不必标注的重合断面图

6.4　局部放大图

将机件的部分结构，用大于原图形所采用的比例，放大画出的图形称为局部放大图，如图 6-42 所示。

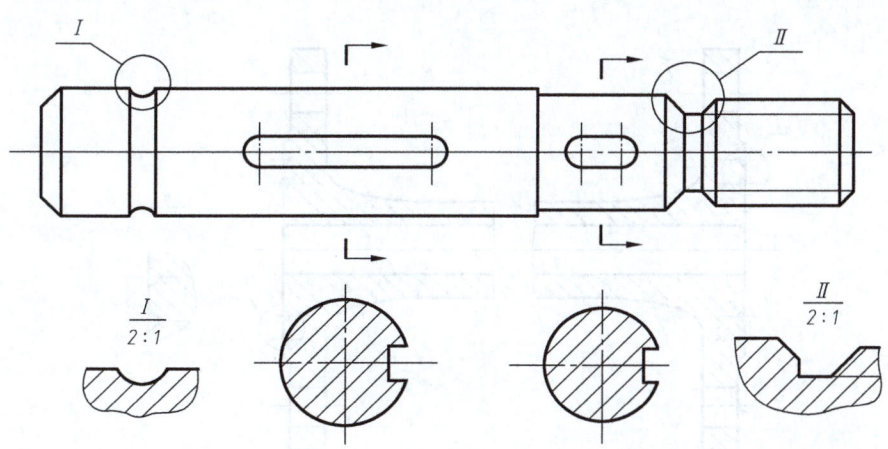

图 6-42　有几个被放大部分的局部放大图画法

局部放大图可画成视图，也可画成剖视图、断面图，它与被放大部分的表达方法无关。局部放大图应尽量配置在被放大部位的附近。

1）绘制局部放大图时，除螺纹牙型、齿轮和链轮的齿形外，应用细实线圈出被放大的部位。

2）当同一机件有几个被放大部分时，应用罗马数字依次标明被放大的部位，并在局部放大图的上方标注出相应的罗马数字和所采用的比例，如图 6-42 所示。

3）当机件上被放大的部分仅一个时，在局部放大图上方只需注明所采用的比例，如图 6-43 所示。

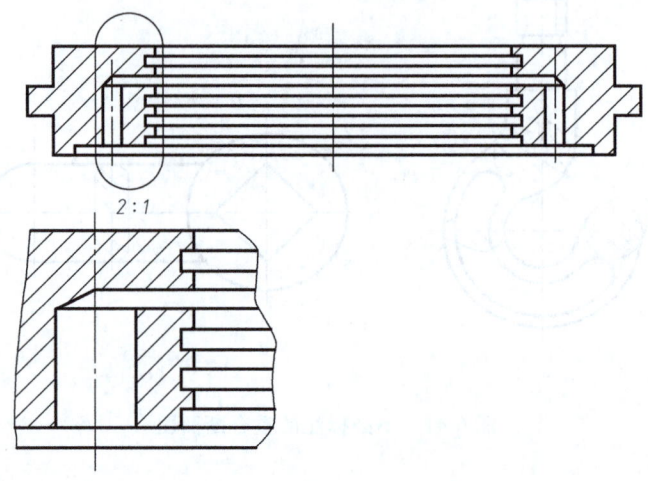

图 6-43　仅有一个被放大部分的局部放大图画法

4）同一个机件上不同部位的局部放大图，当图形相同或对称时，只需画出一个，如图 6-44 所示。必要时可用几个图形表达同一被放大部分的结构，如图 6-45 所示。

必须指出，局部放大图上标注的比例是指该图形与机件实际大小之比，而不是与原图形之比。

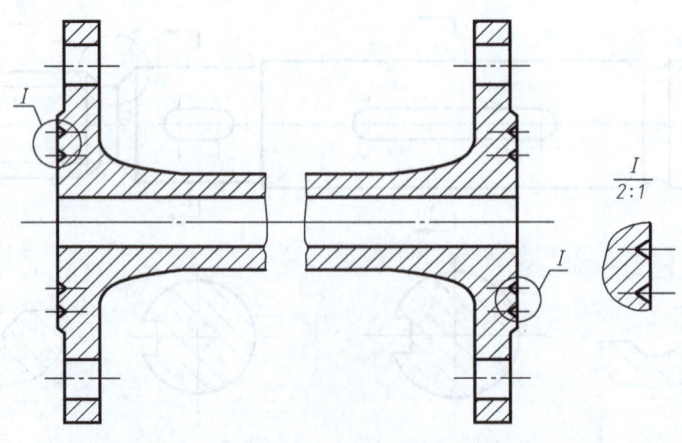

图 6-44　被放大部位图形相同或对称的局部放大图画法

为简化作图，国家标准规定在局部放大图表达完整的情况下，允许在原视图中简化被放大部位的图形。

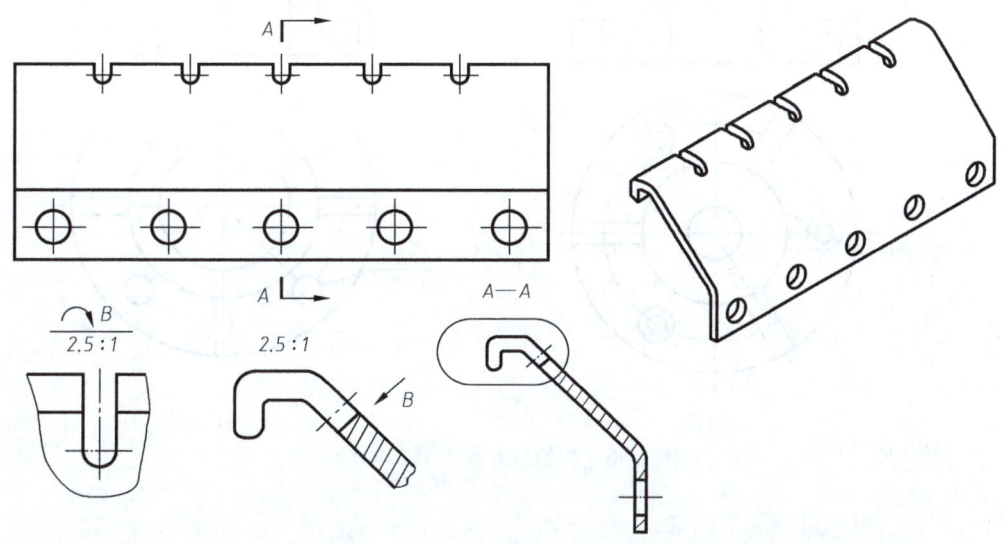

图 6-45　用几个图形表达同一个被放大部分的局部放大图画法

6.5　常用规定画法和简化画法

除前述的图样画法外，国家标准还规定了一些规定画法和简化画法。制图时，在不影响对机件表达完整和清晰的前提下，应力求制图简便。简化的原则如下。

1）简化必须保证不致引起误解和不会产生理解的多义性。在此前提下，应力求制图简便。

2）便于识读和绘制，注重简化的综合效果。

3）在考虑便于手工制图和计算机制图的同时，还要考虑缩微制图的要求。

对于这些规定画法和简化画法，本节综合择要介绍如下。

1）对于机件的肋、轮辐及薄壁等，如按纵向剖切，这些结构都不画剖面符号，而用粗实线将它与其邻接部分分开。当零件回转体上均匀分布的肋、轮辐、孔等结构不处于剖切平面上时，可将这些结构旋转到剖切平面上画出，如图 6-46 所示。

2）相邻的辅助零件用细双点画线绘制，如图 6-47 所示。相邻的辅助零件不应覆盖图样主要表达的零件，且可以被该零件遮挡。相邻的辅助零件的断面不画剖面线。

3）零件中成规律分布的重复结构，允许只绘制出其中一个或几个完整的结构，并反映其分布情况。对称的重复结构用细点画线表示各对称结构要素的位置，如图 6-48 所示。不对称的重复结构则用相连的细实线代替，如图 6-49 所示。

4）机件上斜度和锥度等较小的结构，如在一个图形中已表达清楚时，其他图形可按小端画出，如图 6-50 和图 6-51 所示。

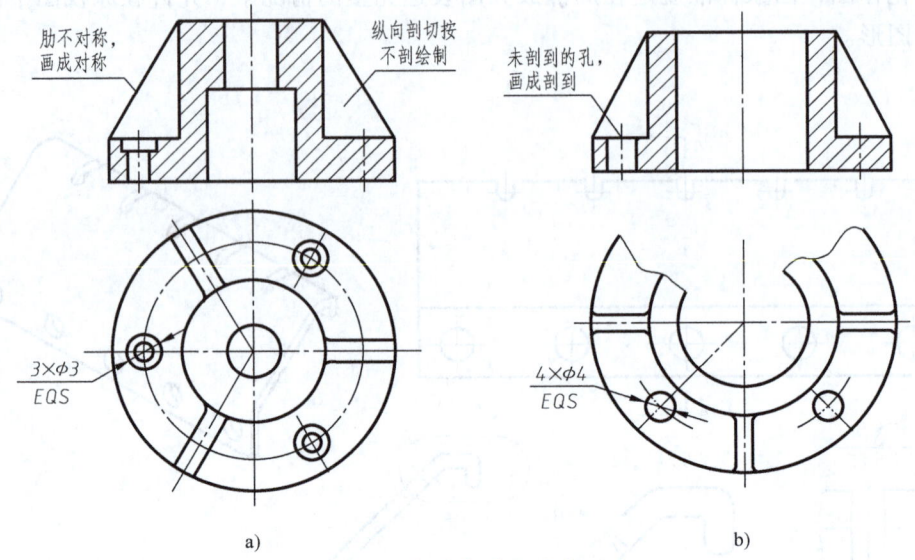

图 6-46 均匀分布肋和孔的画法

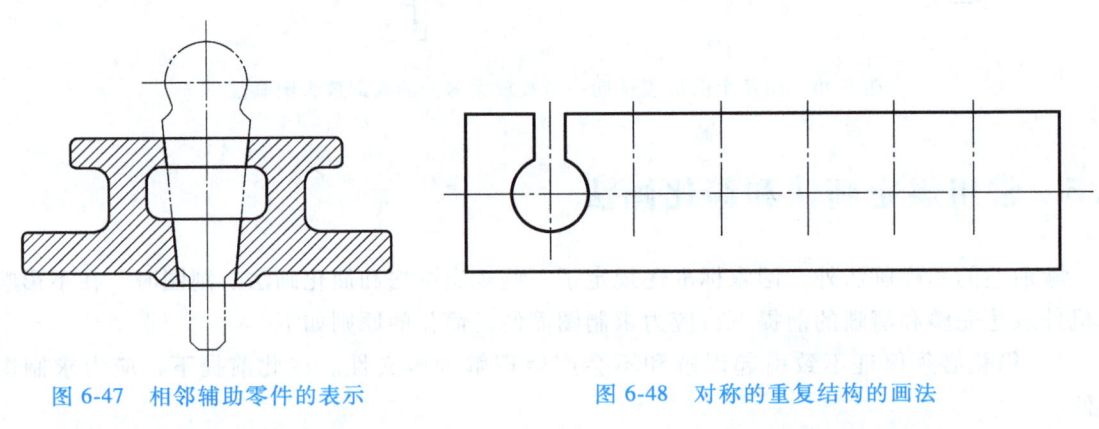

图 6-47 相邻辅助零件的表示　　　图 6-48 对称的重复结构的画法

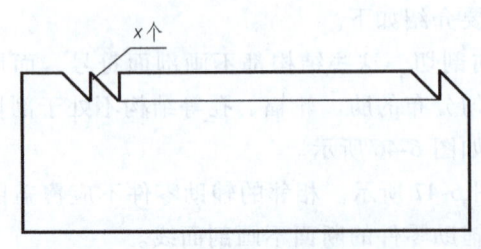　　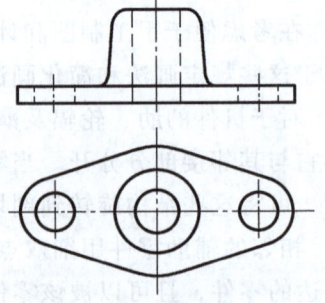

图 6-49 不对称的重复结构的画法　　图 6-50 较小锥度的画法

5) 对机件中的滚花、槽沟等网状结构应用粗实线完全或部分地表示出来, 如图 6-52 所示。

6) 一个零件上有两个或两个以上图形相同的视图, 可以只画一个视图, 并用箭头、字母和数字表示其投射方向和位置, 如图 6-53 和图 6-54 所示。

图 6-51 较小斜度的画法

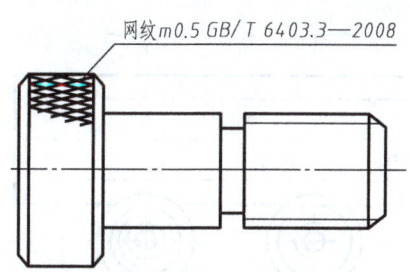
图 6-52 网状结构的画法

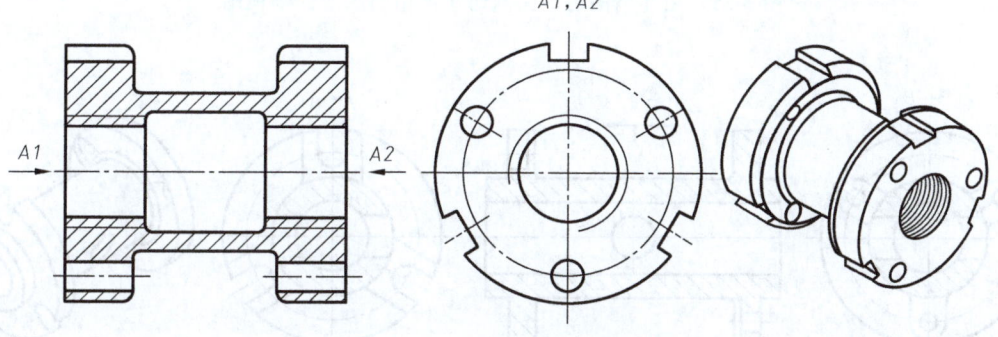
图 6-53 两个相同视图的表示

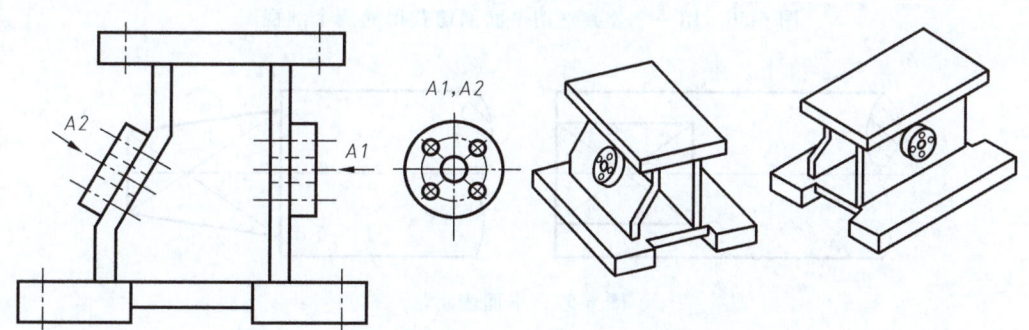
图 6-54 两个图形相同的局部视图和斜视图的表示

7）用几个剖切平面分别剖切机件，得到的剖视图为相同的图形时，可按图 6-55 所示形式标注。

8）用一个公共剖切平面剖开机件，按不同方向投射得到的两个剖视图，应按图 6-56 所示形式标注。

9）为了避免增加视图或剖视图，可用细实线绘出对角线表示回转体上的平面，如图 6-57 所示。

10）在不致引起误解的情况下，断面图中允许省略剖面符号，但剖切位置和标注必须遵照规定，如图 6-58 所示在断面图中省略剖面符号。

11）在需要表示位于剖切平面前的结构时，这些结构按假想投影的轮廓线绘制，以细双点画线表示，如图 6-59 所示。

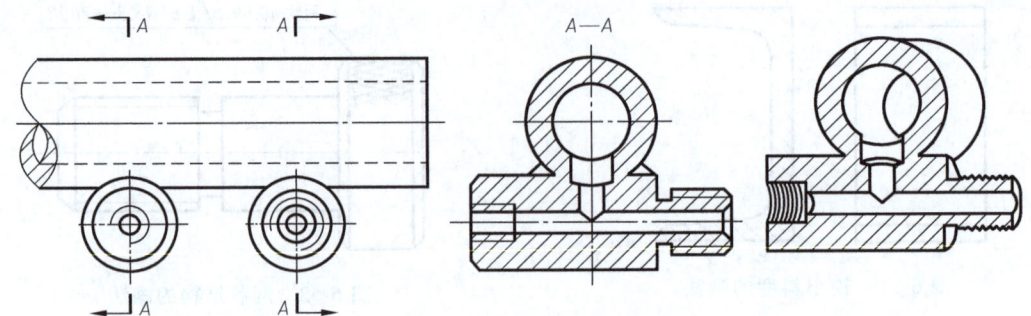

图 6-55 用几个剖切平面剖切获得相同图形的剖视图

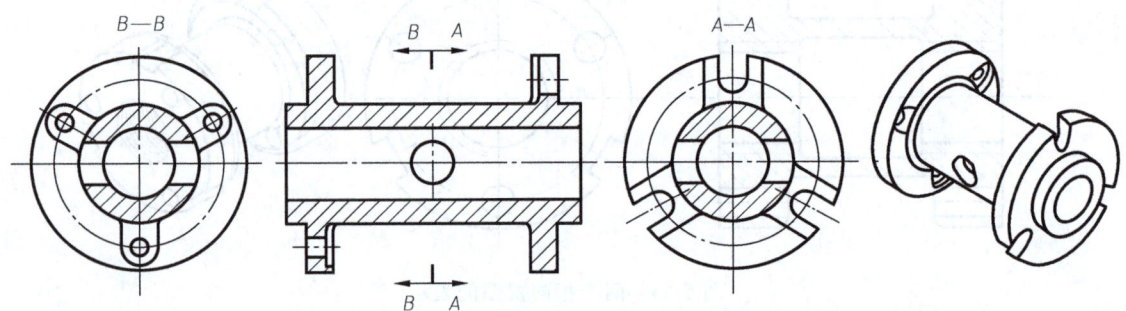

图 6-56 用一个公共剖切平面剖切获得的两个剖视图

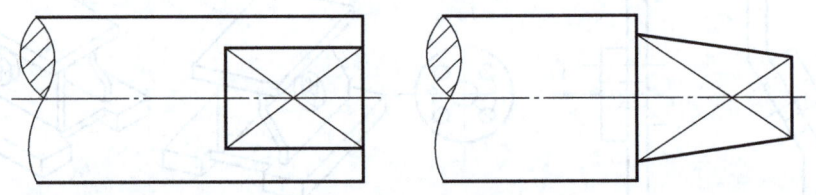

图 6-57 平面表示法

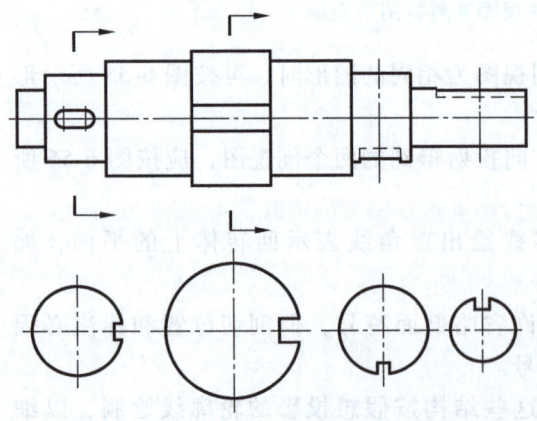

图 6-58 省略剖面符号

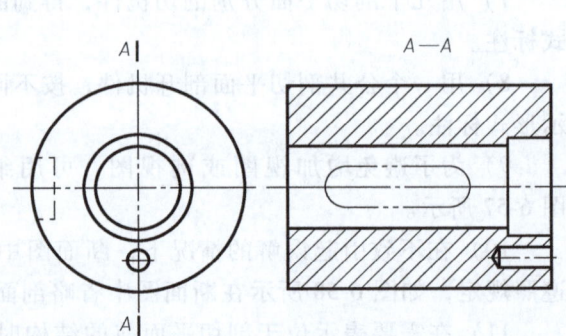

图 6-59 剖切平面前的结构用双点画线表示

12）与投影面倾斜角度小于或等于30°的圆或圆弧，其投影可以用圆或圆弧来代替真实投影的椭圆，各圆的中心按投影决定，如图6-60所示。

13）机件中圆柱法兰盘和类似结构上均匀分布的孔，允许按图6-61所示方法简化表示。

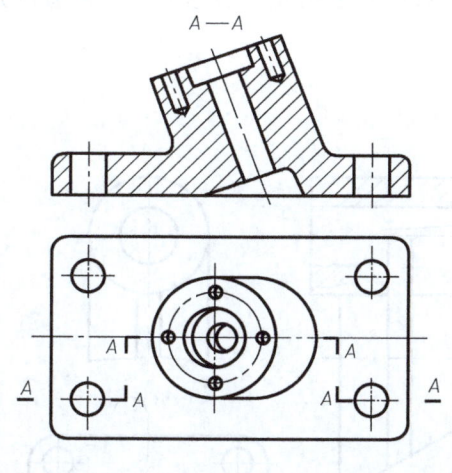

图6-60　倾斜结构投影的简化画法

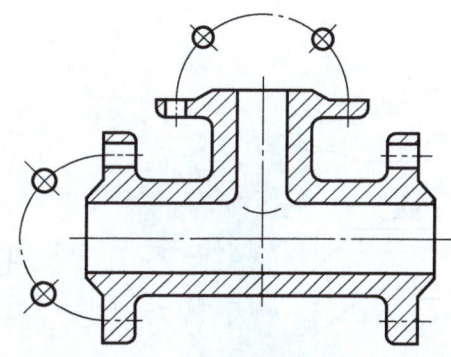

图6-61　法兰盘上均匀分布孔的画法

14）较长的机件（轴、杆、型材、连杆等）沿长度方向的形状一致或按一定规律变化时，可断开绘制，其断裂边界用波浪线绘制，也可用双折线绘制，但必须按照原来的实际长度注出尺寸，如图6-62所示。

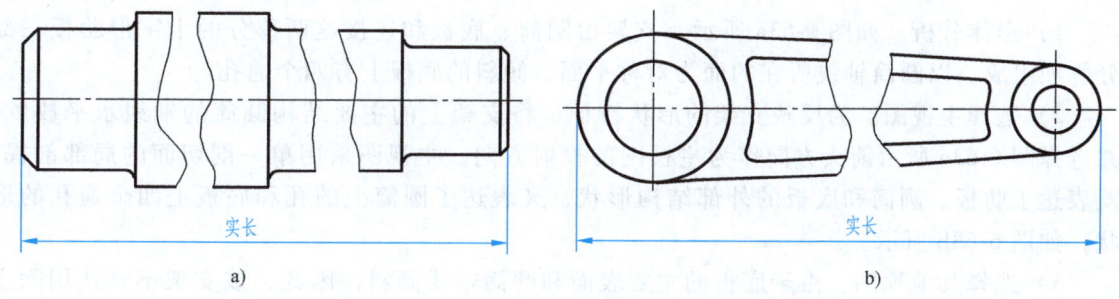

图6-62　断开画法

6.6　综合应用示例分析

前面介绍了形体常用的基本表示方法。在绘制工程图样时，应根据零件的具体情况选择适当的表达方法，确定表达方案。确定表达方案的原则是：在完整、清晰表达零件形状的前提下，使视图数量为最少，力求制图简便、看图方便。

首先对要表达的零件进行结构和形体分析，然后根据零件的内部及外部结构特征和形体特征选择主视图，通常选择最能反映零件形体特征的投射方向作为主视图的投射方向，同时根据零件的内部及外部结构的复杂程度决定在主视图中是否采用剖视，采用何种剖视，最后在此基础上选用其他视图。其他视图的选择要力求做到"少而精"，避免重复画出已在视图中表达清楚的结构，力求每个视图有一定的表达重点，又要注意彼此间的联系和分工。在确定表达方案时，还应结合标注尺寸等问题一起考虑。

同一个零件往往可以选用几种不同的表达方案。一般可先定出几个表达方案，再通过分析、比较确定一个较佳的方案。

【例 6-1】 确定如图 6-63a 所示支架的表达方案。

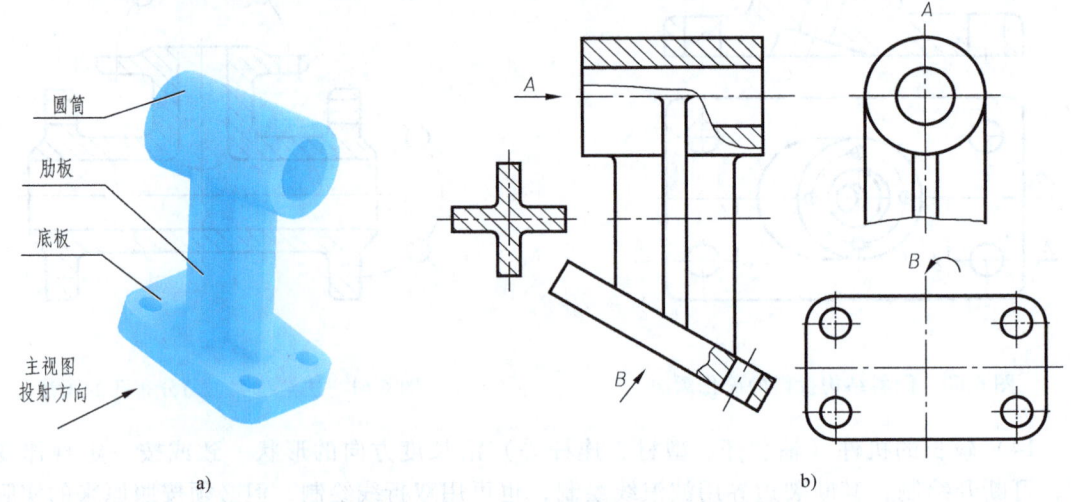

图 6-63　支架的表达方案

1) 形体分析。如图 6-63a 所示，支架由圆筒、底板和连接这两部分的十字形肋板三部分叠加组成，以圆筒轴线所在的面为对称平面，倾斜的底板上有四个通孔。

2) 选择主视图。为反映支架的形状特征，将支架上的主要结构圆筒的轴线水平放置，并选图 6-63a 所示箭头方向作为主视图的投射方向。主视图采用单一剖切面的局部剖视，既表达了肋板、圆筒和底板的外部结构形状，又表达了圆筒上的孔和底板上四个通孔的形状，如图 6-63b 所示。

3) 选择其他视图。由于底板的主要表面和圆筒轴线倾斜，因此，该支架不宜选用除主视图以外的基本视图。如图 6-63b 所示，为了表达圆筒与肋板前后方向的连接关系，采用了 A 向局部视图；为了表达底板实形，采用了 B 向斜视图并旋转放置；为了表达十字形肋板的断面形状，采用了移出断面图。

以上方案完整表达了支架的结构形状，既简单又清晰。

【例 6-2】 确定图 6-64a 所示支座的表达方案。

1) 形体分析。如图 6-64a 所示，支座由圆筒、底板和十字形肋板组成。圆筒外形为变直径圆柱，内部有阶梯孔，中部前上方有一个长圆形孔凸台，左端凸缘上有四个均布的螺纹孔。底板底面中部有前后方向的通槽，四个角的凸台上有四个通孔。圆筒和底板用十字形肋板相连，支座整体结构以圆筒轴线所在的面为对称面基本对称。

2) 选择主视图。为了反映支座的主要特征，将底板放平并以图 6-64a 所示箭头方向作

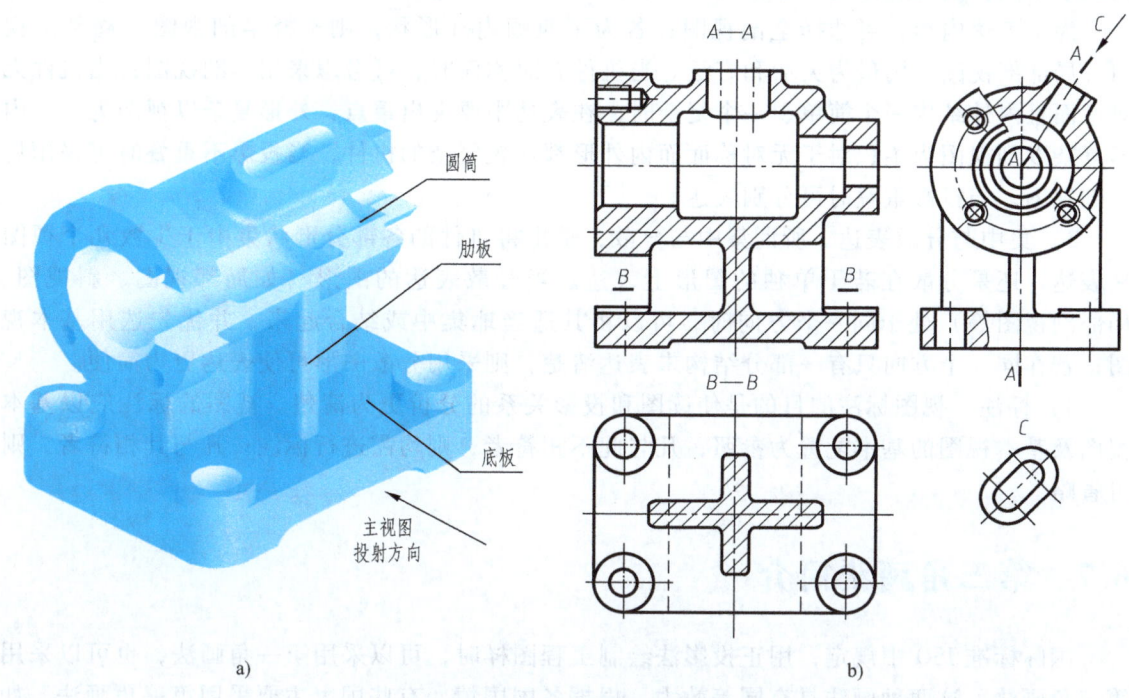

图 6-64 支座的表达方案

为主视图的投射方向。由于支座内部结构较为复杂,所以主视图采用两个相交平面剖切的 A—A 全剖视图,既反映了圆筒内部阶梯孔及凸台上长圆形孔的形状和位置,又反映了圆筒、底板和肋板的连接关系。在 A—A 剖视图中,左端凸缘上的四个螺纹孔按简化画法绘制,如图 6-64b 所示。

3) 选择其他视图。根据主视图对支座的表达情况,再选用其他必要视图。如图 6-64b 所示,俯视图采用单一剖切面剖切的 B—B 全剖视图,反映了底板和肋板的形状及其前后方向的相对位置。左视图采用局部剖视,反映了凸台前后方向的位置及四个螺纹孔的分布情况,同时也清楚地反映了肋板与圆筒外表面及底板的连接关系。

当支座的基本形状表达清楚后,对某些尚未表达清楚的局部结构,可选择其他表达方法加以补充,如长圆形凸台上倾斜的顶面用 C 向斜视图表示。这样的表达方案不但完整地反映了支座的内、外形状,且视图数量少,简单清晰。

综上所述,在进行机件表达时,应根据机件的具体情况,综合考虑以下几个方面。

1) 视图选择。在对机件进行完形体分析后,首先要进行主视图的选择。主视图的选择原则是既要求包含机件的信息量最多,又要求尽量与机件的工作位置、加工位置或安装位置一致。

其他视图的选择主要考虑在明确表达机件的前提下,使视图的数量为最少;同时尽量避免使用细虚线表达物体的轮廓及棱线,避免不必要的细节重复。

2) 机件的内外形表达。在表达机件的内、外结构形状时,应当根据机件的形状特征选择合适的表达方式。剖视图的目的是为了表达机件内部形状,所以剖切平面的数量和投射方向的选择,必须有利于清楚地表达内形。各种剖视图的区别在于同一视图所表达的剖视部分的大小不同，剖视部分的大小应根据该视图所要表达的内容灵活掌握。

为了表达内形，可选择全剖视图；若为了兼顾内外形状，则选择半剖视图或局部剖视图。局部剖视图应用最为灵活和广泛。当机件有对称面时，可考虑采用半剖视图；当机件无对称面且内外结构一个简单、一个复杂时，在表达中要突出重点，外形复杂以视图为主，内形复杂以剖视图为主；对于无对称面而内外形都比较复杂的机件，当投影不重叠时可采用局部剖视图，当投影重叠时可分别表达。

3）集中与分散表达。所谓集中与分散，是指将机件的各部分形状集中于少数几个视图来表达，还是分散在若干单独的图形上表达。当分散表达的图形（如局部视图、斜视图、局部剖视图等）处于同一个方向时，可以将其适当地集中或结合起来，并优先选用基本视图；若在同一个方向只有一部分结构未表达清楚，则采用分散图形可使表达更为简便。

4）标注。视图标注的目的是使读图和投影关系的分析更为清楚。视图的标注应以基本视图及基本视图的基本配置为参照，凡与此不相符者，则均需进行标注；凡与其相符者，则可省略。

6.7 第三角画法简介

国际标准 ISO 中规定，用正投影法绘制工程图样时，可以采用第一角画法，也可以采用第三角画法，这两种画法具有同等效力。根据各国国情，有些国家主要采用第一角画法，如中国、英国、德国等，而有些国家则主要采用第三角画法，如美国、日本等。我国国家标准规定，技术图样应采用正投影法绘制，并优先采用第一角画法，必要时（如按合同规定）允许使用第三角画法。下面对第三角画法进行简要介绍。

6.7.1 第三角投影体系的建立

三个相互垂直的投影面 H、V、W 将空间分成八个分角，分别称为第Ⅰ分角、第Ⅱ分角、第Ⅲ分角等，如图 6-65 所示。将物体置于第一分角，并使其处于观察者和投影面之间得到的多面投影称为第一角投影（第一角画法）。此时，观察者、物体、投影面三者之间的位置关系是：观察者—物体—投影面。

若将物体放在第三分角内，并使投影面处于观察者与物体之间而得到的多面投影称为第三角投影（第三角画法）。此时，观察者、物体、投影面三者之间的位置关系是：观察者—投影面—物体。可以看出，这种画法需要把投影面假想成透明，以得到物体在投影面上的投影。

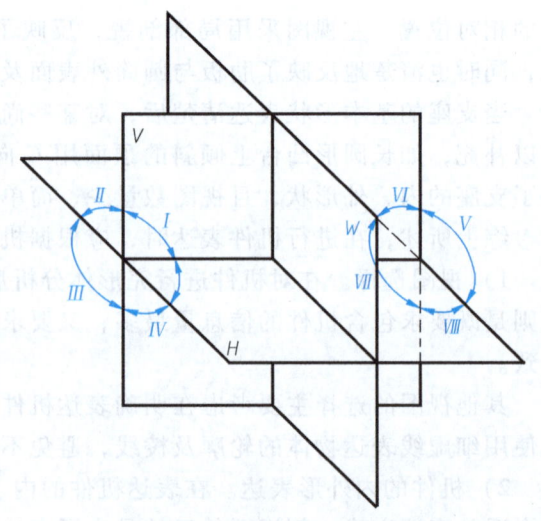

图 6-65　八个投影分角位置

6.7.2 第三角画法的视图配置

第三角画法投影面展开方式与第一角画

法投影面展开类似，如图 6-66 所示。投影面展开时，正立投影面保持不动，其余投影面依次展开。投影面展开后，各视图之间的配置关系，如图 6-67 所示。在同一张图纸上按投影关系配置时，一律不标注视图名称。

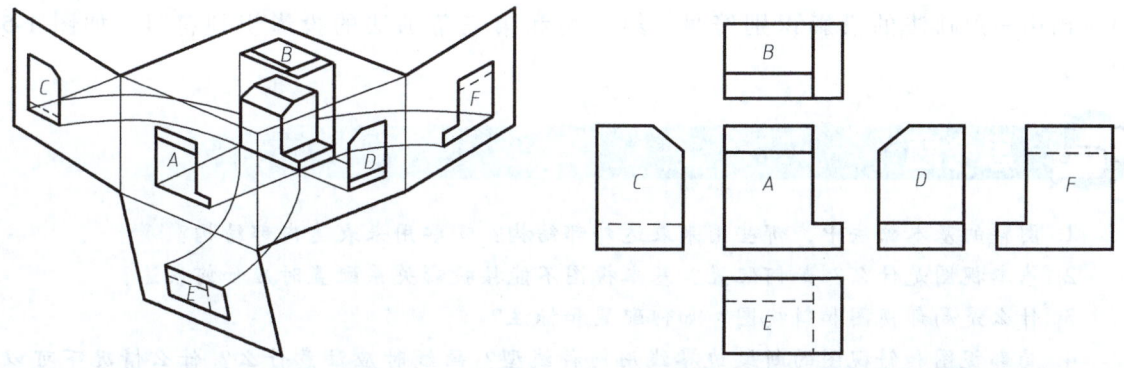

图 6-66　第三角画法六个基本投影面的展开方法　　　图 6-67　基本视图的配置（第三角画法）

第三角画法的六个基本视图，以主视图为基准，俯视图在主视图的上方，左视图在主视图的左方，右视图在主视图的右方，仰视图在主视图的下方，后视图在右视图的右方。

基本视图之间仍遵守"三等"规律：主、俯、仰、后视图等长；主、左、右、后视图等高；左、右、俯、仰视图等宽。

基本视图之间的方位对应关系：左、右、俯、仰视图靠近主视图的一侧为物体的前面，而远离主视图的一侧为物体的后面。

6.7.3　第一角画法与第三角画法比较

第一角画法和第三角画法三视图的比较，如图 6-68 所示。六个基本视图，分别如图 6-2 和图 6-67 所示。

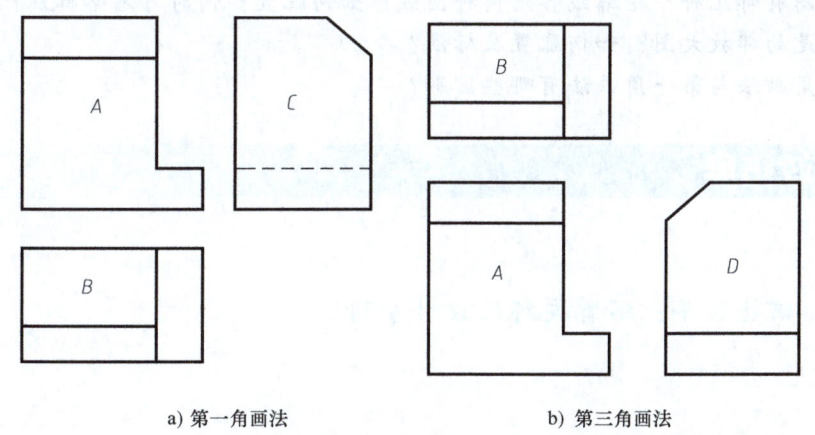

a) 第一角画法　　　　　　　　b) 第三角画法

图 6-68　第一角画法和第三角画法的比较

由此可见，第一角画法和第三角画法的区别是投影面位置的改变，即第一角画法是人

（投影者）、物（被投影物）、面（投影面），第三角画法是人（投影者）、面（投影面）、物（被投影物）。

为区别不同画法，ISO 标准规定：在标题栏内（或外）用一个识别符号表示该图所采用的画法。采用第三角画法时，必须在图样中画出第三角画法的投影识别符号，必要时，可画出第一角画法的投影识别符号。第一角和第三角画法的投影识别符号，如图 1-5 所示。

思考题

1. 图样的基本画法中，哪些用来表达外部结构？哪些用来表达内部结构？
2. 基本视图是什么？如何配置？基本视图不能按投影关系配置时应如何表达？
3. 什么是局部视图和斜视图？如何配置和标注？
4. 局部视图和斜视图的断裂边界线用何种线型？画线时应注意什么？什么情况下可以省略？
5. 什么是剖视图？画剖视图应注意哪些问题？
6. 如何在剖视图中画剖面符号？有关剖面符号的画法有哪些规定？
7. 剖视图如何标注？哪些情况下可以省略标注？
8. 剖视图有哪几种？适用条件分别是什么？
9. 当剖切平面纵向通过零件的肋、轮辐及薄壁时，这些结构该如何画出？
10. 在半剖视图中，外形视图和剖视图之间的分界线为何种图线？能否画成粗实线？
11. 局部剖视图一般用于哪些情况？
12. 根据相对于投影面的位置及组合的数量，剖切面可分为哪几类？
13. 用几个平行剖切平面的剖切方法画剖视图时应注意哪些问题？
14. 如何用几个相交剖切平面剖开机件画剖视图？如何标注？
15. 什么是断面图？与剖视图有什么区别？断面图什么情况下应按剖视图要求绘制？
16. 断面图有哪几种？轮廓线各用何种图线？如何配置？何时可省略标注？
17. 什么是局部放大图？如何配置及标注？
18. 第三角画法与第一角画法有哪些区别？

思政拓展

信物百年：不曾发行的设计手册

第 7 章

尺寸标注

> **内容提要**：视图只能表达物体的形状，而构成形体各部分的大小及相对位置则需要通过尺寸标注来确定。本章主要介绍视图中尺寸标注的基本要求和方法，包括基本立体的尺寸标注，组合体的尺寸标注及轴测图的尺寸标注等。
>
> **本章重点**：基本立体的尺寸标注；组合体的尺寸标注。

尺寸标注与视图表达一样，都是构成工程图样的重要内容。除了性能及工艺性要求外，组合体的尺寸标注几乎包含后续所学零件工作图尺寸标注的所有内容，研究组合体的尺寸标注方法是零件尺寸标注的基础。组合体是由基体立体组成，要掌握组合体的尺寸标注，必须先掌握一些基本立体的尺寸标注。

7.1 基本立体的尺寸标注

基本立体上标注的尺寸可确定其大小，称为定形尺寸。如图 7-1 所示，平面立体的定形尺寸一般是其在长、宽、高三个方向的尺寸；而如图 7-2 所示的圆柱、圆锥和圆台等回转体的定形尺寸则是其直径方向（简称为径向）尺寸"ϕ"和高度方向的尺寸，径向尺寸通常注在非圆的视图上。

对于圆柱、圆锥和圆台等基本回转体，当完整标注了它们的定形尺寸后，只用一个视图就能够确定其形状和大小，其他视图可省略不画。标注圆球尺寸时，只要在其直径代号 ϕ 或半径代号 R 前加注 S，即可用一个视图及一个尺寸确定球体的形状和大小。

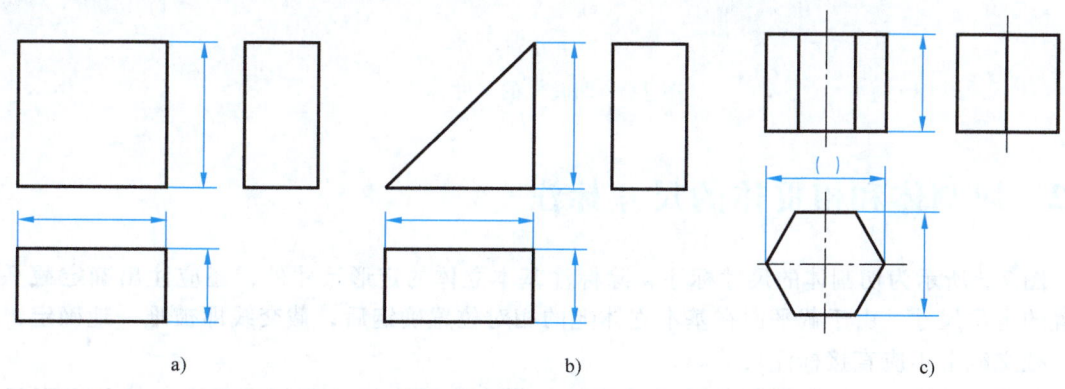

a)   b)   c)

图 7-1 平面立体的尺寸标注

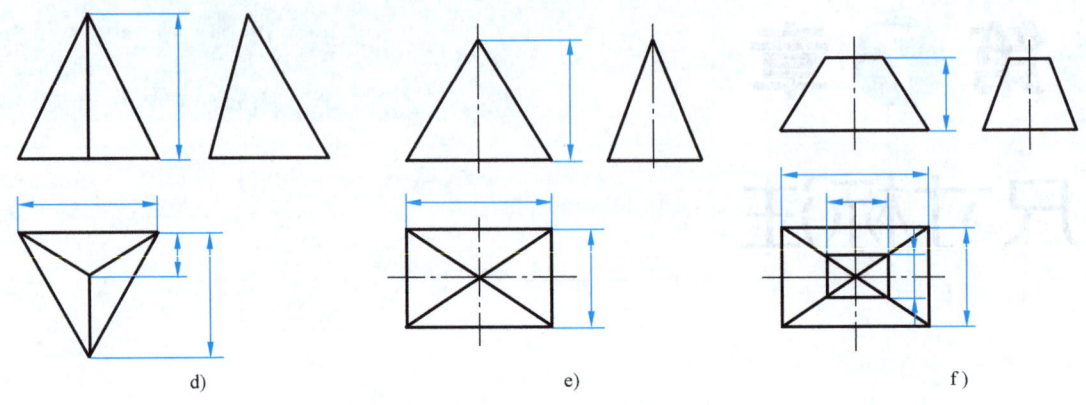

图 7-1 平面立体的尺寸标注（续）

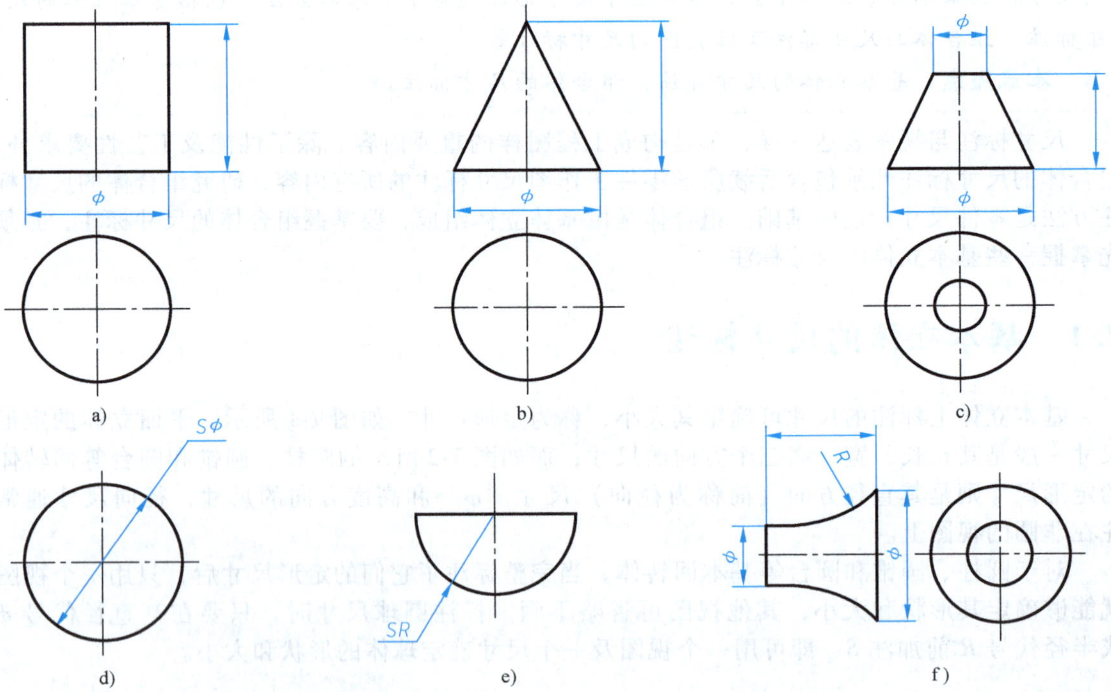

图 7-2 回转体的尺寸标注

7.2 切割体和相贯体的尺寸标注

图 7-3 所示为切割体的尺寸标注，除标注基本立体的定形尺寸外，还应注出确定截平面位置的定位尺寸。由于截平面在基本立体上的相对位置确定后，截交线即被唯一地确定，因此，截交线上不应直接标注尺寸。

相贯体的尺寸标注与切割体的尺寸注法一样，除了应标注两相交基本立体的定形尺寸外，还应标注确定两相交立体相对位置的定位尺寸，如图 7-4 所示。当定形尺寸和定位尺寸注全后，则两相交立体的交线（相贯线）即被唯一确定，因此，相贯线上也不应直接标注尺寸。

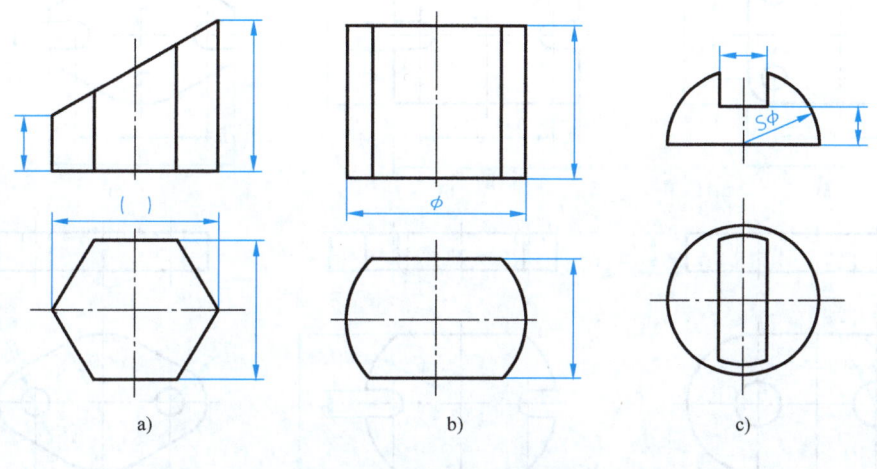

图 7-3 切割体的尺寸标注

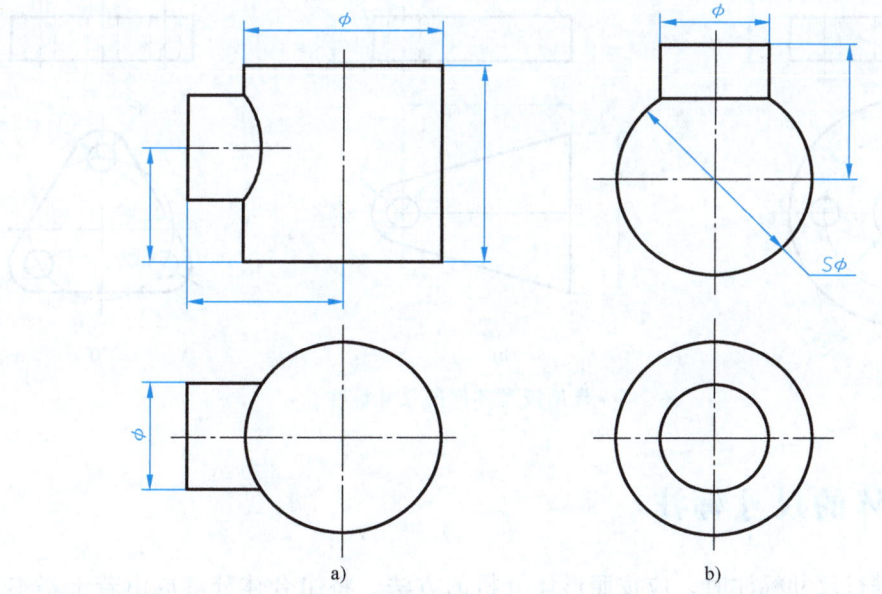

图 7-4 相贯体的尺寸标注

7.3　常见板类零件的尺寸标注

　　工程形体上常会包含不同结构的底板、法兰盘等平板类结构，其尺寸注法如图 7-5 所示。

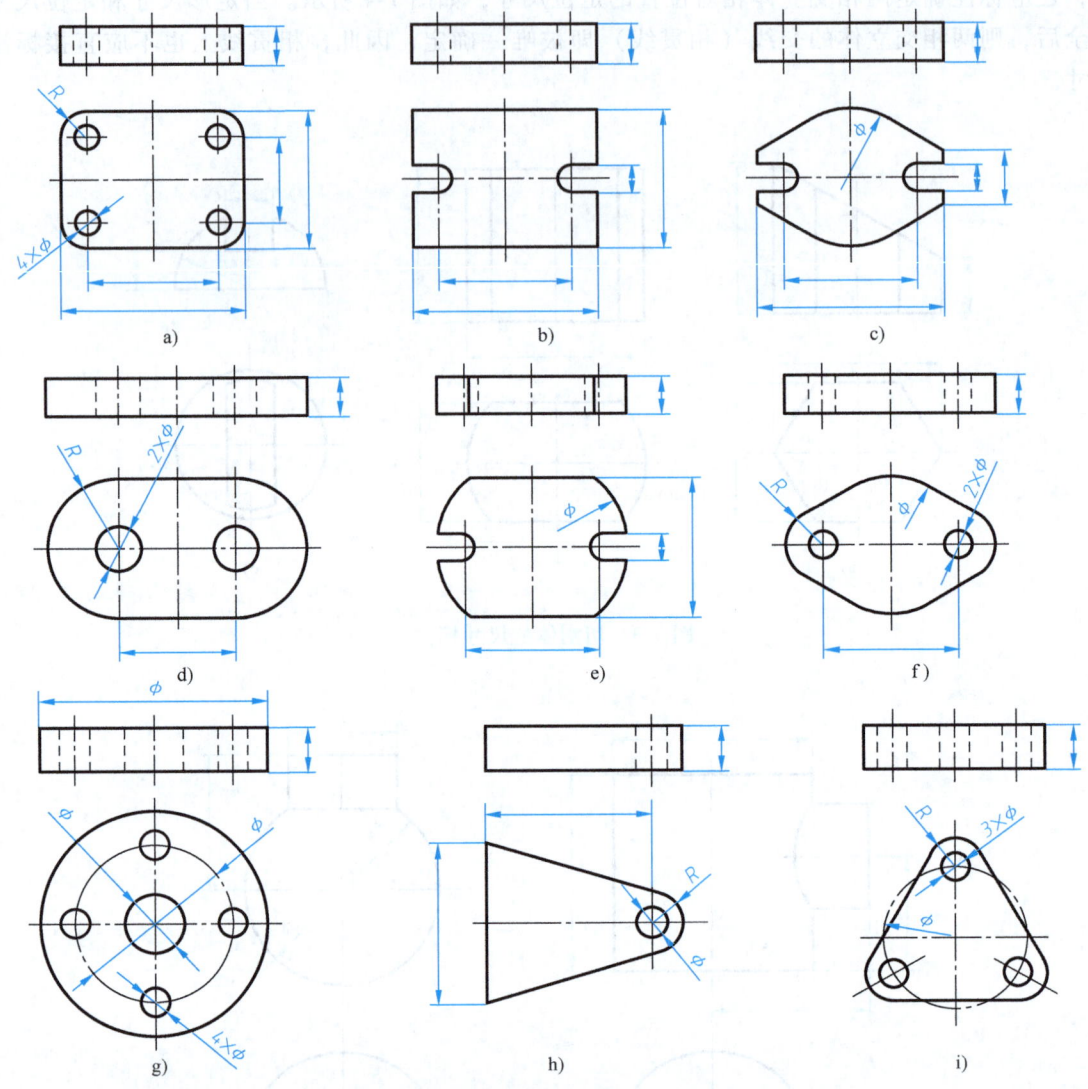

图 7-5 常见板类零件的尺寸标注

7.4 组合体的尺寸标注

对组合体进行尺寸标注时，应按照形体分析的方法，将组合体分解成由若干基本立体，分别标注出各基本立体的定形尺寸和确定它们之间相对位置的定位尺寸，最后根据组合体的结构特点注出总体尺寸。

1. 组合体尺寸标注的基本要求

工程图样中的尺寸是图样的重要组成部分，是加工零件、检验零件的重要依据，直接影响零件的制造、加工、测量、检验和使用。因此，组合体的尺寸标注，除必须遵循有关国家标准的基本规定（详见1.1.5节）外，还必须保证正确、完整、清晰等基本要求。

1）正确，即要求标注的尺寸数值要正确无误，标注方法应符合国家标准中有关尺寸标注方法的规定。

2）完整，即要求标注的尺寸必须齐全，要能完全确定组合体的形状、大小和相对位置，不遗漏、不重复。

3）清晰，即要求尺寸的布置要整齐、清晰醒目，便于查找和看图。

2. 组合体尺寸的种类

（1）定形尺寸和定位尺寸　确定各基本立体的形状和大小的尺寸称为定形尺寸。标注定形尺寸时，按照 7.1 节所述基本立体尺寸标注的方法进行标注；确定各基本立体间相对位置的尺寸称为定位尺寸。

（2）总体尺寸　确定组合体外形所占空间大小的总长、总宽和总高的尺寸称为总体尺寸。标注总体尺寸时，有时要对已标注的尺寸进行调整，避免出现重复尺寸。当组合体的端部是回转体时，则总体尺寸一般不直接注出。

3. 尺寸基准

标注定位尺寸时，首先应在长、宽、高三个方向上分别选出尺寸基准，以便确定各基本立体间的相对位置。所谓尺寸基准，就是确定尺寸位置的几何元素。通常可选用组合体的对称平面、底面、重要端面以及回转体的轴线等作为尺寸基准。定位尺寸也是组合体某方向上的主要基准与基本立体自身的基准之间的尺寸联系。

4. 组合体尺寸标注的注意事项

标注尺寸时应注意如下事项。

1）同一形体的尺寸应尽量集中标注，且应尽量标注在表达形体特征最明显的视图上。定形尺寸应尽可能标注在反映形体形状特征较明显的视图上；定位尺寸应尽量标注在反映形体间相互位置关系明显的视图上，并尽量与定形尺寸集中在一起，以便查找和看图。如图 7-6 所示底板的定形尺寸 25 和 18 和其上半圆的定形尺寸 R6 都注在反应形体特征最明显的俯视图上，定位尺寸 9 也在该视图上标注；而竖板上的圆角和孔的定形尺寸 R6、φ6 及定位尺寸 19、12 全部集中在反映形体特征最明显的主视图上，这种标注方式较为清晰。而如图 7-6b 所示的标注方式则不便于读图。

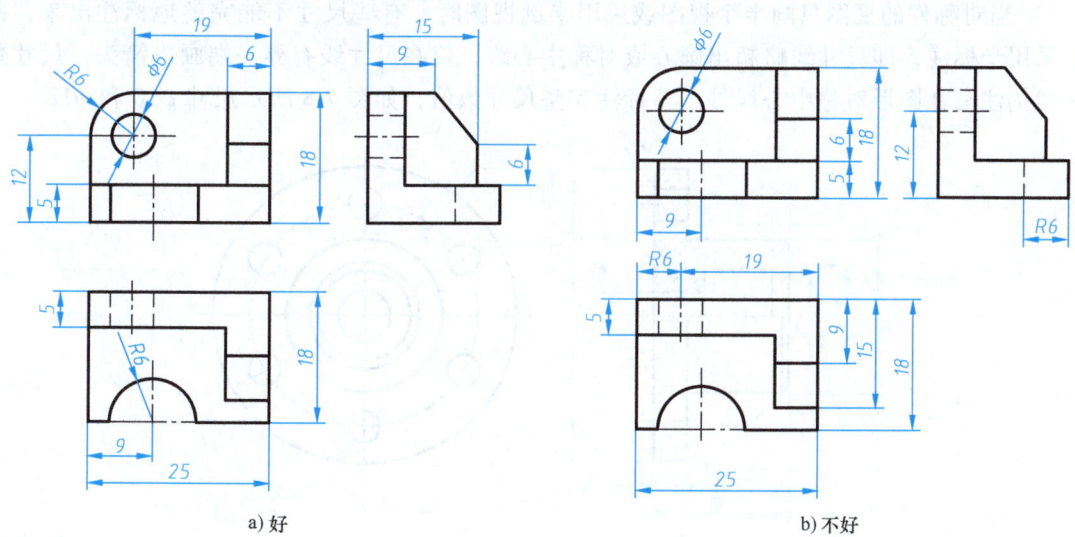

图 7-6　尺寸清晰标注示例

2)半径尺寸一定要标注在投影为圆弧的视图上。如图 7-6 所示,小于半圆的圆弧尺寸 *R*6 注在主视图中,半圆的圆弧尺寸 *R*6 注在俯视图中。

3)回转体的直径尺寸最好标注在非圆视图上。如图 7-7a 和图 7-8 所示,回转体的直径尺寸大都注在非圆视图上,不宜集中标注在投影为圆的视图上,避免注成辐射形式,如图 7-7b 所示。

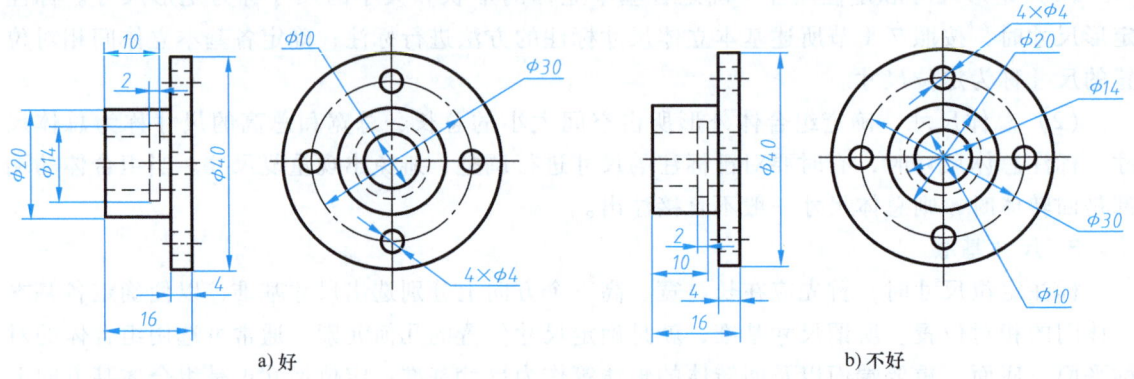

图 7-7 回转体的直径标注方法

4)尺寸应尽量避免标注在细虚线上。如图 7-6a 所示尺寸 $\phi 6$ 和图 7-7a 所示尺寸 $4\times\phi 4$。

5)尺寸应尽量标注在视图外面,且尽量排列整齐,避免与轮廓线交叉,影响视图表达;同一方向连续的几个尺寸尽量放在同一条线上,以使尺寸标注显得较为整齐,如图 7-6b 所示主视图中的尺寸 5 和 6;平行排列的尺寸,应使小尺寸在内(靠近视图),大尺寸在外,以避免尺寸线与尺寸界线交叉,如图 7-6a 所示主视图中的尺寸 6 和 19、5 和 12,如图 7-8 所示尺寸 $\phi 10$、$\phi 12$、$\phi 18$ 等。

6)同一方向内外结构的尺寸,最好分开加以标注,以便于看图。如图 7-8 所示的主视图中,外形结构尺寸 14、4 注在图形下方,内部结构尺寸 2、9 则注在图形上方。

7)当对称件的视图只画半个视图或采用半剖视图时,有些尺寸不能完整地标注出来,此时应采用半标注,即尺寸线略超出圆心或对称中心线,仅在尺寸线有界一端画出箭头,尺寸数字一般仍注写在图形对称中心线处,并标注完整尺寸数值,如图 7-8 所示尺寸 $\phi 10$ 和 $\phi 12$。

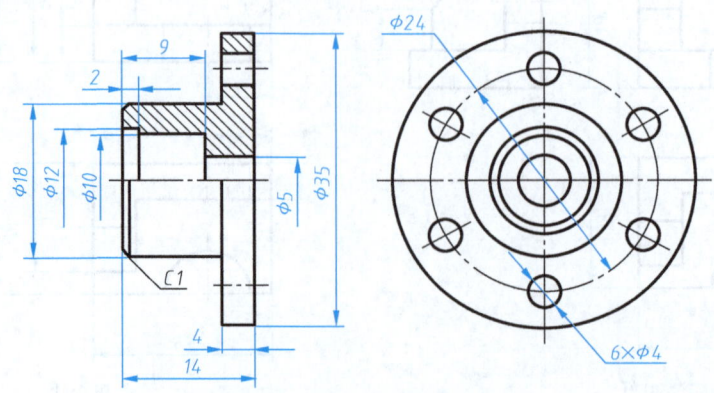

图 7-8 剖视图上的尺寸标注

以上各要求有时会出现不能完全兼顾的情况，应在保证尺寸正确、完整、清晰的前提下，根据具体情况，统筹安排，合理布局。

5. 组合体尺寸标注的方法和步骤

下面以支架为例，说明组合体视图上尺寸标注的方法和步骤。

（1）形体分析和定形尺寸的标注　运用形体分析法对支架进行形体分析，并标注各基本立体的定形尺寸，如图7-9所示。

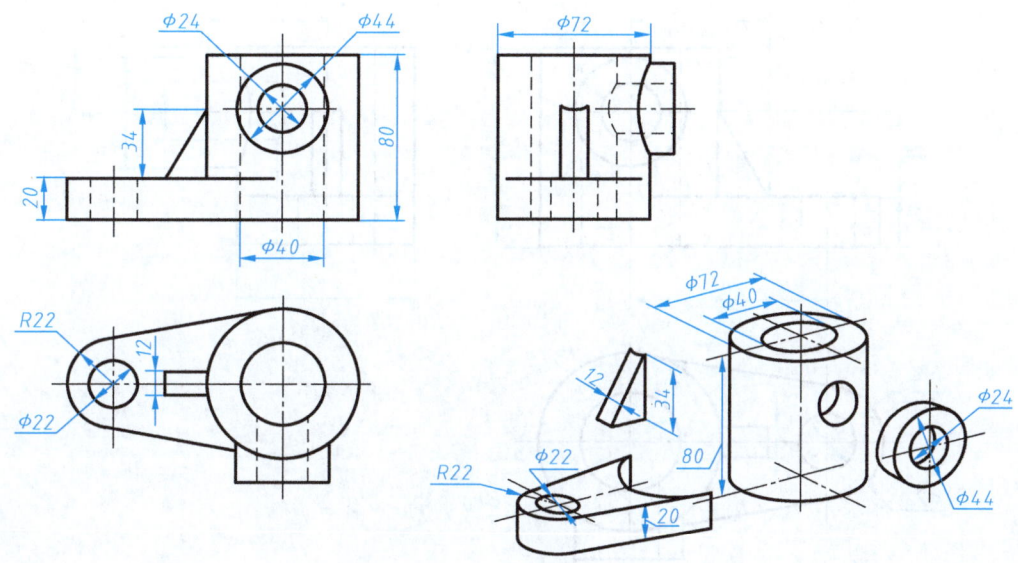

图 7-9　标注定形尺寸

（2）选择尺寸基准，标注各基本立体的定位尺寸　如图7-10所示，支架以直立空心圆柱的轴线为长度方向的尺寸基准，注出定位尺寸80、56；以直立空心圆柱、底板及肋板前、

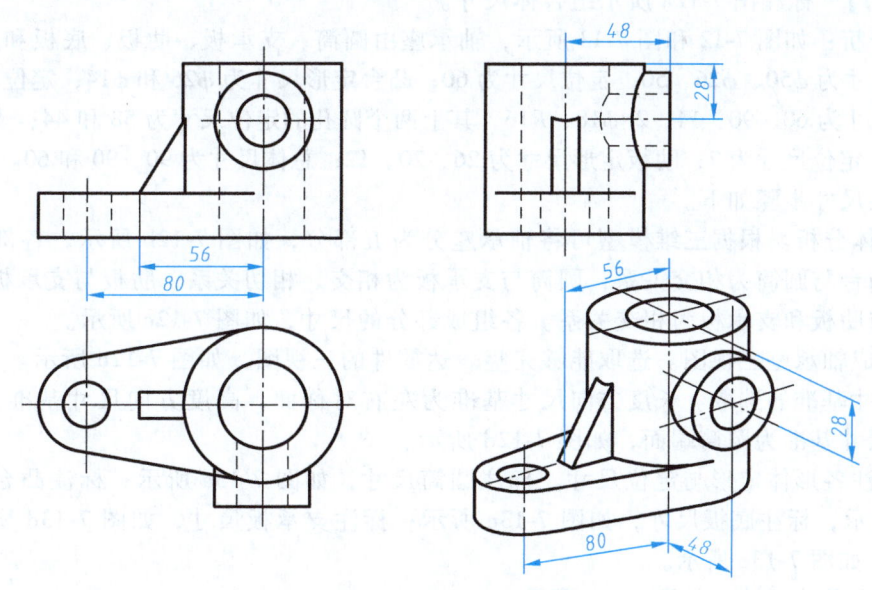

图 7-10　标注定位尺寸

后的公共对称平面为宽度方向尺寸基准，注出定位尺寸48；以下底面为高度方向主要基准，以上顶面为高度方向辅助尺寸基准，注出定位尺寸28。

（3）标注总体尺寸 定形尺寸和定位尺寸标注之后，对整个组合体还要考虑总体尺寸的标注。标注总体尺寸时应注意避免出现重复尺寸，必要时需对已标注尺寸进行调整。当组合体的端部是回转体时，则总体尺寸一般不直接注出。如图7-11所示，支架的总高尺寸80已经注出，总长尺寸和总宽尺寸不需要直接注出。

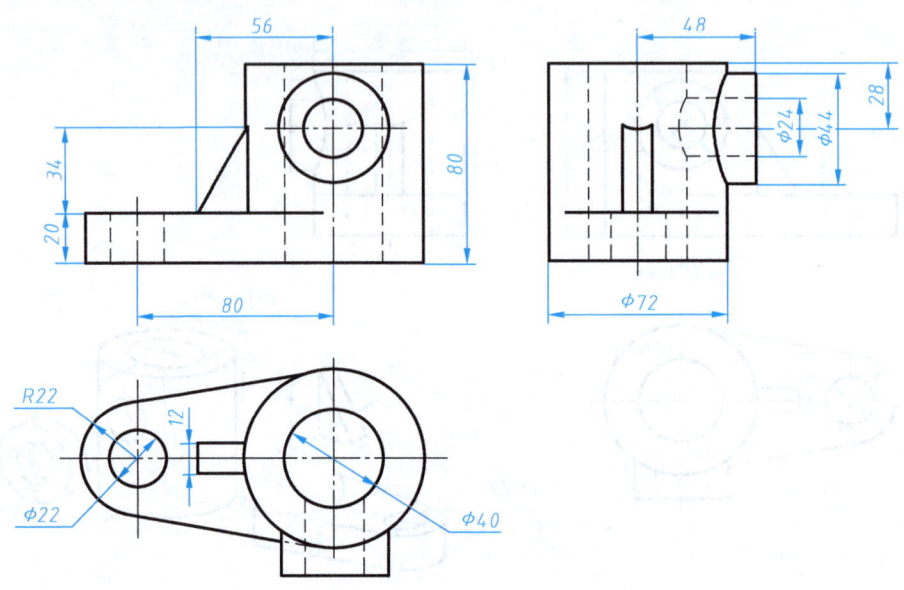

图7-11 支架三视图的尺寸标注

6. 尺寸标注示例分析

下面举例说明尺寸标注的基本方法。

【例7-1】 标注图7-12a所示组合体尺寸。

尺寸分析： 如图7-12和图7-13所示，轴承座由圆筒、支承板、肋板、底板和凸台组成。圆筒定形尺寸为 $\phi50$、$\phi26$、50，定位尺寸为60；凸台定形尺寸为 $\phi26$ 和 $\phi14$，定位尺寸为26；底板定形尺寸为60、90、14、$2\times\phi18$、$R16$，其上两个圆孔的定位尺寸为58和44；支承板定形尺寸为12，定位尺寸为7；肋板定形尺寸为26、20、12；总体尺寸为90、90和60。

其标注尺寸步骤如下。

1）形体分析。根据三维模型可将轴承座分为五部分，如图7-12b所示，各部分之间的关系为：凸台与圆筒为相交关系；圆筒与支承板为相交、相切关系；肋板与支承板为相关关系；底板与肋板和支承板为相交关系。各组成部分的尺寸，如图7-12c所示。

2）完成轴承座三视图。选取能够完整表达零件的三视图，如图7-12d所示。

3）尺寸基准的选取。长度方向尺寸基准为左右对称面，高度方向尺寸基准为下底面，宽度方向尺寸基准为圆筒端面，如图7-12d所示。

4）标注各形体定形与定位尺寸。标注圆筒尺寸，如图7-13a所示；标注凸台尺寸，如图7-13b所示；标注底板尺寸，如图7-13c所示；标注支承板尺寸，如图7-13d所示；标注肋板尺寸，如图7-13e所示。

5）标注总体尺寸，如图7-13f所示。

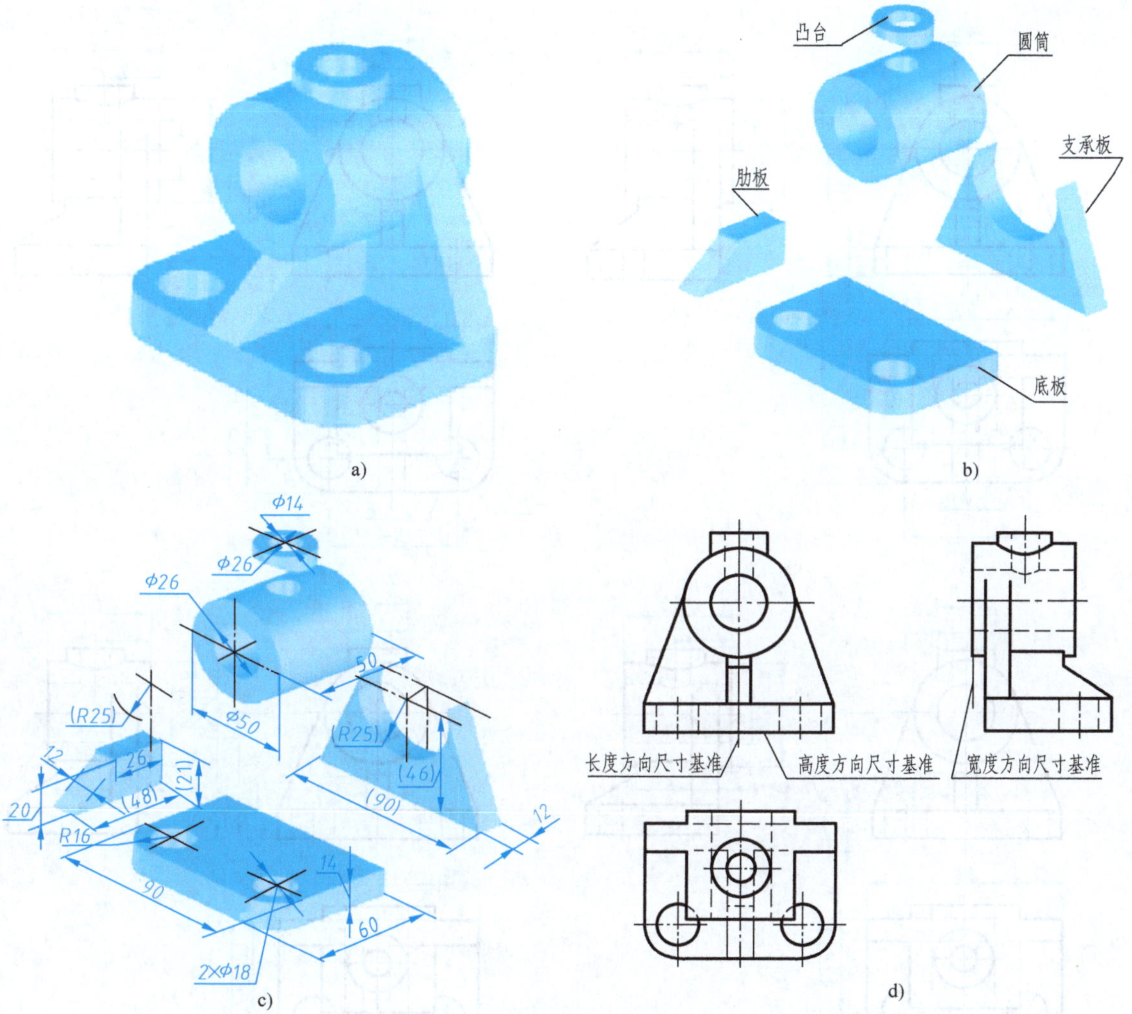

第7章 尺寸标注

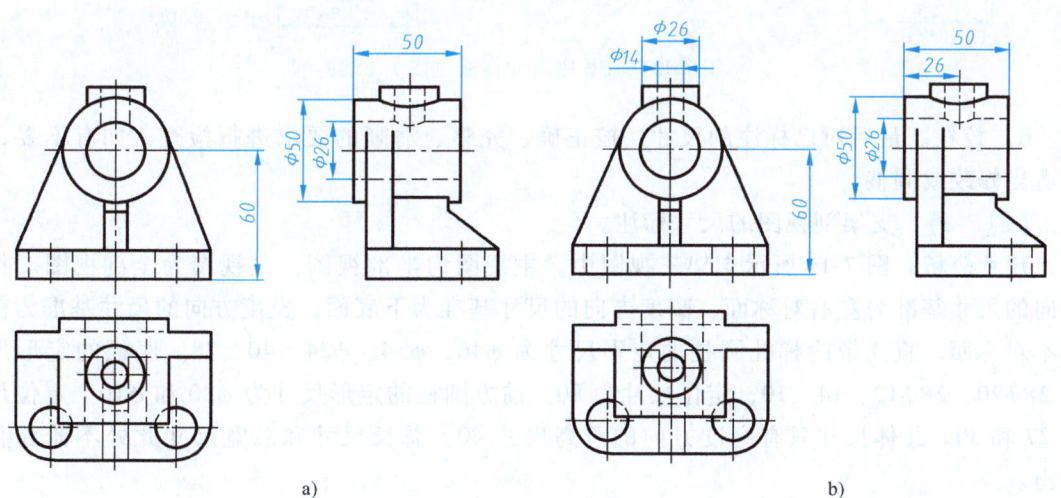

图 7-12 轴承座尺寸标注（一）

图 7-13 轴承座尺寸标注（二）

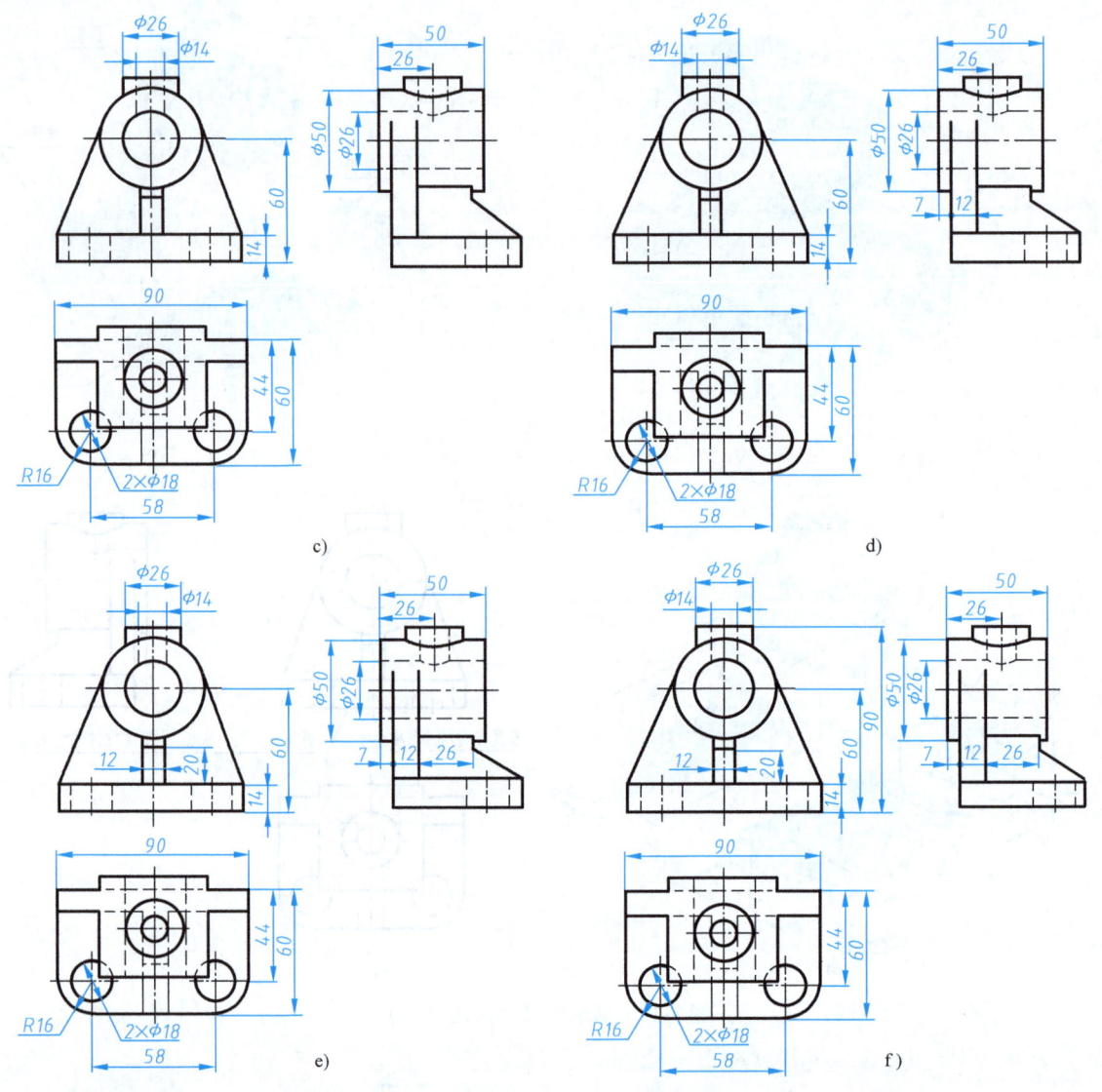

图 7-13 轴承座尺寸标注（二）（续）

6）校核。最后对已标注的尺寸，按正确、完整、清晰的要求进行检查，如有不妥，进行适当修改或调整。

【例 7-2】 支架剖视图的尺寸标注。

尺寸分析： 图 7-14 所示支架三视图中，主视图为半剖视图，左视图为全剖视图。长度方向的尺寸基准为左右对称面，高度方向的尺寸基准为下底面，宽度方向的尺寸基准为前后基本对称面。直立带阶梯孔圆柱的定形尺寸为 φ46、φ34、φ24、40、28。底板的定形尺寸为 2×φ20、2×φ12、14、10，定位尺寸为 80。前方圆柱的定形尺寸为 φ20 和 φ10，定位尺寸为 27 和 30。总体尺寸只有高度方向的总高尺寸 40，总长尺寸和总宽尺寸此处不需要直接注出。

标注过程略，尺寸标注结果如图 7-14 所示。

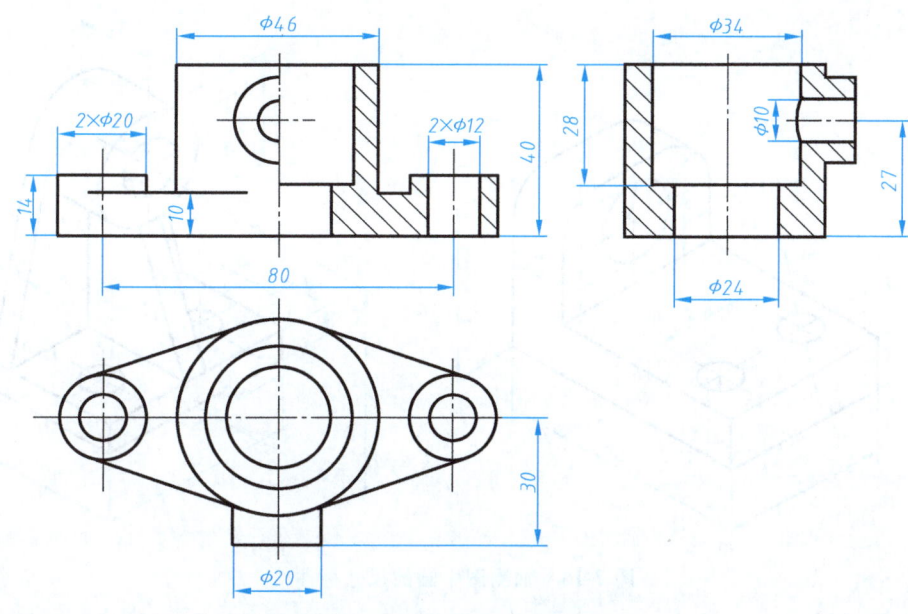

图 7-14 剖视图的尺寸标注

7.5 轴测图的尺寸标注

轴测图中的线性尺寸，一般应沿轴测轴的方向标注，尺寸数字为零件的公称尺寸，尺寸数字应按相应轴测图标注在尺寸线的上方，尺寸线必须和所标注的线段平行，尺寸界线一般应平行于某一轴测轴，当在图形中出现字头向下时应引出标注，将数字按水平位置注写，如图 7-15 所示为常见轴测图的尺寸标注方式。

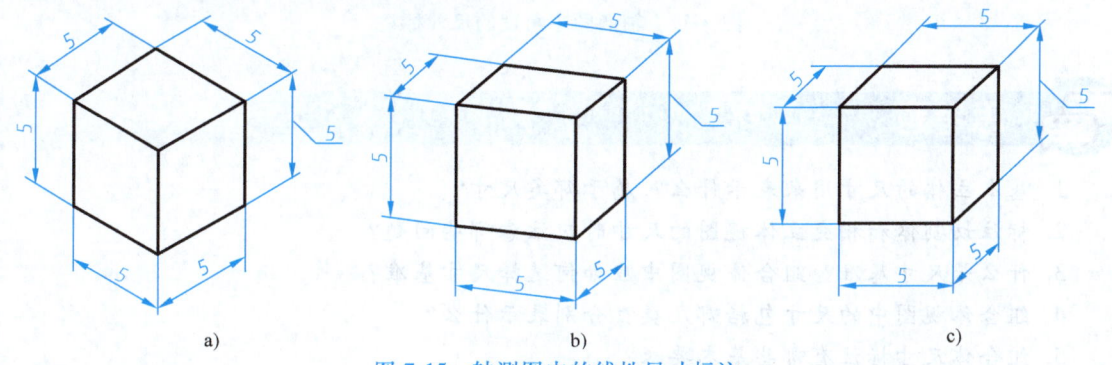

图 7-15 轴测图中的线性尺寸标注

当标注圆的直径时，尺寸线和尺寸界线应分别平行于圆所在平面内的轴测轴，标注圆弧半径或较小圆的直径时，尺寸线可从（或通过）圆心引出标注，但注写数字的横线必须平行于轴测轴，如图 7-16 所示。

当标注角度尺寸时，标注角度的尺寸线应画成与该坐标平面平行圆相应的椭圆弧，角度数字一般写在尺寸线的中断处，字头向上，如图 7-17 所示。其中 7-17a 所示为水平方向的角度尺寸标注，图 7-17b 所示为垂直方向的角度尺寸标注。

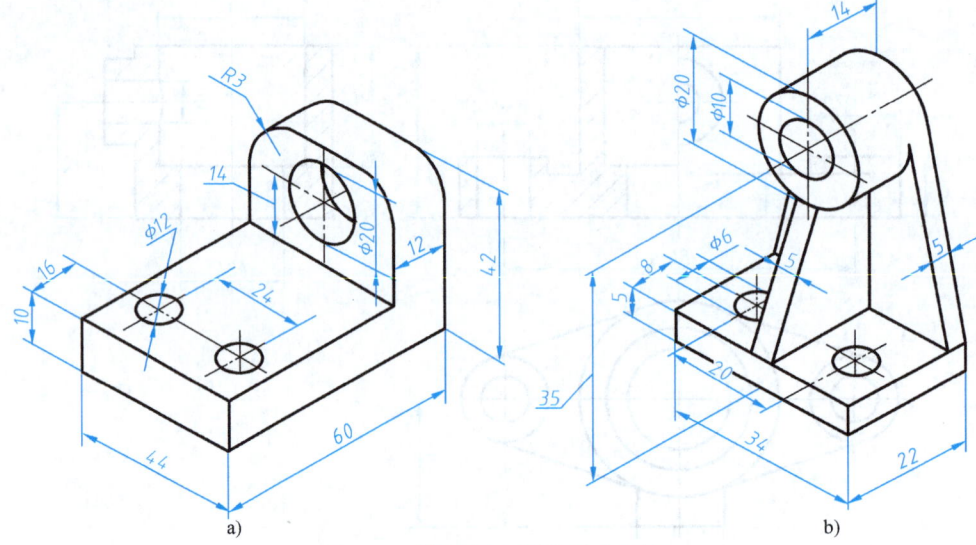

图 7-16 轴测图中圆的尺寸标注

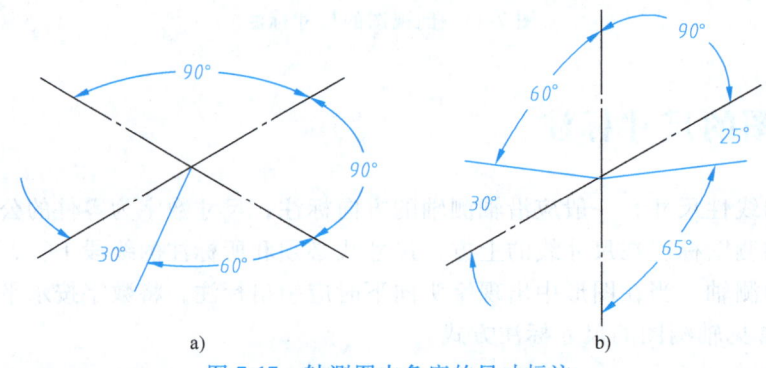

图 7-17 轴测图中角度的尺寸标注

思考题

1. 基本立体的尺寸用来表示什么？属于哪类尺寸？
2. 标注切割体和相交立体视图的尺寸时应注意哪些问题？
3. 什么是尺寸基准？组合体视图中应如何选择尺寸基准？
4. 组合体视图中的尺寸包括哪几类？分别表示什么？
5. 组合体尺寸标注有哪些基本要求？
6. 简述组合体尺寸标注的方法和步骤。

思政拓展

信物百年：一把推船出海的"尺子"

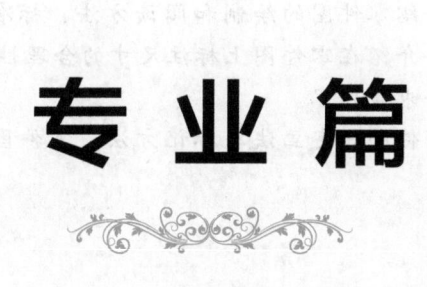

专 业 篇

第 8 章

常用零件与零件图

> **内容提要**：零件是组成机器或部件的基本单元。表达单个零件的图样称为零件图，它是制造和检验零件的主要依据。在组成机器或部件的零件中，除标准件外的其他所有零件都需要画零件图。本章主要介绍零件图的绘制和阅读方法、标准件和常用件的规定画法、标准件的标记方法等，并简要介绍在零件图上标注尺寸的合理性、零件的加工工艺结构以及制造零件时应满足的技术要求等内容。
>
> **本章重点**：标准件与常用件的规定画法与标记方法，零件图上技术要求的表达方法，零件图的绘制和阅读方法。

8.1 零件与零件图

8.1.1 零件的定义与分类

零件是组成工程产品的基本单元，是产品中具有某种功能、不能再拆分的独立部分。绝大多数工程产品，小到日常用品，大到航天器，都是由若干零件按一定的装配关系和技术要求装配而成的。组成产品的零件通常分为标准件、常用件和一般零件。

标准件是在机器或部件中大量使用的，在零件间起到连接、定位、支承、密封等作用的零件，如图 8-1 所示螺栓、垫圈、圆柱销等。标准件的结构、形状、尺寸、画法和标记等都已标准化，可根据规定标记，查阅有关标准，通常不必画其零件图。企业不再需要为其产品专门设计、生产这类零件，只需按型号购买即可，可极大降低生产成本。

除了标准件外，还有一些常用零件，如图 8-1 所示齿轮、弹簧等，应用也很广泛，且结构定形。某些结构的尺寸也有统一的标准，这类零件被称为常用件。常用件在制图中也有规定画法。

一般零件的结构形状、大小是由它在机器或部件中的作用和工艺要求决定的。按照其结构特点，一般零件又可以分为轴套类、盘盖类、叉架类和箱体类等。

为了指导制造和检验等生产过程，需要对除标准件外的其他零件绘制零件图。

8.1.2 零件图的作用与内容

零件图是表达单个零件的结构、形状、大小及技术要求的图样，是零件加工和检验的主

第8章 常用零件与零件图

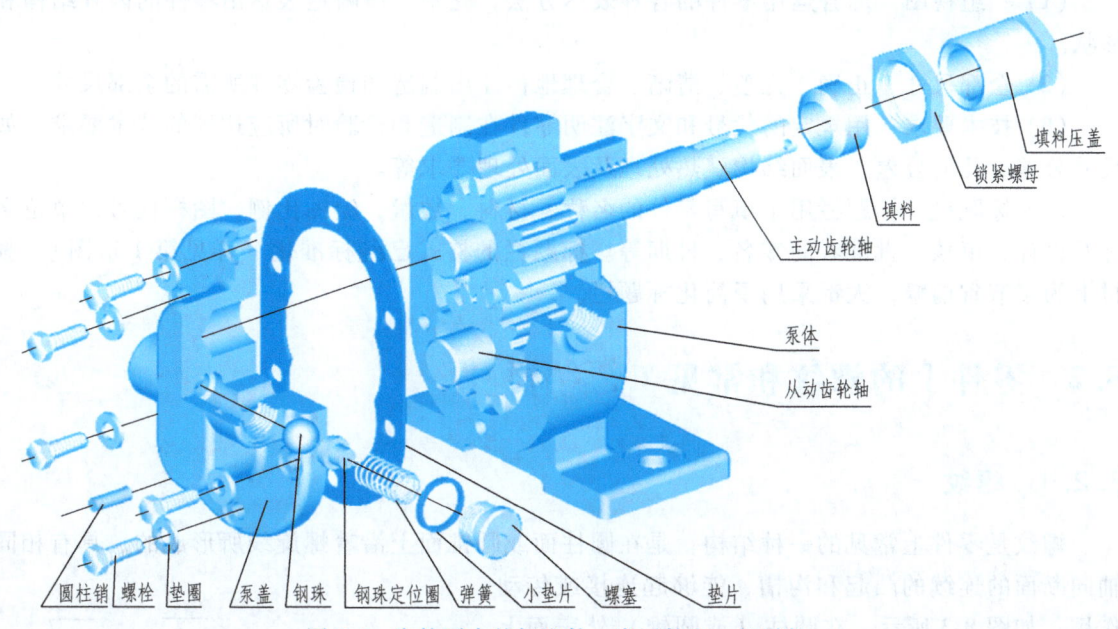

图 8-1 齿轮泵中的标准件、常用件和一般零件

要依据，是产品生产工艺过程中的重要技术文件。图 8-2 所示为图 8-1 中主动齿轮轴的零件图。一张完整的零件图应具备以下内容。

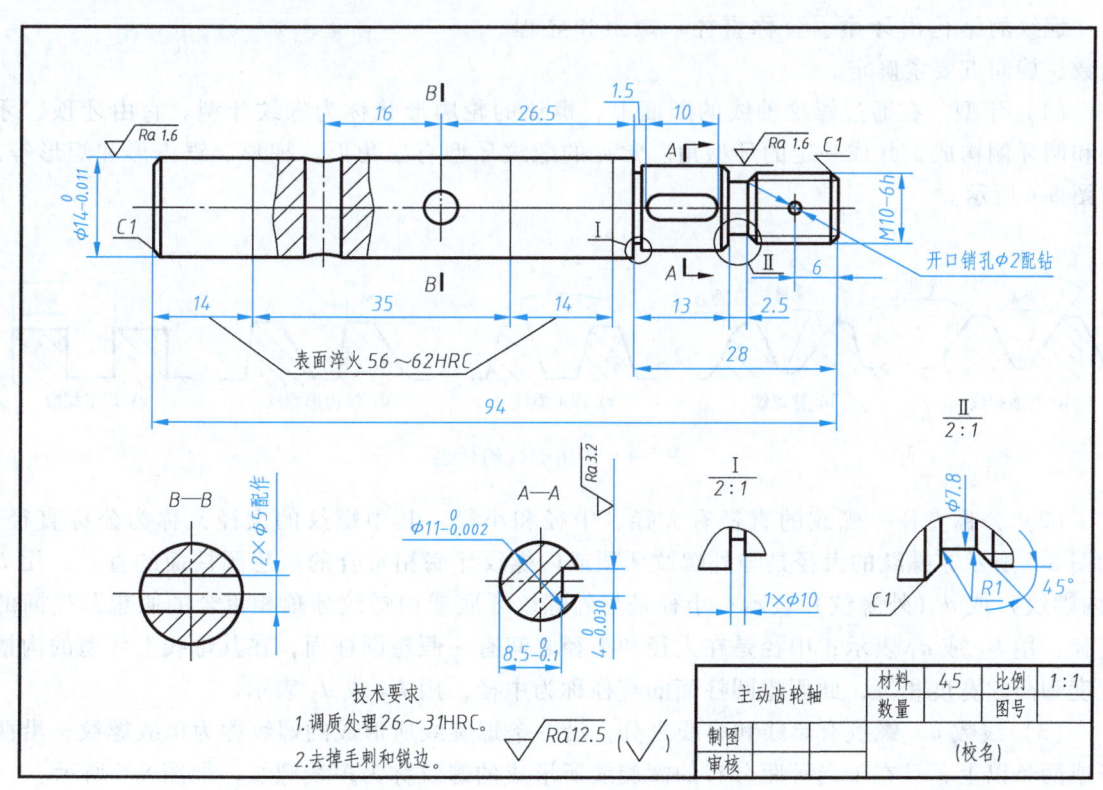

图 8-2 主动齿轮轴的零件图

（1）一组视图　综合运用零件的各种表达方法，完整、清晰地表达出零件的内外结构和形状。

（2）全部尺寸　正确、完整、清晰、合理地标注出制造和检验零件所需的全部尺寸。

（3）技术要求　用规定的代号和文字注明零件在制造和检验时所应达到的技术要求，如尺寸公差、几何公差、表面结构、热处理及表面处理要求等。

（4）标题栏　标题栏用于填写零件的名称、材料、数量、绘图比例、图样代号、单位名称及设计、审核、批准者的签名、日期等。标题栏的格式已经标准化（详见第1章图）。教材上为了节省篇幅，大都采用了简化标题栏。

8.2　零件上的螺纹和常见工艺结构

8.2.1　螺纹

螺纹是零件上常见的一种结构，是在圆柱面或圆锥面上沿着螺旋线所形成的、具有相同轴向断面的连续的凸起和沟槽，能够起连接或传动作用。如图8-3所示，在圆柱（或圆锥）外表面上形成的螺纹称为外螺纹，在圆柱（或圆锥）内表面上形成的螺纹称为内螺纹。

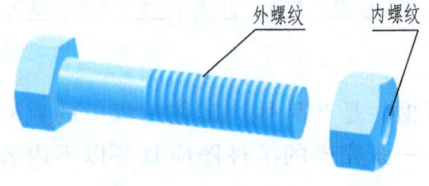

图8-3　外螺纹和内螺纹

1. 螺纹的要素

螺纹的结构由牙型、公称直径、螺距和导程、线数、旋向五要素确定。

（1）牙型　在通过螺纹轴线的断面上，螺纹的轮廓形状称为螺纹牙型。它由牙顶、牙底和两牙侧构成，并成一定的牙型角。常见的螺纹牙型有三角形、梯形、锯齿形和矩形等，如图8-4所示。

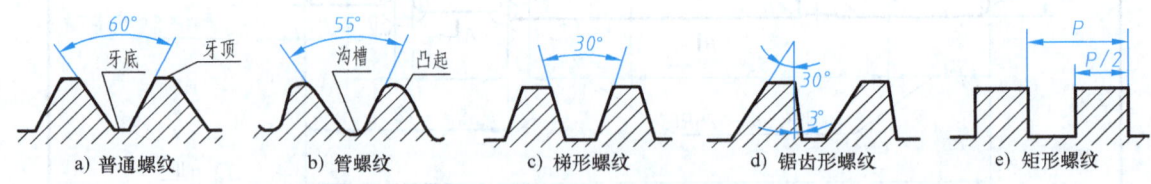

图8-4　常用螺纹的牙型

（2）公称直径　螺纹的直径有大径、中径和小径，其中螺纹的大径又称为公称直径。如图8-5所示，螺纹的大径是与外螺纹牙顶或内螺纹牙底相重合的假想圆柱面的直径，用D（内螺纹）或d（外螺纹）表示；小径是与外螺纹牙底或内螺纹牙顶相重合的假想圆柱面的直径，用D_1或d_1表示；中径是在大径和小径之间有一假想圆柱面，在其母线上牙型的沟槽宽度和凸起宽度相等，此假想圆柱面的直径称为中径，用D_2或d_2表示。

（3）线数n　螺纹有单线和多线之分，沿一条螺旋线所形成的螺纹称为单线螺纹；沿两条或两条以上，且在轴向等距分布的螺旋线所形成的螺纹称为多线螺纹，如图8-6所示。

（4）导程P_h与螺距P　同一条螺旋线上的相邻两牙在中径线上对应两点间的轴向距离

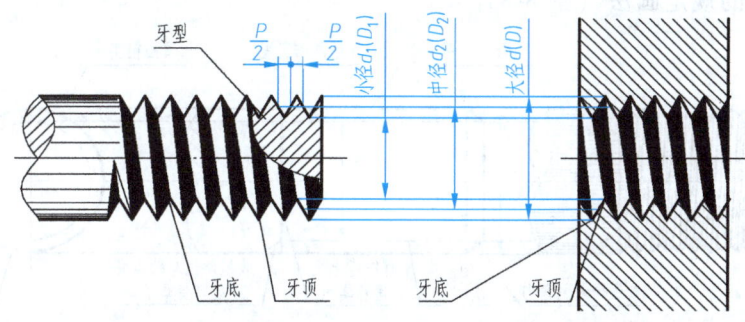

图 8-5 螺纹的牙型和直径

称为导程,以 P_h 表示;相邻两牙在中径线上对应两点间的轴向距离称为螺距,以 P 表示。如图 8-6 所示,螺距与导程的关系为:螺距=导程/线数。因此,单线螺纹 $P_h=P$,双线螺纹 $P_h=2P$。

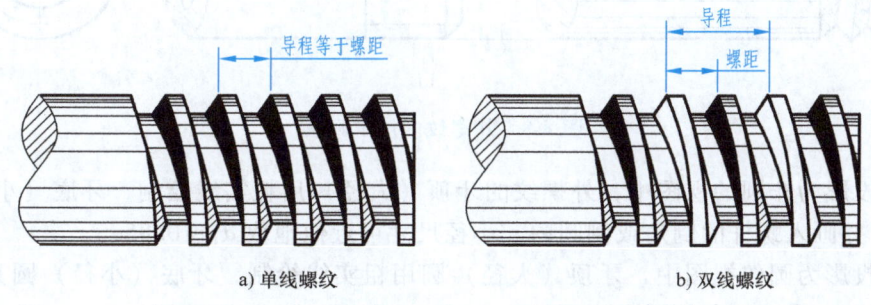

a) 单线螺纹　　　　　　　　b) 双线螺纹

图 8-6 螺纹的线数、导程和螺距

(5) 旋向。按照旋向,螺纹分右旋(RH)螺纹和左旋(LH)螺纹两种。如图 8-7 所示,顺时针方向旋入的螺纹称为右旋螺纹,逆时针方向旋入的螺纹称为左旋螺纹,右旋螺纹为常用螺纹。

内、外螺纹总是成对使用,只有上述五个基本要素完全相同的内螺纹和外螺纹才能相互旋合。

国家标准对上述五项要素中的牙型、公称直径和螺距进行了规定。凡是上述三项要素都符合标准的螺纹称为标准螺纹;仅牙型符合标准的螺纹称为特殊螺纹;连牙型也不符合标准的螺纹称为非标准螺纹。

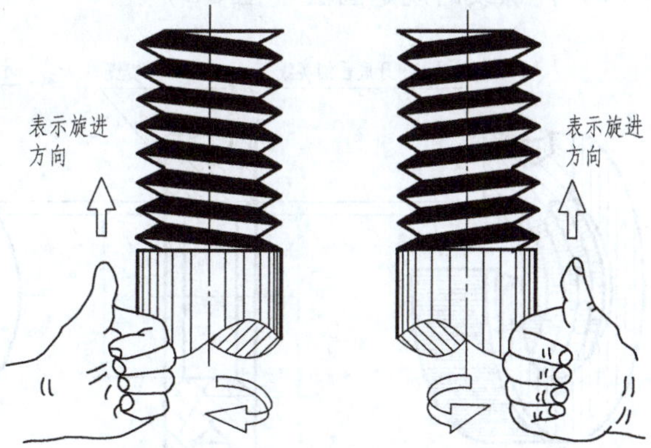

a) 左旋　　　　　b) 右旋

图 8-7 螺纹的旋向

2. 螺纹的规定画法

绘制螺纹的真实投影十分复杂,在实际生产中也没有必要。为此,国家标准对螺纹的画法做出如下规定。

（1）外螺纹的规定画法（图 8-8）

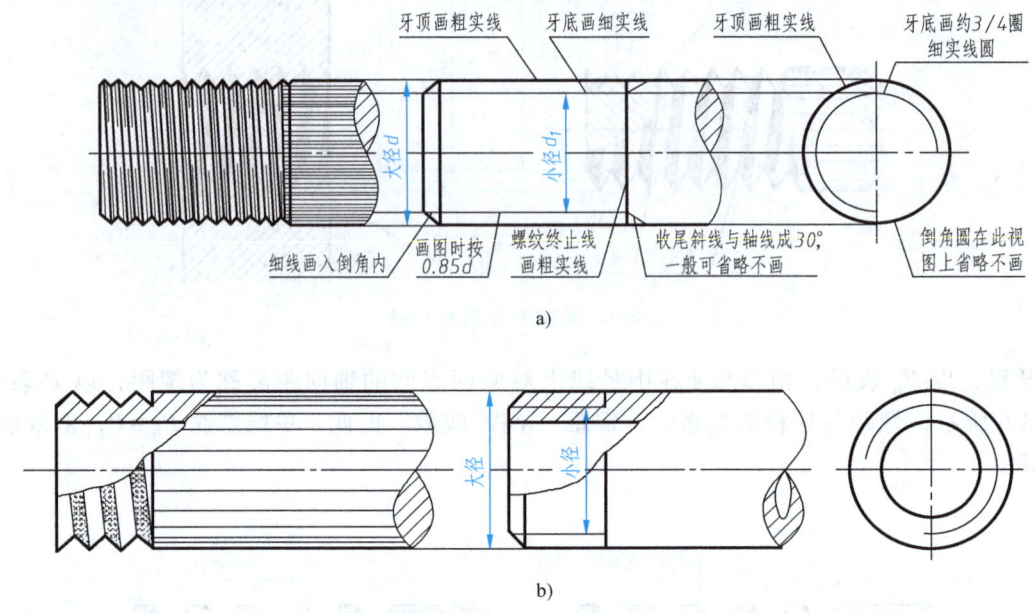

图 8-8 外螺纹的规定画法

1) 在投影为非圆的视图中，外螺纹的牙顶（大径）用粗实线绘制，牙底（小径）用细实线绘制，并画入螺杆的倒角或倒圆内。小径尺寸可近似地取 $d_1 \approx 0.85d$。

2) 在投影为圆的视图中，牙顶（大径）圆用粗实线绘制，牙底（小径）圆只画约 3/4 圈的细实线圆，表示倒角的圆省略不画。

3) 在视图中应用粗实线画出完整的螺纹终止线，如图 8-8a 所示。在剖视图中，螺纹终止线只画螺纹牙型高度部分，剖面线必须画到表示牙顶的粗实线为止，如图 8-8b 所示。

（2）内螺纹的规定画法（图 8-9）

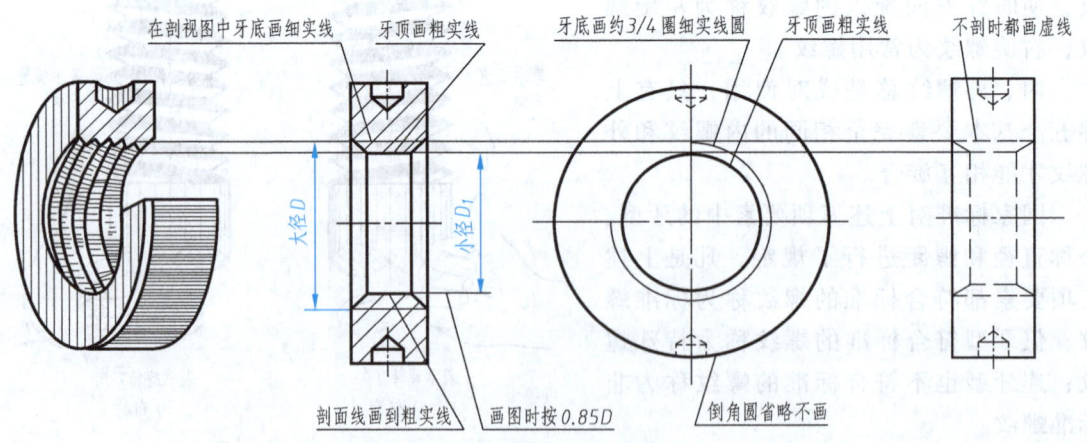

图 8-9 内螺纹的规定画法

1) 在剖视图中，牙顶（小径）用粗实线绘制，牙底（大径）用细实线绘制，螺纹终止线用粗实线绘制，剖面线应画到表示牙顶的粗实线为止。

2) 在投影为圆的视图中，牙顶（小径）圆用粗实线绘制，牙底（大径）圆画约3/4圈的细实线圆，表示倒角的圆省略不画。

3) 绘制不穿通的螺纹孔时，一般应将钻孔深度与螺纹部分的深度分别画出。

4) 当螺纹为不可见时，除轴线和中心线外，其余图线均用细虚线绘制。

（3）内、外螺纹旋合的规定画法　在剖视图中，内、外螺纹的旋合部分应按外螺纹画法绘制，其余部分仍按各自的画法表示。按规定，当实心螺杆通过轴线剖切时按不剖处理，如图8-10所示。画图时必须注意，表示外螺纹大径的粗实线、小径的细实线，必须分别与表示内螺纹大径的细实线、小径的粗实线对齐。它表明内、外螺纹具有相同的大径和小径。

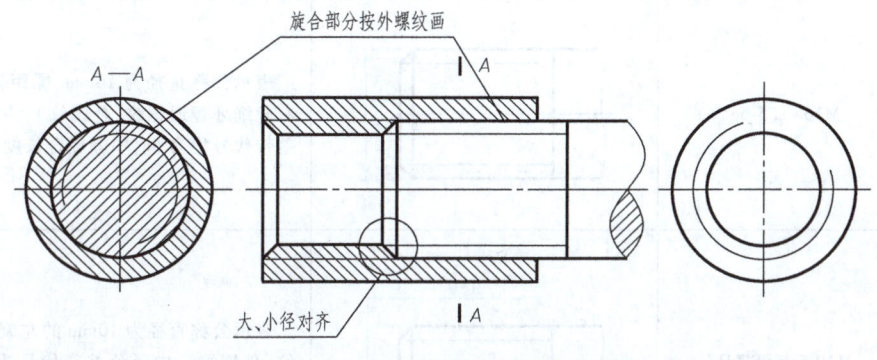

图8-10　内、外螺纹旋合的画法

（4）螺纹端部结构的画法

1) 螺纹末端。为了防止螺纹端部损坏和便于安装，常在螺纹的起始处加工出一定形式的末端，其结构、尺寸已经标准化，可查阅有关标准手册。

2) 螺尾和退刀槽。车削螺纹的刀具接近螺纹终止处时要逐渐离开工件，因而螺纹终止处附近的牙型将逐渐变浅，形成不完整的螺纹牙型，这一段螺纹称为螺尾，如图8-11a所示。有时为避免产生螺尾，方便进刀和退刀，在该处预制出退刀槽，如图8-11b所示。螺尾

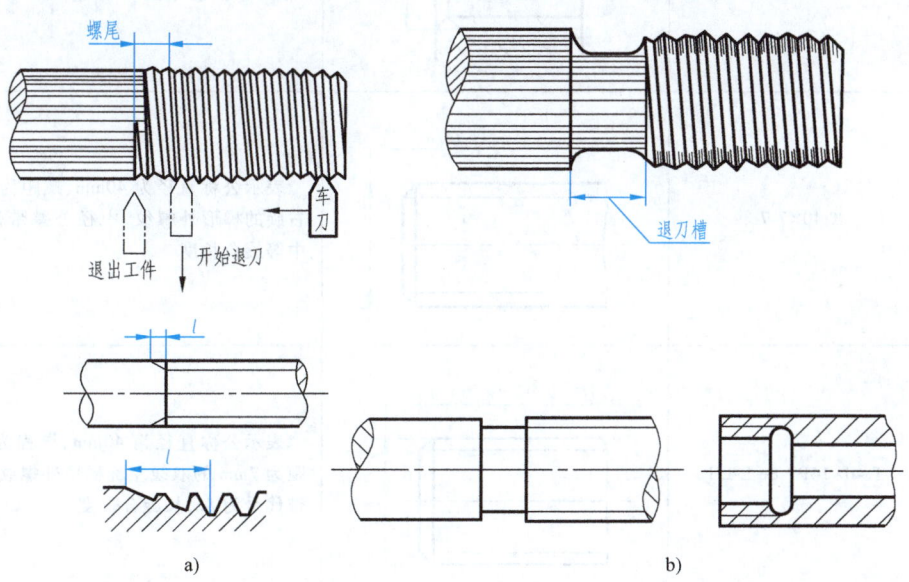

图8-11　螺尾和退刀槽

一般不需画出，当需要表示时，螺纹尾部的牙底用与轴线成30°的细实线表示。

3. 常用螺纹的分类和标记

螺纹的分类方法很多，通常按牙型可分为普通螺纹、梯形螺纹、锯齿形螺纹和管螺纹等；按用途分为连接螺纹、传动螺纹和专门用途螺纹等。由于各种螺纹的画法都相同，因此，标准螺纹用规定的标记进行标注，并注在螺纹公称直径上，以区别不同种类的螺纹。各种螺纹的分类和标记示例，见表8-1。

表8-1 各种螺纹的分类和标记示例

螺纹类别	标记示例	图示	说明
普通螺纹	M16×1.5-6e	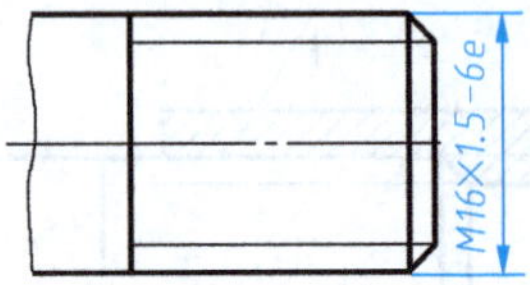	表示公称直径为16mm、螺距为1.5mm的右旋细牙普通螺纹（外螺纹），中径和顶径公差带代号均为6e，中等旋合长度
普通螺纹	M10-5g6g-S-LH	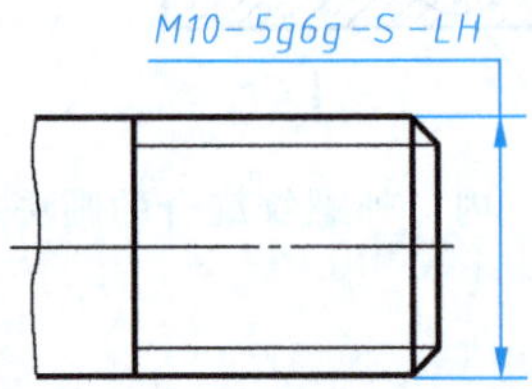	表示公称直径为10mm的左旋粗牙普通螺纹（外螺纹），中径公差带代号为5g，顶径公差带代号为6g，短旋合长度
普通螺纹	M10-6H	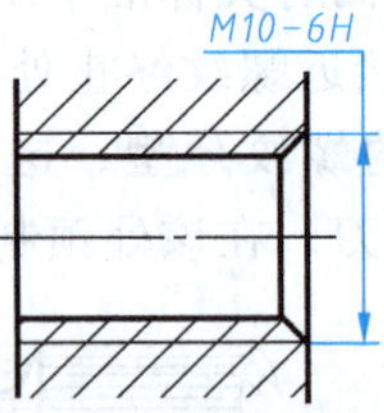	表示公称直径为10mm的右旋粗牙普通螺纹（内螺纹），中径和顶径公差带代号均为6H，中等旋合长度
梯形螺纹	Tr40×7-7e	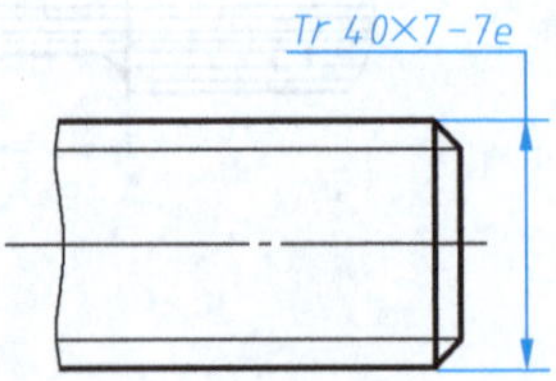	表示公称直径为40mm、螺距为7mm单线右旋的梯形外螺纹，中径公差带代号为7e，中等旋合长度
梯形螺纹	Tr40×14P7-8e-L-LH	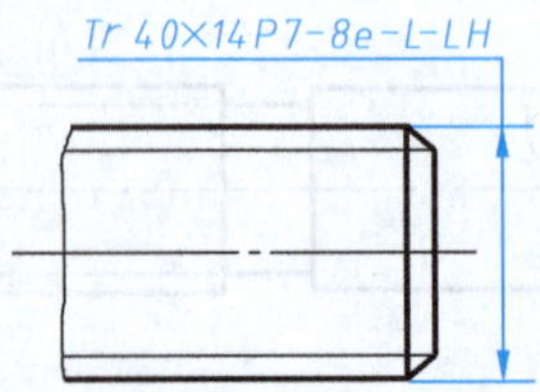	表示公称直径为40mm、导程为14mm、螺距为7mm的双线左旋梯形外螺纹，中径公差带代号为8e，长旋合长度

（续）

螺纹类别	标记示例	图 示	说 明
锯齿形螺纹	B90×12LH-7c	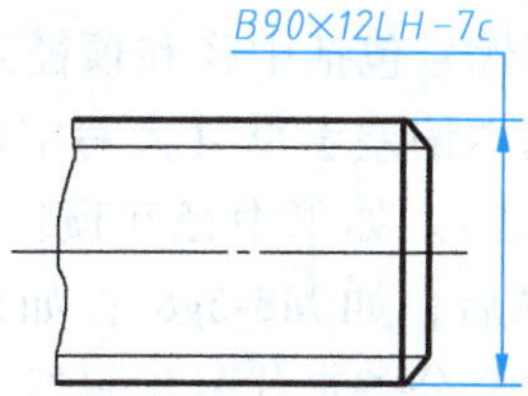 B90×12LH-7c	表示公称直径为 90mm、螺距为 12mm 的单线左旋锯齿形外螺纹，中径公差带代号为 7c，中等旋合长度
管螺纹	G1	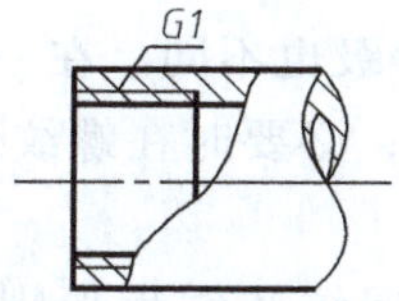 G1	表示尺寸代号为 1 的 55°非密封内管螺纹
管螺纹	G3/4B	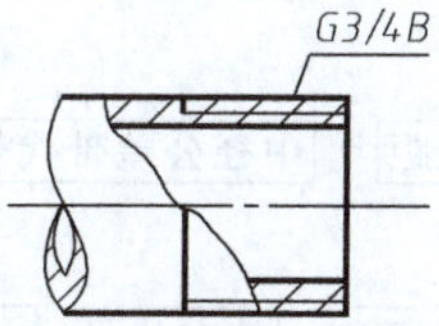 G3/4B	表示尺寸代号为 3/4 的 B 级 55°非密封外管螺纹
管螺纹	Rp1	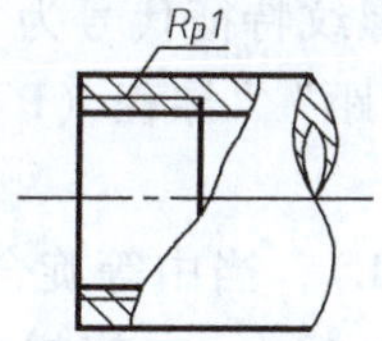 Rp1	表示尺寸代号为 1 的 55°密封圆柱内螺纹
管螺纹	$R_1$1/2LH	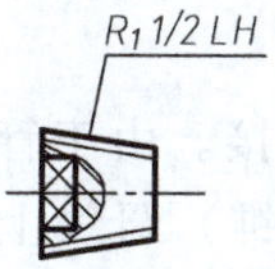 $R_1$1/2 LH	表示尺寸代号为 1/2、与圆柱内螺纹配合的 55°密封圆锥外螺纹，左旋
管螺纹	Rc1/2	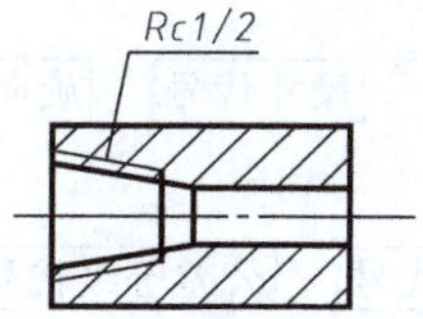 Rc1/2	表示尺寸代号为 1/2 的 55°密封圆锥内螺纹

（1）普通螺纹

1）普通螺纹的标记格式一般为

螺纹特征代号 公称直径×螺距（单线）/Ph 导程 P 螺距（多线） -公差带代号-旋合长度代号-旋向代号

普通螺纹特征代号为 M，粗牙普通螺纹省略螺距；右旋螺纹省略旋向代号，左旋螺纹注旋向代号"LH"。例如：M16 表示公称直径为 16mm，右旋的粗牙普通螺纹；M16×1.5-LH 表示公称直径为 16mm，螺距为 1.5mm 的左旋细牙普通螺纹。

2）螺纹的公差带代号。螺纹公差带代号包括中径和顶径公差带代号。它由表示公差带大小的公差等级数字和表示公差带位置的基本偏差字母（大写字母表示内螺纹，小写字母表示外螺纹）组成，如 6H、6g（可参阅有关标准）。如果中径和顶径公差带代号不同，则分别注写，中径公差带代号在前，顶径公差带代号在后，如 M8-5g6g；如果中径和顶径公差带代号相同，则只注写一个。内、外螺纹旋合时，其配合公差带代号用斜线分开，如 M8-6H/6g。

3）旋合长度代号。国家标准对普通螺纹的旋合长度，规定为短（S）、中（N）、长（L）三组。螺纹的旋合长度不同，公差等级也不同。在一般情况下不标注螺纹的旋合长度，其螺纹公差带按中等旋合长度（N）确定；必要时在螺纹公差带代号之后加注旋合长度代号 S 或 L，如 M8-5g6g-S。

（2）梯形螺纹和锯齿形螺纹　梯形螺纹和锯齿形螺纹用于传递动力和运动。梯形螺纹工作时牙的两侧均受力，而锯齿形螺纹在工作时是单侧齿面受力。梯形螺纹的标记格式一般为

| 螺纹特征代号 | 公称直径 | × | 导程 P 螺距 | 中径公差带代号 | - | 旋合长度代号 | - | 旋向代号 |

锯齿形螺纹的标记格式一般为

| 螺纹特征代号 | 公称直径 | × | 导程（P 螺距） | 旋向代号 | - | 中径公差带代号 | - | 旋合长度代号 |

1）梯形螺纹特征代号为 Tr，锯齿形螺纹特征代号为 B。

2）当螺纹为单线螺纹时，"导程 P 螺距""导程（P 螺距）"项只注螺距。

3）只标注中径公差带代号。

4）旋合长度也只有两种（代号 N 和 L），当中等旋合长度时，N 省略不标。

例如：Tr40×14P7-7e 表示公称直径为 40mm 右旋梯形外螺纹，中径公差带代号为 7e，导程为"14"，螺距为"P7"，中等旋合长度，双线螺纹；Tr32×6-7e-LH，B40×7-7G-L 均为单线螺纹。

（3）管螺纹　管螺纹一般用于管路的连接。由于管螺纹的尺寸代号并不是螺纹的大径，因而这类螺纹需用指引线自大径圆柱（或圆锥）母线上引出标注，见表 8-1。作图时，可根据尺寸代号查出螺纹的大径。例如：尺寸代号为 G1 的管螺纹，其大径为 33.249mm。

55°密封管螺纹的标记格式一般为

| 螺纹特征代号 | 尺寸代号 | 旋向代号 |

55°非密封管螺纹的标记格式一般为

| 螺纹特征代号 | 尺寸代号 | 公差等级代号 | 旋向代号 |

1）上述管螺纹标记中的螺纹特征代号分两类。55°密封管螺纹特征代号：Rc 表示圆锥内螺纹；Rp 表示圆柱内螺纹；R_1 表示与圆柱内螺纹（Rp）相配合的圆锥外螺纹；R_2 表示与圆锥内螺纹（Rc）相配合的圆锥外螺纹。55°非密封管螺纹特征代号为 G。

2）两类螺纹中的尺寸代号应标注在螺纹特征代号之后，如 Rc1½、G1/2 等。

3）55°非密封的外管螺纹分为 A、B 两个公差等级，标注在尺寸代号后；对 55°非密封的内管螺纹不标注公差等级代号，如 G1½ A，G1½B，G1½。

4）右旋螺纹不标注旋向代号；左旋螺纹应标注"LH"，如 $R_1 \frac{1}{2}$ LH。

5）内、外螺纹装配在一起时，内、外螺纹的标记用斜线分开，左边表示内螺纹，右边表示外螺纹，如 G1/G1B、$R_p 1\frac{1}{2} / R_1 \frac{1}{2}$ LH。

8.2.2 零件上常见的工艺结构

零件的结构形状主要由它在机器（或部件）中的作用决定。制造工艺对零件的结构也有某些要求，如倒角、倒圆、凸台、退刀槽、砂轮越程槽等。这些结构往往影响零件的使用性能，它是结构设计必须考虑的问题之一。零件的工艺性，随生产条件的不同和科学技术的发展而变化。下面介绍一些常见的工艺结构，供画图时参考。

1. 机加工结构

（1）倒圆和倒角　为了避免因应力集中而产生裂纹，在直径大小不同的轴肩或孔肩处应以圆角过渡；为去掉零件的毛刺、锐边和便于装配及操作安全，在轴或孔的端部，常加工出倒角，45°倒角用 Cn 表示，非45°倒角用 n 和角度标注，如图 8-12 所示。

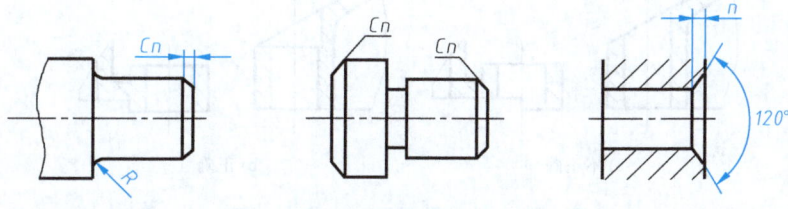

图 8-12　倒圆和倒角

图中的倒圆和倒角在设计时一般选用标准数值，可查阅附录 F 或有关手册。

（2）退刀槽和砂轮越程槽　车削螺纹时，为了便于退出刀具，常在零件的待加工表面末端车出螺纹退刀槽。退刀槽的尺寸一般按"槽宽×直径"或"槽宽×槽深"的形式标注，如图 8-13 所示。

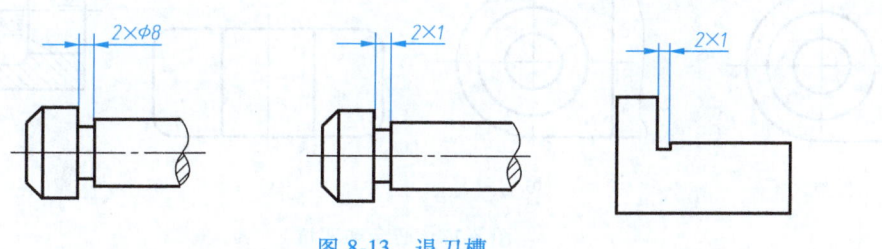

图 8-13　退刀槽

磨削加工时，为使加工表面磨削完全，砂轮要稍稍超越加工面，因此常在零件表面上预先加工出砂轮越程槽，如图 8-14 所示，其结构尺寸可查阅附录 F。

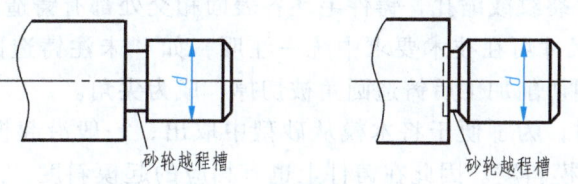

图 8-14　砂轮越程槽

（3）钻孔结构　用钻头钻出的不通孔，底部有一个120°的锥角（锥坑），但图上不注角度，钻孔深度也不包括锥坑；在阶梯孔的过渡处，也存在120°的圆台，如图8-15所示。

钻孔时要求钻头轴线尽量垂直于被钻孔的端面，以保证钻孔准确和避免钻头折断，如图8-16所示。

（4）凸台和凹坑　零件上与其他表面的接触面，一般都要机械加工。为了减少加工面积，并保证零件表面之间有良好的接触，常常在铸件上设计出凸台和凹坑。图8-17a、b所示为螺栓连接的支承面，制成凸台或凹坑的形式；图8-17c、d所示为为了减少加工面积，使零件之间接触良好，做出凹槽、凹腔。

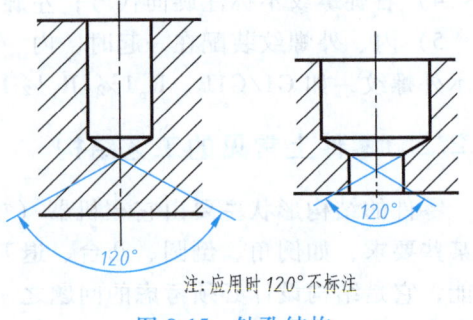

图 8-15　钻孔结构

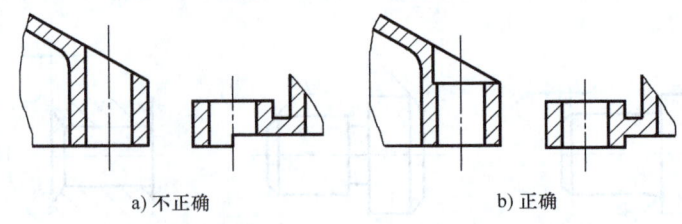

图 8-16　被钻孔端面应与孔轴垂直

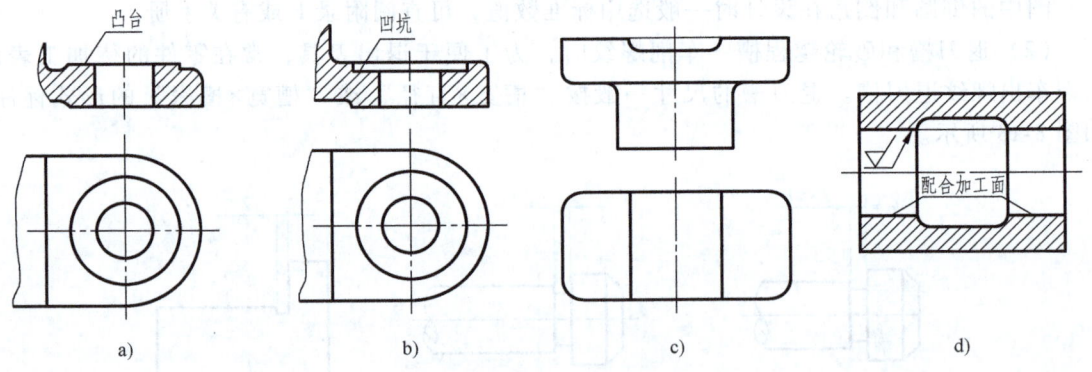

图 8-17　凸台和凹坑

2. 铸造工艺结构

（1）起模斜度和铸造圆角　如图8-18所示，为了起模方便及防止浇铸铁水时冲坏砂型，避免铸件在冷却时产生裂纹或缩孔，铸件毛坯各表面相交处都有铸造圆角。圆角半径一般取壁厚的0.2~0.4倍，尺寸可在技术要求中统一注明，如"未注铸造圆角 $R2 \sim R4$"。如相交表面之一是加工面，则切削加工后铸造圆角被切掉，成为尖角。

在铸造零件毛坯时，为了便于将木模从砂型中取出，一般沿起模方向做成约1∶20或1∶25的斜度，称为起模斜度。因此在铸件上也有相应的起模斜度。这种斜度在图上可不予标注，也不一定画出，必要时可在技术要求中注明。

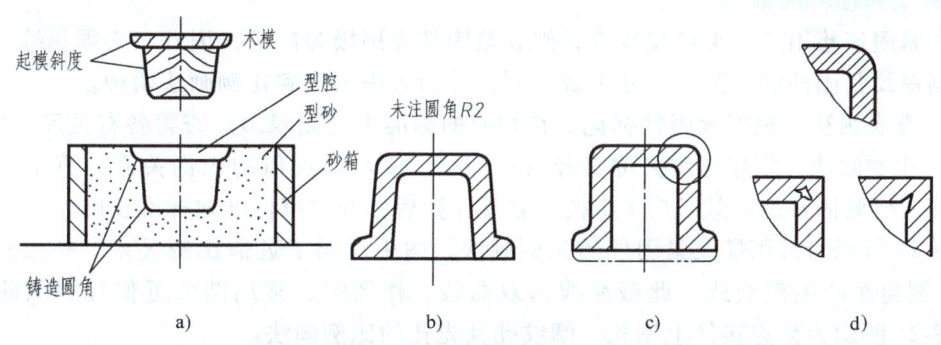

图 8-18 起模斜度和铸造圆角

（2）铸件壁厚　铸件各处壁厚应大致相等（如图 8-19a）或逐渐变化（如图 8-19b），以避免各部分因冷却速度不同而产生缩孔或裂纹（如图 8-19c）。

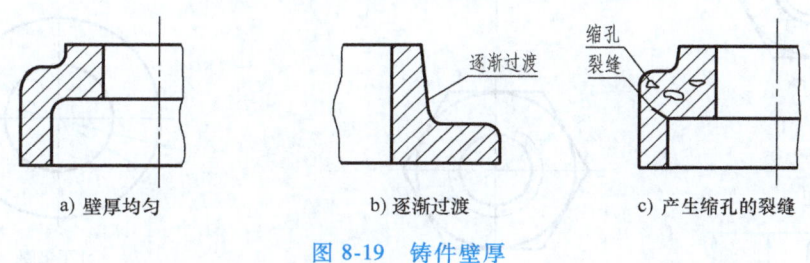

图 8-19 铸件壁厚

8.3　标准件与常用件的规定画法

8.3.1　螺纹紧固件

将螺纹（内螺纹或外螺纹）结构加工在一些零件上，用来连接和紧固其他零件，这些零件称为螺纹紧固件。常用的螺纹紧固件有螺栓、双头螺柱、螺钉、螺母、垫圈等。它们的结构形式和尺寸都已标准化，并由专业化工厂进行大批量生产和供应，需要时可按它们的规定标记直接向市场采购而不必自行生产，也不必画出它们的零件图。设计机器时，只要在装配图上按规定画法画出这些零件，并注出它们的标记代号即可。

用螺纹紧固件连接是工程上应用最广泛的一种可拆卸连接方式。

1. 常用螺纹紧固件的标记

国家标准 GB/T 1237—2000 规定了螺纹紧固件的标记有完整标记和简化标记两种，本书采用简化标记，完整标记可查阅该标准。简化标记的一般形式为

| 名称 | 国家标准编号 | 规格 |

例如：螺纹规格 d = M12、公称长度 l = 180mm、性能等级为 8.8 级、表面不经处理、产品等级为 A 级的六角头螺栓标记为：螺栓　GB/T 5782 M12×180。

附录 B 中给出了常用螺纹紧固件的图样、主要尺寸及标记方法。

2. 螺纹紧固件的画法

作为紧固连接用的一类机械零件，螺纹紧固件应用极为广泛，因此，必须熟练掌握其画法。绘制螺纹紧固件的方法按尺寸来源不同，分为查表画法和比例画法两种。

（1）查表画法 根据紧固件标记，在相应的标准中（附录B）查得各有关尺寸后画图。

（2）比例画法 根据螺纹公称直径（d、D），按与其近似的比例关系计算出各部分尺寸后画图。但紧固件的有效长度 l 应根据需要计算后，查国家标准取标准长度。

图8-20所示为常用螺纹紧固件的比例画法，图中注明了近似比例关系。螺栓头部和螺母因30°倒角而产生截交线，此截交线为双曲线，作图时，常用圆弧近似代替双曲线的投影。图8-21所示为被连接件上钻孔、螺纹孔及光孔的比例画法。

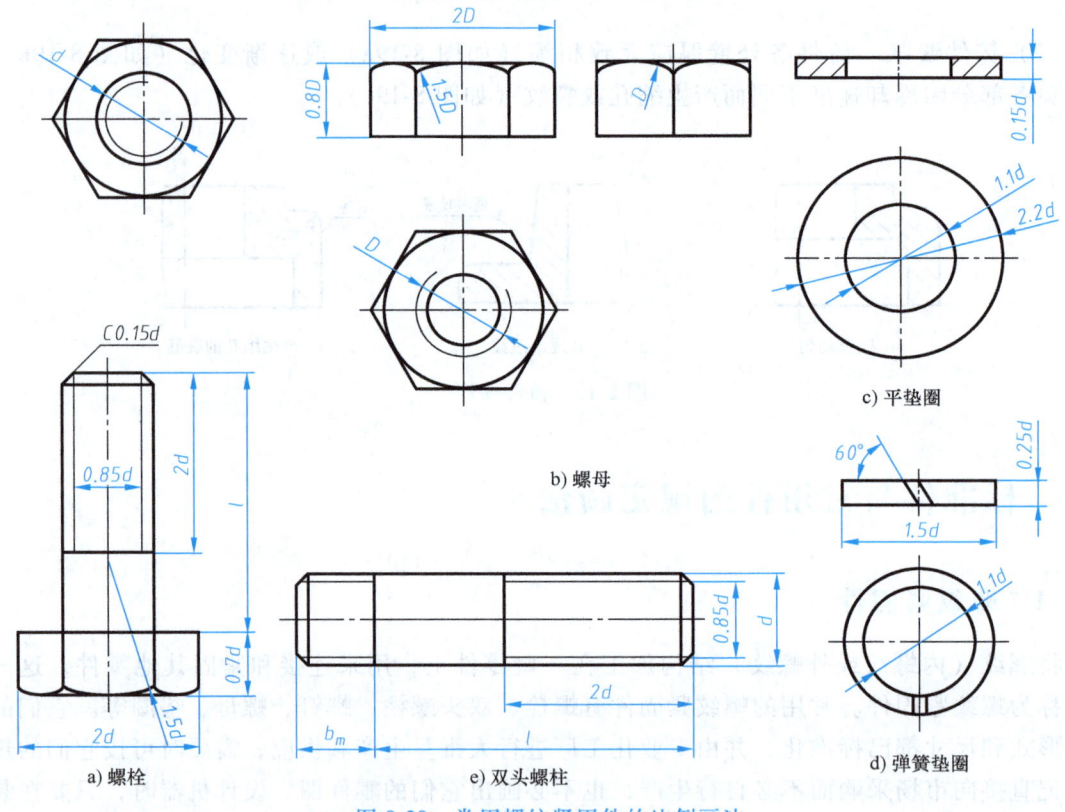

图8-20 常用螺纹紧固件的比例画法

3. 螺纹紧固件连接的画法

螺纹紧固件连接的示意图，如图8-22所示。螺纹紧固件是标准件，在装配图中需按其连接关系及相关规定画法完成图样的绘制。

（1）有关规定

1）两零件的接触面只画一条线。凡不接触面，无论间隔多小都要画成两条线。

2）在剖视图中，相邻两零件的剖面线方向应相反，无法做到时应互相错开。同一零件在各视图中的剖面线方向、间隔应相同。

3）当剖切平面通过螺纹紧固件的轴线时，对于螺栓、螺柱、螺钉、螺母及垫圈等零件均按未剖切处理，只画出外形。但如果垂直其轴线剖切，则按剖视要求画出。

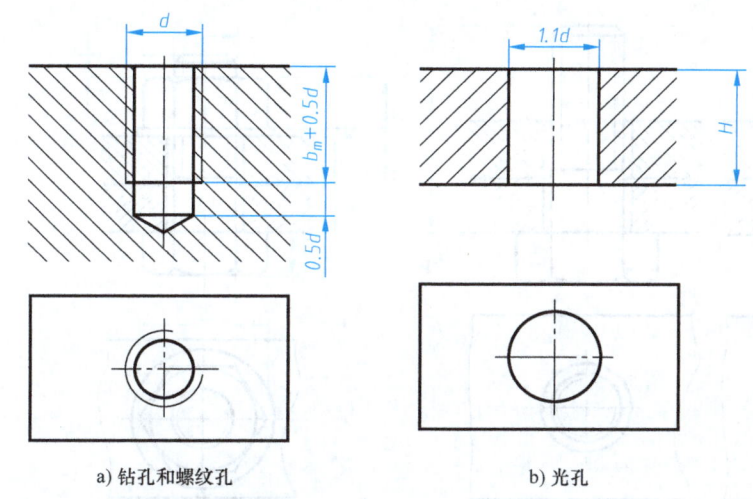

a) 钻孔和螺纹孔　　　　b) 光孔

图 8-21　被连接件上钻孔、螺纹孔及光孔的比例画法

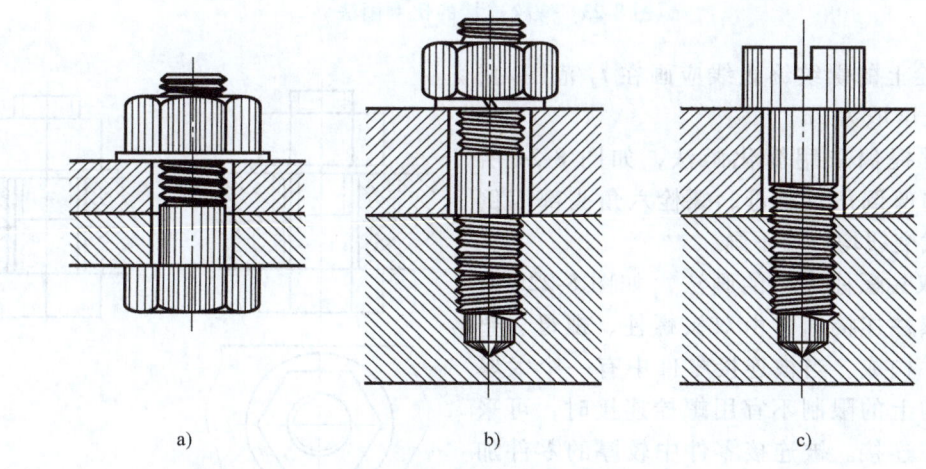

a)　　　　　　b)　　　　　　c)

图 8-22　螺纹紧固件连接的示意图

4）螺纹紧固件的工艺结构（如倒角、退刀槽、缩颈、凸肩等）均可省略不画。常用的螺栓、螺钉的头部及螺母均可采用简化画法。

5）螺纹紧固件的有效长度根据被连接件的厚度确定，并按实长画出。

（2）**螺栓连接的画法**　如图8-22a所示，螺栓连接通常由螺栓、垫圈和螺母三种零件构成，主要适用于两零件被连接处厚度不大并允许钻成通孔，受力较大且需经常装拆的场合。这种连接只需在两个被连接件上钻出通孔，然后从孔中穿入螺栓，再套上垫圈，拧紧螺母即可。

图8-23所示为螺栓连接的比例画法，画图时应注意以下几点。

① 螺栓的有效长度 l 应先按式 $l \geqslant t_1+t_2+h+m+a$ 估算，然后根据估算值查附录B中螺栓有效长度 l 的系列值，选取相近的标准长度数值确定为有效长度。式中：t_1、t_2 为被连接件的厚度，h 为垫圈厚度，取 $0.15d$；m 为螺母厚度；a 为螺栓末端的伸出长度，一般取 $0.3d$。

② 被连接件上的通孔与螺杆之间不接触，该通孔直径按 $1.1d$ 绘制。

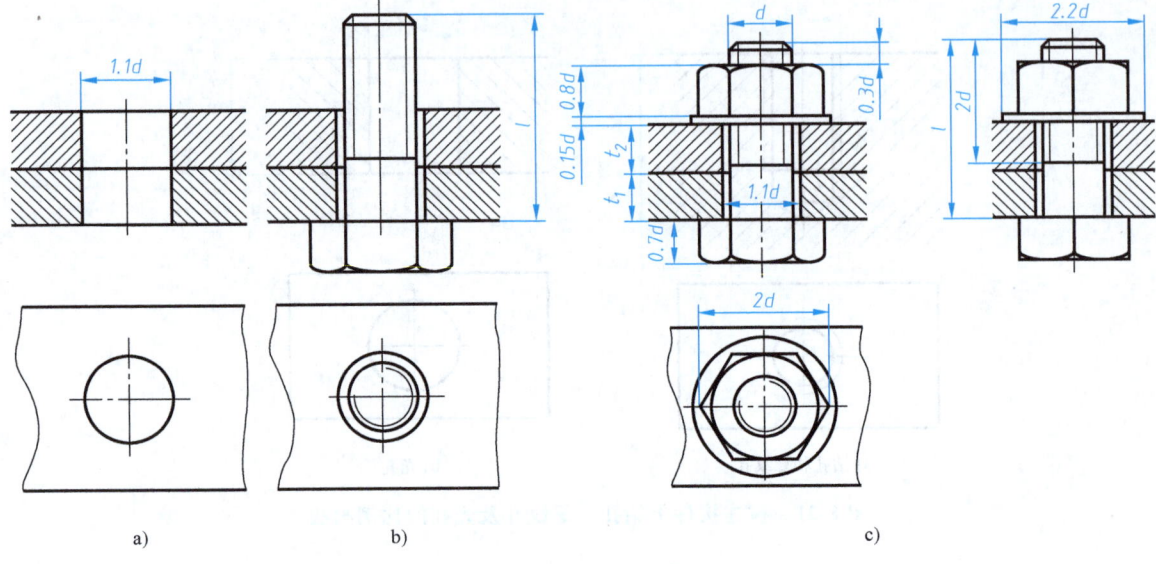

图 8-23 螺栓连接的比例画法

③ 螺栓上的螺纹终止线应画在 t_2 范围内,通常螺纹长度取为 $2d$。

画图时提倡采用简化画法,如图 8-24 所示。螺杆端部倒角及螺母、螺栓六角头部因倒角产生的截交线均省略不画。

(3) 双头螺柱连接的画法 如图 8-22b 所示,双头螺柱连接通常由双头螺柱、螺母、垫圈三种零件构成。当被连接零件中有一个太厚或由于结构上的限制不宜用螺栓连接时,可采用双头螺柱连接。被连接零件中较厚的零件加工出螺纹孔,较薄的零件加工出光孔。双头螺柱两端都有螺纹,一端必须全部旋入被连接件的螺纹孔内,称为旋入端;另一端穿过被连接件的光孔,用螺母、垫圈紧固,称为紧固端。

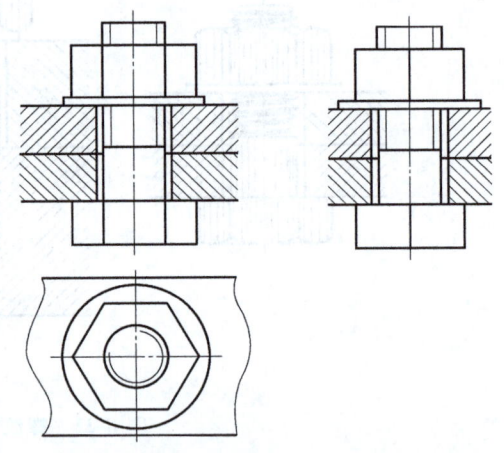

图 8-24 螺栓连接的简化画法

双头螺柱连接的比例画法,如图 8-25 所示。画图时应注意下列几点。

① 紧固端的长度,即螺柱的有效长度 l 应按式 $l \geq t+h+m+a$ 计算,并查附录 B 选取标准数值,式中各符号意义类似于螺栓连接。

② 国家标准规定双头螺柱旋入端长度 b_m 根据被连接件的材料选用,见表 8-2。

表 8-2 双头螺柱旋入端长度的选用

材料	旋入端长度	国家标准代号
钢、青铜、硬铝	$b_m = d$	GB/T 897—1988
铸铁	$b_m = 1.25d$ 或 $b_m = 1.5d$	GB/T 898—1988　GB/T 899—1988
铝、有色金属等较软材料	$b_m = 2d$	GB/T 900—1988

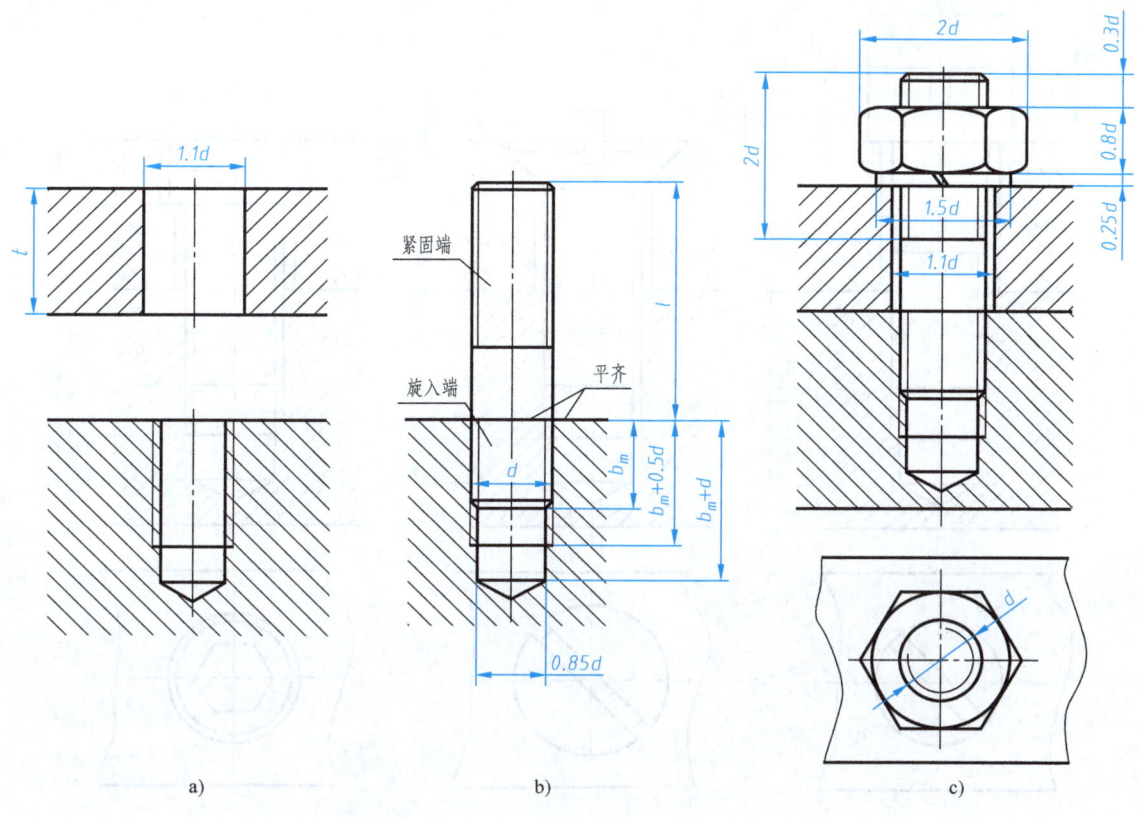

图 8-25 双头螺柱连接的比例画法

③ 旋入端应全部旋入零件的螺孔内,所以螺纹终止线应与被连接件上螺纹孔的端面平齐。

④ 零件上螺纹孔的螺纹深度应大于旋入端的螺纹长度 b_m。在画图时,螺孔的螺纹深度可按 $b_m+0.5d$ 画出,钻孔深度可按 b_m+d 画出。

⑤ 紧固端的画法与螺栓连接画法一致。

双头螺柱连接画图时也提倡采用简化画法,其简化画法可参考螺栓连接画法。

(4) 螺钉连接的画法 如图 8-22c 所示,螺钉连接不用螺母和垫圈,多用于受力不大且不经常拆卸的场合。两个被连接件中较厚的零件加工出螺孔,较薄的零件加工出通孔,将螺钉直接穿过通孔旋入螺孔,靠螺钉头部压紧使被连接件连接在一起。螺钉根据头部形状不同有许多形式。

图 8-26 所示为几种常用螺钉连接的比例画法。画图时应注意下列几点。

① 螺钉的螺纹连接长度 b_m 以及被连接件上的螺孔、钻孔深度的确定方法同双头螺柱,螺钉有效长度 l 应按式 $l \geqslant t+b_m$ 估算,并查国家标准选取标准数值。

② 为使螺钉头能压紧被连接件,螺钉的螺纹终止线应高出螺纹孔的顶面,使螺钉有旋紧余地。

③ 在投影为圆的视图中,螺钉头部的旋具槽通常画为与中心线成 45°,当旋具槽的槽宽小于或等于 2mm 时,可涂黑表示。

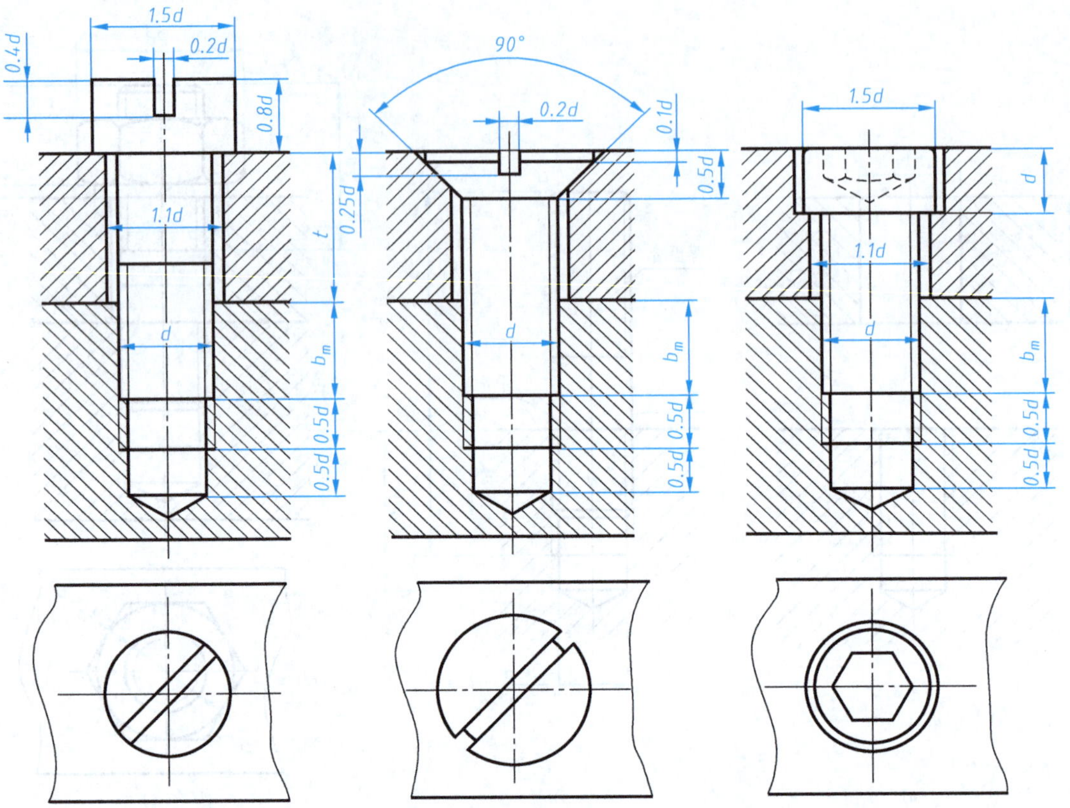

a) 开槽圆柱头螺钉　　　　b) 开槽沉头螺钉　　　　c) 内六角圆柱头螺钉

图 8-26　几种常用螺钉连接的比例画法

8.3.2　键

键是一种常用标准件，通常用来连接轴和装在轴上的转动零件，如齿轮、带轮等，起传递转矩的作用。在键连接中，轴和轮毂上分别加工出键槽，将键放入槽中。图 8-27 所示为键连接。

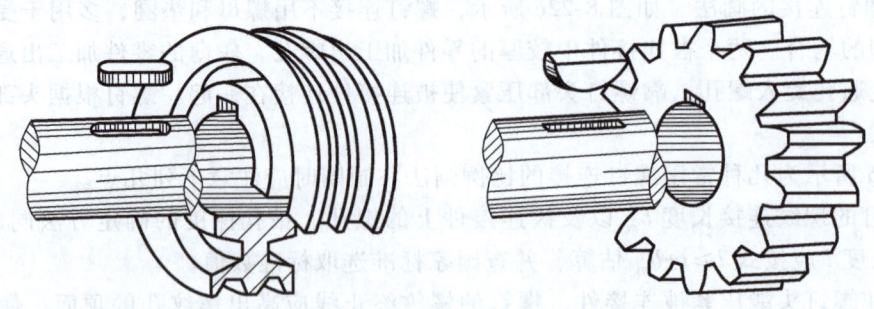

图 8-27　键连接

1. 常用键的种类及标记

常用的键有普通平键、半圆键和钩头楔键三种，如图 8-28 所示。它们的形式和规定标记可查附录C。

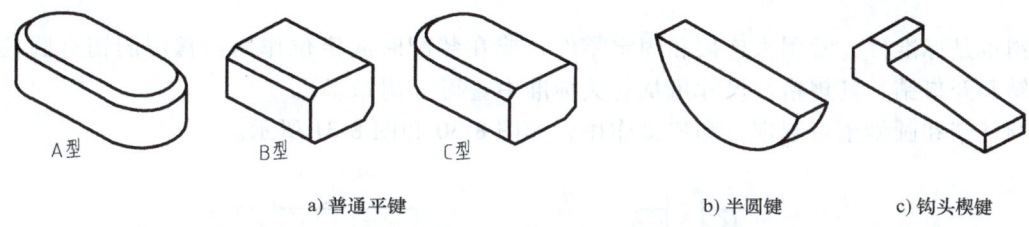

a) 普通平键　　　　　　b) 半圆键　　　　c) 钩头楔键

图 8-28　键的种类

2. 键连接的画法

如图 8-29a 所示，键连接的主要结构尺寸中，轴、轮毂上键槽的宽度 b 和深度尺寸 t_1、t_2 等可根据轴的直径查附录 C 或相关标准确定，长度 L 则应根据受力大小选取相应的系列值。

如图 8-29b 所示，普通平键连接和半圆键连接的工作原理相似，其两侧面为工作面，与轴、轮毂上键槽的两侧面接触，所以画图时相接触的侧面只画一条线；键的顶面和底面为非工作面，其底面与轴上键槽的底面接触，画一条线，其顶面与轮毂键槽的顶面有一定的间隙，应画两条线。

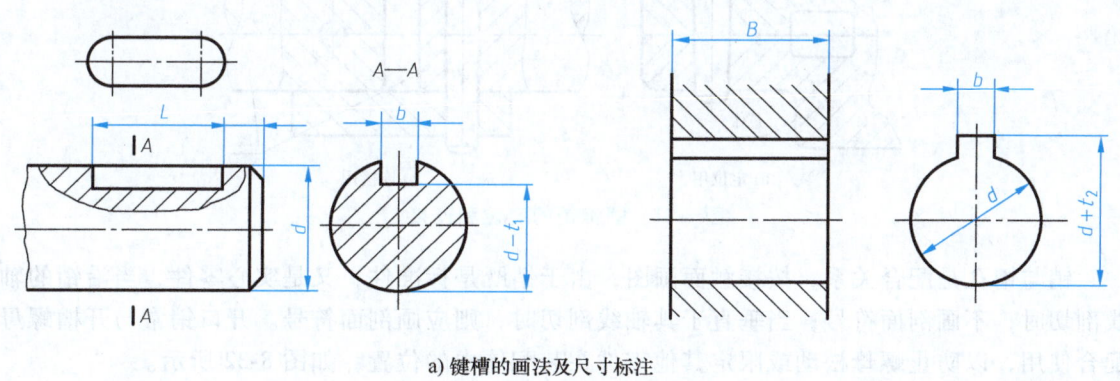

a) 键槽的画法及尺寸标注

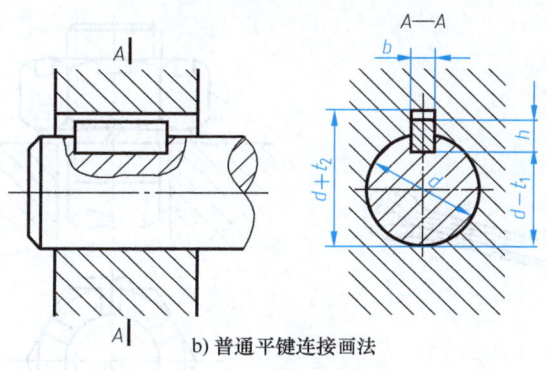

b) 普通平键连接画法

图 8-29　普通平键连接

钩头楔键的顶面有 1∶100 的斜度，连接时将键打入键槽，因此，键的顶面和底面同为工作面，槽底和槽顶都没有间隙，而键的两侧面为非工作面，与键槽的两侧面应留有间隙。

8.3.3 销

销也是标准件，常用来连接和固定零件，或在装配时起定位作用。常用的销有圆柱销、圆锥销和开口销，其规格、尺寸可从有关标准中查得（附录D）。

圆柱销和圆锥销可起定位和连接作用，如图8-30和图8-31所示。

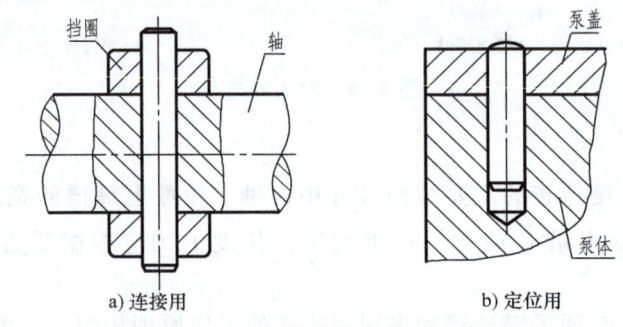

图 8-30 圆柱销的定位和连接

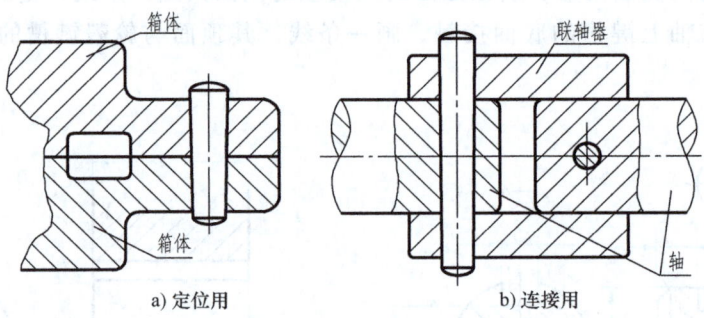

图 8-31 圆锥销的定位和连接

销与销孔是配合关系，按接触面画图；由于销既是标准件，又是实心零件，当沿销的轴线剖切时，不画剖面符号；当垂直于其轴线剖切时，则应画剖面符号。开口销常与开槽螺母配合使用，以防止螺母松动或限定其他零件在装配体中的位置，如图8-32所示。

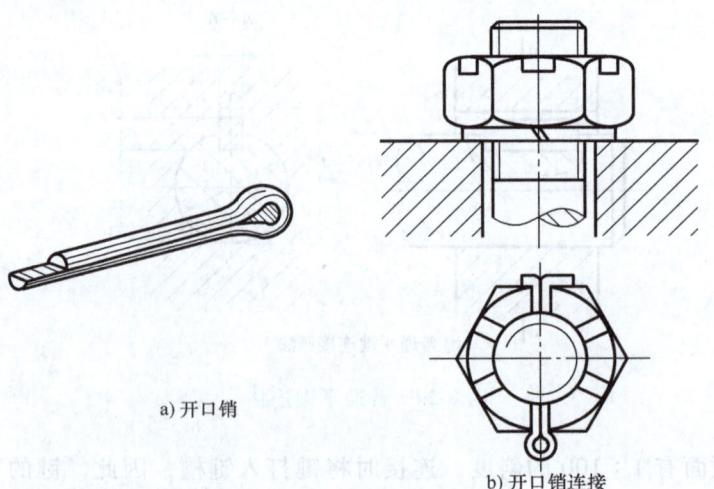

图 8-32 开口销及其连接

8.3.4 滚动轴承

在机器设备中，用来支承轴的零件称为轴承。轴承分为滑动轴承和滚动轴承两种。滚动轴承由于具有摩擦力小、结构紧凑、旋转精度高、使用寿命长等优点，所以应用极为广泛。

滚动轴承种类很多，按其所承载的外载荷不同，可分为向心轴承、推力轴承、向心推力轴承三大类，其结构大致相同，一般由外圈、内圈、滚动体及保持架组成，如图8-33所示。一般情况下，外圈装在机座的孔内，固定不动，内圈套在转动的轴上，随轴转动。

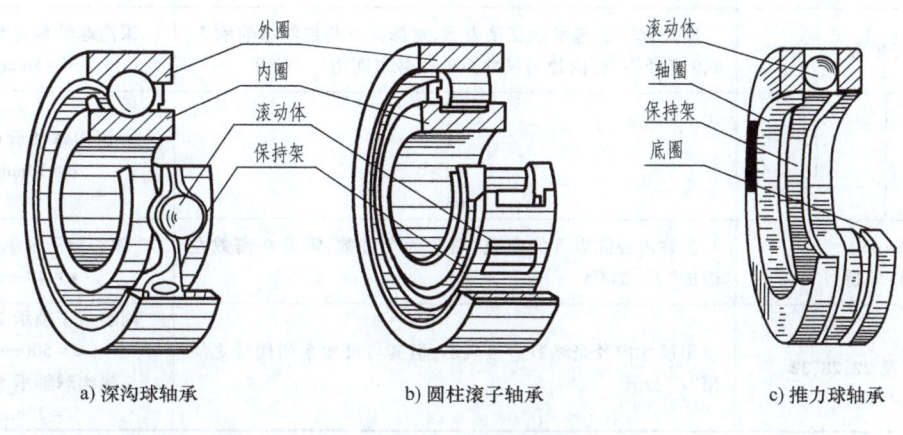

a) 深沟球轴承　　　b) 圆柱滚子轴承　　　c) 推力球轴承

图 8-33　滚动轴承

1. 滚动轴承的代号及标记方法

滚动轴承的标记是用字母加数字来表示其结构、尺寸、公差等级、技术性能等特征的产品符号，主要由名称、代号和标准编号组成，格式如下。

| 名称 | 代号 | 标准编号 |

其中代号通常采用基本代号表示。基本代号主要由类型代号、尺寸系列代号和内径代号组成。

标记示例如下。

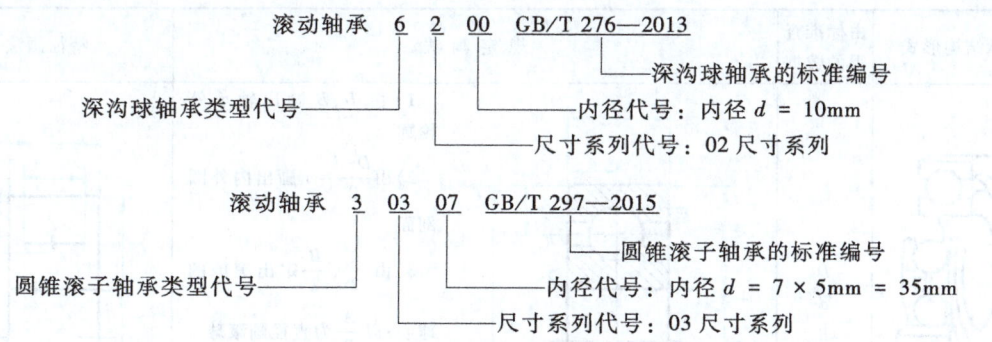

类型代号表示轴承的基本类型，各种不同轴承的类型代号可查阅相关标准或轴承手册，如"6"表示深沟球轴承，"5"表示推力球轴承，"3"表示圆锥滚子轴承。

尺寸系列代号由轴承的宽（高）度系列代号（1位数字）和直径系列代号（1位数字）左右排列组合而成。

当内径在 20~480mm 范围内，内径代号乘以 5 为轴承的公称内径。如果内径不在此范围，可查阅有关标准或滚动轴承手册。滚动轴承内径代号及其示例，见表 8-3。

为了便于识别，生产厂家一般将轴承代号打印在轴承的端面上。

表 8-3 滚动轴承内径代号及其示例

轴承公称内径/mm	内径代号	示 例
0.6~10（非整数）	用公称内径毫米数直接表示，在其与尺寸系列代号之间用"/"分开	深沟球轴承 618/2.5 $d = 2.5$mm
1~9（整数）	用公称内径毫米数直接表示，对深沟及角接触球轴承 7、8、9 直径系列，内径与尺寸系列代号之间用"/"分开	深沟球轴承 625 618/5 $d = 5$mm
10~17	10 00 12 01 15 02 17 03	深沟球轴承 6200 $d = 10$mm
20~480 22，28，32 除外	公称内径除以 5 的商数，商数为个位数，需要在商数左边加"0"，如 08	调心滚子轴承 23208 $d = 40$mm
≥500 以及 22，28，32	用尺寸内径毫米数直接表示，但其与尺寸系列代号之间用"/"分开	调心滚子轴承 230/500 $d = 500$mm 深沟球轴承 62/22 $d = 22$mm

2. 滚动轴承的画法

滚动轴承是标准件，由专门的工厂生产，使用单位一般不必画出其部件图，在装配图中，可根据国家标准的规定进行绘制。

滚动轴承的画法可分为简化画法和规定画法两类，简化画法又分为通用画法和特征画法两种，但在同一图样中一般只采用其中一种画法。国家标准规定：在装配图中不需要准确地表示其形状和结构时，可采用特征画法；必要时，如在滚动轴承的产品图样、产品样本、产品标准、用户手册和使用说明书中采用规定画法。常用滚动轴承的规定画法和特征画法，见表 8-4。

表 8-4 常用滚动轴承的规定画法和特征画法

轴承结构形式	由标准查得的数据	规 定 画 法	特征画法
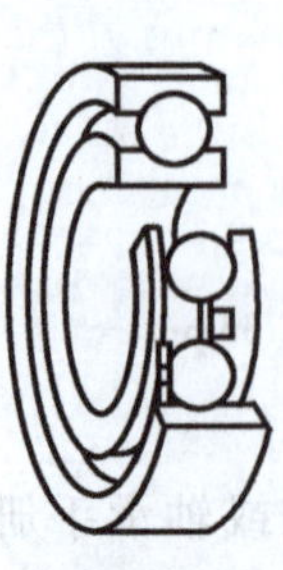 深沟球轴承 60000 型	D d B	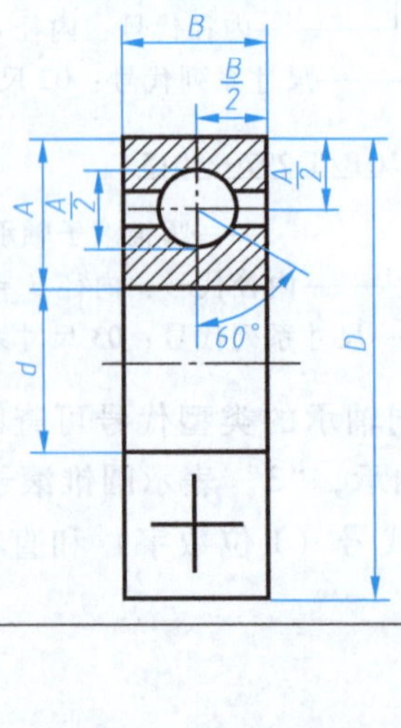	1）由 D、B 画出轴承外轮廓 2）由 $\frac{D-d}{2} = A$ 画出内外圈剖面 3）由 $\frac{A}{2}$、$\frac{B}{2}$ 定出滚球的球心；以 $\frac{A}{2}$ 为直径画滚球 4）由球心向上、向下作 60° 斜线，求出斜线与滚球外形的两个交点 5）自所求两点即可作出外（内）圈的内（外）轮廓 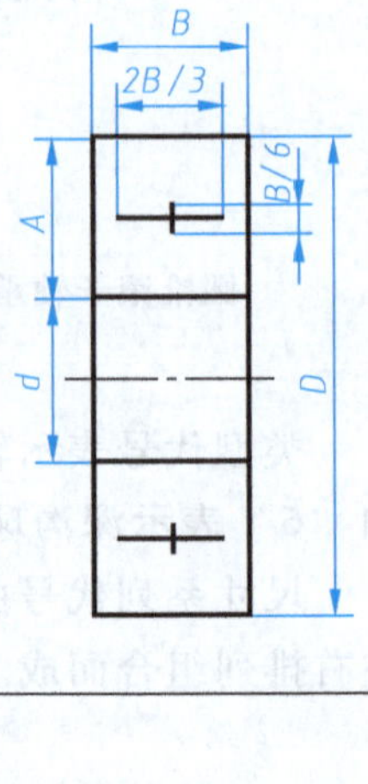

(续)

轴承结构形式	由标准查得的数据	规 定 画 法	特征画法
圆锥滚子轴承 30000 型	D d T B C	1）由 D、d、T、B、C 画出轴承外轮廓 2）由 $\dfrac{D-d}{2}=A$ 画出内外圈剖面 3）由 $\dfrac{A}{2}$、$\dfrac{T}{2}$ 定出滚子的中心，再作倾斜 15°线画出滚子轴线 4）由 $A/2$、$A/4$、C 作滚子的外形线 5）最后作内外圈的轮廓	
推力球轴承 50000 型	D d T	1）D、T 画出轴承外轮廓 2）由 $\dfrac{D-d}{2}=A$ 画出左右圈剖面 3）由 $\dfrac{A}{2}$、$\dfrac{T}{2}$ 定出滚球的球心，以 $\dfrac{T}{2}$ 为直径画滚球 4）由球心向上、向下作 60°斜线，求出斜线与滚球外形的两个交点 5）自所求两点即可作左、右圈的轮廓线	

注：表中除 A 可计算得出外，其余尺寸可从国家标准中查得。

8.3.5 齿轮

齿轮是广泛用于机械（或部件）中的传动零件。齿轮传动可实现减速、增速、变向、换向等功能。图 8-34 所示为常见的齿轮传动形式。

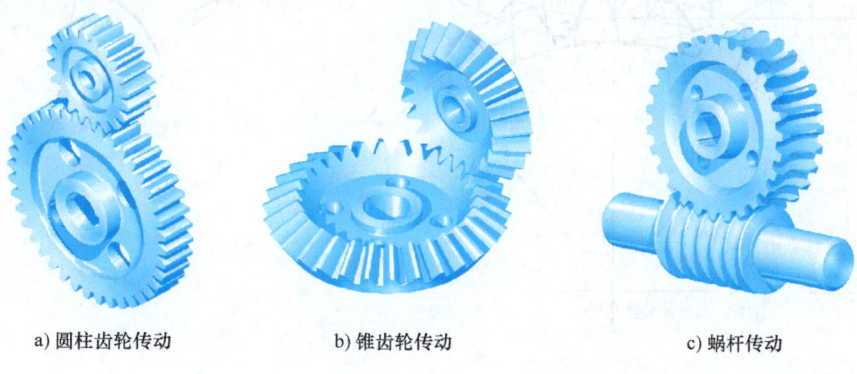

a）圆柱齿轮传动　　　　b）锥齿轮传动　　　　c）蜗杆传动

图 8-34　常见的齿轮传动形式

(1) 圆柱齿轮传动　用于两平行轴之间的传动。
(2) 锥齿轮传动　用于两相交轴之间的传动。
(3) 蜗杆传动　用于两交叉轴之间的传动。

在传动中，为了运动平稳、啮合正确，齿轮轮齿的齿廓曲线可以是渐开线、摆线或圆弧，其中渐开线齿廓最为常见。轮齿的方向有直齿、斜齿、人字齿或弧形齿。

齿轮有标准齿轮与非标准齿轮之分，具有标准齿的齿轮称为标准齿轮。本书主要介绍齿廓曲线为渐开线的标准直齿圆柱齿轮的基本知识和规定画法，其他可查阅相关标准。

1. 直齿圆柱齿轮各部分名称及代号

如图 8-35 所示，直齿圆柱齿轮各部分名称及代号如下。

(1) 分度圆　用来分度（分齿）的圆，该圆位于齿厚和槽宽相等的位置。它是设计、制造齿轮时进行计算和分齿的基准圆，其直径用 d 表示。

(2) 节圆　两齿轮啮合时，啮合点的轨迹图，其直径用 d' 表示。对标准齿轮，节圆与分度圆重合。

(3) 齿顶圆　通过齿轮各齿顶的圆，其直径用 d_a 表示。

(4) 齿根圆　通过齿轮各齿槽底部的圆，其直径用 d_f 表示。

(5) 齿高　齿顶圆与齿根圆之间的径向距离称为齿高，用 h 表示。分度圆将轮齿的高度分为两个不等的部分，即齿顶高和齿根高。

1) 齿顶高。齿顶圆与分度圆之间的径向距离称为齿顶高，用 h_a 表示。

2) 齿根高。分度圆与齿根圆之间的径向距离称为齿根高，用 h_f 表示。

(6) 齿距　分度圆上相邻两齿的对应点之间的弧长称为齿距，用 p 表示。

1) 齿厚。一个齿的两侧齿廓之间的分度圆弧长，用 s 表示。

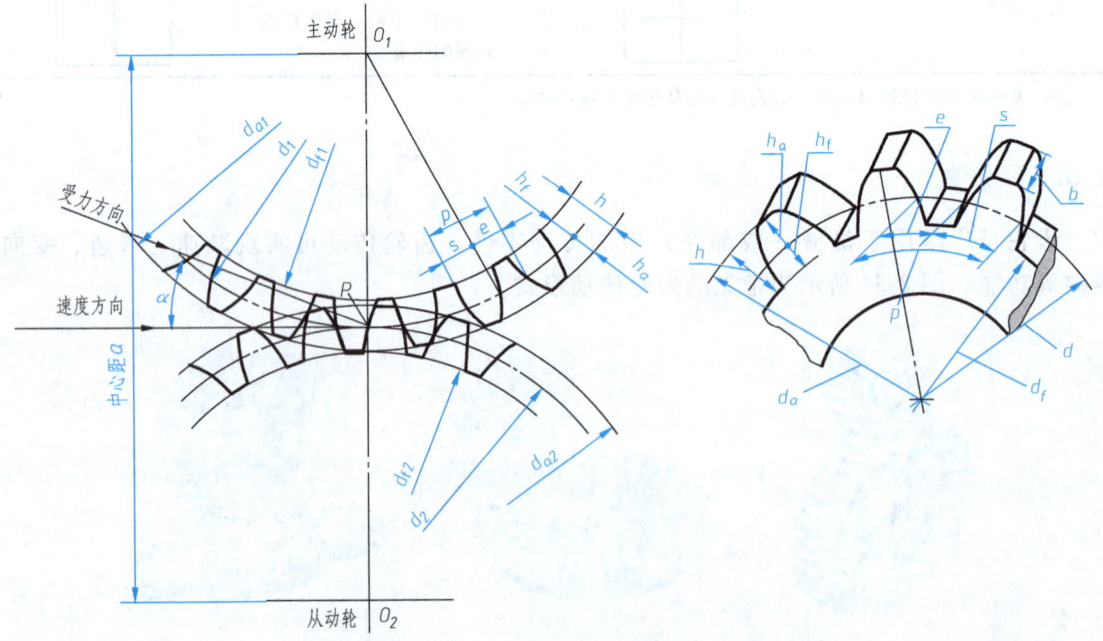

图 8-35　直齿圆柱齿轮各部分名称及代号

2)槽宽。一个齿槽的两侧齿廓之间的分度圆弧长,用 e 表示。

分度圆上齿距 p、齿厚 s 及槽宽 e 之间的关系为 $p=s+e$。

标准齿轮分度圆和节圆的直径相等,齿厚与槽宽相等,即 $d=d'$,$s=e$。

(7)中心距 两啮合齿轮轴线之间的距离,用 a 表示,$a=(d_1+d_2)/2$。

2. 直齿圆柱齿轮的基本参数

(1)齿数 齿轮上轮齿的个数,用 z 表示,设计时根据传动比确定。

(2)模数 齿距 p 除以圆周率 π 所得的商称为模数 m。令 $p/\pi=m$,则 $m=d/z$,其单位为 mm。显然,模数 m 越大,轮齿就越大,齿轮能承受的载荷也就越大;模数 m 越小,轮齿就越小。相互啮合的两个齿轮,其模数必须相等。加工齿轮也需选用与齿轮模数相同的刀具,因而模数也是选择刀具的依据。

模数是设计和制造齿轮的基本参数。为了设计和制造方便,已将模数数值标准化,其标准值见表 8-5。

表 8-5 模数标准值 (单位:mm)

第一系列	1,1.25,1.5,2,2.5,3,4,5,6,8,10,12,16,20,25,32,40,50
第二系列	1.125,1.375,1.75,2.25,2.75,3.5,4.5,5.5,(6.5),7,9,11,14,18,22,28,35,45

注:优先选用第一系列,其次是第二系列,括号内的模数尽可能不用。

(3)啮合角、压力角、齿形角 两个相互啮合的齿轮在分度圆上啮合点 P 的受力方向(即渐开线齿廓曲线的法线方向)与该点的瞬时速度方向(分度圆的切线方向)所夹的锐角 α 称为啮合角,也称为压力角。加工齿轮用的基本齿条的法向压力角称为齿形角,两者都用 α 表示。一对标准齿轮啮合时,压力角与齿形角一致。我国规定的标准压力角 $\alpha=20°$。

一对标准直齿圆柱齿轮正确啮合传动的条件是两齿轮的模数和压力角必须相等,即

$$m_1=m_2=m \quad \alpha_1=\alpha_2=\alpha$$

3. 直齿圆柱齿轮的尺寸计算

在设计齿轮时要先确定模数和齿数,当齿轮的模数和齿数确定后,即可按表 8-6 中的公式计算齿轮各部分的尺寸。

表 8-6 标准直齿圆柱齿轮尺寸计算公式

基本参数:模数、齿数			已知:$m=2$mm $z=29$
名称	符号	计算公式	计算举例
齿距	p	$p=\pi m$	$p=6.28$mm
齿顶高	h_a	$h_a=m$	$h_a=2$mm
齿根高	h_f	$h_f=1.25m$	$h_f=2.5$mm
齿高	h	$h=2.25m$	$h=4.5$mm
分度圆直径	d	$d=mz$	$d=58$mm
齿顶圆直径	d_a	$d_a=m(z+2)$	$d_a=62$mm
齿根圆直径	d_f	$d_f=m(z-2.5)$	$d_f=53$mm
中心距	a	$a=m(z_1+z_2)/2$	

4. 直齿圆柱齿轮的规定画法

（1）单个齿轮的规定画法

1）齿顶圆和齿顶线用粗实线绘制；分度圆和分度线用细点画线绘制；在表达外形的视图中，齿根圆和齿根线用细实线绘制，也可省略不画，如图8-36a所示。

2）在剖视图中，当剖切平面通过齿轮的轴线时，不论剖切平面是否剖切到轮齿，轮齿一律按不剖处理，此时齿根线用粗实线绘制，如图8-36b所示。

3）在需要表示齿轮的齿线形状和方向时，可在非圆的外形视图上用与齿线方向一致的三条细实线表示，如图8-36c所示，直齿则不需表示。

单个齿轮一般用两个视图来表达，或用一个视图和一个局部视图来表达。

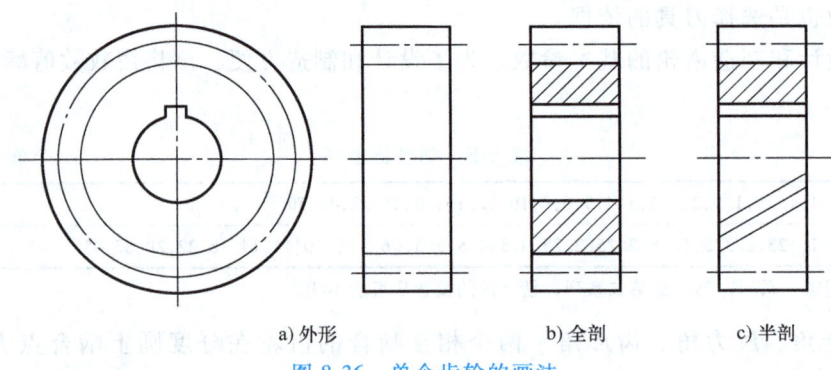

a) 外形　　　b) 全剖　　　c) 半剖

图8-36　单个齿轮的画法

（2）齿轮啮合的规定画法　两齿轮啮合时，除啮合部分外，其他部分按单个齿轮绘制。啮合部分的画法规定如下。

1）投影为圆的视图中，两齿轮的节圆应相切，用细点画线绘制；齿顶圆仍用粗实线绘制或省略不画，齿根圆用细实线绘制，也可省略不画，如图8-37a、b所示。

2）在非圆投影的外形图中，齿顶线和齿根线不画，节线用粗实线绘制，如图8-37c、d所示。

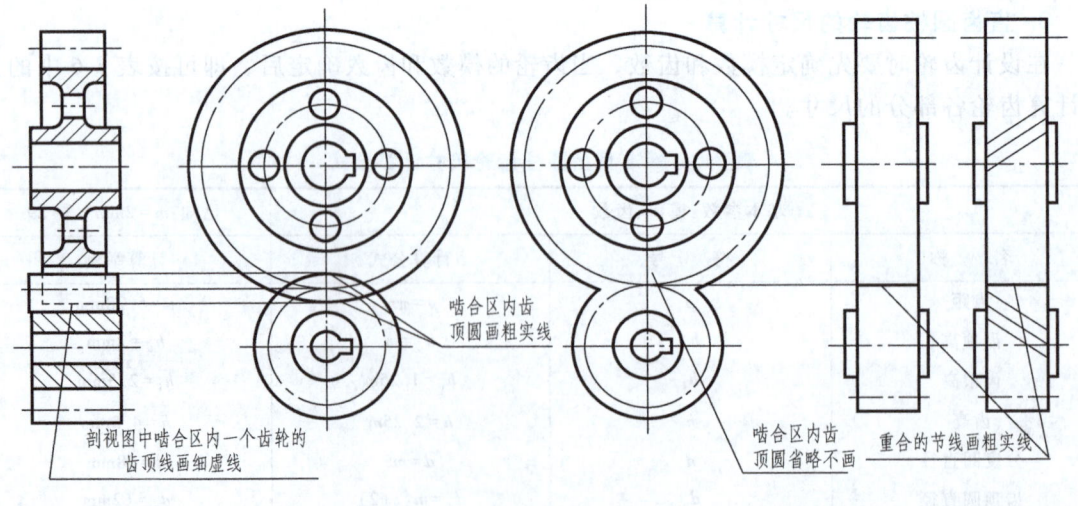

a)　　　b)　　　c)　　　d)

图8-37　齿轮啮合的画法

3）在非圆投影的剖视图中，两个齿轮的节线重合，用细点画线绘制；齿根线用粗实线绘制；两齿顶部分，通常主动齿轮的齿顶部分视为可见，画成粗实线，另一个视为不可见，画成虚线或省略不画，如图 8-37a 所示。在啮合区域，由于齿根高与齿顶高相差 $0.25m$，因此，一个齿轮的齿顶线和另一个齿轮的齿根线之间应有 $0.25m$ 的间隙，如图 8-38 所示。

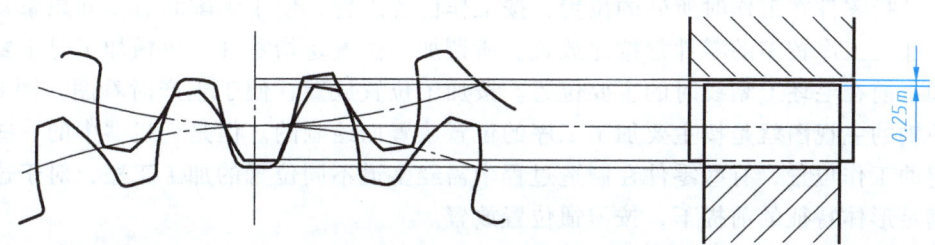

图 8-38　齿轮啮合区投影的放大图

图 8-39 所示为直齿圆柱齿轮的零件图。齿轮零件图中，除了要按规定画法绘制轮齿、标注尺寸和给定技术要求以外，还要在图样的右上角列出参数表，注明模数、齿数、压力角、精度等级等，其项目可根据需要增减。

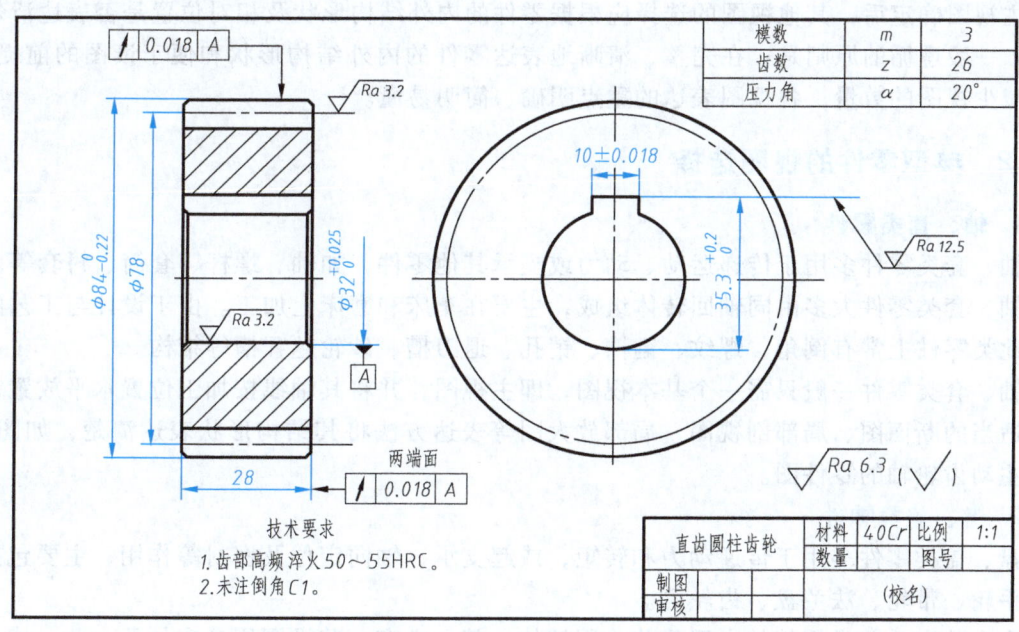

图 8-39　直齿圆柱齿轮的零件图

8.4　零件图的视图选择

8.4.1　视图选择的原则

零件图中选用的一组视图，应能完整、清晰地表达零件的内外结构形状，并考虑画图和读图的方便。要达到这些要求，关键在于分析零件的结构特点，恰当地选取一组视图。

1. 主视图的选择

主视图是表达零件的最主要的视图，其选择对画图和读图都很关键。主视图的选择应考虑以下两点。

（1）零件的安放位置　零件的安放位置应尽量符合它的工作位置和加工位置。所谓工作位置，是指零件在工作时所处的位置。按工作位置放置，便于装配时看图和想象其工作情况，对于加工工序较多的零件常按此放置。所谓加工位置是指零件在机械加工时主要工序的位置或加工前在毛坯上划线时的主要位置。按加工位置放置，便于生产时看图。图 8-2 所示主动齿轮轴的主视图就是按主要加工工序的位置放置而绘制的。但是，机器中的一些运动件没有固定的工作位置，有些零件在制造过程中需经多道不同位置的加工工序，对于这样的零件，在满足形体特征的前提下，按习惯位置放置。

（2）主视图的投射方向　选择能最明显反映零件的形状结构特征和各组成部分相对位置的方向作为主视图的投射方向，这个原则称为形体特征原则。此外，选择主视图时，还应考虑图纸的合理利用，如长、宽相差悬殊的零件，应使零件的长度方向与图纸的长度方向一致。

2. 其他视图的选择

主视图确定后，其他视图的选择应根据零件的内外结构形状及相对位置是否表达清楚来确定。一般遵循的原则是：在完整、清晰地表达零件的内外结构形状和便于读图的前提下，尽量减少视图的数量，各视图表达的重点明确、简明易懂。

8.4.2　典型零件的视图选择

1. 轴、套类零件

轴、套类零件多用于传递运动、动力或支承其他零件，如轴、螺杆、套筒、衬套等。

轴、套类零件大多由同轴回转体组成，主要在车床和磨床上加工。由于设计与工艺的需要，此类零件上常有倒角、螺纹、键槽、销孔、退刀槽、砂轮越程槽等结构。

轴、套类零件一般只需一个基本视图，即主视图，并将其轴线按加工位置水平放置，再采用适当的断面图、局部剖视图、局部放大图等表达方法将其结构形状表达清楚，如图 8-2 所示主动齿轮轴的零件图。

2. 盘、盖类零件

盘、盖类零件多用于传递动力和转矩，或起支承、轴向定位及密封等作用，主要包括端盖、手轮、带轮、法兰盘、齿轮等。

大多数盘、盖类零件的主要形状为回转体，其上常有一些沿圆周分布的孔、肋、槽、齿等其他结构。此类零件主要在车床和插床上加工，或采用铸造毛坯再经过机械加工。有些零件的形状并非回转体，但它的三个外形尺寸有两个较大且接近，而另一个尺寸则小得多，也可认为是盘、盖类零件。盘、盖类零件通常采用两个基本视图，一般取非圆视图作为主视图，并使轴线按主要加工工序水平放置。主视图采用全剖视图，若圆周上均匀分布的肋、孔等结构不在对称平面上时，则可采用简化画法或旋转剖视；另一视图表达外形和各组成部分，如孔、轮辐等的相对位置，如图 8-40 所示。

3. 叉架类零件

叉架类零件包括各种用途的拨叉、支架和连杆等。拨叉和连杆多用于机械操纵系统和传

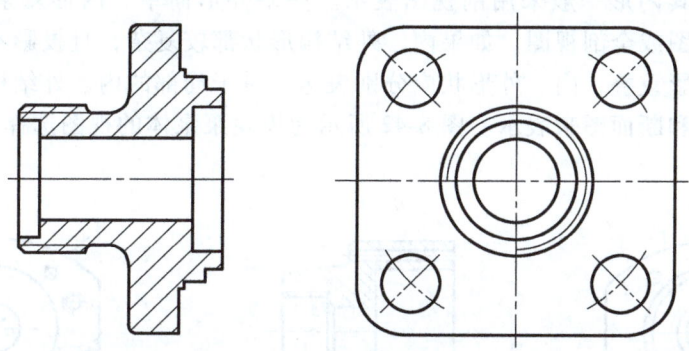

图 8-40 端盖的视图选择

动机构上,而支架主要起支承和连接作用。它的结构多由工作部分、安装固定部分、连接部分三部分构成。叉架类零件一般都是铸件或锻件毛坯,毛坯形状较为复杂,需经多工序加工。所以选择主视图时,主要考虑工作位置和形状特征。叉架类零件一般需两个或两个以上基本视图来表达,有时还需采用旋转剖视图、斜视图、局部剖视图和断面图等来协助表达。图 8-41 所示为脚踏座的两种表达方案,显然表达方案一要比表达方案二好。

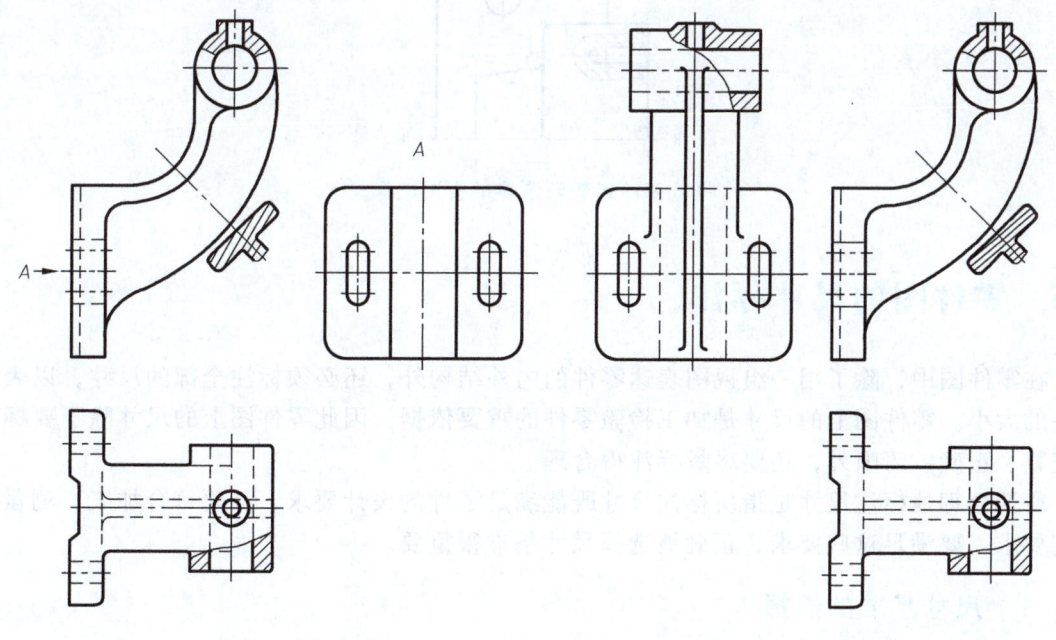

a) 表达方案一   b) 表达方案二

图 8-41 脚踏座的视图选择

4. 箱体类零件

箱体类零件多为铸件,一般多用于支承、容纳其他零件,主要包括泵体、阀体、机座等。箱体类零件结构形状较为复杂,往往需经多道工序加工而成,各工序的加工位置不尽相同,因而主视图按形状特征和工作位置确定。箱体类零件一般需三个或三个以上基本视图和必要的其他视图，其内形一般采用剖视图表示。如果外形简单、内形复杂，且具有对称平面，可采用半剖视图或全剖视图；如果内、外结构形状都较复杂，且投影不重叠时，可采用局部剖视图，若投影重叠，内、外形状应分别表达；对于局部的内、外结构形状可采用局部视图、局部剖视图和断面图来表示。图 8-42 所示为齿轮泵泵体的视图选择。

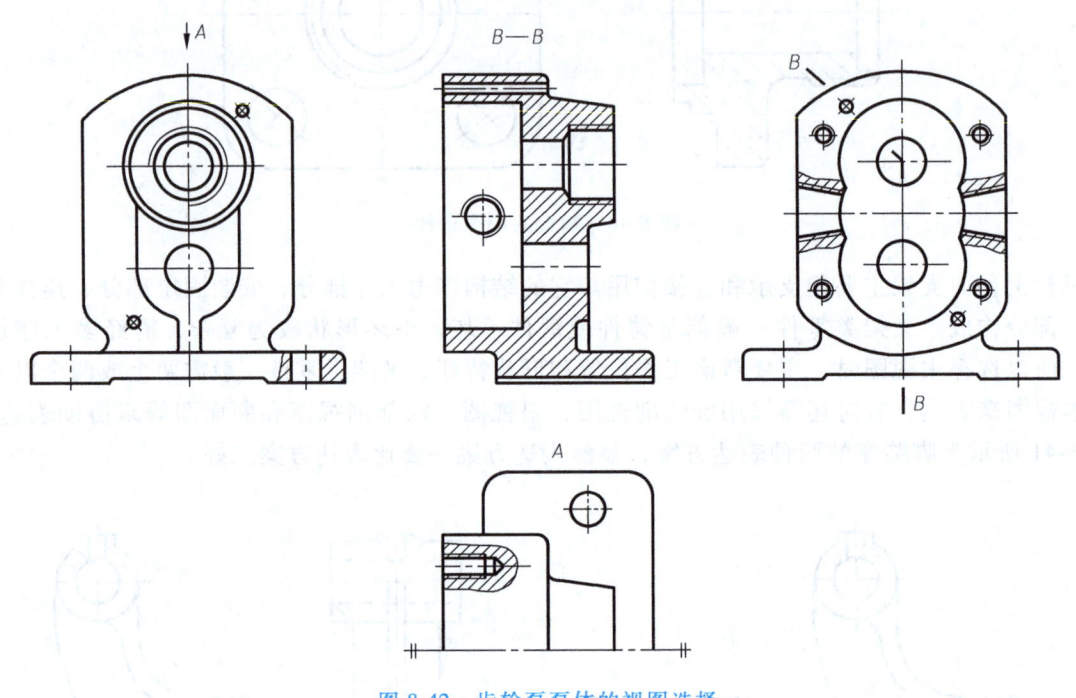

图 8-42　齿轮泵泵体的视图选择

8.5　零件图的尺寸标注

在零件图中，除了用一组视图表达零件的内外结构外，还必须标注全部的尺寸，以表示零件的大小。零件图上的尺寸是加工检验零件的重要依据。因此零件图上的尺寸除了要标注得完整、正确、清晰外，还要尽量标注得合理。

所谓合理地标注尺寸是指所标注尺寸既能满足零件的设计要求，又要符合加工、测量的工艺要求。要满足这些要求，正确地选择尺寸基准很重要。

8.5.1　尺寸基准的选择

基准是指零件在设计或在加工及测量时，用以确定其位置的一些面、线或点。简单地说尺寸基准就是标注尺寸的起点。根据基准的作用不同，可分为设计基准和工艺基准。

1. 设计基准

在零件结构设计时，根据零件的结构要求所选定的基准，它用来确定零件在机器（或部件）中的位置，如图 8-43 中所示的三个基准为该零件的设计基准。

2. 工艺基准

工艺基准指零件在加工及测量时所选用的基准，包括定位基准和测量基准。定位基准是

第8章 常用零件与零件图

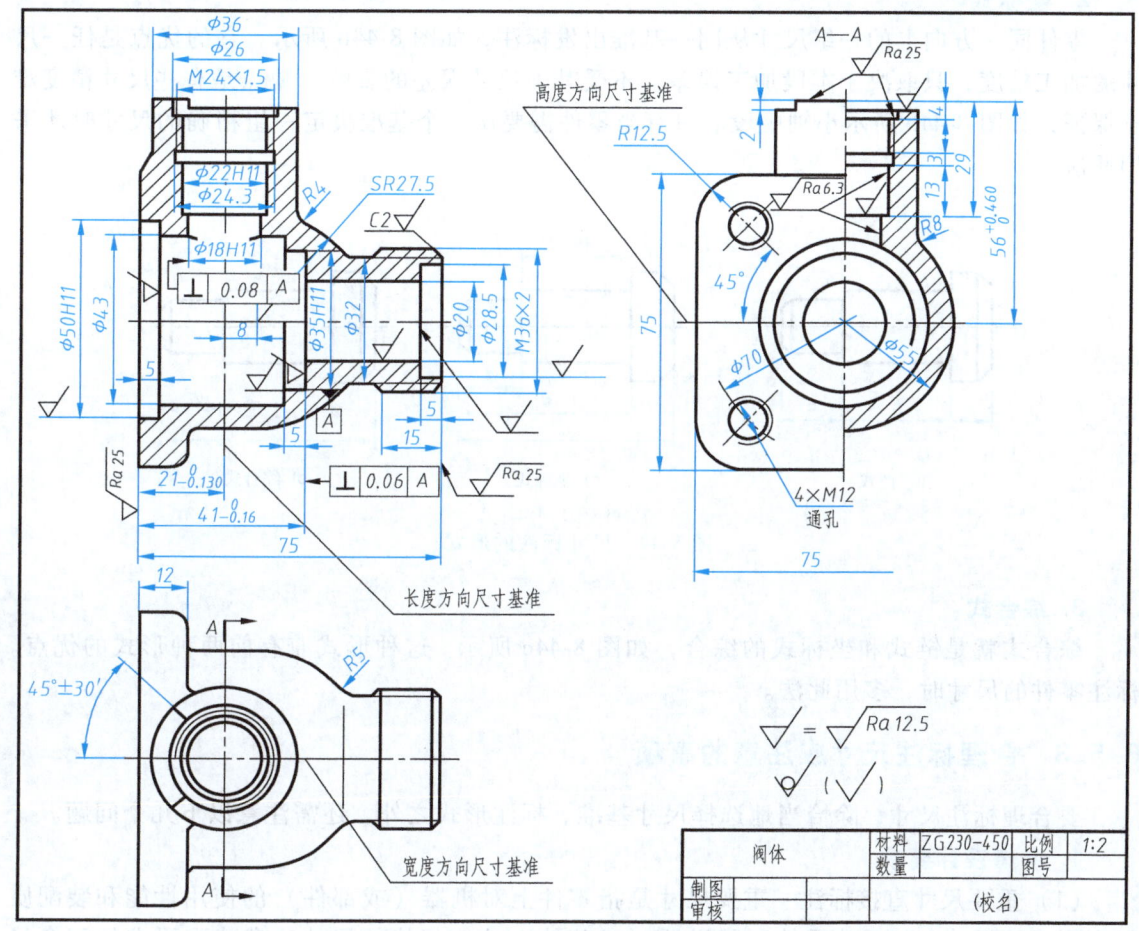

图 8-43 阀体零件图

在加工过程中确定零件位置时所选用的基准。测量基准是在测量零件已加工表面时所选用的基准。

标注尺寸时，设计基准与工艺基准应尽量重合，以减少加工误差，提高加工质量。零件在长、宽、高三个方向上至少应各有一个尺寸基准，称为主要基准，有时为了加工、测量的需要，在同一方向上还增加一个或几个辅助基准。主要基准和辅助基准之间应有尺寸联系。

可以作为基准的要素有零件的对称平面、重要端面、安装底面、装配结合面、主要加工面及回转体的轴线等。

8.5.2 尺寸标注的形式

零件图上的尺寸标注一般有以下三种形式。

1. 链式

零件同一方向上的尺寸彼此首尾相接，前一尺寸的终点即为后一尺寸的起点，如图 8-44a 所示。它的优点是保证每一段尺寸的精度，前一段尺寸的误差不会影响到后一段，常用于标注一系列孔的中心距；缺点是各段误差会积累在总长上。

2. 坐标式

零件同一方向上的一组尺寸从同一基准出发标注，如图 8-44b 所示。它的优点是任一尺寸的加工精度，只取决于本段加工误差，不受其他尺寸误差的影响；缺点是有些尺寸精度难于保证，如图 8-44b 所示小轴中段。只有当零件需要从一个基准决定一组精确的尺寸时才采用此法。

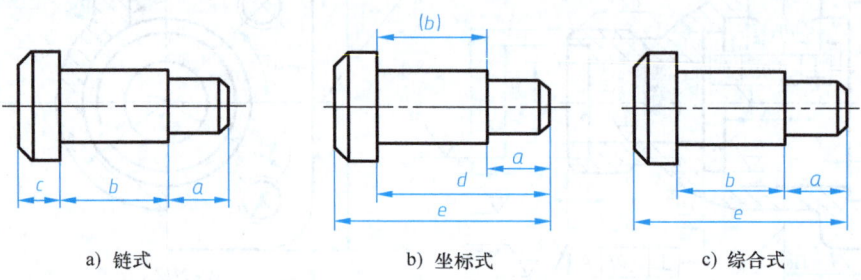

a) 链式　　　　　　b) 坐标式　　　　　　c) 综合式

图 8-44　尺寸标注的形式

3. 综合式

综合式就是链式和坐标式的综合，如图 8-44c 所示。这种形式兼有前两种形式的优点。标注零件的尺寸时，多用此法。

8.5.3　合理标注尺寸应注意的事项

要合理标注尺寸，除恰当地选择尺寸基准、标注形式之外，还需注意以下几个问题。

1. 考虑设计要求

（1）重要尺寸直接标注　重要尺寸是指零件上对机器（或部件）的使用性能和装配质量有影响的尺寸，如反映零件所属机器（或部件）性能规格的尺寸，有装配要求的配合尺寸、连接尺寸，为保证正确安装的定位尺寸等。直接注出它们才能保证设计要求。

（2）不要注成封闭的尺寸链　在零件图中，如同一方向有几个尺寸构成封闭的尺寸链时，应选取其中不重要的一环作为开口环，即不标注它的尺寸，用来累积误差，而保证其他尺寸的精度，如图 8-44c 所示。有时为了设计或加工的需要，也可注成封闭形式，但封闭环的尺寸数字应加圆括弧，作为参考尺寸，如图 8-44b 所示尺寸（b）。

2. 考虑工艺要求

（1）尽量符合加工顺序　按加工顺序标注尺寸，符合加工过程，便于加工和测量。

（2）不同加工方法所用的尺寸尽量分开标注　如轴上的键槽在铣床上加工，与车削尺寸分开标注在上下两边，有利于加工时看图。

（3）便于测量　在满足设计要求前提下，尺寸标注应考虑测量方便，如图 8-45a 所示便于测量，而图 8-45b 所示则不便于测量。

（4）毛坯面的尺寸标注　零件上毛坯面和加工面尺寸要分开标注，在同一个方向上，毛坯面和加工面只标注一个联系尺寸，如图 8-46a 所示，尺寸 A 为加工面与毛坯面的联系尺寸，而尺寸 $M_1 \sim M_4$ 则为毛坯面之间的联系尺寸，标注合理。图 8-46b 中多个毛坯面与加工面有尺寸联系，很难同时保证这些尺寸的精度。

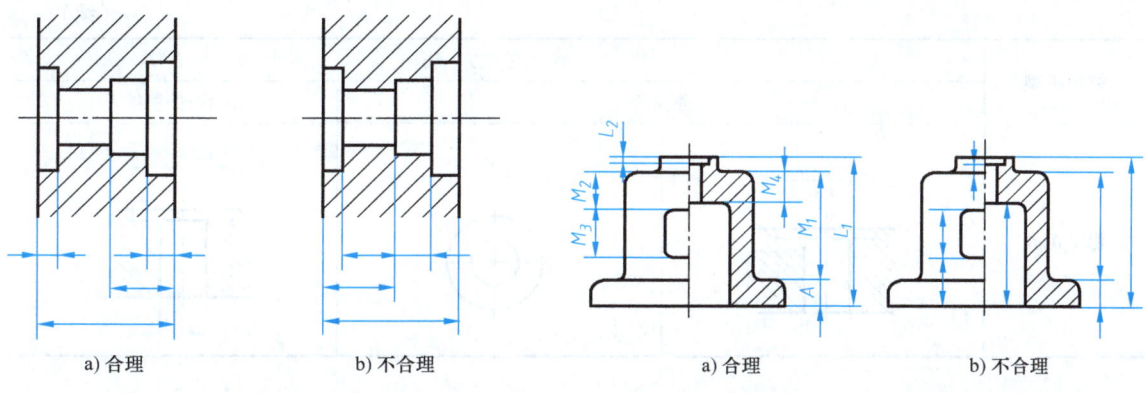

a) 合理	b) 不合理

图 8-45 标注尺寸应便于测量　　　　　　图 8-46 毛坯面和加工面只注一个联系尺寸

8.5.4 零件上常见孔的尺寸注法

零件上常见孔的尺寸注法，见表 8-7。

表 8-7 零件上常见孔的尺寸注法

结构类型	标 注 方 法		
	旁注法		普通注法
光孔	4×φ5↓10	4×φ5↓10	4×φ5, 10
螺纹孔	4×M5-6H↓10	4×M5-6H↓10	4×M5-6H, 10
柱形沉孔	4×φ6.4　⌴φ12↓3.5	4×φ6.4　⌴φ12↓3.5	φ12, 3.5, 4×φ6.4
锥形沉孔	4×φ7　∨φ13×90°	4×φ7　∨φ13×90°	90°, φ13, 4×φ7

(续)

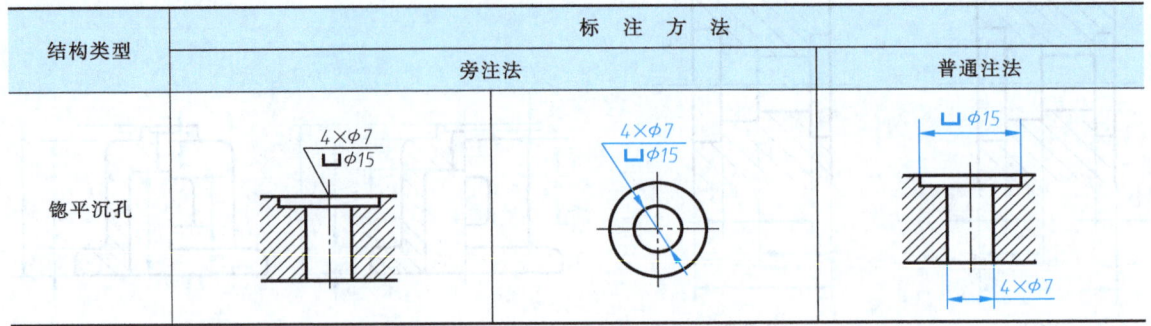

8.6 零件图的技术要求

零件图上除了要表达出零件的形状尺寸外，还必须注写零件在制造、装配、检验时所应达到的技术要求，如尺寸公差、几何公差和表面结构要求等内容。技术要求的内容有些用规定的代号或符号标注在视图中，有些则用简明的文字注写在"技术要求"标题下，安放在图纸的适当位置。

8.6.1 零件的互换性

现代规模生产要求零件（或部件）具有互换性的要求，即从一批相同的零件（或部件）中任取一件，不经任何辅助加工及修配，就可顺利地装配成完全符合要求的产品，且能够保证产品的使用性能，零件的这种性质称为互换性。零件的互换性既有利于各生产部门的协作，又能进行高效专业化生产，具有很重要的意义。互换性通过规定零件的尺寸公差、几何公差和表面结构要求等技术要求来实现。

8.6.2 尺寸公差

1. 基本术语与定义

由于零件在实际生产过程中受到机床、刀具、量具、加工、测量等诸多因素的影响，加工完一批零件的实际尺寸总存在一定的误差，为保证零件的互换性，必须将零件的尺寸控制在允许的变动范围内，这个允许的尺寸变动量称为尺寸公差，简称为公差。

有关尺寸公差的基本概念和术语，如图 8-47 所示。

（1）公称尺寸　设计时给定的尺寸，如图 8-43 所示尺寸 $\phi 50H11$ 中的 $\phi 50$。

（2）实际尺寸　零件加工完毕后，测量所得的尺寸。

（3）极限尺寸　允许实际尺寸变动的两个极限值。实际尺寸应位于其中，也可达到极限尺寸。

1）上极限尺寸。零件允许的最大尺寸。

2）下极限尺寸。零件允许的最小尺寸。

（4）偏差　实际尺寸与公称尺寸间的代数差。

（5）极限偏差　极限尺寸与公称尺寸之间的代数差。

上极限偏差 = 上极限尺寸 - 公称尺寸

下极限偏差＝下极限尺寸-公称尺寸

国家标准规定，孔的上极限偏差用 ES 表示，下极限偏差用 EI 表示；轴的上、下极限偏差分别用小写字母 es 和 ei 表示。极限偏差的数值可以为正、负或零。

（6）尺寸公差（简称为公差）　允许实际尺寸的变动量。尺寸公差表示一个范围，是一个没有符号的绝对值。

尺寸公差＝上极限尺寸-下极限尺寸＝上极限偏差-下极限偏差

（7）零线　在极限与配合图中，用于表示公称尺寸的一条直线，以其为基准确定偏差和公差，位于零线之上的偏差值为正，位于零线之下的偏差值为负，如图 8-47 所示。

（8）尺寸公差带与公差带图　尺寸公差带简称为公差带，是由代表上极限偏差和下极

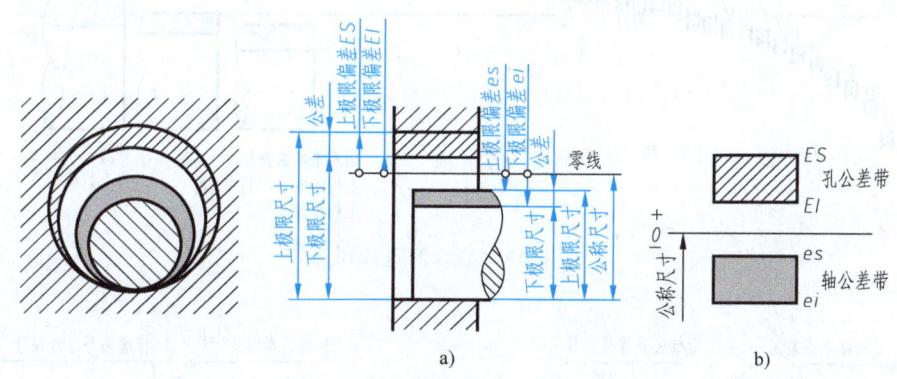

图 8-47　有关尺寸公差的基本概念和术语

限偏差或上极限尺寸和下极限尺寸的两条直线所限定的一个矩形区域，矩形的上边代表上极限偏差，下边代表下极限偏差，矩形的长度无实际意义，高度代表公差。公差带图是公差带的图解表示。图 8-47a 所示为一对互相配合的孔和轴的公称尺寸、极限尺寸、极限偏差、公差的相互关系，其公差带图如图 8-47b 所示。公差带图的大小和相对于零线的位置分别由标准公差和基本偏差确定。

（9）标准公差　国家标准规定的、用以确定公差带大小的任一公差称为标准公差，其数值由公称尺寸和标准公差等级来决定。

标准公差表示尺寸的精确程度，国家标准规定公称尺寸在 500mm 内公差分为 20 个等级，分别为 IT01，IT0，IT1，…，IT18。IT 表示标准公差，数值表示公差等级。尺寸精度从 IT01 到 IT18 依次降低。标准公差的数值见附录 G。

（10）基本偏差　基本偏差是指在标准的极限与配合制中，确定公差带相对零线位置的那个极限偏差，一般为靠近零线位置的那个上极限偏差或下极限偏差。

国家标准对孔和轴各规定了 28 个不同的基本偏差，其偏差代号用拉丁字母表示。孔的基本偏差代号用大写字母表示，轴的基本偏差代号用小写字母表示。基本偏差系列，如图 8-48 所示。公差带在零线的上方时，基本偏差为下极限偏差；公差带在零线的下方时，基本偏差则为上极限偏差。

孔和轴的公差带代号由基本偏差代号与标准公差等级代号组成，如图 8-49 所示。

2. 配合

公称尺寸相同的、相互配合的孔和轴公差带之间的关系称为配合。配合是指一批孔与轴

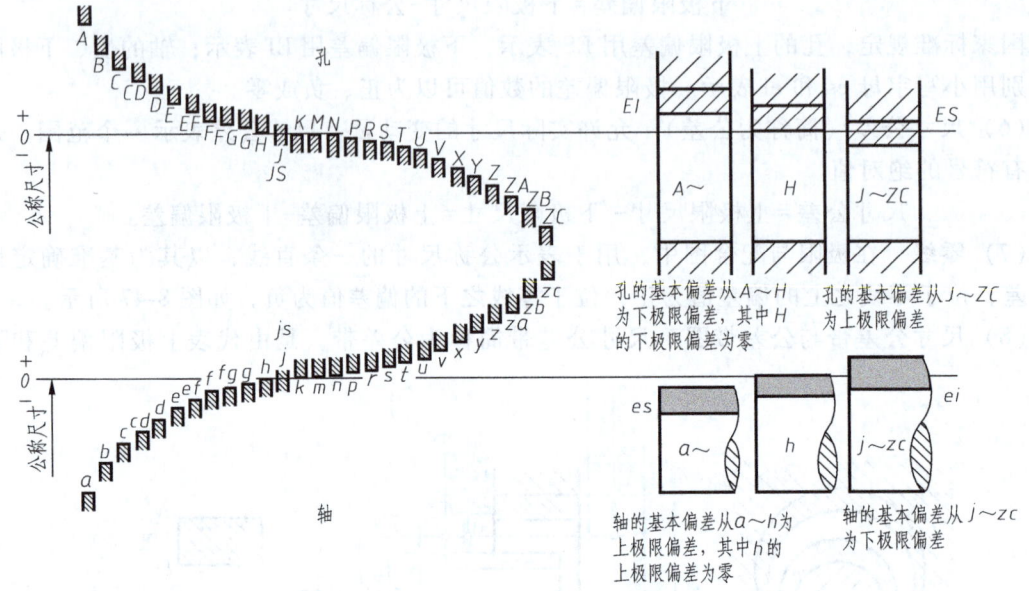

图 8-48 基本偏差系列

图 8-49 孔和轴的公差带代号

的装配关系，而不是单个孔与轴的装配关系。根据机器（或部件）设计要求、工艺要求和生产实际的需要，孔和轴之间的配合可分为三类。

（1）间隙配合 孔与轴装配时具有间隙（包括最小间隙等于零）的配合称为间隙配合。此时孔的公差带完全在轴的公差带之上，如图 8-50a 所示。

（2）过盈配合 孔与轴装配时具有过盈（包括最小过盈等于零）的配合称为过盈配合。此时孔的公差带完全在轴的公差带之下，如图 8-50b 所示。

（3）过渡配合 孔与轴装配时可能具有间隙或过盈的配合称为过渡配合。此时孔和轴的公差带有重叠的部分，如图 8-50c 所示。

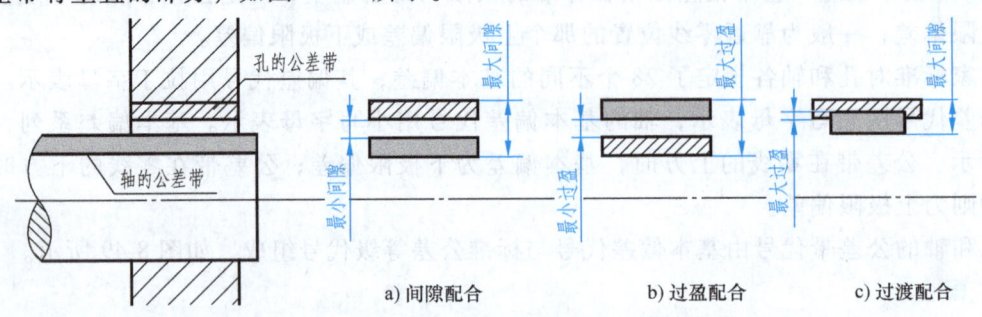

a) 间隙配合　　b) 过盈配合　　c) 过渡配合

图 8-50 配合的种类

3. 配合制

同一极限制的孔和轴组成的一种配合制度，称为配合制。为了得到各种不同性质的配合，国家标准规定了两种基准制配合。

（1）基孔制配合　基本偏差为一定的孔公差带与不同基本偏差的轴公差带形成各种配合的一种制度。基孔制的孔称为基准孔，其基本偏差代号为 H，下极限偏差为零，如图 8-51a 所示。

（2）基轴制配合　基本偏差为一定的轴公差带与不同基本偏差的孔公差带形成各种配合的一种制度。基轴制的轴称为基准轴，其基本偏差代号为 h，上极限偏差为零，如图 8-51b 所示。

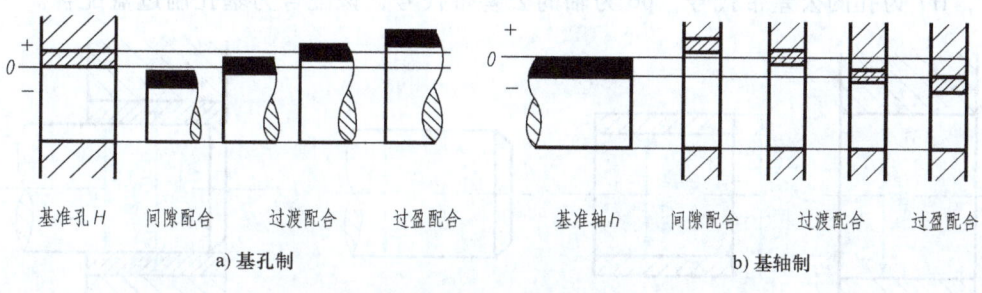

图 8-51　基准制

（3）配合制的选择　在生产实际中选用哪种基准制，要分析零部件的结构、工艺要求、经济性等问题，一般情况下优先选用基孔制配合。这是因为孔的加工与尺寸检验较为复杂，而轴则相对较为容易，选用基孔制配合将使零件的加工和检验工作更为简化。但如果其中一个零件为标准件则应以标准件为准，如孔与滚动轴承外圈配合应选基轴制，如图 9-3 所示尺寸为 $\phi62J7$ 的孔与滚动轴承外圈配合则应选基轴制，如图 9-3 所示尺寸 $\phi62J7$，此孔又与另一轴形成非基孔又非基轴配合 $\phi62J7/f9$。

（4）优先和常用配合　标准公差有 20 个等级，基本偏差有 28 种，可组成大量的配合。过多的配合，既不能发挥标准的作用，也不利于生产。因此，国家标准将孔、轴的公差带分为优先、常用和一般用途的公差带，并由孔、轴的优先和常用公差带分别组成基孔制和基轴制的优先和常用配合，以便选用。基孔制和基轴制各 13 种优先配合，见表 8-8。公称尺寸 500mm 以内优先配合的孔轴极限偏差可见附录 G。常用配合可查阅有关手册。

表 8-8　优先配合

	基孔制优先配合	基轴制优先配合
间隙配合	$\dfrac{H7}{g6}$、$\dfrac{H7}{h6}$、$\dfrac{H8}{f7}$、$\dfrac{H8}{h7}$、$\dfrac{H9}{d9}$、$\dfrac{H9}{h9}$、$\dfrac{H11}{c11}$、$\dfrac{H11}{h11}$	$\dfrac{G7}{h6}$、$\dfrac{H7}{h6}$、$\dfrac{F8}{h7}$、$\dfrac{H8}{h7}$、$\dfrac{D9}{h9}$、$\dfrac{H9}{h9}$、$\dfrac{C11}{h11}$、$\dfrac{H11}{h11}$
过渡配合	$\dfrac{H7}{k6}$	$\dfrac{K7}{h6}$
过盈配合	$\dfrac{H7}{n6}$、$\dfrac{H7}{p6}$、$\dfrac{H7}{s6}$、$\dfrac{H7}{u6}$	$\dfrac{N7}{h6}$、$\dfrac{P7}{h6}$、$\dfrac{S7}{h6}$、$\dfrac{U7}{h6}$

4. 极限与配合在图样上的标注

（1）零件图上的标注方法　零件图上的标注方法有三种。

1) 公称尺寸后面标注公差带代号,如图 8-52a 所示尺寸 φ18H7。这种注法能将专用量具与零件尺寸的检验联系起来,适用于大批量生产。

2) 公称尺寸后面标注极限偏差,如图 8-52b 所示尺寸 $\phi 18^{+0.029}_{+0.018}$ 和 $\phi 14^{+0.043}_{+0.016}$。这种注法数值直观,适用于单件或小批量生产。

3) 公称尺寸后面同时标注公差带代号和极限偏差,这时上、下极限偏差需要加括号,如图 8-52c 所示 $\phi 14h7(^{\ 0}_{-0.018})$。这种注法适用于产量不定的情况。

(2) 装配图上的标注方法　在装配图中一般标注配合代号,配合代号由孔和轴的公差带代号组成,写成分数形式。例如:如图 8-52d 所示尺寸 $\phi 18 \dfrac{H7}{p6}$,其中 φ18 为孔、轴的公称尺寸,H7 为孔的公差带代号,p6 为轴的公差带代号,该配合为基孔制过盈配合。

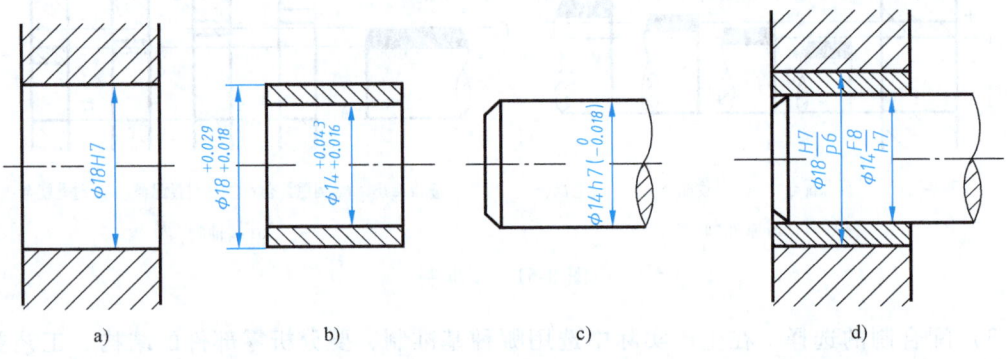

图 8-52　极限与配合的标注方法

8.6.3　几何公差

零件加工后,不仅存在尺寸误差,而且会产生几何形状及相对位置误差。形状误差是指加工后实际表面形状相对于理想形状的误差。如图 8-53a 所示。位置误差是指零件各表面之间、轴线之间或表面与轴线之间的实际位置相对理想位置的误差,如图 8-51b 所示。

几何公差是指实际被测要素对图样上给定的理想形状、理想位置的允许变动量。几何公

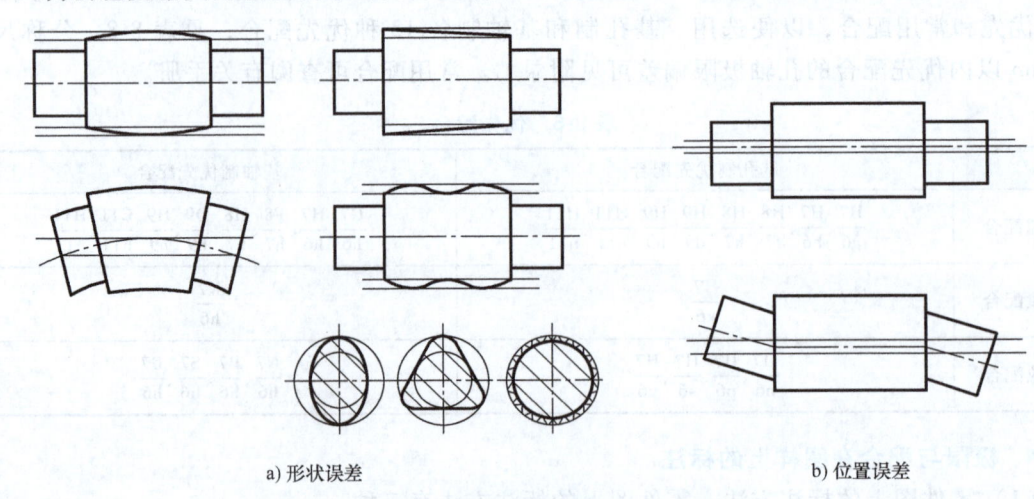

a) 形状误差　　　　　　　　　　　　　　b) 位置误差

图 8-53　误差

差研究的是构成零件几何特征的点、线、面等要素在形状及其相互间方向或位置方面的精度问题。几何公差包含形状公差、方向公差、位置公差和跳动公差。

1. 几何公差的特征及符号

国家标准规定，在图样中几何公差用代号来标注。当无法用代号标注时，允许在技术要求中用文字说明。几何公差的几何特征和符号，见表8-9。

表 8-9 几何公差的几何特征和符号

公差类型	几何特征	符号	基准	公差类型	几何特征	符号	基准
形状公差	直线度	—	无	位置公差	位置度	⌖	有或无
	平面度	▱	无		同轴（同心）度	◎	有
	圆度	○	无		对称度	=	有
	圆柱度	⌭	无	形状/方向/位置公差	线轮廓度	⌒	无/有/有
方向公差	平行度	∥	有		面轮廓度	⌓	无/有/有
	垂直度	⊥	有	跳动公差	圆跳动	↗	有
	倾斜度	∠	有		全跳动	⌮	有

2. 几何公差在图样中的标注

（1）基准符号　与被测要素相关的基准用一个大写字母表示，字母标注在基准方格内，与一个涂黑或空白的三角形相连以表示基准，如图8-54a所示。

（2）几何公差代号　由带箭头的指引线和公差框格组成，公差框格内容及格式如图8-54b所示。公差框格用细实线画出，画成水平方向或垂直方向，框格高度是图样中尺寸数字高度的2倍，它的长度视需要而定。

基准符号的字母在公差框格中的标注，如图8-55所示。

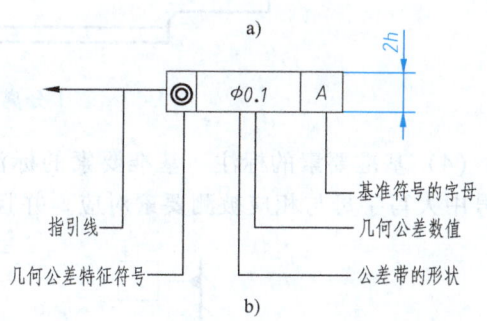

图 8-54 几何公差代号及基准符号（形状公差无基准）

1）单一基准要素用大写字母表示。

2）由两个要素组成的公共基准，用由横线隔开的两个大写字母表示。

3）由两个或两个以上要素组成的基准要素，如多基准组合，表示基准的大写字母应按基准的优先次序从左至右分别置于各格中。

（3）被测要素的标注　用带箭头的指引线将被测要素与公差框格的一端相连。指引线箭头应指向公差带的宽度方向或直径方向。指引线用细实线绘制，可以垂直转折一次。

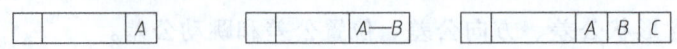

图 8-55　基准符号的字母在公差框格中的标注

1）当被测要素为轮廓线或轮廓面时，指引线箭头应指向该要素的轮廓线或其引出线上，并应明显地与尺寸线错开，如图 8-56a 所示。

2）当被测要素为要素的中心线、中心平面或中心点时，指引线箭头应与该要素的尺寸线对齐，如图 8-56b 所示。

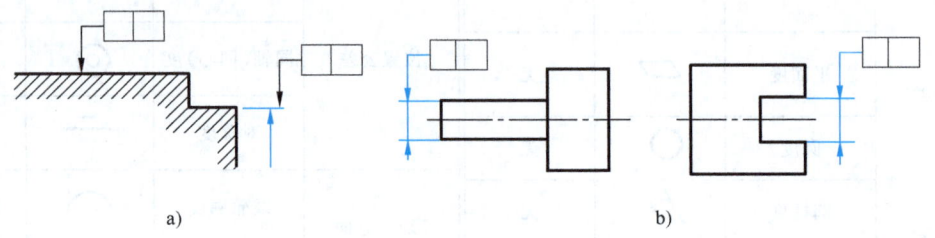

a)　　　　　　　　　　　　　　b)

图 8-56　被测要素的标注

3）若干分离要素给出单一公差带时，可按图 8-57 所示标注，即在公差框格内公差值的后面加注公共公带差的符号 CZ。

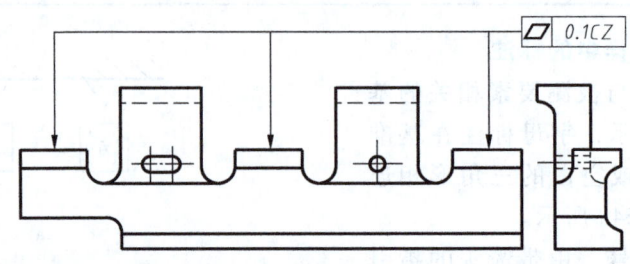

图 8-57　若干分离要素的单一几何公差标注

（4）基准要素的标注　基准要素的标注方法与被测要素的标注相同。但要注意，基准符号中大写字母与相应被测要素对应，并且其方向应水平书写，如图 8-58 所示。

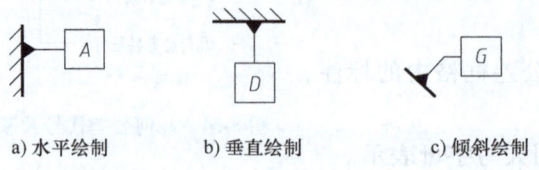

a) 水平绘制　　　b) 垂直绘制　　　c) 倾斜绘制

图 8-58　基准符号中字母的方向

3. 几何公差标注示例

图 8-59 所示为气门阀杆零件图的几何公差标注示例。图中有四处几何公差的标注，其含义见表 8-10。

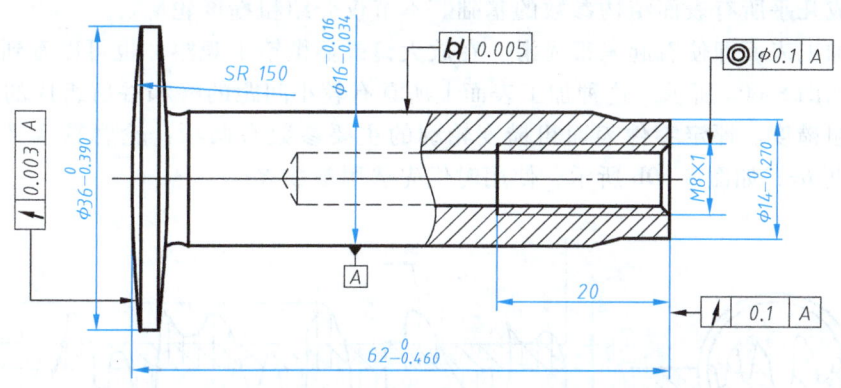

图 8-59 气门阀杆零件图的几何公差标注示例

表 8-10 几何公差含义

几何公差	含 义 说 明
▼ A	基准符号：以尺寸为 $\phi16_{-0.034}^{-0.016}$ 圆柱的轴线为基准
⌭ 0.005	尺寸为 $\phi16_{-0.034}^{-0.016}$ 圆柱面的圆柱度公差为 0.005mm，其公差带是半径差为 0.005mm 的两同轴圆柱面
◎ ϕ0.1 A	M8×1 螺纹孔的轴线对基准 A 的同轴度公差为 ϕ0.1mm，其公差带是与基准 A 同轴、直径为公差值 ϕ0.1mm 的圆柱面
↗ 0.003 A	最左端的 SR150 球面的形状对基准 A 的圆跳动公差为 0.003mm 整个球面为被测要素，即当零件绕尺寸为 $\phi16_{-0.034}^{-0.016}$ 圆柱轴线旋转 360°时，与球面接触的"千分表"指针摆动的最大值与最小值之差不得大于 0.003mm
↗ 0.1 A	右端整个平面相对于基准 A 的跳动公差为 0.1mm（测法同左端面），其公差带是与基准轴线同轴的任一直径的测量圆柱面上，沿母线方向宽度为公差值 0.1mm 的区域

8.6.4 零件的表面结构

表面结构是评定零件表面质量的一项重要技术指标，对零件的配合性能、耐磨性、耐蚀性、接触刚度、抗疲劳强度、密封性等都有影响。为保证零件装配后的使用要求，要根据功能需要对零件表面结构给出质量要求。表面结构是表面粗糙度、表面波纹度、表面缺陷、表面纹理和表面几何形状的总称。国家标准 GB/T 131—2006《产品几何技术规范（GPS）技术产品文件中表面结构的表示法》规定了表面结构的符号、代号及在图样上的标注方法。

1. 评定表面结构的常用轮廓参数

对于零件表面结构的状况，可由三大类参数加以评定，即轮廓参数、图形参数、支承率曲线参数，其中轮廓参数是我国机械图样中目前最常用的评定参数。表面的轮廓参数由粗糙度参数（R 轮廓）、波纹度参数（W 轮廓）和原始轮廓参数（P 轮廓）构成，三个表面结构轮廓参数构成几乎所有表面结构参数的基础。本节仅介绍粗糙度轮廓。

零件的加工表面即使看起来很光滑,在放大镜或显微镜下观察,也可以看到凹凸不平的加工痕迹,如图 8-60a 所示。这种加工表面上所具有较小间距的峰和谷所组成的微观几何特性称为表面粗糙度。评定零件表面粗糙度轮廓的主要参数有两项:轮廓算术平均偏差 Ra,轮廓最大高度 Rz,如图 8-60b 所示,使用时优先选用参数 Ra。

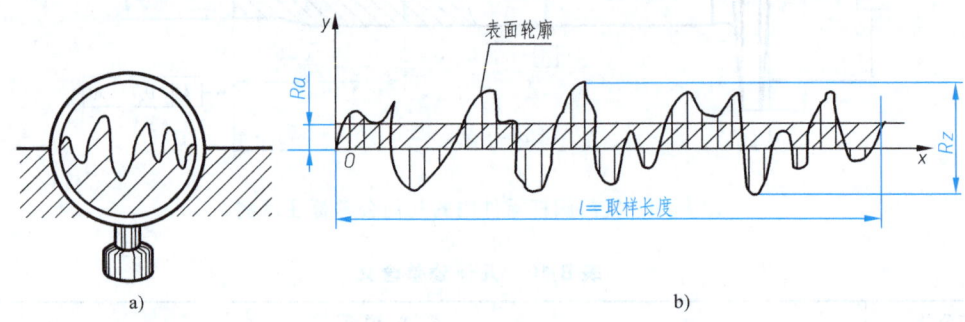

图 8-60 表面粗糙度的概念

凡是零件上有配合要求或有相对运动的表面,其表面粗糙度参数值要小,而对这项指标的要求越高,加工成本就越高。因此应根据零件的工作状况和需要,合理地确定零件各表面的粗糙度参数值。Ra 的一般使用情况,见表 8-11。

表 8-11 Ra 的一般使用情况

$Ra/\mu m$	表面特征	主要加工方法	应　用
50	明显可见刀痕	粗车、粗铣、粗刨、钻、粗绞锉刀和粗砂轮加工	表面质量低,一般很少应用
25	可见刀痕		不重要的加工部位,如油孔、穿螺栓用的光孔、不重要的底面、倒角等
12.5	微见刀痕	粗车、刨、立铣、平铣、钻	常用于尺寸精度不高、没有相对运动的表面,如不重要的端面、侧面、底面等
6.3	可见加工痕迹	粗车、精铣、精刨、镗、粗磨等	常用于不十分重要、但有相对运动的部位或较重要的接触面,如低速轴的表面、相对速度较高的侧面、重要的安装基面和齿轮、链轮的齿廓表面等
3.2	微见加工痕迹		常用于传动零件的轴、孔配合部分以及中低速轴承孔、齿轮的齿廓表面等
1.6	不见加工痕迹		同上
0.8	可辨加工痕迹方向	精车、精铰、精镗、精磨等	常用于较重要的配合面,如安装滚动轴承的轴和孔、有导向要求的滑槽等
0.4	微辨加工痕迹方向		常用于重要的平衡面,如高速回转的轴和轴承孔等

2. 表面结构的表示法

(1) 表面结构的图形符号　表面结构的图形符号及其含义,见表 8-12。

(2) 表面结构完整图形符号的组成　为了表示表面结构的要求,除了标注表面结构参数和数值外,必要时应标注补充要求,包括传输带、取样长度、加工工艺、表面纹理及方向、加工余量等。这些要求在图形符号中的注写位置,如图 8-62 所示。

第8章 常用零件与零件图

表 8-12 表面结构的图形符号及其含义

符号名称	符 号	含义及说明
基本图形符号	∨	仅用于简化代号标注，没有补充说明时不能单独使用
扩展图形符号	∨	要求去除材料的图形符号。表示指定表面是用去除材料的方法获得，如车、铣、钻、磨、剪切、抛光、腐蚀、电火花加工、气割等
	∨	不允许去除材料的图形符号。表示指定表面是用不去除材料方法获得，如铸锻、冲压变形、热轧、冷轧、粉末冶金等。或者是用于保持原供应状况的表面（包括保持上道工序的状况）
完整图形符号	∨ ∨ ∨	用于标注表面结构特征的补充信息
工件轮廓各表面的图形符号	∨ ∨ ∨	在完整图形符号上加一圆圈，并标注在图样中工件的封闭轮廓线上，表示图样某个视图上构成封闭轮廓的各表面有相同的表面结构要求（图 8-61）

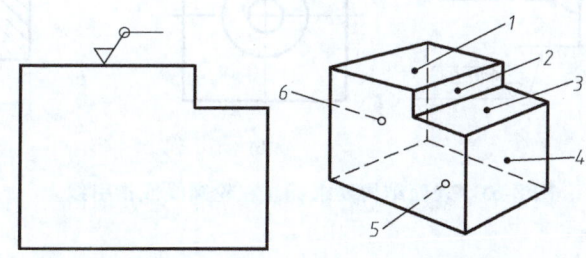

图 8-61 对周边各表面有相同的表面结构要求的注法

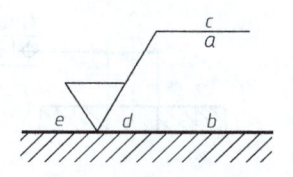

位置 a：注写表面结构的单一要求
位置 a 和 b：分别注写第一/第二表面结构要求
位置 c：注写加工方法，如车、磨、镀等
位置 d：注写表面纹理和方向，如"="、"⊥"、"X"、"M"等
位置 e：注写加工余量

图 8-62 补充要求的注写位置

表面结构代号示例及含义，见表 8-13。

表 8-13 表面结构代号示例及其含义

代号示例	含义/解译	补充说明
∨ Ra 0.8	表示不允许去除材料，单向上限值，R 轮廓，算术平均偏差 0.8μm	①参数代号与极限值之间应留空格 ②示例 1 和 2 均为单向极限要求，且均为单向上限值，则均可不加注"U"，若为单向下限值，则应加注"L"；示例 3 为双向极限要求，用"U"和"L"分别表示上限值和下限值。在不致引起歧义时，可不加注"U"和"L" ③示例中未标注传输带，应理解为默认传输带，评定长度为 5 个取样长度（默认），"16%规则"（默认），可由 GB/T 10610 和 GB/T 6062 中查取
∨ Rz max 0.2	表示去除材料，单向上限值，R 轮廓，粗糙度最大高度的最大值 0.2μm	
∨ U Ra max 3.2 L Ra 0.8	表示不允许去除材料，双向极限值，R 轮廓。上限值：算术平均偏差 3.2μm，"最大规则"；下限值：算术平均偏差 0.8μm	

3. 表面结构要求在图样上的标注方法

（1）表面结构要求在图样上的一般注法　表面结构要求在图样上的标注一般应遵循以下原则。

1）表面结构要求对每一表面一般只注一次，并尽可能标在相应的尺寸及其公差的同一视图上。

2）除非另有说明，所标注的表面结构要求是对完工零件表面的要求。

3）表面结构要求的注写和读取方向与尺寸的注写和读取方向一致，如图8-63a所示。

4）表面结构要求可标在轮廓线（或其延长线）上，其符号应从材料外指向并接触表面，必要时可引出标注，如图8-63所示；在不致引起误解时，表面结构要求可标注在给定的尺寸线上或几何公差框格的上方，如图8-64所示。

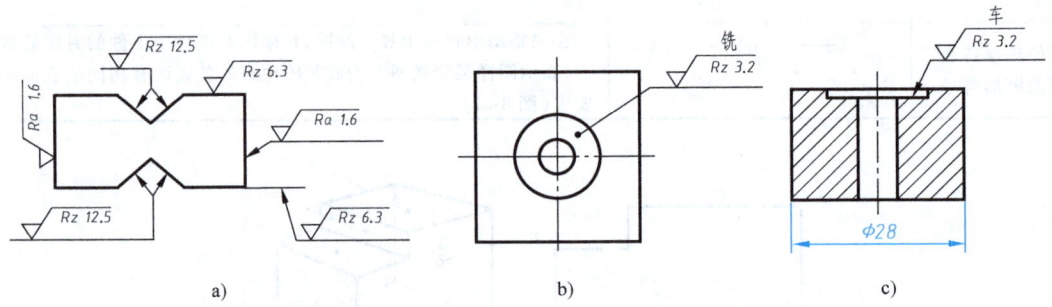

图8-63　表面结构要求标注在轮廓线或指引线上

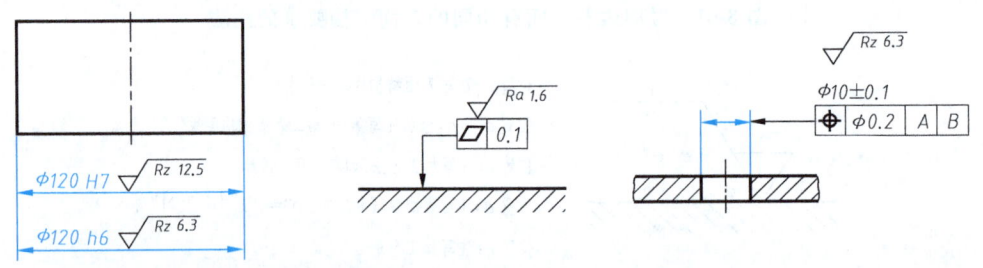

图8-64　表面结构要求标注在尺寸线上或几何公差框格的上方

（2）表面结构要求在图样上的简化注法　不同的表面结构要求应直接标注在图形中，以下几种情况可简化标注。

1）有相同表面结构要求的简化注法。如果工件的多数（包括全部）表面有相同的表面结构要求时，则其表面结构要求可统一标注在图样的标题栏附近。此时，表面结构要求的符号后面应有：

——在圆括号内给出无任何其他标注的基本符号（图8-65a）。

——在圆括号内给出不同的表面结构要求（图8-65b）。

2）多个表面有共同要求的注法。

① 用带字母的完整符号的简化注法。图纸空间有限时可用带字母的完整符号，以等式的形式，在图形或标题栏附近，对有相同表面结构要求的表面进行简化标注，如图8-66所示。

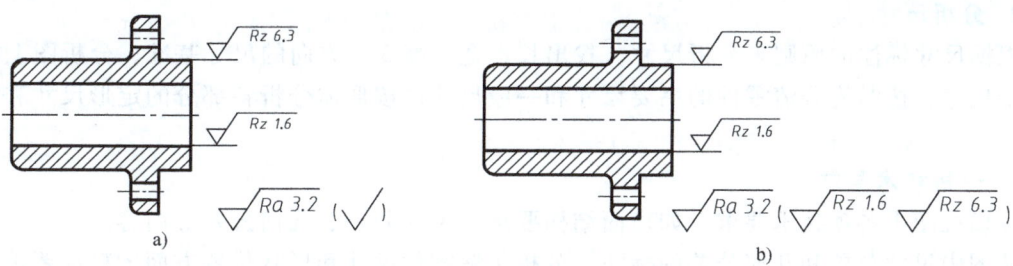

图 8-65 大多数表面有相同表面结构要求的简化注法

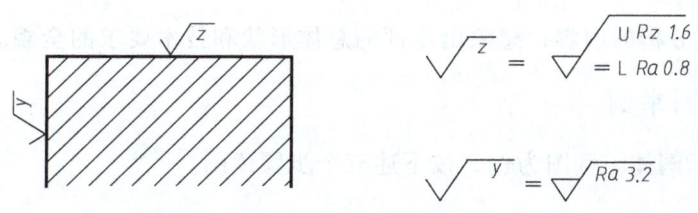

图 8-66 图纸空间有限时的简化注法

② 只用表面结构符号的简化注法。可用表面结构符号,以等式的形式给出对多个表面共同的表面结构要求,如图 8-67 所示。

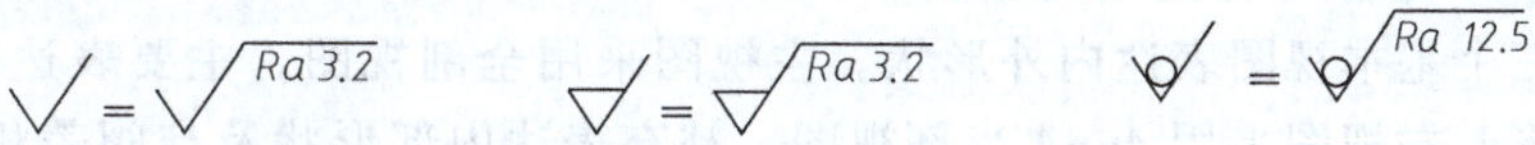

图 8-67 多个表面结构有相同要求的简化注法

8.7 零件图的阅读

在设计零件时,往往需要参考同类零件图样设计或改进零件的结构;在制造零件时,要根据图样安排合理的工艺流程,这些都涉及读零件图。读零件图就是根据零件图,分析和想象该零件的结构形状,明确全部尺寸及各项技术要求等。

8.7.1 读零件图的方法和步骤

1. 概括了解

从标题栏入手,了解零件的名称、材料及画图比例等,必要时还需要结合装配图或其他设计资料,明确该零件在什么机器或部件上使用。

2. 分析视图,想象零件的结构形状

首先从主视图入手,了解各视图的名称及相互间的对应关系、采用的表达方法和所表达的内容,并找出剖视图和断面图的剖切位置、投射方向等,然后研究各视图的表达重点。

根据零件的功用和视图特征,利用组合体一章中所讲的读图方法,对零件进行形体分析。从基本视图看零件的大体内外形状;结合局部视图、斜视图以及断面图等表达方法,看清零件的局部或斜面的形状;再综合各部分形状,明确它们之间的相对位置,想象出零件的整体形状。一般按先外部结构,后内部结构,先主要结构,后次要结构的顺序进行分析。

3. 分析尺寸

根据尺寸标注的原则来分析尺寸，找出长、宽、高3个方向的尺寸基准；分析图上标注的各个尺寸，按结构分清零件的主要尺寸和一般尺寸；按形体分析各部分的定形尺寸和定位尺寸。

4. 分析技术要求

读懂视图中各项技术要求，如表面结构要求、尺寸公差、几何公差等内容。

从图中尺寸公差和几何公差的标注，分析了解零件尺寸和形状位置方面的精度要求；其次了解零件的表面质量要求；最后分析用文字注写的其他技术方面的要求和说明。

5. 综合

综合上述各项分析的内容，想象出零件的总体形状和技术要求的全貌。

8.7.2 读零件图举例

以图 8-43 所示阀体零件图为例，按下述五个步骤读图。

1. 概括了解

从标题栏可知，零件的名称是阀体，属箱体类零件。由 ZG230-450 可知，材料是铸钢（查阅附录 H），该零件是铸件。阀体的内、外表面都有一部分要进行切削加工，加工之前必须先做时效处理。

2. 分析视图，想象零件的结构形状

该阀体用三个基本视图表达内外形状。主视图采用全剖视图，主要表达内部结构形状。俯视图表达外形，左视图采用 A—A 半剖视图，补充表达内部形状及与阀盖相连的端部方形凸缘的形状。

阀体是球阀的主要零件之一，分析阀体的形体结构时，必须对照球阀的装配图进行（参阅第 9 章图 9-2）。读图时先从主视图开始，阀体左端通过螺柱和螺母与阀盖连接，形成球阀容纳阀芯的空腔 $\phi 43$，左端的圆柱形槽 $\phi 50H11$ 与阀盖的圆柱形凸缘相配合；阀体空腔右侧圆柱形槽 $\phi 35H11$，用来放置球阀关闭时防止泄露流体的密封圈；阀体右端有用于连接系统中管道的外螺纹 $M36×2$，内部阶梯孔 $\phi 28.5$、$\phi 20$ 与空腔相通；在阀体上部的圆柱体 $\phi 36$ 中，有 $\phi 26$、$M24×1.5$、$\phi 24.3$、$\phi 22H11$、$\phi 18H11$ 的阶梯孔与空腔相通，在阶梯孔内容纳阀杆、填料压紧套、填料等；阶梯孔顶端 $90°$ 扇形限位块（对照俯视图），用来控制扳手和阀杆的旋转角度。

通过上述分析，对于阀体在球阀中与其他零件之间的装配关系就比较清楚了。然后再对照阀体的主、俯、左视图综合想象它的形状。球阀主体结构的左端是方形凸缘；右端和上部都是圆柱形凸缘，凸缘内部的阶梯孔与中间的球形空腔相通。

3. 分析尺寸

阀体的结构形状比较复杂，标注尺寸很多，这里仅分析其中主要尺寸，其余尺寸读者自行分析。

以阀体水平轴线为高度方向尺寸基准，标注直径尺寸 $\phi 50H11$、$\phi 43$、$\phi 35H11$、$\phi 20$ 和 $M36×2$ 等，同时标注了水平轴线到顶端的高度尺寸 $56_{\ 0}^{+0.460}$（左视图上）。

以阀体垂直孔的轴线为长度方向尺寸基准，标注垂直方向的径向尺寸 $\phi 36$、$\phi 26$、$M24×1.5$、$\phi 22H11$、$\phi 18H11$ 等，同时还标注垂直孔轴线与左端面的距离尺寸 $21_{-0.130}^{\ 0}$。

以阀体前后对称面为宽度方向尺寸基准，标注阀体的外形尺寸 φ55、左端面方形凸缘外形尺寸 75 以及四个螺孔的定位尺寸 φ70，同时还注出扇形限位块的角度定位尺寸 45°±30′（在俯视图上）。

4. 了解技术要求

通过上述尺寸分析可以看出，阀体中的一些主要尺寸多数都标注了公差带代号或极限偏差数值，上部阶梯孔 φ22H11 与填料压紧套有配合关系、φ18H11 与阀杆有配合关系，与此对应的表面结构要求也较高，Ra 值为 6.3μm。阀体左端和空腔右端的阶梯孔 φ50H11、φ35H11 分别与密封圈有配合关系，由于密封圈的材料是塑料，所以相应的表面结构要求稍低，Ra 值为 12.5μm。零件上不太重要的加工表面的表面结构参数 Ra 值为 25μm。

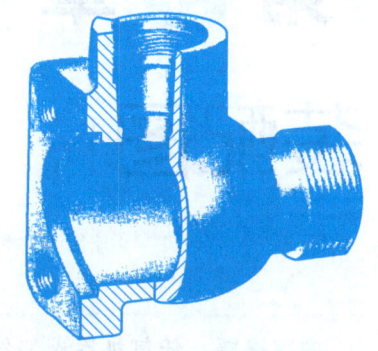

图 8-68　阀体零件的轴测图

主视图中对阀体的几何公差要求是：空腔右端与水平轴线的垂直度公差为 0.06mm；φ18H11 圆柱孔轴线相对 φ35H11 圆柱孔轴线的垂直度公差为 0.08mm。

5. 综合上述各项分析结果，想象出阀体零件的结构特征

综合上述各项分析，想象阀体零件，如图 8-68 所示。

思考题

1. 什么零件需要画零件图？零件图包含哪些内容？
2. 典型零件分为哪几类？如何根据零件特征选择适当的表达方法？
3. 螺纹的五要素是什么？简述内、外螺纹的规定画法；内、外螺纹旋合时，应如何表达？
4. 螺纹的标记由哪几部分组成？解释"M10-6g"，"Tr40×14（P7）LH-7e"，"G1A"的含义。
5. 螺纹紧固件有哪些？它们的规定标记包括哪几部分？
6. 简述各种螺纹紧固件连接画法中应注意的问题。
7. 解释 GB/T 1096 键 16×10×100 的含义？与之相配的键槽尺寸是多少？
8. 常用的销有哪几种？解释销 GB/T 119.1 6×30 的含义？
9. 解释"滚动轴承 6206　GB/T 276—2013"的含义？
10. 一对齿轮啮合的必要条件是什么？啮合区的轮齿应如何表达？
11. 简述读零件图的步骤。

思政拓展

大国工匠：大技贵精

第 9 章

装配图

内容提要：任何机器或部件都是由若干零件按一定装配关系和技术要求装配而成的。表达机器或部件的图样称为装配图。本章主要介绍装配图的作用和内容；装配图的表达方法、尺寸注法、技术要求的注写方法；由零件图绘制装配图的方法和步骤；如何看懂装配图以及由装配图拆画零件图的方法等内容。

本章重点：装配图的视图表达及各种特殊画法；装配图的尺寸标注；装配图中零部件序号及明细栏的注写方法；装配图的绘制和阅读。

9.1 装配图的作用与内容

任何机器或部件都是由若干个零件按一定的装配关系和技术要求装配而成的，如图 9-1 所示球阀由 13 种零件组成。用来表达机器或部件的图样，称为装配图，如图 9-2 所示。表达机器中某个部件或组件的装配图，称为部件装配图或组件装配图；表达一台完整机器的装配图，称为总装配图。

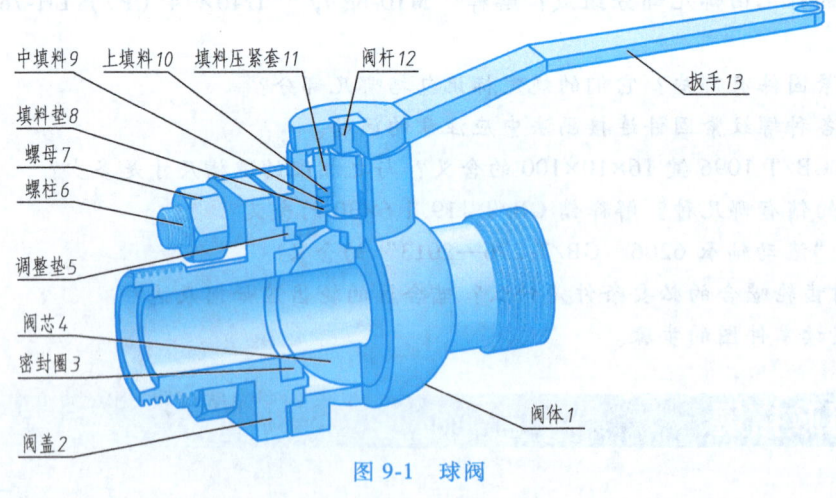

图 9-1 球阀

9.1.1 装配图的作用

装配图是生产中的重要技术文件。在产品设计过程中，首先要画出装配图来表达装配体的机构和传动关系，并根据它来设计零件的结构，协调并校核零件的尺寸；在制造过程中，需根据装配图把各个零件依次装配起来，成为一台机器或部件，并检验它的技术性能；装配图所提供的机器性能、工作原理、安装尺寸等信息，也是为正确使用、维修、保养机器所必不可少的技术资料；此外，装配图也是进行科学研究和技术交流的工具。因此，装配图要反映出设计者的意图，表明机器、部件或组件的工作原理和性能要求，表达出零件间的装配关系和零件的主要结构形状以及在装配、检验、安装时所需要的尺寸数据和技术要求。

9.1.2 装配图的内容

下面以图 9-2 所示球阀装配图为例，说明一张完整的装配图应包含的基本内容。

从图中可以看出装配图的内容一般应包括以下四个方面。

（1）一组视图 用各种一般表达方法和特殊表达方法，正确、完整、清晰和简便地表达机器、部件或组件的工作原理、结构特征、零件间的相对位置、装配和连接关系等。

图 9-2 所示球阀装配图中的主视图采用全剖视图，表达球阀的工作原理和各主要零件间的装配关系；俯视图表达主要零件的外形，并采用局部剖视图表达扳手与阀体的关系；左视图采用半剖视图，表达阀盖的外形以及阀体、阀杆、阀芯间的装配关系。

（2）必要的尺寸 标注表示机器、部件或组件的规格、装配、安装特性的尺寸，其中包括对机器、部件或组件进行装配、检验时所需要的尺寸，以及由装配图拆画零件图时所需要的尺寸等。

在图 9-2 所示球阀装配图中，阀的管径 $\phi 20$ 为规格性能尺寸，$\phi 14H11/c11$、$\phi 18H11/c11$ 等为配合尺寸，121.5、75、115 ± 1.1 等为总体尺寸。

（3）技术要求 用符号、文字等说明对装配体的工作性能、装配要求、试验、调试、检验、安装及使用、维修等方面的有关条件或要求。当在视图中无法完全用符号表明时，一般在明细栏的上方或左侧用文字加以说明。

（4）零、部件序号，明细栏和标题栏 根据生产组织、管理工作和存档查阅等的需要，按照一定的格式，将零、部件进行编号，并填写明细栏和标题栏，说明机器、部件或组件所包含的零件的名称、材料、数量、图号、标准规格和标准编号以及主要责任人员的签名等内容。

由于装配图和零件图的作用不同，它们的内容和要求有很大区别，在学习中应注意加以比较。

9.1.3 装配体中零部件间的联系

装配体中零部件间的联系大致可分为三类。下面以图 9-3 所示的轴 22 为例加以说明。

（1）相关结构的联系 轴 22 在安装齿轮 25 的位置上有一键槽结构，这是用来安装平键的，由平键将轴的转动传递给齿轮。这一结构涉及轴、平键、齿轮，三者的结构由设计时所选定的平键结构来确定。此外还有轴肩以及套筒 28，可防止齿轮沿轴向移动；轴肩的另一侧可防止轴承做轴向移动。这些都说明零件上的结构与相关零件的结构是紧密关联的。

（2）尺寸的联系 轴与齿轮和两轴承装配在一起时，轴的公称尺寸与轴承的孔径必须一致；齿轮位置处轴的直径与齿轮的孔径应一致；轴系零件的轴向尺寸之和与底座 1 的两槽之间的距离 96 必须相等，否则轴系零件无法装配到底座上。为了弥补轴向尺寸出现的误差，设计时特地增加了一个调整环 30。装配零件时，只需选择或修配调整环的轴向尺寸就可以

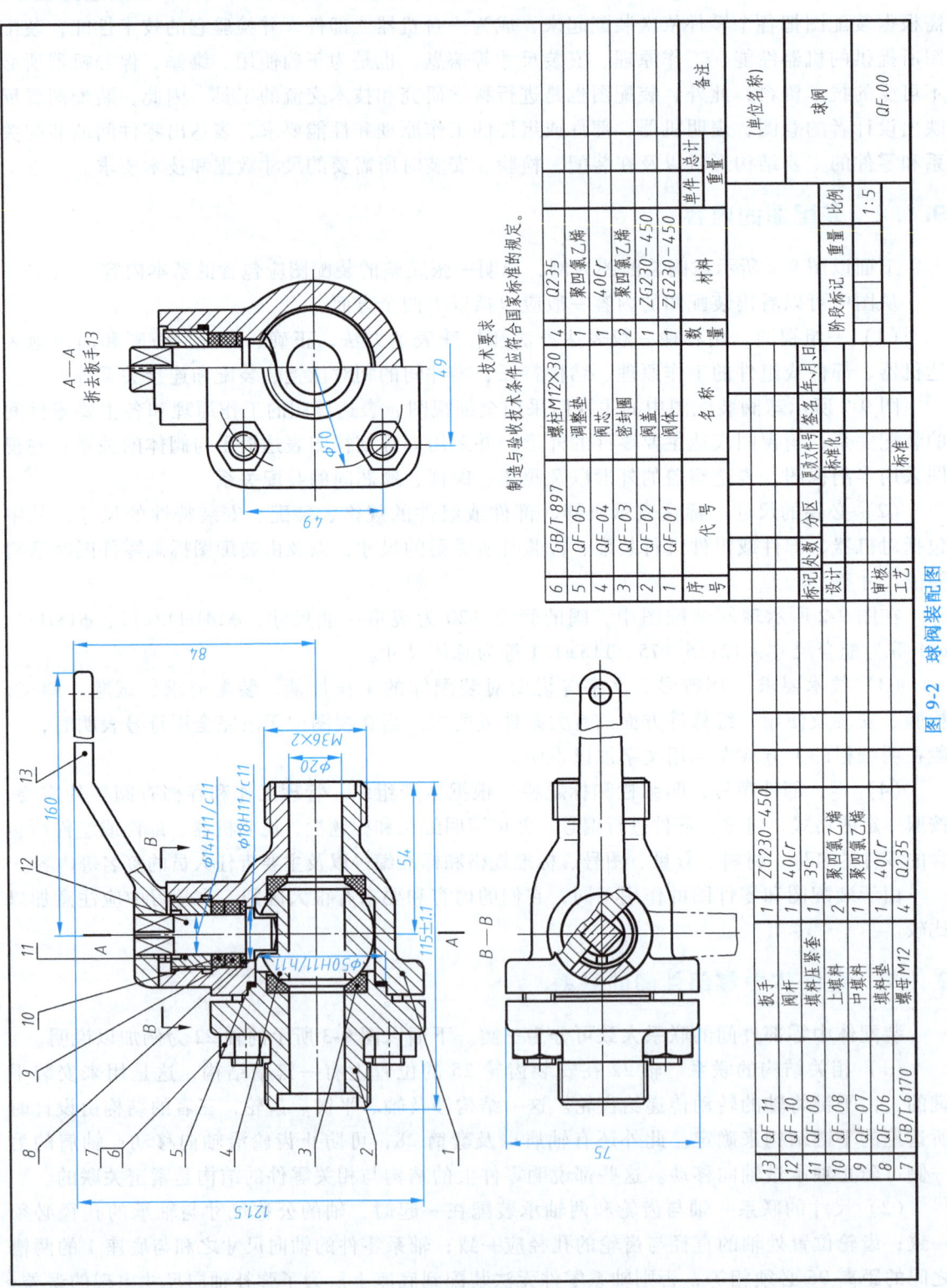

图 9-2 球阀装配图

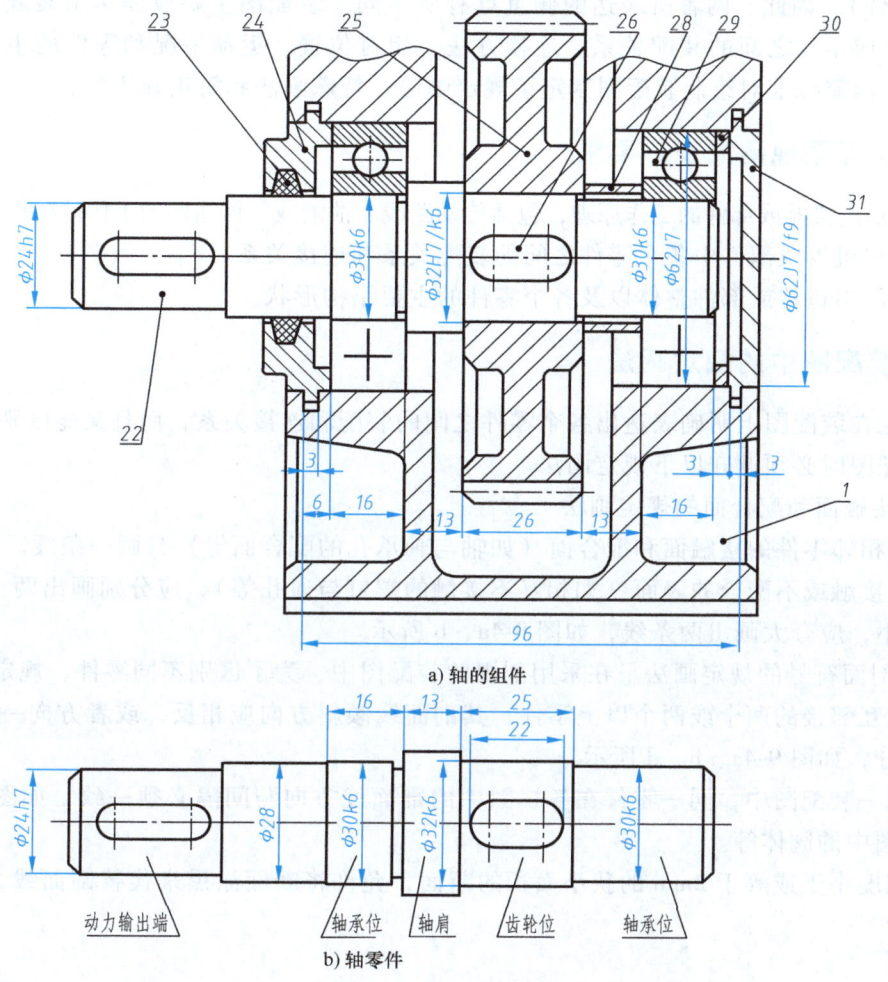

图 9-3 零部件间的关系

达到装配的设计要求。

（3）技术要求上的联系　轴上两轴承位置处，不仅尺寸精度要求高，而且表面结构的要求也高。凡是有接触或连接关系的表面，表面结构参数值都有一定的要求。而非接触、非配合的表面尺寸和表面结构要求就很低，甚至不需要进行去除材料的机械加工（如底座上除底面以外的外表面、内腔的非接触表面）。这说明了零件上各个表面的表面结构参数值都是与其在装配体中的作用相关的。

由上面分析可知，装配体中任一零部件的结构形状、尺寸大小以及技术要求都与它在装配体中的作用密切相关。

9.2 装配图的表达方法

在零件图上所采用的各种表达方法，如视图、剖视图、断面图、局部放大图等也同样适用于装配图。但零件图表达的是单个零件，而装配图则是表达由多个零件组成的装配体

（机器或部件）。因此，两者所表达的侧重点有所不同。装配图主要应表达出装配体的工作原理、各组成零件之间的装配关系、连接方法、相对位置、运动情况和零件的主要结构形状。为此，国家标准对绘制装配图制定了规定画法、特殊画法和简化画法等。

9.2.1 装配图视图的表达要求

1) 表示出机器或部件的工作原理，包括传动路线、油液或气体通路的工作情况等。
2) 反映机器或部件中各个零件之间的装配关系和连接关系。
3) 表示出机器或部件整体以及各个零件的主要结构形状。

9.2.2 装配图中的规定画法

为了能在装配图上明确表达出各个零件之间的装配和连接关系，而且又能区别出各个零件，画装配图时必须遵守以下规定画法。

（1）接触面和配合面的规定画法
1) 两相邻零件的接触面和配合面（如轴与轴承孔的配合面等）只画一条线。
2) 不接触或不配合的表面（如相互不接触的螺钉与通孔等），应分别画出两条轮廓线，若间隙很小，应夸大画出两条线，如图9-4a、b所示。

（2）剖面符号的规定画法　　在采用剖视的装配图中，为了区别不同零件，规定：
1) 相互邻接的两个或两个以上零件，其剖面线倾斜方向应相反，或者方向一致间隔不同以示区分，如图9-4a、b、d所示。
2) 同一装配图中，同一零件在各视图中的剖面线方向与间隔必须一致，如图9-2所示球阀装配图中的阀体等。
3) 宽度小于或等于2mm的狭小面积的断面，允许将断面涂黑来代替剖面线，如图9-7所示垫片。

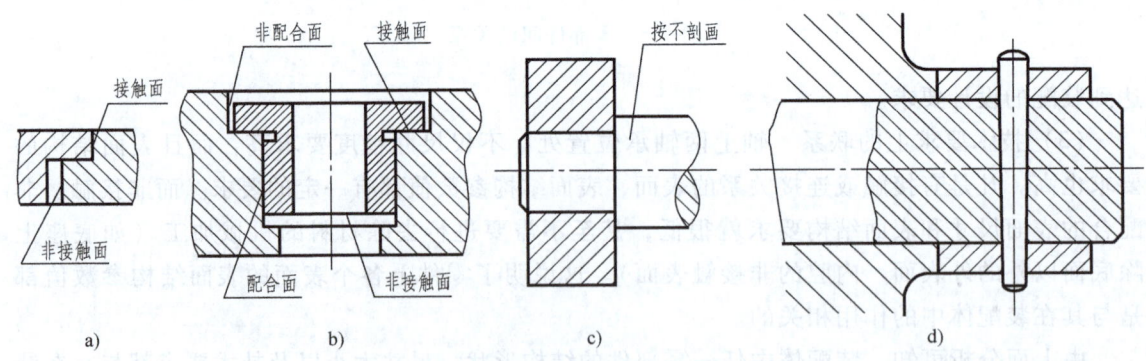

图9-4　装配图中的规定画法

（3）标准件和实心杆件的规定画法　　在剖视图中，标准件和实心杆件应按规定简化。在装配图中，对于标准件（螺栓、螺母、键、销等）和实心杆件（轴、连杆、拉杆、钩子等）：

若按纵向剖切，剖切平面通过其对称中心线或轴线时，这些零件均只画外形，不画剖面线，如图9-4c所示，以及图9-2所示阀杆12，图9-3a所示轴承滚子、轴等；如需要特别表明这些零件的某些构造或装配关系时，如凹槽、键槽、销孔等，则用局部剖视图表示，如图

9-4d 所示。

若按横向剖切，剖切平面垂直上述零件的对称中心线或轴线时，则应画剖面线。

9.2.3 装配图中的特殊画法

1. 拆卸剖视

为了清楚表达部件的内部结构，可假想沿某些零件的结合面剖切。这时，零件的结合面不画剖面线，但被剖到的其他零件一般都应画剖面线，这种画法称为拆卸剖视，又称为沿结合面剖切画法。图 9-5 所示齿轮泵的半剖左视图即采用拆卸剖视画法。

2. 拆卸画法

在装配图的某一视图中，当某些零件遮挡住被表达零件的装配关系或其他需要表达的零件时，可假想将一个或几个遮挡的零件拆卸，只画出所表达部分的视图，这种画法称为拆卸画法。有时为了减少不必要的绘图工作，也可采用拆卸画法，将其他视图上已表达清楚的外部零件拆掉后再画出。这种画法是只拆不剖，因而不存在剖视问题。用拆卸画法画图时，应在视图上方标注"拆去××"等字样。图 9-2 所示球阀装配图中的左视图，即是为了减少画图工作量而假想把扳手 13 拆去后画出的（扳手的形状在另两视图中已表达清楚）。

3. 假想画法

用细双点画线画出某些零件的外形，称为假想画法，有以下两种情况。

1) 为表达部件或零件与相邻的其他辅助零件、部件的关系，可用细双点画线画出这些辅助零件、部件的轮廓线，如图 9-7 所示镗刀架及镗刀。

2) 对于运动零件，当需要表明其运动范围或极限位置时，可先在一个极限位置上画出该零件，再在另一个极限位置用细双点画线画出其轮廓，如图 9-2 所示球阀俯视图中扳手 13 和图 9-6 所示交换齿轮手柄。

4. 夸大画法

在画装配图过程中，有时会遇到薄片零件、细丝弹簧、微小间隙等，无法按其实际尺寸画出；或者较小斜度或锥度（如圆锥销及锥形孔的锥度较小时），虽能如实画出，但不能明显表达其结构，这时均可采用夸大画法，即可把垫片厚度、簧丝直径及锥度等都适当夸大画出。

5. 单独画法

当某个零件的形状未表达清楚而又对理解装配关系有影响时，可将该零件抽出来，另外单独画出该零件的某一视图、剖视图或断面图，称为单独画法。采用单独画法时，必须做出明确的标注，在所画视图的上方注出该零件的视图名称，在相应视图的附近用箭头指明投射方向，并注明同样的字母。

6. 展开画法

为了表达某些重叠的、较复杂传动机构的传动路线和装配关系，可按传动路线沿各轴进行剖切，然后依顺序展开画在同一平面上，画出剖视图，并标注"×—×展开"，这种画法称为展开画法。图 9-6 所示交换齿轮装配图就是采用了展开画法。

9.2.4 装配图中的简化画法

为使装配图的图形表达简捷，应尽量使用简化画法。国家标准规定了以下简化画法，其中的部分示例如图 9-7 所示。

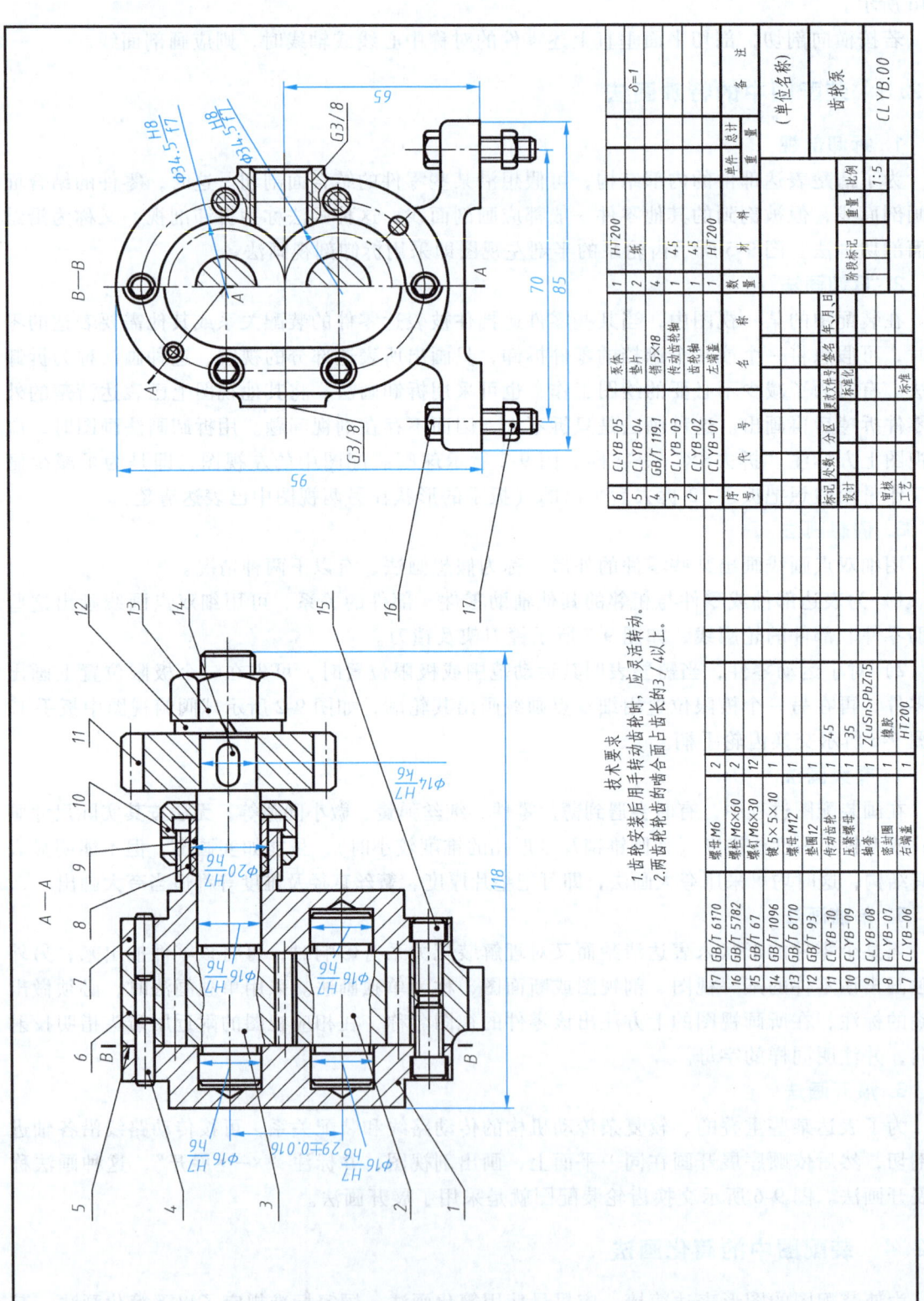

图 9-5 齿轮泵装配图

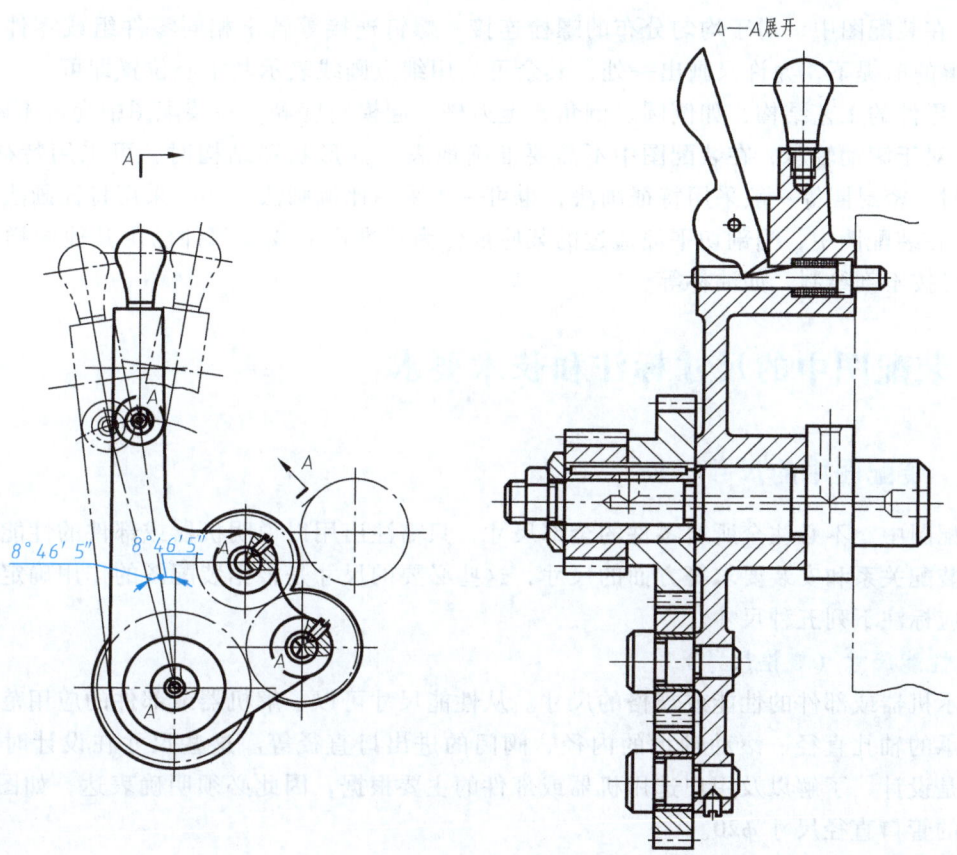

图 9-6 假想画法和展开画法

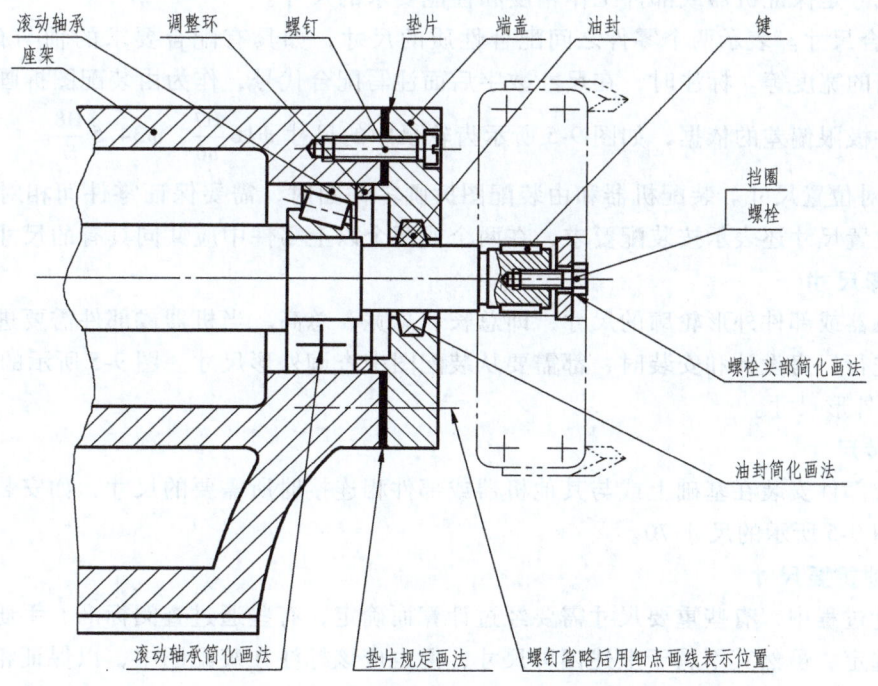

图 9-7 简化画法和假想画法

1) 在装配图中，对于均匀分布的螺栓连接、螺钉连接等若干相同零件组或零件，在不影响理解的前提下，允许只画出一处，其余可只用细点画线表示其中心位置即可。

2) 零件的工艺结构，如倒圆、倒角、退刀槽、起模斜度等，在装配图中允许不画。

3) 对于滚动轴承，在装配图中不需要准确地表示其形状和结构时，可采用特征画法；对于油封、密封圈等一般采用特征画法，也可一半采用比例画法，一半采用特征画法。

4) 在装配图中，当剖切平面通过的某些部件为标准产品或该部件已由其他图样表示清楚时，可按不剖绘制，如油杯等。

9.3 装配图中的尺寸标注和技术要求

9.3.1 装配图中的尺寸标注

装配图中，不必注全所属零件的全部尺寸，只需注出用以说明机器或部件的性能、工作原理、装配关系和安装要求等方面的尺寸，这些必要的尺寸是根据装配图的作用确定的。装配图中应标注下列五种尺寸。

1. 性能尺寸（规格尺寸）

表示机器或部件的性能或规格的尺寸。从性能尺寸可以了解机器或部件的应用范围，如滑动轴承的轴孔直径、滚动轴承的内径、阀门的进出口直径等。这些尺寸在设计时就已确定。它是设计、了解以及用户选用机器或部件的主要根据，因此必须明确表达，如图9-2所示球阀的管口直径尺寸 $\phi 20$。

2. 装配尺寸

装配尺寸是保证机器或部件工作精度和性能要求的尺寸。

1) 配合尺寸。表示两个零件之间配合性质的尺寸，如具有配合要求的轴与孔的直径、滑块与滑槽的宽度等。标注时，在尺寸数字后面注写配合代号，作为由装配图拆画零件图时确定两零件极限偏差的依据，如图9-5所示齿轮泵中的尺寸 $\phi 16 \frac{H7}{h6}$、$\phi 34.5 \frac{H8}{f7}$。

2) 相对位置尺寸。装配机器和由装配图拆画零件图时，需要保证零件间相对位置的尺寸；相对位置尺寸还表示按装配要求，在两个或两个以上零件中应共同具有的尺寸。

3. 外形尺寸

表示机器或部件外形轮廓的尺寸，即总长、总宽、总高。当机器或部件需要进行包装运输时，或进行厂房设计和安装时，都需要从装配图中查询外形尺寸。图9-5所示的尺寸118、85和95为外形尺寸。

4. 安装尺寸

机器或部件安装在基础上或与其他机器或部件相连接时所需要的尺寸，如安装螺栓的中心距，如图9-5所示的尺寸70。

5. 其他重要尺寸

在设计过程中，有些重要尺寸需要经过计算而确定，有些通过查阅标准、手册或根据经验数据来选定，虽然其不属于上述四种尺寸，但也应该标注在装配图中，以保证相关零件间的协调，并为拆画零件图提供尺寸依据，如轴向设计尺寸、主要零件的结构尺寸、主要定位尺寸、运动件极限位置尺寸等，如图 9-2 所示的尺寸 160。

需要注意的是，并非每张装配图上都具有上述五种尺寸，有时一个尺寸可能具有几种尺寸的功能，因此，在标注装配图的尺寸时，要根据实际情况加以确定。

9.3.2 装配图中的技术要求

用文字或符号在装配图中说明对机器或部件的性能、装配、检验、使用等方面的要求和条件，这些统称为装配图中的技术要求。

1. 装配要求

装配过程中的注意事项和装配后应满足的要求等，如装配前清洗、装配时加工、指定的装配方法、装配后必须保证的精度等。

2. 检验、试验的条件和要求

机器或部件装配后对其基本性能的检验、试验方法及技术指标等要求与说明，如检验条件和方法、试验方法和要求、质量要求等。

3. 其他要求

其他要求包括机器或部件的性能，规格参数，包装、运输及使用时的注意事项和涂装要求等。

图上所需填写的技术要求，应随机器或部件的要求而定。必要时可参照类似产品确定。技术要求中的文字注写应准确、简练，一般写在明细栏的上方或图纸下方空白处，逐条编号，也可另写成技术要求文件作为图样的附件。

9.4 装配图中的零、部件序号及明细栏

为了便于读图、进行图样管理和做好生产准备工作，装配图中的所有零、部件必须编写序号，并填写明细栏。

9.4.1 零、部件序号

序号是在装配图上对每种零、部件所编写的顺序号，通过序号把视图和明细栏联系起来。这样，看图时就能方便了解每一种零、部件的全面情况。编注序号应以清晰醒目为原则，按一定顺序排列整齐，布置匀称。

1. 零、部件序号编排的基本要求

1）装配图中的所有零、部件都必须编写序号。

2）每种零、部件只可编写一个序号，该种零、部件的数量在明细栏中标明。同一标准部件（如油杯、滚动轴承、电动机等），在装配图上只标一个序号。

3）装配图中的零、部件序号应与明细栏中的序号一致。

2. 零、部件序号的表示方法和编排方法

（1）表示方法　装配图中零、部件序号的表示方法通常有三种，但同一装配图中编注序号的形式应一致，采取其中的一种，如图 9-8 所示。

1）指引线。指引线用细实线绘制，应从所指零件的可见轮廓内引出，并在末端画一圆点，如图 9-8 所示；若所指部位（很薄的零件或涂黑的断面）内不便画圆点时，可在指引线

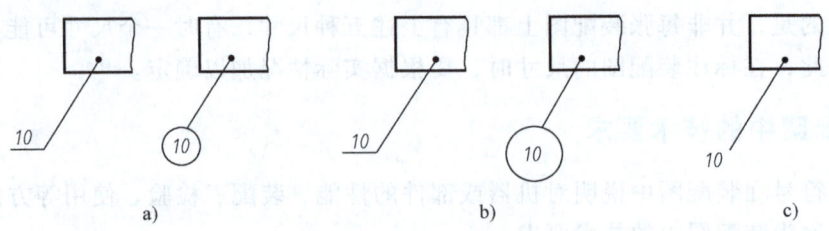

图 9-8　序号及指引线的标注方法

的末端画出箭头，并指向该部分的轮廓，如图 9-9a 所示。

指引线彼此不能相交，也不要过长；当通过有剖面线的区域时，指引线不应与剖面线平行。必要时，指引线可以画成折线，但只可折转一次，如图 9-9b 所示。

一组紧固件或装配关系清楚的零件组，可采用公共指引线，如图 9-10 所示。它常用于螺栓、螺母和垫圈零件组。

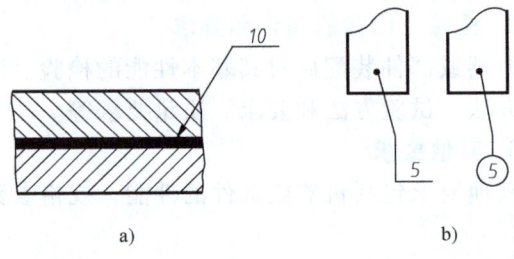

图 9-9　指引线的绘制

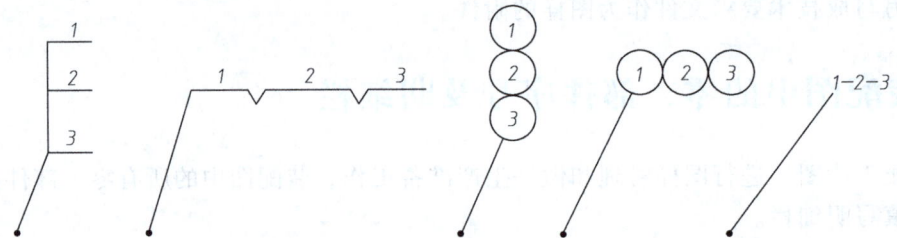

图 9-10　公共指引线的编注形式

2）序号。序号可注写在水平基准线（细实线）上、圆（细实线）内，或注写在指引线的非零件端附近，序号字高应比该装配图中标注尺寸数字高度大一号或两号，如图 9-8 所示。

（2）编排方法　装配图中的序号应按水平或铅垂方向排列整齐，并按顺时针或逆时针方向顺序注写在图形轮廓线的外边，不得乱跳序号；为了使全图能布置得美观整齐，可先按一定位置画好横线或圆，然后再与零件一一对应，画出指引线。

9.4.2　明细栏

明细栏是装配图中全部零件（或部件）的详细目录。国家标准分别规定了明细栏和标题栏的统一格式。本书为了节省篇幅，多采用简化标题栏。标准标题栏的格式如图 1-3 所示。明细栏紧靠在标题栏的上方，若标题栏上方空间不够时，可排列到左边，如图 9-11 所示。

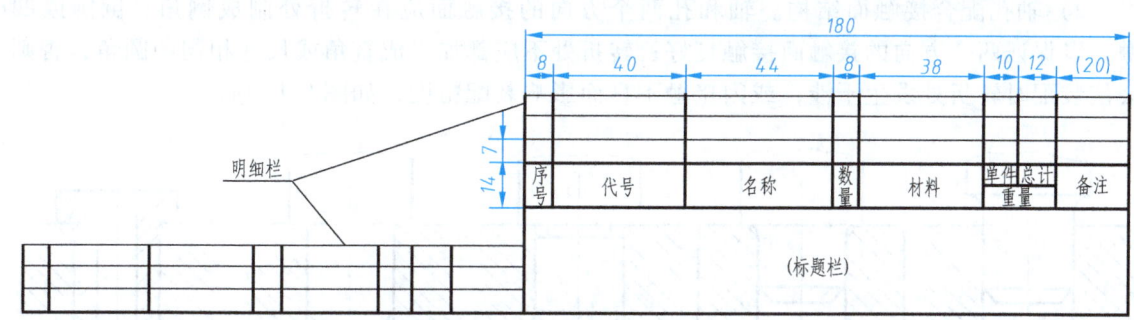

图 9-11 明细栏

填写明细栏时应注意以下几方面。

1) 明细栏内的序号应按自下而上顺序填写。

2) 明细栏也可不画在装配图内，按 A4 幅面作为装配图的续页单独编写，序号顺序是从上往下，可连续加页，但在明细栏下方应配置与装配图完全一致的标题栏，并注明张数（共×张、第×张）。

3) 对于标准件，在"名称"栏内，应写明其名称和规格，如"螺钉 M6×16"；在"代号"栏内，写明国家标准编号。

4) 对于齿轮、非标准弹簧等具有重要参数的零件，应将它们的参数（齿轮模数、齿数；簧丝直径、中径、节距、自由高度、旋向等）写入"名称"栏或"备注"栏内。

5) "材料"栏内填写制造该零件所用材料的名称或牌号。

6) "备注"栏内填写零件的热处理和表面处理等要求或其他说明。

9.5 常见的装配工艺结构

为了使机器装配后达到要求的性能，并且便于装卸和加工，在设计时必须注意装配结构的合理性。本节介绍几种常见的装配结构，并讨论其合理性及画法。

1. 接触面处结构

1) 接触面的数量。两零件在同一方向（横向、竖向或径向）只能有一对接触面，这样既保证接触良好，又降低加工要求；相反，若要求两对平行平面同时接触，由于加工误差的存在，实际上不可能达到，在使用上也没有必要，属于不合理要求，如图 9-12 所示。

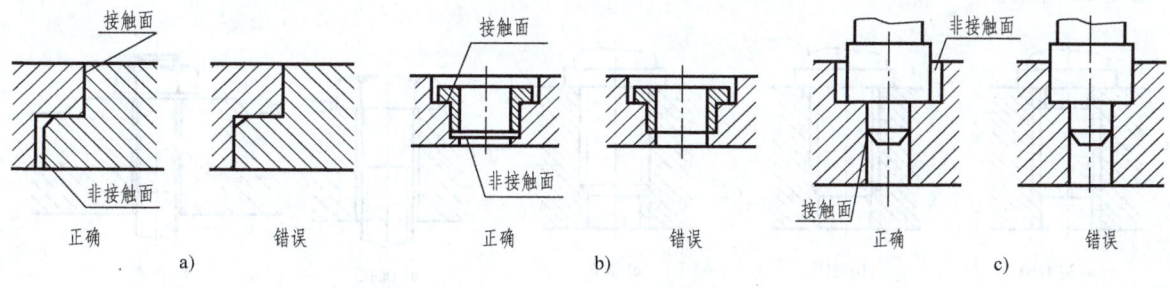

图 9-12 接触面处结构

2）轴孔配合接触面结构。轴和孔两个方向的接触面应在转折处制成倒角、倒圆或凹槽，以保证两个方向的接触面接触良好；转折处不应都加工成直角或尺寸相同的圆角，否则会使装配时转折处发生干涉，或因接触不良而影响装配精度，如图 9-13 所示。

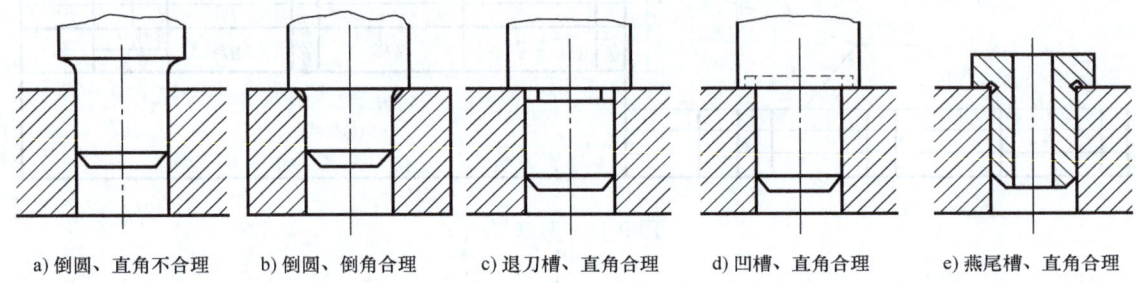

a) 倒圆、直角不合理　　b) 倒圆、倒角合理　　c) 退刀槽、直角合理　　d) 凹槽、直角合理　　e) 燕尾槽、直角合理

图 9-13　轴孔配合接触面结构

2. 螺纹连接结构

1）被连接件通孔的尺寸应比螺纹大径或螺杆直径稍大，以便保护牙型，便于装配，如图 9-14 所示。

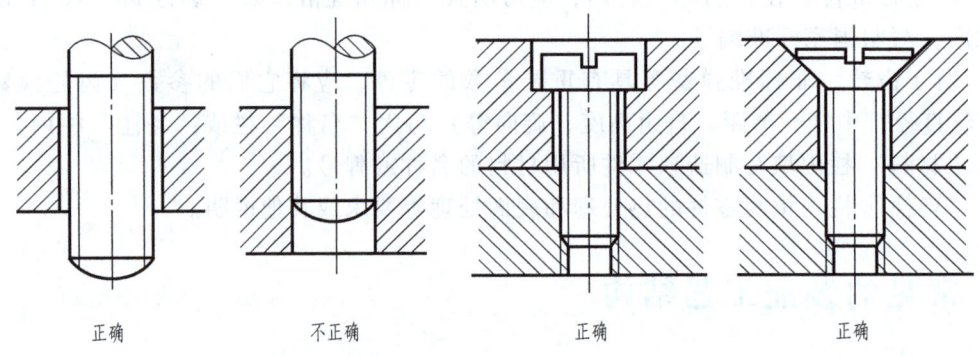

正确　　　　　不正确　　　　　正确　　　　　正确

图 9-14　螺纹连接的合理结构（一）

2）在螺纹连接中，为保证螺纹旋紧，螺纹的有效长度必须大于其旋入长度，可采用适当加长螺纹尾部，在螺杆上加工出退刀槽，在螺孔上加工出凹坑或倒角等方法实现，如图 9-15 所示。

3）为了保证连接件与被连接件间接触良好，被连接件上应制成沉孔或凸台结构，如图 9-16 所示。

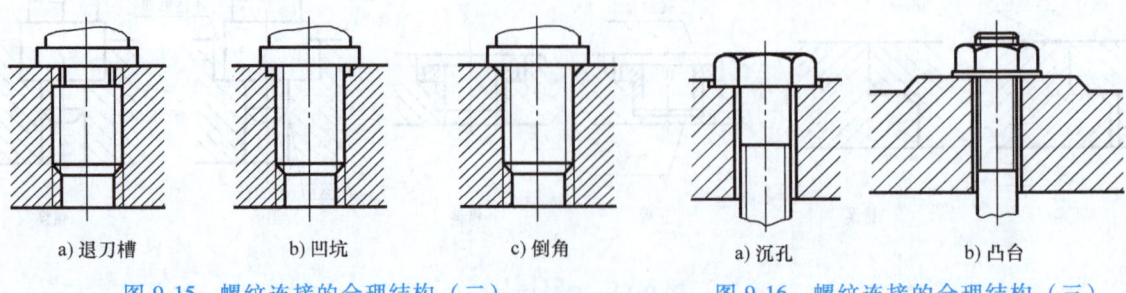

a) 退刀槽　　b) 凹坑　　c) 倒角　　　　a) 沉孔　　b) 凸台

图 9-15　螺纹连接的合理结构（二）　　图 9-16　螺纹连接的合理结构（三）

4）当用螺纹连接时，应考虑足够的安装和拆卸空间；因空间小螺栓无法旋紧的场合，需加工工艺孔或改用双头螺柱，如图 9-17 所示。

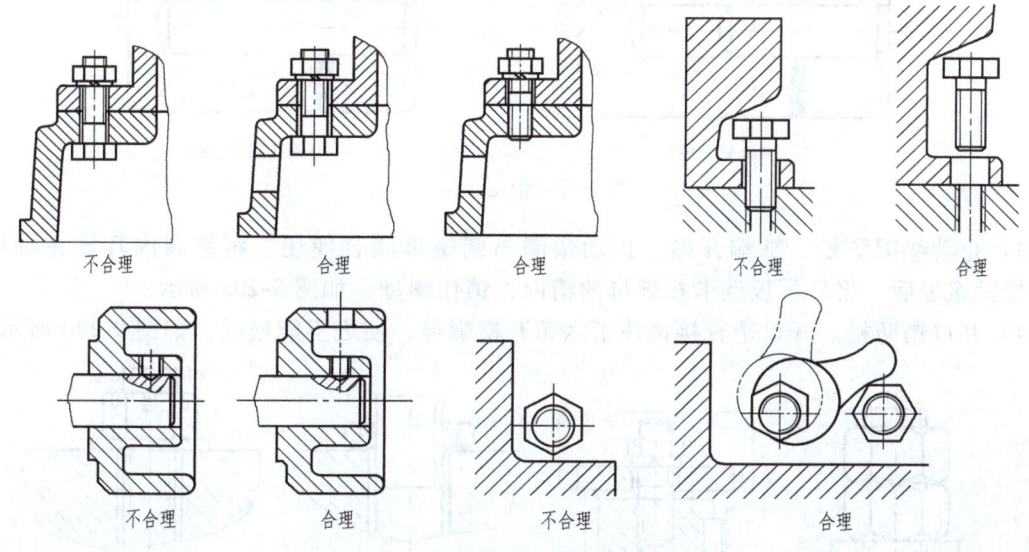

图 9-17　螺纹连接的合理结构（四）

3. 维修、拆卸结构

1）在用孔肩或轴肩定位滚动轴承时，应考虑维修时拆卸的方便与可能，即孔肩高度必须小于轴承外圈厚度，轴肩高度必须小于轴承内圈厚度（具体结构尺寸可查阅相关手册），如图 9-18 所示。

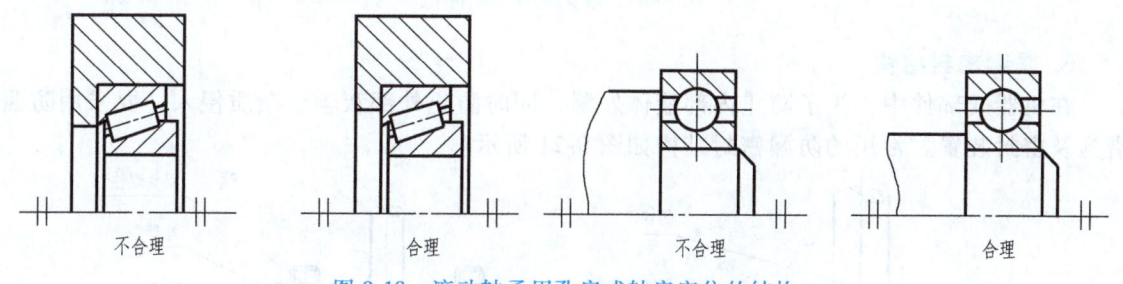

图 9-18　滚动轴承用孔肩或轴肩定位的结构

2）为使两零件装配时准确定位及拆卸后不降低装配精度，常用圆柱销（或圆锥销）将两零件连接，如图 9-19a 所示。为了加工和拆卸的方便，在可能的条件下，最好将销孔制成通孔，如图 9-19b 所示。

4. 防松结构

机器运转时，由于振动或冲击，螺纹连接件可能发生松动，有时甚至造成严重事故。常见的防松结构如图 9-20 所示。

1）双螺母防松。两螺母在拧紧后，螺母之间产生轴向力，使螺母与螺栓之间的摩擦力增大而防止螺母松动脱落，如图 9-20a 所示。

2）弹簧垫圈防松。当拧紧螺母后，垫圈受压变平，依靠这个变形力，使螺母与螺柱之间的摩擦力增大，同时垫圈开口也阻止螺母转动而防止螺母松脱，如图 9-20b 所示。

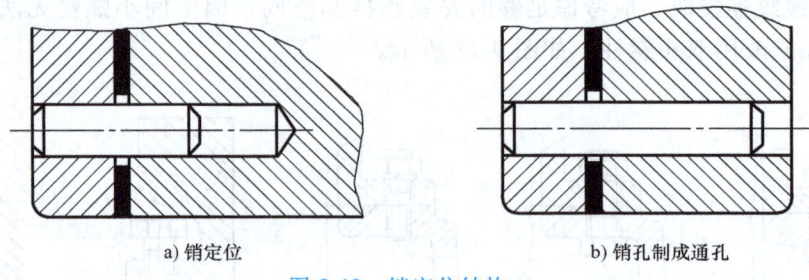

a) 销定位　　　　　　　　b) 销孔制成通孔

图 9-19　销定位结构

3) 止动垫圈防松。轴端开槽，止动垫圈与圆螺母联合使用，将垫圈内耳放在轴端槽内，拧紧螺母后，将外耳扳倒卡在螺母的槽内，锁住螺母，如图 9-20c 所示。

4) 开口销防松。开口销直接锁住了六角开槽螺母，使之不能松脱，如图 9-20d 所示。

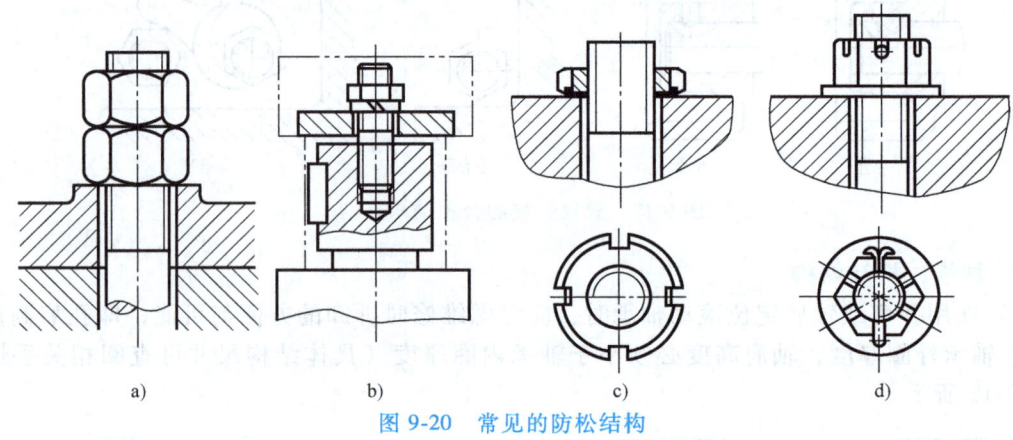

a)　　　　　b)　　　　　c)　　　　　d)

图 9-20　常见的防松结构

5. 防漏密封结构

在机器或部件中，为了防止内部液体外漏，同时防止外部灰尘、杂质侵入，要采用防漏措施及密封装置。常用的防漏密封结构如图 9-21 所示。

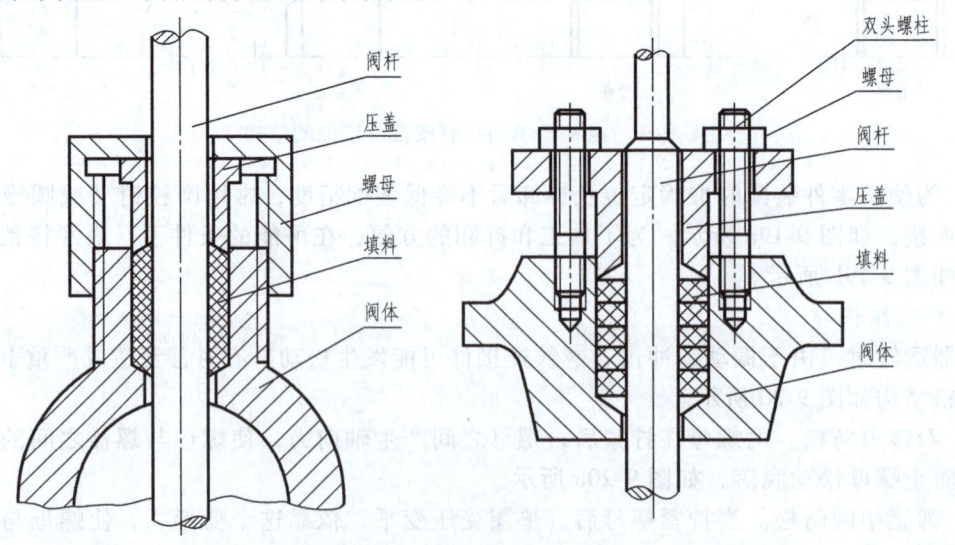

图 9-21　常用的防漏密封结构

9.6 装配图的绘制

无论是设计还是测绘机器或部件，在画装配图前应对其功能、工作原理、结构特点、装配关系等加以分析，在做到对该机器或部件有初步、概括了解的基础上，再确定表达方案，画出一张正确、清晰、易懂的装配图。画装配图一般分三步进行，即了解机器或部件，拟定表达方案，画装配图。

1. 了解机器或部件的工作原理及装配关系

在生产实践中，首先必须对已有机器或部件的实物或装配示意图进行观察与分析，然后再了解机器或部件的工作原理以及各零部件间的装配关系。

2. 拟定表达方案

1）选择主视图。画装配图与画零件图一样，应先确定机器或部件的安放位置和选择主视图。

机器或部件的安放位置应与工作位置相符合，并使主视图能够较多地表达出机器或部件的工作原理、传动系统、零件间的主要装配关系及主要零件结构形状特征。一般在机器或部件中，将装配关系密切的一些零件称为装配干线。机器或部件是由一些主要和次要的装配干线组成的。当机器或部件的工作位置确定后，选择能清楚反映主要装配干线和主要工作原理的那个视图作为主视图，可选用适当的表达方式表达出该视图上各零件的内在联系。

2）其他视图的选择。在选定主视图后，还要根据机器或部件的结构形状特征，选用其他表达方法，并确定视图数量，补充主视图的不足，表达出其他次要的装配关系、工作原理、零件结构及其形状。

为了便于看图，视图间的位置应尽量符合投影关系，整个图样的布局应匀称、美观。

3. 画装配图

装配图的画图顺序通常有两种。

1）由内而外。从内向外画就是从内部的主要装配干线出发，逐次向外扩展。它的优点是从最内层零件（或主要零件）画起，按照装配顺序逐步向四周扩展，层次分明，并可避免多画被挡住零件的不可见轮廓线，图形清晰。

2）由外而内。从外向内画就是从机器或部件的机体出发，逐次向里画出各个零件。它的优点是便于从整体的合理布局出发，绘制并确定主要零件的结构形状和尺寸，其余部分也很容易决定下来。

由内而外的画法符合设计过程，而由外而内的画法符合装配顺序，两种方法应根据不同装配体的结构灵活选用或结合运用。

4. 画装配图的注意事项

1）各视图间要符合投影关系，各零件、各结构要素也要符合投影关系。

2）先画起定位作用的基准件，再画其他零件。

3）先画出主要结构，再画次要结构。

4）画零件时应随时检查装配关系，检查零件之间有无干扰，发现问题及时纠正。

5. 装配图的画法综合示例

现以图 9-1 所示球阀为例说明其装配图的绘制过程。

① 工作原理。图 9-1 所示球阀是用于管道中启闭和调节流体流量的部件，工作时转动扳手带动阀杆旋转，使阀芯孔改变位置，从而调节管道内流量大小。

② 装配关系。球阀的阀体和阀盖用螺柱连接。为了密封，在阀杆和阀体间装有填料和填料压紧套，并在阀芯两侧装有密封圈。球阀的主要装配线有两条：一条为垂直方向，是扳手的动作传到阀芯的传动路线；另一条是沿阀芯孔水平轴线的通道干线。此外还有限制扳手转动角度的限位结构。

③ 拟定表达方案。球阀安装在管道中的工作位置一般是阀芯孔的轴线呈水平位置，且扳手位于正上方，以便于操作。它的主视图采用通过球阀前后对称平面剖切的全剖视图，不仅清楚表达球阀的工作原理、两条主要装配线的装配关系和一些零件的形状，且符合工作位置。俯视图采用局部剖视图表达了另一条次要装配干线的装配关系。左视图采用半剖视，表达阀盖的外形以及阀体、阀杆、阀芯间的装配关系。

球阀的扼要画图步骤，如图 9-22 所示。

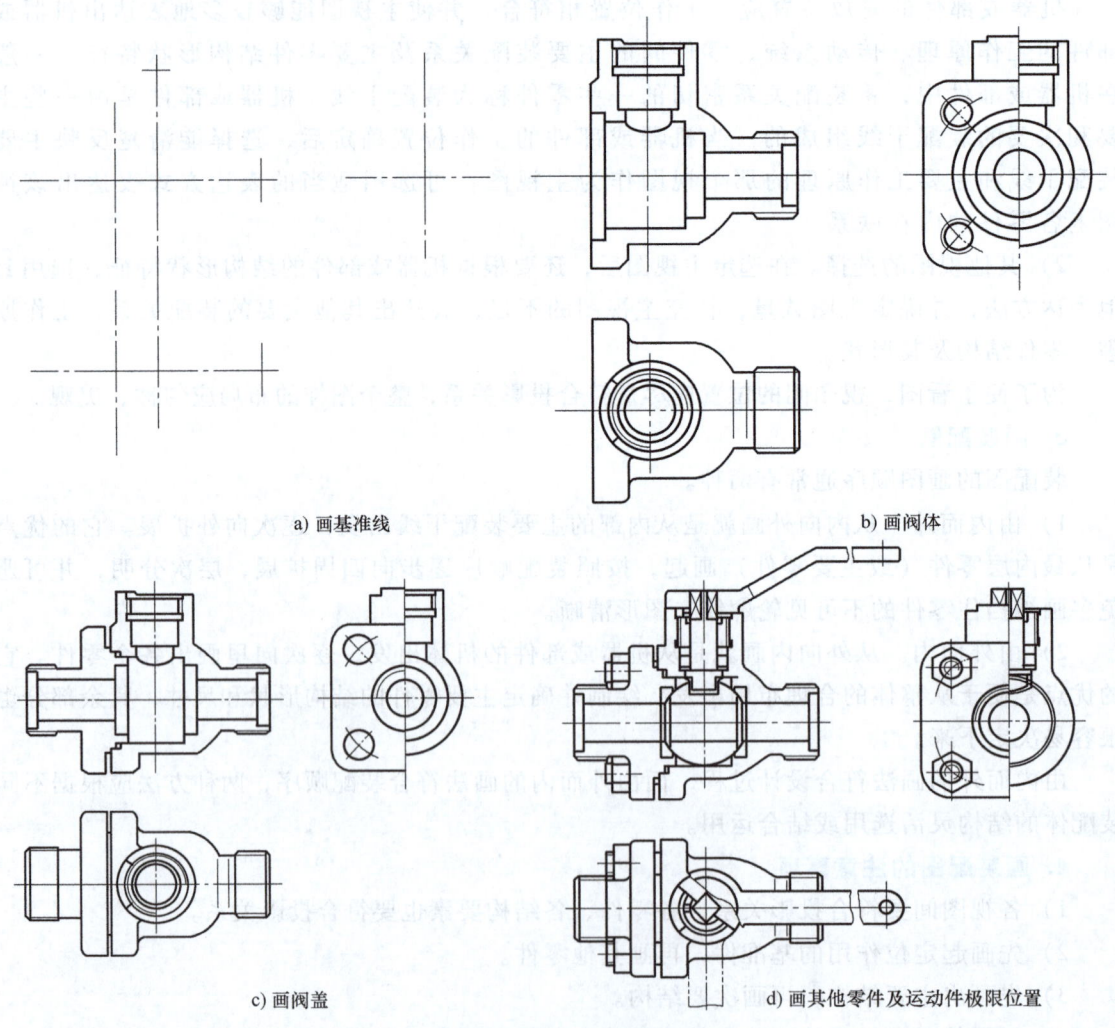

a) 画基准线　　　　　　　　　b) 画阀体

c) 画阀盖　　　　　　　　　d) 画其他零件及运动件极限位置

图 9-22　球阀的扼要画图步骤

① 定比例，定图幅，画出图框。按照选定的表达方案，根据机器或部件的大小及复杂程度确定画图比例，确定各视图的位置、标题栏和明细栏的位置等，通常选用标准图幅。

② 合理布图，画出各基本视图的主要基准线。这些基准线通常是机器或部件的主要轴线、对称中心线或某些零件的基面或端面。画图时，要合理布图，注意留出标注尺寸、零件序号的适当位置。

对于球阀，主视图和俯视图长度方向的基准线选用球阀阀杆的轴线，主视图和左视图高度方向的基准线选用阀芯孔的水平轴线；俯视图和左视图宽度方向的基准线选用前后对称面。

③ 画各视图的底稿。先用细线画出底稿，以便于画图过程中修改。画图可从主视图开始，几个视图相互配合在一起画。先画出主要零件，再按装配关系依次逐个画出相邻零件。

对于球阀，可先画出阀体的主视图，再沿着装配干线从外向内画出其余零件。它的基本画图顺序为阀体→阀盖→阀芯→阀杆→扳手→填料及填料压紧套→螺柱、螺母等次要部分→细致结构。

④ 画剖面符号。底稿完成后，画剖面符号。应注意，同一零件的剖面线在各个视图中的间隔和方向必须一致，而相邻零件的剖面线必须不同。

⑤ 注写尺寸及技术要求。

⑥ 编写零部件序号、填写标题栏和明细栏。

⑦ 检查、描深。

画好的装配图，如图 9-2 所示。

9.7 装配图的阅读

读装配图就是通过对装配图的视图、尺寸和文字符号的分析与识读，了解机器或部件的名称、用途、工作原理、装配关系等的过程。在机械设备的设计、制造、使用以及技术交流中，经常要遇到读装配图的问题。所以，工程技术人员必须具备读装配图和由装配图拆画零件图的能力。

9.7.1 读装配图的要求

1）了解机器或部件的名称、用途和工作原理。
2）了解各零件的装配关系及各零件的拆装顺序。
3）读懂各零件的主要结构形状和作用。
4）了解主要尺寸和技术要求。
5）了解其他系统，如润滑系统、防漏系统、安全保护系统等的原理和构造。

9.7.2 读装配图的方法和步骤

1. 概括了解

（1）阅读有关资料　首先通过阅读有关说明书，并联系生产实践知识，了解机器或部件的名称功用、性能和工作原理。

（2）阅读标题栏、明细栏　由标题栏了解机器或部件的名称；根据零部件序号对照明细栏，找出零件数量、材料、规格，帮助了解零件作用、确定零件在装配图中的位置和范围；由画图的比例、视图大小和外形尺寸，了解机器或部件的大小。

（3）分析视图　首先找到主视图，再根据投影关系识别其他视图的名称，找出剖视图、断面图所对应的剖切位置；根据向视图或局部视图的投射方向，识别出表达方法，从而明确各视图表达的意图和侧重点，为下一步深入看图做准备。

2. 深入了解

1）从主视图入手，根据各装配干线，对照零件各视图中的投影关系。

2）由各零件剖面线的不同方向及间隔，分清零件轮廓的范围。

3）由装配图上所标注的配合代号，了解零件间的配合关系。

4）根据常见结构的表达方法和一些规定画法，来识别零件，如轴承、齿轮、油杯等。

5）利用零件结构形状有对称性的特点和利用相互连接零件的接触面大致相同的特点，想象零件的结构形状。

3. 细致了解

（1）分析尺寸　分析图上所标注的尺寸，了解机器或部件的规格、外形大小、零件间的装配性质和装配时要保证的尺寸及安装时所需要的尺寸。

（2）分析零件形状　在了解工作原理与装配关系的基础上，分析各零件的结构形状和作用。应先分析主要零件，后分析次要零件，先分析主要结构，再分析细小结构，确定零件的范围、结构、形状、功用和装配关系。

4. 综合归纳，看懂全图

在对装配关系和主要零件的结构进行细致分析后，还要对技术要求、全部尺寸进行分析，进一步了解设计意图和装配工艺；还应把机器或部件的作用、结构、装配、操作、维修等几方面的问题联系起来思考，进行综合归纳，弄清该机器或部件的特点，能否实现工作要求，怎样进行装拆，操作和维修是否方便，密封和防漏是否可靠等，做到全面认识，为拆画零件图打好基础。

9.7.3　读装配图举例

下面以图 9-5 所示齿轮泵为例，说明读装配图的方法与步骤。

1. 概括了解

齿轮泵是用来输送润滑油的一个部件。图 9-5 所示齿轮泵是由泵体，左、右端盖，传动齿轮，齿轮轴，密封零件以及标准件等组成。对照零件序号及明细栏可以看出齿轮泵由 17 种零件装配而成，采用两个视图表达。全剖主视图，反映了组成齿轮泵各零件间的装配关系。左视图是采用沿左端盖 1 与泵体 6 结合面剖切后移去了垫片 5 的半剖视图 B—B，辅之以反映吸、压油情况的局部剖视，清楚地反映该齿轮泵的外部形状，齿轮的啮合情况以及吸、压油的工作原理。齿轮泵的外形尺寸是 118、85、95，由此知道这个齿轮泵的体积不大。

2. 了解装配关系及工作原理

泵体 6 是齿轮泵中的主要零件之一，它的内腔容纳一对吸油和压油的齿轮。将齿轮轴 2、传动齿轮轴 3 装入泵体后，两侧有左端盖 1、右端盖 7 支承这一对齿轮轴的旋转运动。由销 4 将左、右端盖与泵体定位后，再用螺钉 15 将左、右端盖与泵体连接成整体。为了防止泵体与端盖结合面处以及传动齿轮轴 3 伸出端漏油，分别用垫片 5 及密封圈 8、轴套 9、压紧螺母10进行密封。

齿轮轴2、传动齿轮轴3、传动齿轮11是齿轮泵中的运动零件。当传动齿轮11按顺时针方向（从左视图观察）转动时，通过键14将转矩传递给传动齿轮轴3，经过齿轮啮合带动齿轮轴2，从而使齿轮轴2按逆时针方向转动。如图9-23所示，当一对齿轮在泵体内做啮合传动时，啮合区内左边空间的压力降低而产生局部真空，油池内的油在大气压力作用下进入齿轮泵低压区内的吸油口，随着齿轮的转动，齿槽中的油不断沿箭头方向被带到右边的压油口从而把油压出，送至机器中需要润滑的部位。

3. 尺寸分析

根据零件在部件中的作用和要求，应标注出相应的尺寸公差带代号。例如：传动齿轮11要带动传动齿轮轴3一起转动，除了靠键把两者连成一体传递转矩外，还需定出相应的配合。在图9-5中可以看到，它们之间的配合尺寸是 $\phi14H7/k6$，属于基孔制的优先过渡配合，由附录G查得

孔的尺寸是 $\phi14^{+0.018}_{0}$，轴的尺寸是 $\phi14^{+0.012}_{+0.001}$，即

$$配合的最大间隙 = (0.018-0.001)\text{mm} = +0.017\text{mm}$$

$$配合的最大过盈 = (0-0.012)\text{mm} = -0.012\text{mm}$$

齿轮轴与端盖在支承处的配合尺寸是 $\phi16H7/h6$；轴套与右端盖的配合尺寸是 $\phi20H7/h6$；齿轮轴的齿顶圆与泵体内腔的配合尺寸是 $\phi34.5H8/f7$。

尺寸29±0.016是一对啮合齿轮的中心距，这个尺寸准确与否将会直接影响齿轮的啮合传动。尺寸65是传动齿轮轴轴线离泵体安装面的高度尺寸。29±0.016和65分别是设计和安装所要求的尺寸。吸、压油口的尺寸G3/8和两个螺栓16之间的尺寸70，为什么要在装配图中注出？请读者思考。图9-24所示为齿轮泵的装配轴测图。

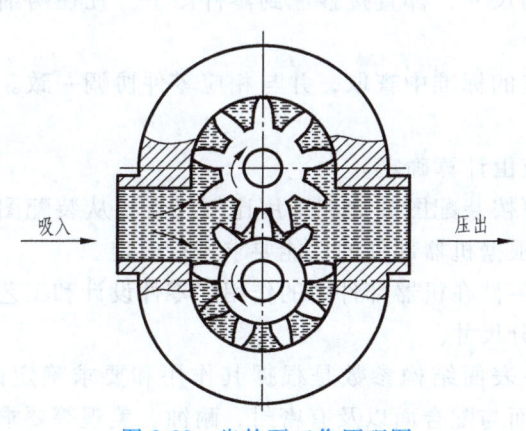

图9-23 齿轮泵工作原理图

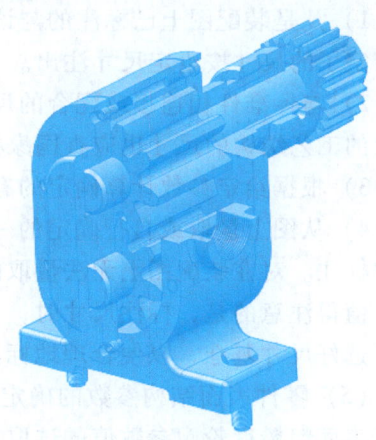

图9-24 齿轮泵的装配轴测图

9.7.4 由装配图拆画零件图

根据装配图拆画零件图，是设计过程中的一个重要的环节。拆画零件图要在看懂装配图的基础上进行，并按零件图的内容与要求画出。

1. 拆画零件图的基本要求

画图前，了解设计意图、工作原理、装配关系、技术要求及每个零件的结构形状。

画图时，不但要从设计方面考虑零件的作用和要求，而且还要从工艺方面考虑零件的制造和装配，要使所画的零件图符合设计和工艺要求。

2. 拆画零件图要处理的几个问题

（1）不同类别零件的处理

1）标准件不需画零件图，只需标记代号列出标准件的汇总表即可。

2）借用零件是借用定型产品上的零件，可利用已有的图样，不必另行画图。

3）特殊零件是重要零件，在设计说明书中都附带这类零件的图样或重要数据。

4）一般零件是装配图中拆画零件的主要对象。

（2）表达方案的处理　零件的表达方案是根据零件的结构形状特点考虑的，不强求与装配图完全一致。一般情况下，箱体类零件主视图的位置可以与装配图一致。这样，装配机器时便于对照。

（3）零件结构形状的处理

1）局部结构。在装配图中，零件上某些局部结构未完全画出；零件上的标准结构（如倒角、倒圆、退刀槽等）大多简化了，拆画时应考虑设计和工艺要求，补画出这些结构。部分标准结构可从附录 F 中查得。

2）被挡要素。凡是被其他零件挡住的图线都需补画出来。

3）特殊要素。若零件上某部分需与另一零件装配在一起加工时，则应在零件图上注明。当零件上采用弯曲卷边等变形方法连接时，应画出其连接前的形状。

（4）零件图尺寸的处理　装配图上的尺寸不多，单个零件结构形状的大小，经过设计人员的考虑，虽未注尺寸数字，但基本上是合适的，可从图样上按比例直接量取尺寸。尺寸标注可按上一章讨论过的方法和要求标注。尺寸的大小则必须根据不同的情况分别处理。

1）凡是装配图上已标注的与该零件有关的尺寸，都直接抄注到零件图上。凡在明细栏中给定了的尺寸按给定尺寸注出。

2）与标准件相连接或配合的尺寸，从相应的标准中查取，并与相应零件协调一致。零件上的工艺结构的尺寸也应查国家标准确定。

3）根据给定参数计算确定的有关尺寸，应由计算确定。

4）从图上量取或自行确定的一般尺寸，可按装配图的比例采用比例尺直接从装配图上量取标注。对在装配图上无法量取的尺寸，要根据机器部件的性能要求自行确定。

值得注意的是，标注尺寸时，首先应根据零件在机器部件中的作用、零件设计和工艺要求等选好尺寸基准，以便合理地标注零件各部分尺寸。

（5）零件表面结构参数的确定　零件上各表面结构参数是根据其作用和要求确定的。对于表面粗糙度轮廓参数值的选取，一般接触面与配合面以及有密封、耐蚀、美观等要求的表面，Ra 数值应较小，自由表面的 Ra 数值较大。表面结构参数可查阅有关资料，结合表 8-11 选择标注。

3. 拆画零件图举例

现以图 9-5 所示齿轮泵的右端盖 7 为例分析画零件图的过程，如图 9-25 所示。

由主视图可见：右端盖上部有传动齿轮轴 3 穿过，下部有齿轮轴 2 轴颈的支承孔，在右部的凸缘的外圆柱面上有外螺纹，用压紧螺母 10 通过轴套 9 将密封圈 8 压紧在轴的四周。

由左视图可见：右端盖的外形为长圆形，沿周围分布有 6 个螺钉沉孔和 2 个圆柱销孔。

第9章 装配图

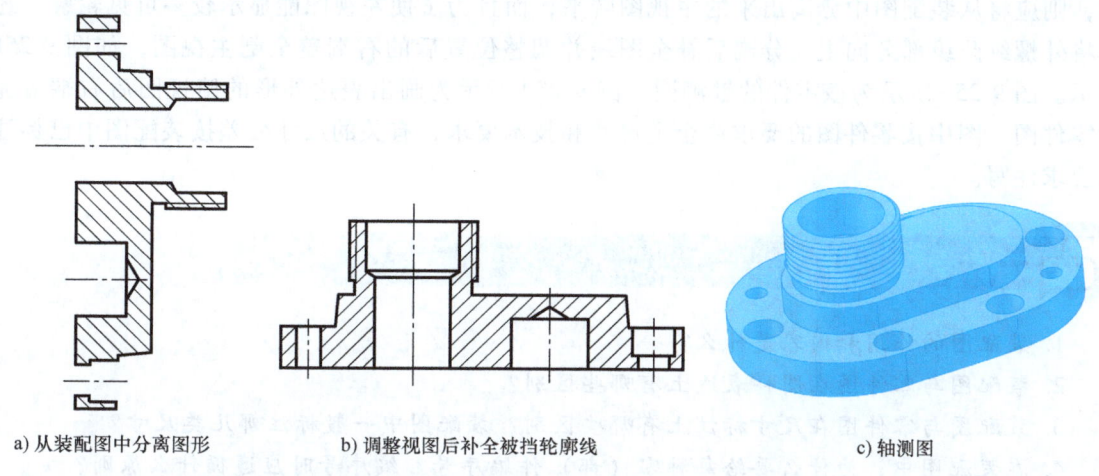

a) 从装配图中分离图形　　b) 调整视图后补全被挡轮廓线　　c) 轴测图

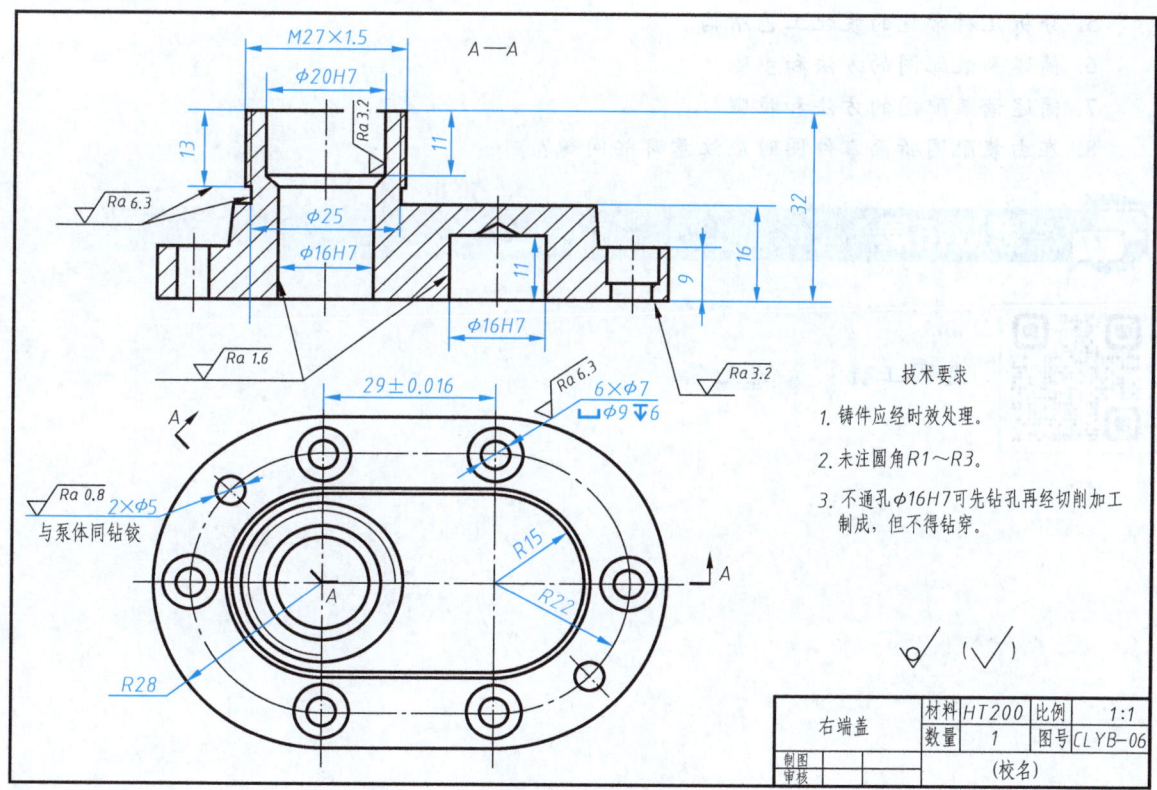

d) 画出零件图

图 9-25　齿轮泵右端盖拆画过程

拆画此零件时，先从主视图上区分出右端盖的视图轮廓，由于在装配图的主视图上，右端盖的一部分可见投影被其他零件所遮挡，因而它是一幅不完整的图形，如图 9-25a 所示。根据此零件的作用及装配关系，可以补全所缺的轮廓线。这样的盘、盖类零件一般可用两个视图表达，从装配图的主视图中拆画右端盖的图形，显示了右端盖各部分的结构，仍可作为零件图的主视图，再加上表达外形的视图，即可完整表达该零件结构。若用主、俯视图表达，则应将从装配图中分离出来的主视图转平，而且为了使左视图能显示较多可见轮廓，还应将外螺纹凸缘部分向上。分离后补全图线并调整位置后的右端盖全剖主视图，如图 9-25b 所示。图 9-25c 所示为该零件的轴测图。图 9-25d 所示为画出表达外形的俯视图后右端盖完整零件图。图中按零件图的要求注全了尺寸和技术要求，有关的尺寸公差按装配图中已标注的要求注写。

思考题

1. 装配图的作用和内容是什么？
2. 装配图与零件图在图样表达上有哪些区别？
3. 装配图与零件图在尺寸标注上有哪些区别？装配图中一般标注哪几类尺寸？
4. 在装配图中，为什么要给每种零（部）件编序号？编序号时应遵循什么原则？
5. 分析几种常见的装配工艺结构。
6. 简述画装配图的方法和步骤。
7. 简述读装配图的方法和步骤。
8. 在由装配图拆画零件图时应注意哪些问题？

思政拓展

大国工匠：大道无疆

第10章 焊接图

> **内容提要**：本章主要介绍焊接图的基本知识。通过本章学习，了解焊接图的特点及画法，掌握焊缝符号的组成和标注方法。
>
> **本章重点**：焊缝符号的组成和标注方法。

利用局部加热填充熔化金属或用加压等方法将需要连接的金属零件熔合在一起的方法称为焊接。焊接的优点是施工简单，连接可靠，可以解决大多数板材制品的连接，所以在生产中得到广泛的应用。由于拆开焊接件时要损坏被连接零件，因而焊接是一种不可拆连接。

10.1 焊缝符号

如图 10-1 所示，两零件焊接的结合处称为焊缝。常见的焊接方式有对接、搭接、T 形接和角接等。

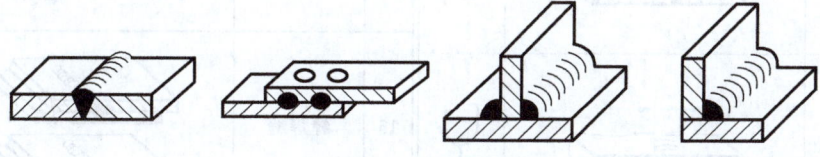

图 10-1 常见焊缝示意图

GB/T 324—2008 和 GB/T 12212—2012 中规定了在图样上标注焊缝符号的规则。焊缝符号主要由指引线、基本符号、补充符号和尺寸符号等组成。

1. 指引线

指引线一般由箭头线和基准线组成，如图 10-2 所示。箭头线应指向有关焊缝处，基准线一般应与标题栏平行，焊缝符号标注在基准线上面、下面或中间处。必要时，可在基准线末端加一"尾部"，作为其他说明之用（如焊接方法、焊缝数量等）。

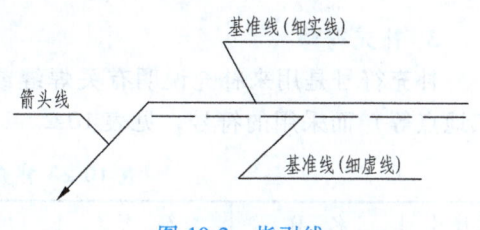

图 10-2 指引线

2. 基本符号

基本符号是表示焊缝横截面形状的符号，它采用近似焊缝横截面形状的符号来表示。基本符号用粗实线绘制，见表 10-1。

表 10-1　部分基本符号（GB/T 324—2008）

序号	名称	示意图	符号	序号	名称	示意图	符号
1	卷边焊缝		 八	8	带钝边 J 形焊缝		 ⊨
2	I 形焊缝		‖	9	封底焊缝		⌒
3	V 形焊缝	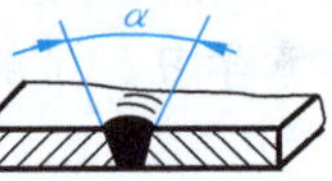	 ∨	10	角焊缝	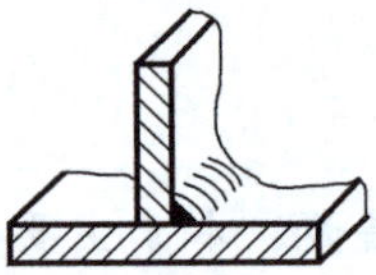	△
4	单边 V 形焊缝		 ⌐	11	塞焊缝或槽焊缝	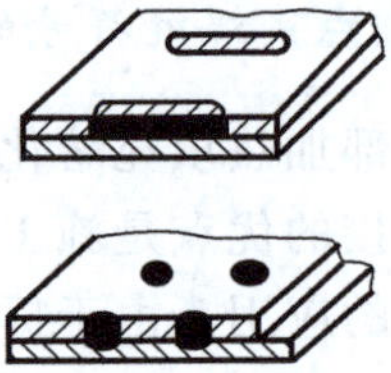	⊓
5	带钝边 V 形焊缝		 Y	12	点焊缝	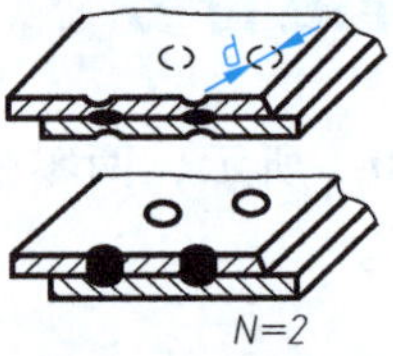	○
6	带钝边单边 V 形焊缝		⌐	13	缝焊缝		⊖
7	带钝边 U 形焊缝	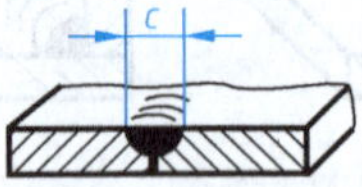	 ⋃			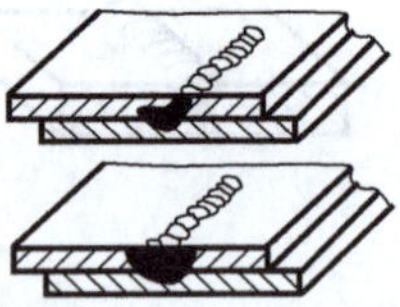	

3. 补充符号

补充符号是用来补充说明有关焊缝或接头的某些特征（如表面、衬垫、焊缝分布、施工地点等）而采用的符号，见表 10-2。

表 10-2　补充符号（GB/T 324—2008）

序号	名称	符号	说明
1	平面	 —	焊缝表面通常经过加工后平整
2	凹面	 ⌣	焊缝表面凹陷
3	凸面	 ⌢	焊缝表面凸起

第10章 焊接图

(续)

序号	名称	符号	说明
4	圆滑过渡		焊趾处过渡圆滑
5	永久衬垫	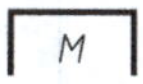 M	衬垫永久保留
6	临时衬垫	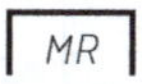 MR	衬垫在焊接完成后拆除
7	三面焊缝		三面带有焊缝
8	周边焊缝	○	沿着工件周边施焊的焊缝 标注位置为基准线与箭头线的交点处
9	现场焊缝		在现场焊接的焊缝
10	尾部		可以表示所需的信息

焊缝的标注示例,见表10-3。

表10-3 焊缝的标注示例

接头形式	焊缝形式	标注示例	说明
对接接头	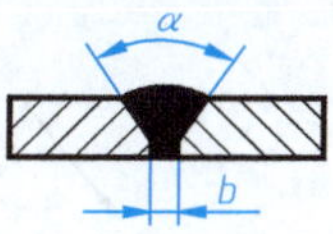	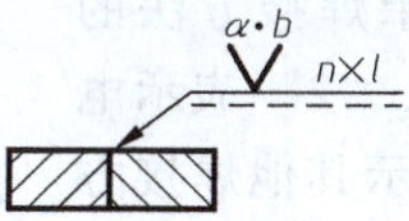	表示V形焊缝的坡口角度为 α,根部间隙为 b,有 n 段长度为 l 的焊缝
T形接头	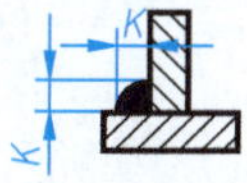	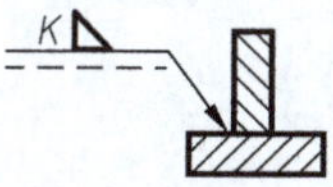	表示单面角焊缝,焊脚尺寸为 K
T形接头	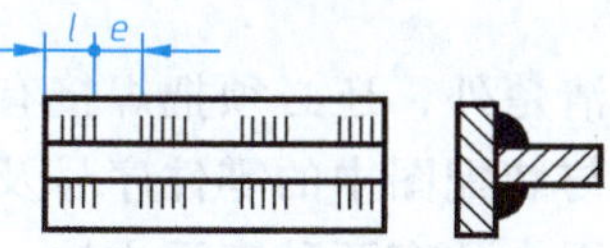	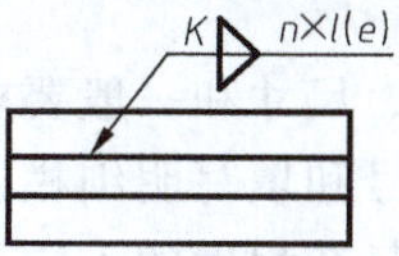	表示有 n 段长度为 l 的双面断续角焊缝,焊缝间隔为 e,焊脚尺寸为 K
T形接头	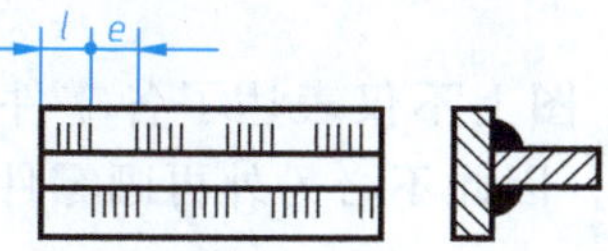	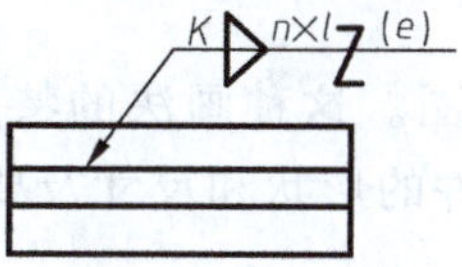	表示有 n 段长度为 l 的双面交错断续角焊缝,焊缝间隔为 e,焊脚尺寸为 K
角接接头	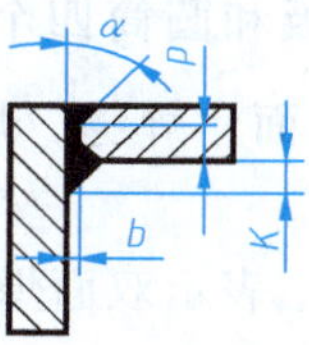	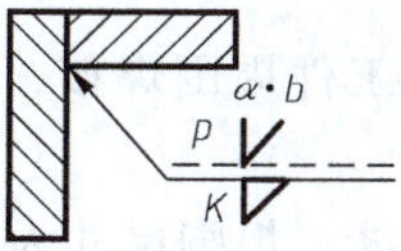	表示为双面焊接,上面为单边V形焊缝,下面为角焊缝

（续）

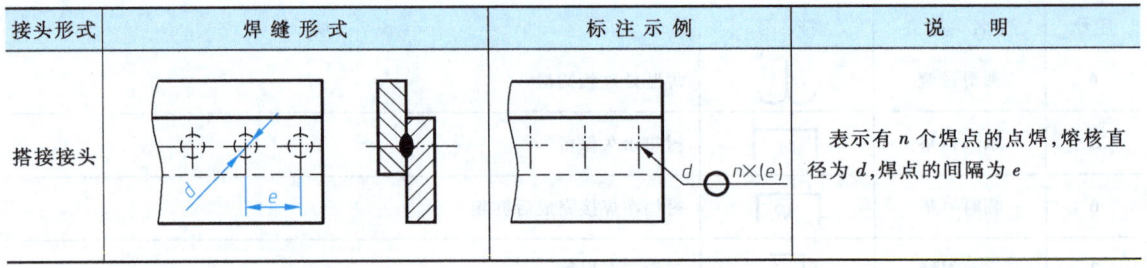

接头形式	焊缝形式	标注示例	说　　明
搭接接头			表示有 n 个焊点的点焊,熔核直径为 d,焊点的间隔为 e

4. 焊接方法的标注

GB/T 5185—2005《焊接及相关工艺方法代号》中规定用数字代号表示焊接方法，见表10-4。在焊缝符号的指引线的尾部加注，如图10-3所示。

表10-4　常用焊接方法及其数字代号

焊接方法	代号	焊接方法	代号
焊条电弧焊	111	MIG焊（含氧化极氩弧焊）	131
埋弧焊	12	MAG焊（含CO_2气体保护焊）	135
单丝埋弧焊	121	非惰性气体保护的药芯焊丝电弧焊	136
带极埋弧焊	122		
氧乙炔焊	311	TIG焊（含钨极氩弧焊）	141
电渣焊	72	等离子弧焊	15

表中代号的第一位数字表示焊接方法的分类代号，如"1"表示电弧焊；"2"表示电阻焊；"3"表示气焊；"7"表示其他焊接方法；"9"表示硬钎焊、软钎焊及钎接焊等。第二位及第三位数字为细分类号。

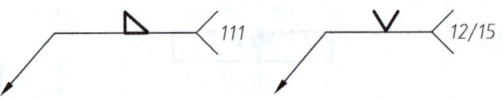

图 10-3　焊接方法的标注

10.2　焊接图简介

焊接图除了应把零件的形状、尺寸和一般要求表达清楚外，还必须把焊接有关的内容表达清楚。焊接图中需标注零件序号和填写明细栏，方法与装配图中的零件序号及明细栏填写方法基本相同。根据焊接件结构复杂程度的不同，焊接图大致有两种表示方法。

1. 整体式焊接图

图10-4所示为整体式焊接图。这种画法的特点是：图上不仅表达了各零件的装配、焊接要求，而且还表达了每个零件的形状和尺寸及要求等，因此不必另外再画零件图。它适用于简单结构的焊接件。

图10-4所示轴承挂架为一个焊接件，由立板、横板、肋板和圆筒四个零件组成。焊缝符号中的"○"表示环绕工件周围焊接，"◁"表示单面角焊缝，焊脚尺寸为4mm。肋板的上下两条边都是双面角焊缝，焊脚尺寸为5mm。表示双面焊缝，正面焊缝开

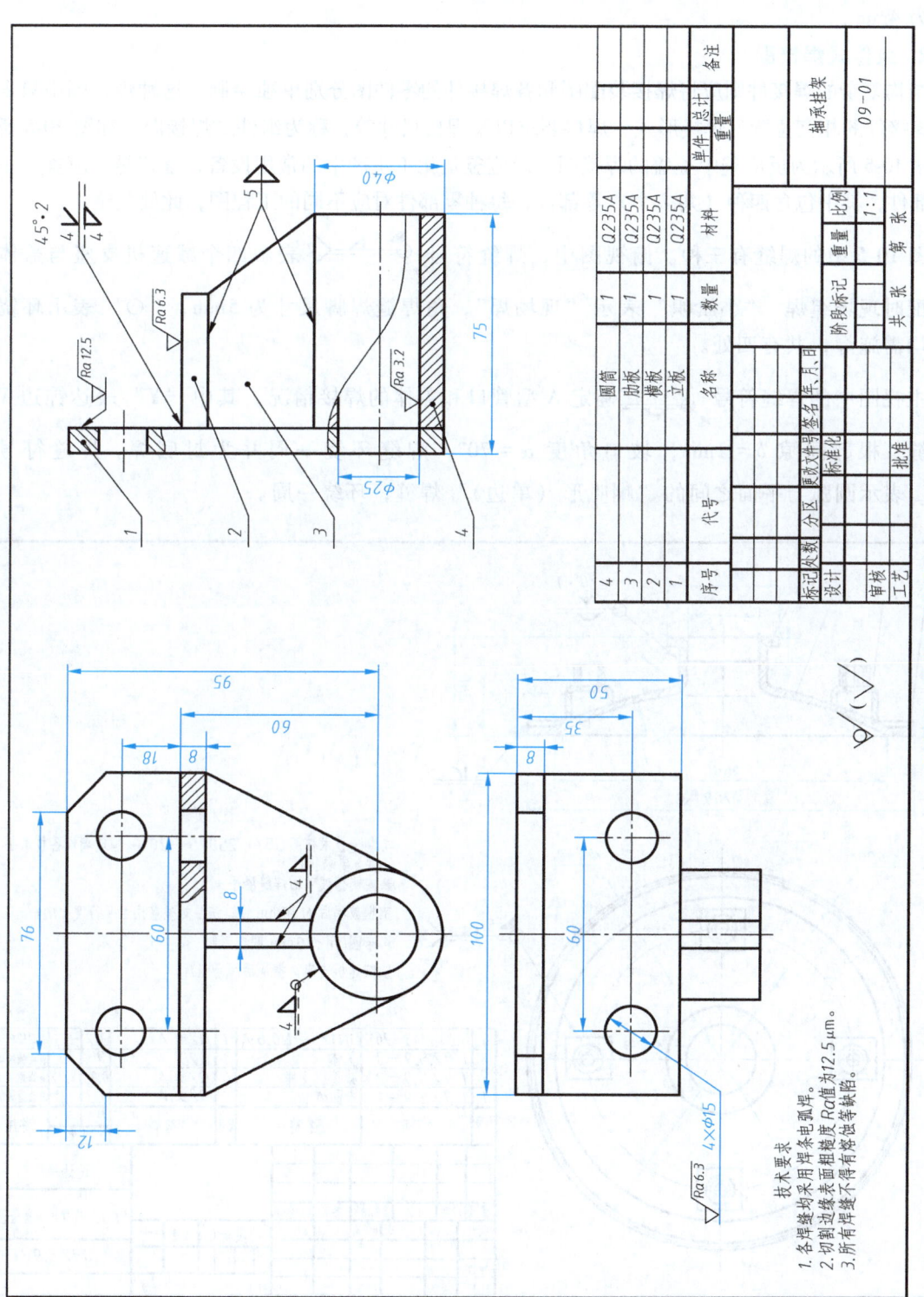

图 10-4 整体式焊接图

单边V形坡口，坡口角度为45°，钝边为4mm，根部间隙为2mm，背面为单面角焊缝，焊脚尺寸为4mm。

2. 组件式焊接图

结构复杂的焊接件则应将焊接装配图和各焊接件的零件图分别单独绘制，这种焊接图中只表达各焊接件的相互位置、焊接形式、焊接要求以及焊接尺寸等，称为组件式焊接图，如图10-5所示。图10-5所示为反应釜中釜盖的焊接图。反应釜是化工生产中的常用设备，釜盖是反应釜的一个小部件，其中包含四种（共7个）零部件，每种零部件对应不同的工程图，此处从略。

图10-5中的焊缝有三种。俯视图中，焊缝符号 表示四个减速机支座与盖体在装配时现场组焊，"小旗帜"表示"现场焊"，角焊缝焊脚尺寸为5mm，"○"表示环绕周围均需施焊，共有四处。

主视图中的焊缝符号 确定A型管口和盖体的焊接情况，其中"Y"表达钝边V形焊缝，根部间隙 $b = 1$mm，坡口角度 $\alpha = 70°$，焊缝环绕一周并为封底焊。焊缝符号 表示圆弧与平面之间的"喇叭形（单边）"焊缝，环绕一周。

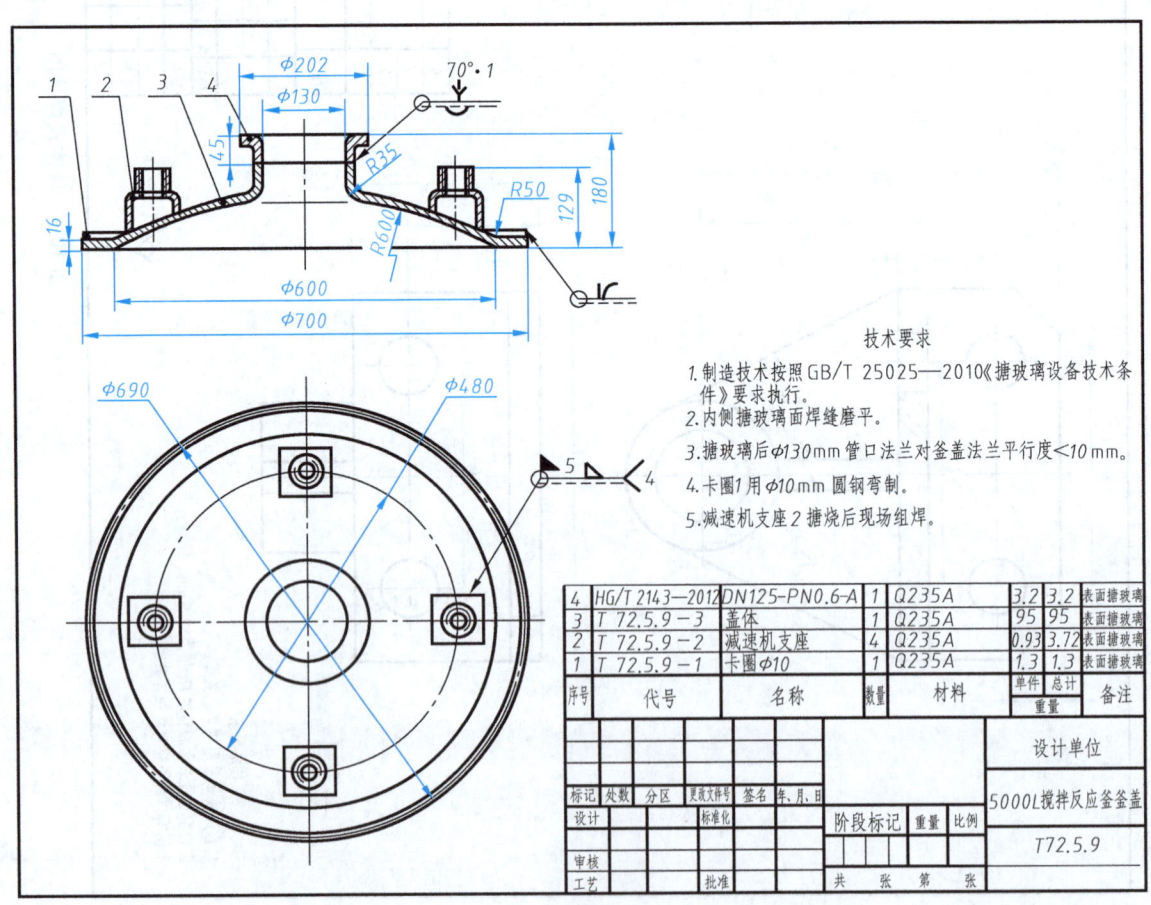

图10-5 组件式焊接图（釜盖）

思考题

1. 焊缝符号主要由哪几部分组成？
2. 简述焊缝符号在图中的标注方法。
3. 焊接图主要有哪几种表示方法？分别解释其各自的特点和适用对象。

思政拓展

大国工匠：大任担当

第11章 电气图

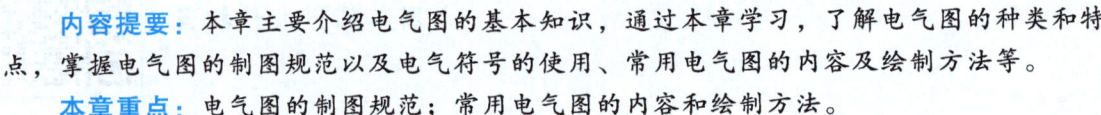

内容提要：本章主要介绍电气图的基本知识，通过本章学习，了解电气图的种类和特点，掌握电气图的制图规范以及电气符号的使用、常用电气图的内容及绘制方法等。

本章重点：电气图的制图规范；常用电气图的内容和绘制方法。

11.1 概述

电气图是用电气图形符号、带注释的围框或简化外形等，表示电气系统、装置和设备各组成部分的相互关系及其连接关系，用以表达其功能、用途、原理、装接和使用信息的一种简图。

11.1.1 电气图的分类

电气信息的多样性决定了电气图种类的多样性和表达形式的多样性，GB/T 6988.1—2008 将电气图的类型进行了简化、合并，按功能划分为六类，如图 11-1 所示。

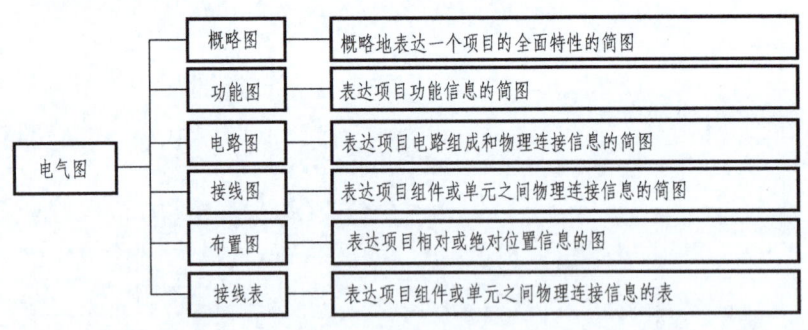

图 11-1 电气图的基本分类

图 11-1 所示为电气图的基本分类，并非每一种电气装置、设备或电气工程都具备这些图，表达对象、目的和用途不同，图的数量和种类也不同，基本原则是，在表达清楚的基础上，越简练越好。

11.1.2 电气图的一般特点

电气图作为一大类专业技术图，与机械图、建筑图及其他专业工程图相比，具有一些明显的特点。

1. 电气图常见的表达方式有简图、表图及表格

1）简图是用图形符号、带注释的框或简化的外形，来表示系统或设备中各组成部分之间的相互关系。简图并不是指内容的"简单"，而是指形式的"简化"，是相对于严格按几何尺寸、绝对位置等画出的机械图、建筑图或其他工程图而言。电气图的大多数图，如电气概略图、功能图、接线图及电路图等均属于简图。

2）表图是指用数量较少的专用图形符号和文字说明相结合的方法，来说明两个或两个以上变量之间关系的一种图，如曲线、时序图及功能表图等。表图不能理解为图表，表图的表达形式主要是用图而不是用表。

3）表格是将数据等内容采用纵横排列的方式表述出来，用来表述系统、成套设备中各组成部分的相互关系或连接关系，以及用以提供工作参数。

2. 电气图以电气元件和连接线作为表达的主要内容

电气设备主要由电气元件和连接线组成。因此，无论电路图、功能图、概略图还是接线图或布置图都是以电气元件和连接线作为描述的主要对象，也是电气图所要表达的主要内容。电气元件和连接线有多种不同的描述方式，从而构成了电气图的多样性。

3. 电气图的主要布局方法是功能布局法和位置布局法

功能布局法是指在绘图时，图中各元件的位置只考虑元件之间的功能关系，而不考虑元件的实际位置的一种布局方法。概略图、功能图和电路图均采用这种布局方法。位置布局法是指电气图中的元件位置对应于元件的实际位置的一种布局方法。接线图和设备布置图采用的是这种布局方法。

4. 图形符号、文字符号是电气图的主要组成部分

一个电气系统或装置通常由许多部件、组件构成，这些部件、组件或者功能模块称为项目，项目一般由简单的图形符号表示。为了区分项目的名称、功能、状态、特征及安装位置等，通常要在图形符号旁标注相应的文字符号。

11.1.3 电气制图规范及文字、图形符号

电气图作为一种工程语言，在图样管理与使用上必须遵循相关的国家标准，主要依据为国际电工委员会（简称为IEC）制定的国际标准。常用的国家标准有GB/T 6988.1《电气技术用文件的编制 第1部分：规则》、GB/T 4728《电气简图用图形符号》和GB/T 5465《电气设备用图形符号》等相关标准。此外，电气制图在图纸幅面、比例、字体、图线等几个基本方面，应该遵循《技术制图》或《机械制图》的相关规定，建筑电气平面图的建筑部分不能违背《建筑制图》的规定。

1. 图面的有关规定

电气图的图面包括边框线、图框线、标题栏和会签栏。图纸幅面、图框及标题栏参照第1章中机械制图相关标准选取或绘制。会签栏是供相关专业设计人员会审图样时签名和标注日期用的。为了便于查找图中项目的位置，可用细实线在图纸周边画出分区。图幅的分区方法是：在图的边框处，竖边方向用大写拉丁字母进行编号，横边方向用阿拉伯数字进行编号，编号顺序从标题栏相对的左上角开始，分区数为偶数，区域代号为字母和数字的组合，如图11-2所示。图幅分区后，相当于在图样上建立了一个坐标。电气图上项目和连接线的

位置则由此"坐标"唯一地确定。

2. 图线、字体及其他

(1) 图线 电气图中图线的绘制应该遵循《技术制图》或《机械制图》的相关规定。本书第 1 章中所介绍的 9 种图线中 6 种可应用于电气图中，见表 11-1。图线的宽度 d 应根据图纸的类别、比例和复杂程度选用。电气管线的线宽一般取 0.5mm 或 0.7mm；电气设备的可见轮廓线、电气控制原理图中的控制线路的宽度一般为 $0.5d$，建筑的可见轮廓线为 $0.25d$。

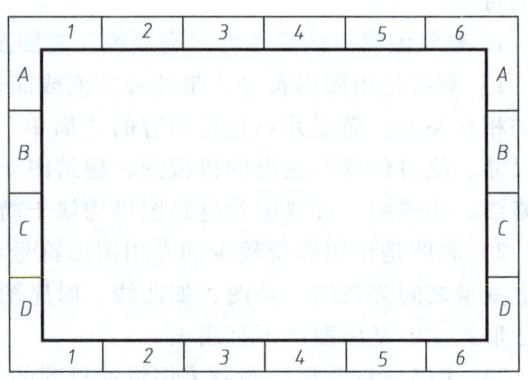

图 11-2 图幅分区示例

表 11-1 电气图中常用图线及其应用

序号	图线名称	线 型	应 用 范 围
1	粗实线	————	电气线路、一次线路
2	细实线	————	二次线路、一般线路
3	细虚线	- - - -	辅助线、屏蔽线、机械连线
4	细点画线	— · — · —	控制线、信号线、围框线
5	双点画线	— ·· — ·· —	辅助围框线
6	粗点画线	— · — · —	特殊要求线

(2) 字体 电气图中的字体一般应符合 GB/T 14691 的规定，所用汉字为 B 型长仿宋体，字高应依幅面而定。国家标准推荐的电气图中字体的最小高度，见表 11-2。

表 11-2 电气图中字体的最小高度

图纸幅面代号	A0	A1	A2	A3	A4
字体的最小高度/mm	5	3.5	2.5	2.5	2.5

(3) 箭头和指引线 电气图中主要有两种形状的箭头：开口箭头和实心箭头。开口箭头如图 11-3a 所示，用于电气能量、电气信号的传递方向；实心箭头如图 11-3b 所示，用于可变性力或运动的方向以及指示的方向。

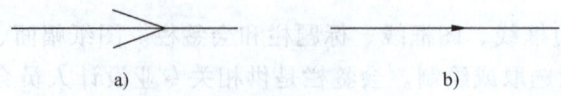

a)   b)

图 11-3 电气图中的箭头

指引线用来指示注释的对象，用细实线绘制，并在末端加注标记：指向轮廓线内，末端加一黑点，如图 11-4a 所示；指向轮廓线上，末端加一实心箭头，如图 11-4b 所示；指向电气连接线上，末端加短画线，如图 11-4c 所示。

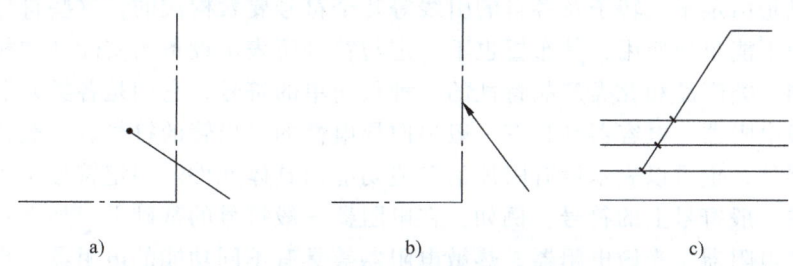

图 11-4 指引线末端标记

（4）比例 大部分电气图（如电路图）是不按比例绘制的，但位置图应按比例绘制。电气图常用的比例是 1∶1100、1∶500、1∶200、1∶110、1∶60、1∶50、1∶20、1∶11 等。如需其他比例则应按机械制图的相关规定选取。

3. 电气符号

（1）电气符号的构成与分类 电气图中的符号包括图形符号和文字符号，图形符号又可分为电气简图用图形符号和电气设备用图形符号。电气简图用图形符号共十二类，见表 11-3；图形符号详见 GB/T 4728.2～GB/T 4728.13。电气设备用图形符号详见 GB/T 5465.2—2008。

表 11-3 电气简图用图形符号的分类

序号	分类名称	内容
1	符号要素、限定符号和其他常用符号	包括轮廓和外壳、电流和电压的种类、可变性、材料类型、机械控制、操作方法、非电量控制、接地、接机壳和等电位、理想电路元件等
2	导体和连接件	包括各种导线、接线端子、端子和导线的连接、连接器件、电缆附件等
3	基本无源元件	包括电阻器、电容器、电感器和压电晶体等
4	半导体管和电子管	包括二极管、三极管、晶体管、晶闸管、电子管等
5	电能的发生与转换	包括绕组、发电机、电动机、变压器、变流器等
6	开关、控制和保护器件	包括触点、开关、开关装置、控制装置、启动器、继电器、熔断器、保护器、避雷器等
7	测量仪表、灯和信号器件	包括指示灯、记录仪表、传感器、灯、扬声器和电铃等
8	电信:交换和外围设备	包括交换系统、电话机、数据处理设备等
9	电信:传输	包括通信线路、天线、信号发生器、调制解调器、传输线路等
10	建筑安装平面布置图	包括发电站、变电所、网络、音响和电视的电缆配电系统、开关、插座引出线、电灯引出线、安装符号等
11	二进制逻辑元件	包括存储器、计数器等
12	模拟元件	包括放大器、电子开关、函数器等

电气简图用图形符号通常由符号要素、一般符号、限定符号等组成。符号要素是一种具

有确定意义的简单图形，必须同其他图形组合才能构成一个设备或概念的完整符号。例如：三相异步电动机是由定子、转子及各自的引线等几个符号要素构成的，这些符号要求有确切的含义，但一般不能单独使用，其布置也不一定与符号所表示设备的实际结构相一致。一般符号用于表示同一类产品和此类产品特性的一种很简单的符号，它们是各类元器件的基本符号。例如：一般电阻器、电容器和具有一般单向导电性的二极管的符号。一般符号不但广义上代表各类元器件，也可以表示没有附加信息或功能的具体元件。限定符号是用以提供附加信息的一种加在一般符号上的符号。例如：在电阻器一般符号的基础上，加上不同的限定符号就可组成可变电阻器、光敏电阻器、热敏电阻器等具有不同功能的电阻器。也就是说使用限定符号以后，可以使图形符号具有多样性。

限定符号一般不能单独使用。一般符号有时也可以作为限定符号。例如：电容器的一般符号加到二极管的一般符号上就构成变容二极管的符号。

（2）图形符号的绘制原则

1）所有符号均应按无电压、无外力作用的正常状态，如按钮未按下、闸刀未合闸等。

2）在图形符号中，某些设备元件有多个图形符号，在选用时，应该尽可能选用优选形式；在能够表达其含义的情况下，尽可能采用最简单形式；在同一图中使用时，应采用同一形式。图形符号的大小和线条的粗细应基本一致。

3）为适应不同需求，可将图形符号根据需要放大和缩小，但各符号相互间的比例应该保持不变。图形符号绘制时方位不是强制的，在不改变符号本身含义的前提下，可将图形符号根据需要旋转或成镜像放置。

4）图形符号中导线符号可以用不同宽度的线条表示，以突出和区分某些电路或连接线。一般常将电源或主信号导线用加粗的实线表示。

（3）文字符号　电气图中的文字符号是指用以表明电气设备、装置和元器件种类的字母代码和功能字母代码，主要用于标明电气设备、装置和元器件的名称、功能、状态和特征，可在电气设备、装置和元器件上或其近旁使用。电气技术中的文字符号分为基本文字符号和辅助文字符号。

1）基本文字符号。基本文字符号分为单字母符号和双字母符号两种。单字母符号是用拉丁字母将各种电气设备、装置和元器件分为二十三大类，每一类用一个字母表示。例如："R"代表电阻器，"M"代表电动机，"C"代表电容器等。双字母符号是由一个表示种类的单字母符号与另一字母组成，单字母符号在前，另一字母在后。双字母中在后的字母通常选用该类设备、装置和元器件的英文单词的首位字母，这样，双字母符号可以较详细和更具体地表述电气设备、装置和元器件的名称。例如："RP"代表电位器，"RT"代表热敏电阻，"MD"代表直流电动机，"MC"代表笼型异步电动机。

2）辅助文字符号。辅助文字符号是用以表示电气设备、装置和元器件以及线路的功能、状态和特征的，通常也是由英文单词的前一两个字母构成的。例如："DC"代表直流（Direct Current），"IN"代表输入（Input），"S"代表信号（Signal）。

辅助文字符号一般放在单字母文字符号后面，构成组合双字母符号。例如："Y"代表电气操作机械装置的单字母符号，"B"代表制动的辅助文字符号，"YB"代表制动电磁铁的组合符号。辅助文字符号也可单独使用，如"ON"代表闭合、"N"代表中性线。

表11-4中列出了部分常用电气符号。

表 11-4　部分常用电气符号

名　称	文字符号	图形符号	名　称	文字符号	图形符号
电阻器	R	 ─▭─	电容器	C	 ─┤├─
可调电阻	R	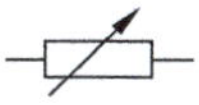 ─▧─	可调电容	C	 ─⫰├─
电感器	L	 ⌒⌒⌒	半导体二极管	VD	 ─▽─
带磁心的电感器	L	 ⌒⌒⌒	发光二极管	VD	 ─▽─
灯	H	 ⊗	开关	Q	 ╱
电动机	M	 Ⓜ	发电机	G	 Ⓖ

11.2　电气图简介

11.2.1　概略图

概略图也称为系统图或框图，是指表示系统、分系统、装置、设备和软件中各项目之间主要关系和连接的相对比较简单的简图，主要用来表明系统的规模、整体方案、组成情况及主要特性等，通常采用单线表示法绘制而成。

（1）概略图的作用　为了从整体上描述设计对象的基本构成和主要部件的相互关系，通常在对系统、分系统、成套装置及设备等进行设计时，都要绘制概略图。它为进一步编制详细技术文件及电路图、接线图、平面图等，为进行有关的电气计算、选择导线和开关等，拟定配电装置的布置和安装位置等提供主要依据，供电气安装、操作和维修时使用。

（2）概略图的基本形式　概略图通常是按功能布局法绘制而成的。在表示控制系统的概略图时，主控系统的功能性组通常是放在被控系统的功能性组的左边或上边，以符合信号流的主要流向从左到右或者从上到下的原则，从而可清晰地表示主控系统和被控系统之间的功能关系。概略图常用的基本形式有综合概略图和一般符号概略图。

图 11-5a 所示为某供电系统概略图。在该图中，发电机 G 输出的电，先经电力变压器 T1 进行升压，经高压输电线 W1 至区域变电所的降压变压器 T2 进行降压，然后经高压输电线 W2 至用户变压器 T3 进行降压，最后经低压配电线去用户。

图 11-5b 所示为某住宅楼的照明配电系统概略图。在该图中，220 V 交流电经电力系统总开关 Q 和熔断器 FU1，分成三路，分别经熔断器 FU2、FU3 和 FU4 提供给三户作为照明用电。

电气概略图中的各元件，如发电机、变压器、导线、开关等，流过的电流都是主电流或一次电流，这些设备又被称为一次设备，因此，常见的电气概略图又特指一次设备按一定次序连成的电气图，习惯称其为一次电路图或主接线图。

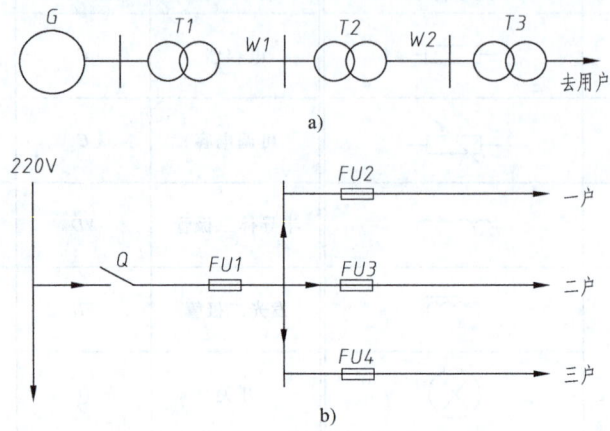

图 11-5 概略图

概略图如果用框的形式概略表示其组成，也称为框图，如图 11-6 所示为集成串联稳压器的系统框图，描述了该稳压器的基本组成、工作原理和主要特征。

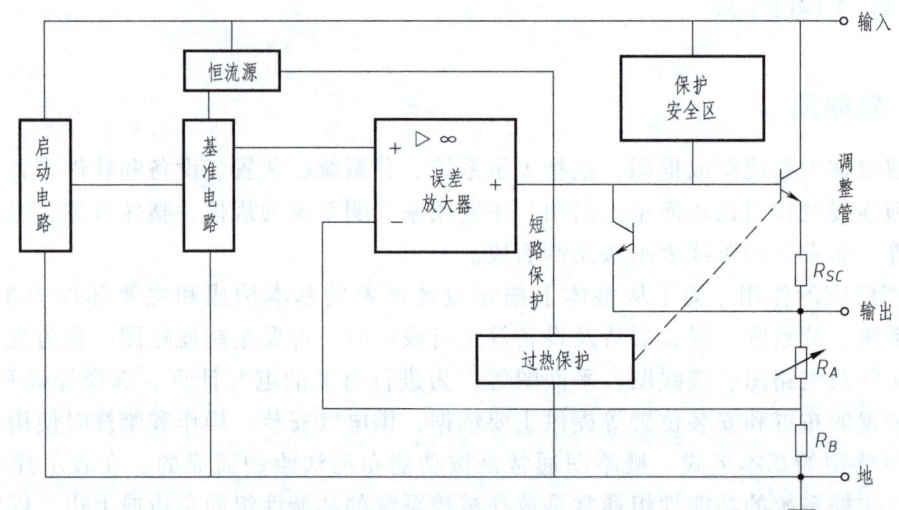

图 11-6 集成串联稳压器的系统框图

11.2.2 功能图

表达项目功能信息的简图，称为功能图。功能图忽略表达项目成分之间的其他关系，用理论的或理想的电路而不涉及实现方法，详细表达系统、分系统、装置、部件、设备、软件等功能。功能图的内容至少应包括必要的功能图形符号及其信号和主要控制通路连接线，还可以包括其他信息，如波形、公式和算法，但一般不包括实体信息（如位置、实体项目和端子代号）和组装信息。功能图包括表达二进制元件逻辑关系的逻辑功能图、表达控制系统功能和状态的表图、表达项目的电或磁行为模型的等效电路图、表达功能单元的各端子接口连接和内部功能的端子功能图、表达各个单元工作次序或状态的顺序表图以及表达程序单元模块及其互联关系的程序图等。图 11-7 所示为恒值发电机的功能图。

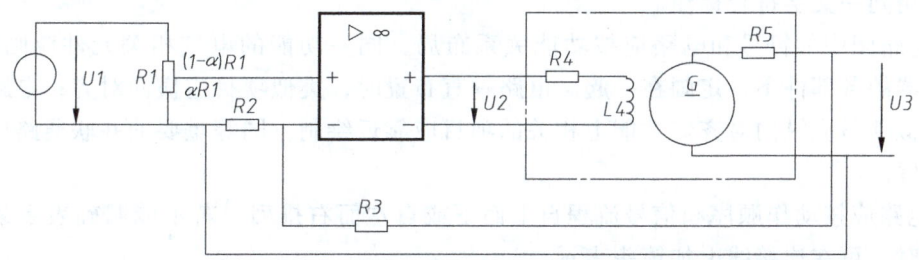

图 11-7　恒值发电机的功能图

功能图中使用的符号一般都是功能类型的符号，其中应用最多的是功能框形符号。功能图的主要信息流应从左至右或从上到下。在信息流向不明显的地方，可在载信息的线上加一开口箭头标记。

11.2.3　电路图

电路图是电路原理图的简称，通常是根据电气线路图简化而来的。电路图的作用是表达电路的工作原理和连接状态，以表达功能为主而不需要考虑项目的实际尺寸、形状或位置。电路图中的电气设备均采用图形符号和文字符号表示，并按工作顺序和功能顺序排列。这种图有助于详细了解电气设备的工作原理或工作过程，分析和计算电路特性，分析判断故障的大概部位等，也为绘制接线图提供了依据。电路图有的是单独绘制的，也有的是与接线图、功能图（表）等画在同一张图上。图 11-8 所示为三相异步电动机带按钮互锁的正反转控制电路图。

电路图所描述的对象十分广泛，如电力电路图、控制电路图、电信电路图等，各有各的特点。下面所介绍的是一般电路图的绘制原则和方法。

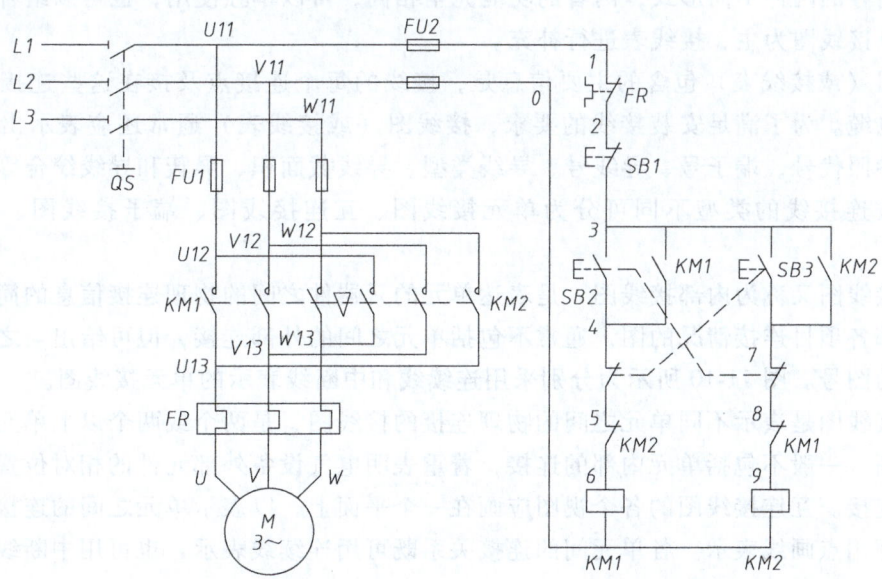

图 11-8　三相异步电动机带按钮互锁的正反转控制电路图

1) 电路图中各元器件的文字符号和图形符号必须按标准绘制和标注。同一电器的所有元件必须用同一文字符号标注。

2) 电路图中的符号和电路应按功能关系布局，同一功能的电气相关元件应画在一起，但同一电器的各部件不一定画在一起。电路垂直布置时，类似项目应横向对齐；电路水平布置时，类似项目应纵向对齐。功能上相关的项目应靠近绘制，同等重要的并联通路应按主电路对称布置。

3) 电路应按动作顺序和信号流程自上而下或自左而右排列。若不能明确表示某个信号流动方向时，可在连接线上加箭头表示。

4) 电路图中回路的连接点可用小圆点表示，也可不用小圆点表示，但在同一张图中宜采用一种表示形式。

5) 图中由多个元器件组成的功能单元或功能组件，必要时可用点画线框出。

6) 电路图分主电路和控制电路，一般主电路在左侧，控制电路在右侧。

7) 电路图中各电器应该是未通电或未动作的状态，二进制逻辑元件应该是置零的状态，机械开关应该是循环开始的状态，即按电路"常态"画出。

8) 在电路图中每个接触器线圈下方画出两条竖直线，分成左、中、右三栏，把受其控制而动作的触头所处的图区号填入相应的栏内，对备而未用的触头，在相应的栏内用记号"×"标出或不标出任何符号。

图 11-9 所示为 CA6140 卧式车床电路图，表达了该卧式车床中动力、供电、控制、照明等各方面的电路组成和工作原理。

11.2.4 接线图

接线图（或接线表）是表示元器件、器件、组件和装置之间实际连接关系的一种简图或表格，用于进行电气安装接线、线路检查、线路维修及故障排除等。接线图和接线表仅是表述相同内容的两种不同形式，两者的功能完全相同，可以单独使用，也可以组合在一起使用，通常以接线图为主，接线表进行补充。

接线图（或接线表）包含的主要信息是，接线的每个连接点及接在这些连接点上的所有导线和电缆。为了满足安装接线的要求，接线图（或接线表）通常还应表示出项目的相对位置、参照代号、端子号、导线号、导线类型、导线截面积、屏蔽和导线绞合等内容。接线图一般按连接线的类型不同可分为单元接线图、互连接线图、端子接线图、电缆接线图等。

单元接线图又称为内部接线图，是表达单元的元器件之间的物理连接信息的简图，是表示单元内部各项目连接情况的图，通常不包括单元之间的外部连接，但可给出与之相关的互连接线图的图号。图 11-10 所示为分别采用连续线和中断线表示的单元接线图。

互连接线图是表示不同单元之间的物理连接的接线图，是两个或两个以上单元之间连接情况的简图，一般不包括单元内部的连接，着重表明电气设备外部元件的相对位置及它们之间的电气连接。互连接线图的各个视图应画在一个平面上，以表示单元之间的连接关系。各单元的围框用点画线表示。各单元间的连接关系既可用连续线表示，也可用中断线表示。图 11-11 所示为分别采用连续线和中断线表示的互连接线图。

第11章 电气图

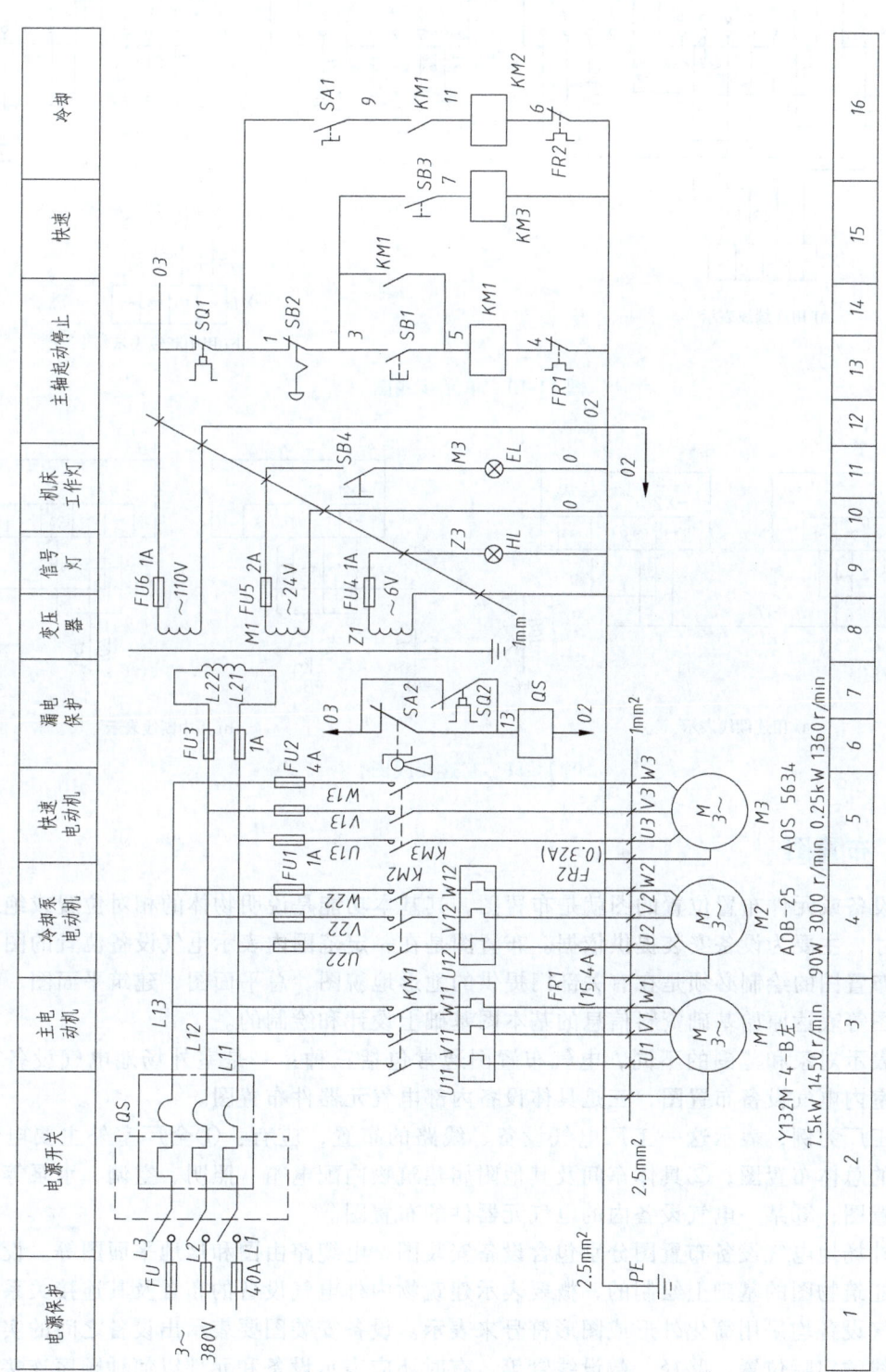

图 11-9 CA6140 卧式车床电路图

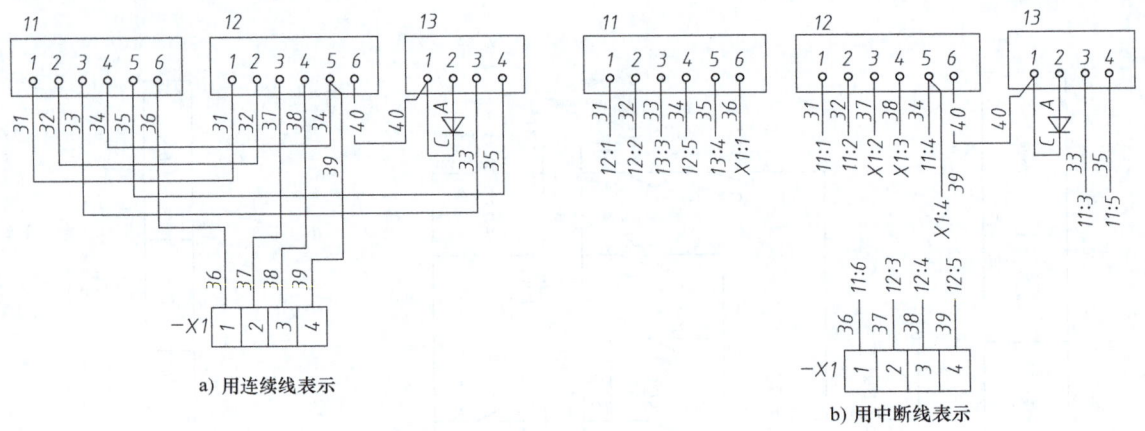

图 11-10 单元接线图

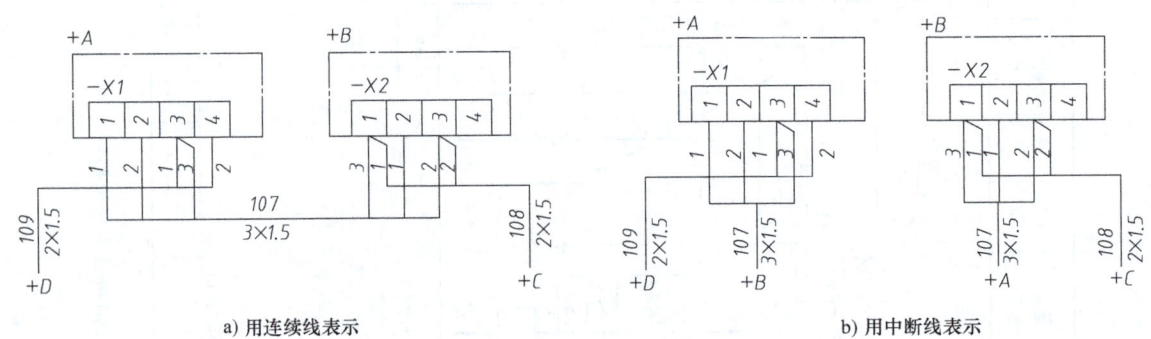

图 11-11 互连接线图

11.2.5 布置图

表示设备或元件布置位置的图就是布置图,其基本功能是说明物体的相对位置或绝对位置及其尺寸,主要为设备安装提供依据。布置图是在一定范围内表示电气设备位置的图,因此,电气布置图的绘制必须是在有关部门提供的地形地貌图、总平面图、建筑平面图、设备外形尺寸图等表达原始基础资料信息的基本图基础上设计和绘制的。

按照表示对象和范围的不同,电气布置图通常包括三种:一是室外场地电气设备布置图,二是室内电气设备布置图,三是具体设备内部电气元器件布置图。

以某工厂为例,表示这一工厂电气设备、线路的布置,应有:①全厂室外主要电气装置、线路的总体布置图;②具体车间及其他附属建筑物内配电箱、照明、空调、水泵等电气设备的布置图;③某一电气设备内的电气元器件的布置图。

室内外场地电气设备布置图分别包含设备安装图、电缆路由图和接地平面图等。设备安装图是在建筑物图的基础上绘制的,概要表示建筑物内外电气设备的布置及其连接关系,建筑物或电气设备均采用简化外形或图形符号来表示。设备安装图要表示出设备之间的实际距离、连接线的实际位置、路径、敷设线管等,有时还应表示设备和元件以何种顺序连接的具体情况。电缆路由图是以建筑物图为基础表示电缆沟、导管、固定件等以及实际电缆、电缆束的位置的图。接地平面图又称为接地图,是在建筑物图的基础上绘制的简图,表示接地极和接地母排的位置，同时要表示出重要接地元件的接地点。接地点还应表示接地导体，若有必要，还应表示出接地导体和接地极的尺寸或代码，以及连接方法和埋入掘进深度。

电气设备内的电气元器件的布置图则表示各种电气元器件在机械设备和电气控制柜中的实际安装位置，是提供电气元器件各个单元的布局和安装工作所需数据的图样。例如：电动机要和被拖动的机械装置在一起，行程开关应画在获取信息之处，操作手柄应画在便于操作的地方，一般电气元器件应放在电气控制柜中等。图 11-12 所示 CA6140 型车床控制盘电气布置图即属于这种布置图。

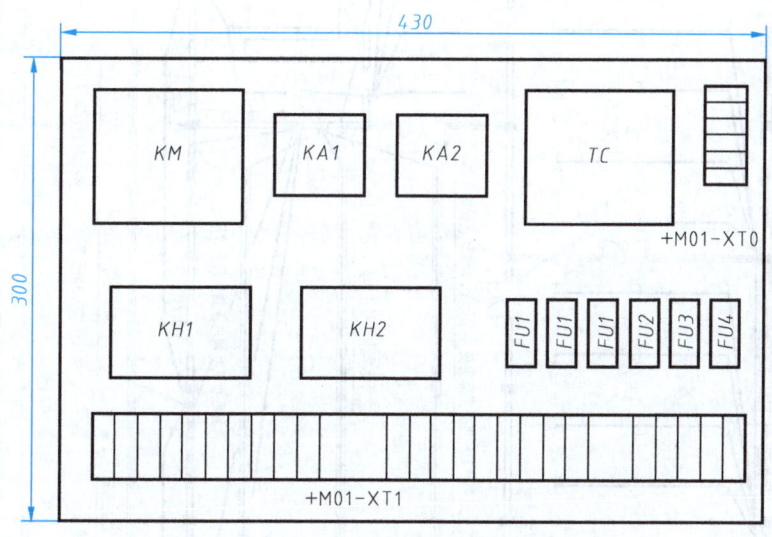

图 11-12　CA6140 型车床控制盘电气布置图

绘制电气设备内元器件布置图时应注意以下几点。

1）应将动力、控制和信号电路分开布置，并各自安装在相应的位置，以便于操作和维护。

2）电气控制柜中各元器件之间，上、下、左、右之间的连线应保持一定间距，并且应考虑元器件的发热和散热因素，应便于布线、接线和检修。

3）给出部分元器件型号和参数。

4）图中的文字符号应与概略图和电气设备清单中一致。

11.3　建筑电气工程图简介

通常把电气装置安装工程中的照明、动力、变配电装置、35kV 及以下架空线路及电缆线路、天车或桥式起重机电气线路、电梯、通信系统、广播系统、电缆电视、火灾自动报警及自动消防系统、防盗保安系统、建筑物内微机监控系统及自动化仪表、空调及冷库电气装置等与建筑物相关联的新建、扩建和改造的电气工程统一称为建筑电气工程。建筑电气工程在电气工程中占有很重要的地位，且涉及建筑、暖通、设备、管道、装饰、空调制冷等专业。建筑电气在建筑物中同样具有重要意义，它是建筑物功能能否实现的保证。

建筑电气工程图可以表明建筑电气工程的构成规模和功能，详细描述电气装置的工作原

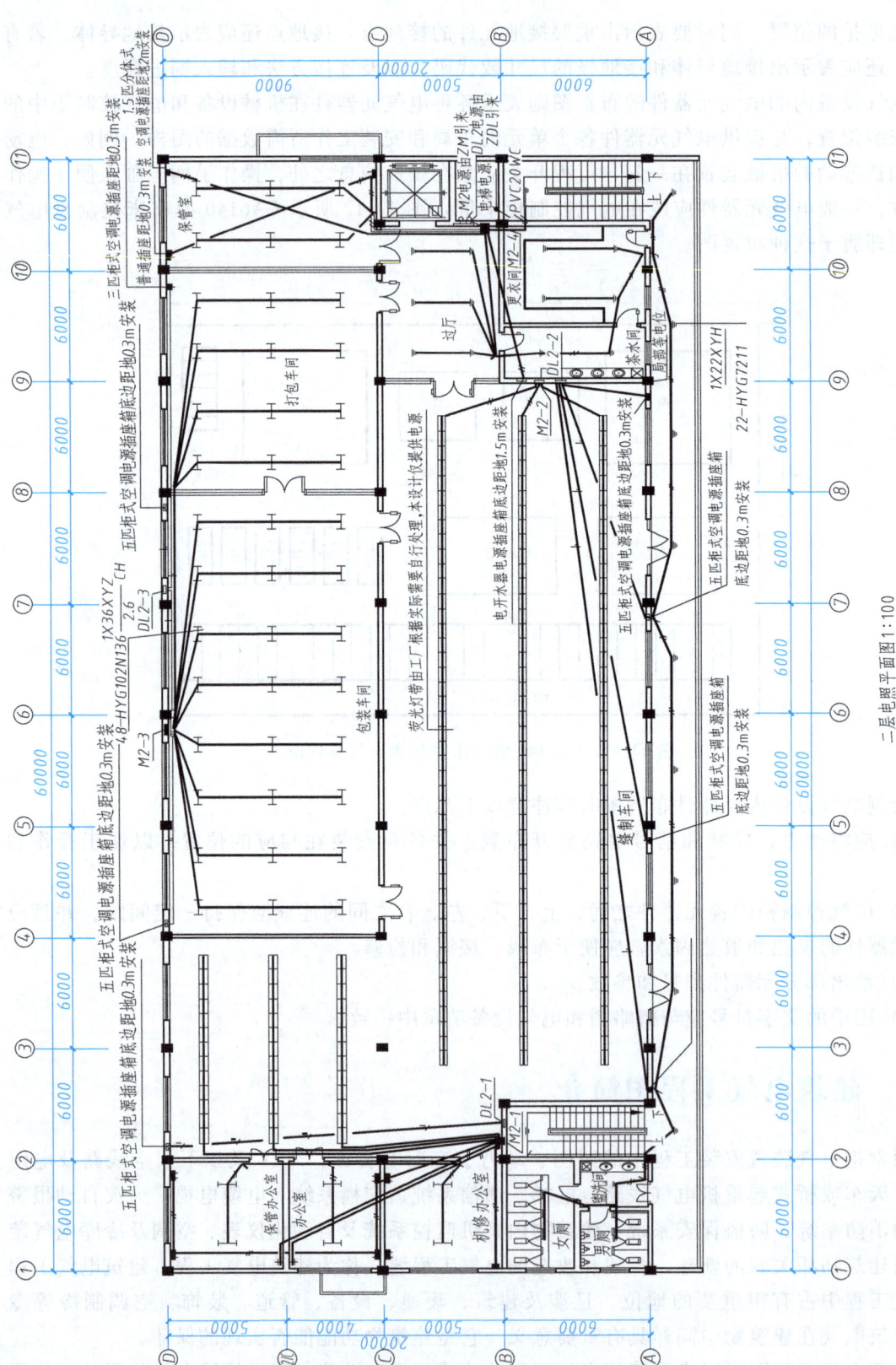

图 11-13 某工厂厂房二层电照平面图

理，提供安装技术数据和使用维护方法。建筑电气工程的图样一般包括照明和动力系统概略图、电气安装平面图、大样图、电缆清册、图例及设备材料表等。

照明和动力系统概略图是用来表述照明及动力供配电的图样，图中应标出配电箱、断路器、导线和电缆的型号、规格、根数、保护管径、配线方式、敷设部位，用电设备的名称、容量及配电方式等。

建筑电气安装平面图是用图形符号绘制，用来表示一个区域或一个建筑物中的电气装置、设备、线路等的安装位置、连接关系及其安装方法的简图，是电气工程设计图的主要组成部分，是电气施工和安装阶段主要应用的电气图。这种图样按照建筑物的不同标高的楼层分别绘制，并且将照明和动力分开。它反映建筑物的形状、大小、墙柱的位置、厚度、门窗的类型以及建筑物内灯具、开关、插座、线路的具体位置和安装方式。从某种意义上讲，建筑电气安装平面图是位置图和接线图相互组合的一种简图，使用图形符号和按一定格式组合的文字代号来描述所表达对象，一般需要标注电气设备的编号、型号、规格、安装和敷设方式等，这种标注方法是体现建筑电气安装平面图特色的一个重要方面。建筑电气安装平面图是在建筑区域或建筑物平面图基础上绘制出来的，因此，图上位置、图线等应与建筑平面图协调一致。图 11-13 所示为某工厂厂房二层电照平面图。

建筑电气安装平面图是一类应用广泛的电气图，是电气工程设计图的主要组成部分。按功能来分，建筑电气安装平面图有以下几种。

1）发电站、变电所电气安装平面图。
2）电气照明安装平面图。
3）电力安装平面图。
4）线路安装平面图，如电力、电信架串线路平面图和电力、电信电缆平面图。
5）电信设备及弱电线路安装平面图，如电话、闭路电视、共用天线、消防、安全报警、信号设备及线路平面图。
6）防雷平面图。
7）接地平面图。

一般大型工程会有电气总平面图，而中小型工程则由动力平面图或照明平面图代替。

思考题

1. 什么叫电气图？其主要特点是什么？
2. 电气图主要分为哪几类？各自的作用是什么？
3. 电气符号的构成及分类是什么？图形符号由哪几部分构成？文字符号由哪几部分组成？
4. 简述概略图、功能图、电路图、接线图、布置图的特点及作用。
5. 电路图、接线图和布置图的绘制规则是什么？
6. 什么是建筑电气安装平面图？主要包括哪几种？

第12章

化工工程图

> **内容提要**：本章主要介绍化工工程图的基本知识。通过本章学习，了解化工工程图的种类和特点，掌握化工工程图的制图规范以及常用化工工程图的内容和绘制方法。
> **本章重点**：常用化工工程图的内容和绘制方法。

12.1 概述

化工工程图可分为化工设备图和化工工艺图两大类。

化工设备图是用来表达化工产品生产过程中的合成、分离、干燥、结晶、过滤、吸收、澄清等生产单元的装置和设备的图样。常用的典型化工设备有反应罐、容器、换热器、塔器等，如图12-1所示。化工设备图是反应设计构思、指导生产和安装、交流技术的重要技术文件。

化工工艺图用来表达化工生产工艺，主要包括工艺流程图（主要分为方案流程图和施工流程图）、设备布置图和管道布置图。

12.2 化工设备图

12.2.1 化工设备图的内容

图12-2（见插页）所示为浮头式冷却器装配图，从图中可以看出化工设备图包括如下基本内容。

1）一组视图。表达设备的结构形状和零部件的装配关系。
2）必要的尺寸。表达设备的总体大小、规格、装配和安装等尺寸。
3）管口表。用英文字母等符号在设备上的管口处编号，并标出公称尺寸；在管口表内按标定字母的顺序对应填写管口的公称尺寸、用途、标准代号等。
4）技术要求和技术特性表。用文字说明设备制造、检验、安装等方面的技术要求；用表列出工作压力、温度等技术特征。
5）零、部件编号，明细栏和标题栏。

第12章 化工工程图

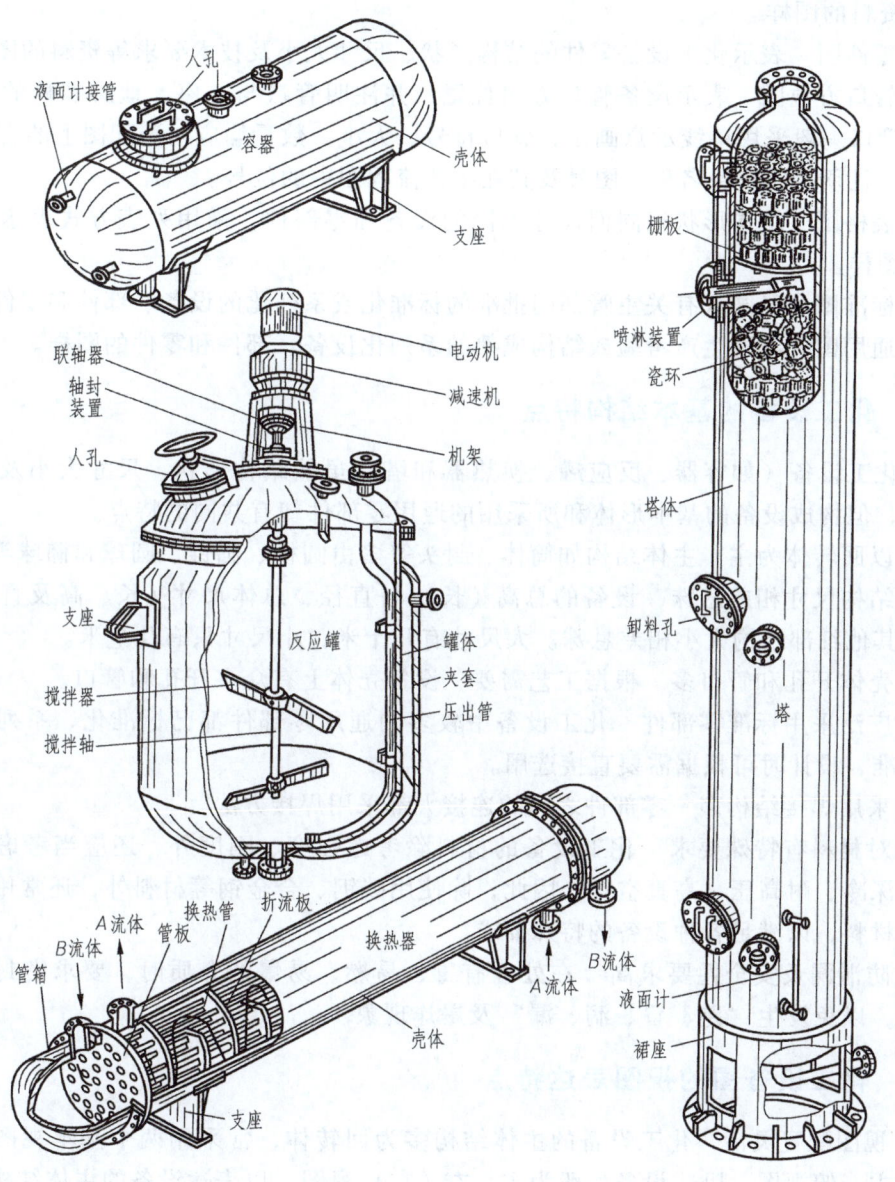

图 12-1 常用的典型化工设备

12.2.2 化工设备图的分类

（1）总图　表示化工设备及附属装置的全貌、组成和特性的图样。它表达设备各主要部分的结构特征、装配关系、主要特征尺寸和外形尺寸，并写明技术要求和技术特性。若装配图能体现总图的内容，且不影响装配图的清晰时，可不画总图。

（2）装配图　表示化工设备的结构、尺寸、各零部件间的装配关系，并写明技术要求和技术特性等技术资料的图样。

（3）部件图　表示可拆式或不可拆式部件的结构形状、尺寸大小、技术要求和技术特性等技术资料的图样。

（4）零件图　表示化工设备零件的结构形状、尺寸大小及技术要求等资料的图样。

（5）管口方位图　表示设备管口方向位置，并注明管口与支座、地脚螺栓的相对位置的简图。管口一般采用单线示意画法，管口符号、大小、数量均应与装配图上的管口表中的表达一致，且须写明设备名称、图号及其在工艺流程图中的位号。

（6）表格图　结构形状相同而尺寸不同的设备和零部件，采用列表方式表达各自的尺寸大小的图样。

（7）标准图　经国家有关主管部门批准的标准化或系列化的设备、部件和零件的图样。

（8）通用图　经过生产考验或结构成熟的系列化设备、部件和零件的图样。

12.2.3　化工设备的基本结构特点

常见化工设备（如容器、反应罐、换热器和塔）虽然结构形状、尺寸大小及安装方式各不相同，但构成设备的基本形体和所采用的通用零部件却有共同的特点。

（1）以回转体为主　主体结构如筒体、封头等多由圆柱、圆锥、圆球和椭球等构成。

（2）结构尺寸相差悬殊　设备的总高（长）与直径、总体尺寸（长、高及直径）与壳体壁厚或其他细部结构大小相差悬殊。大尺寸有几十米，小尺寸只有几毫米。

（3）壳体开孔和管口多　根据工艺需要，设备壳体上有众多开孔和管口。

（4）广泛采用标准零部件　化工设备中较多的通用零部件都已标准化、系列化，并有相应的标准，设计时可根据需要直接选用。

（5）采用焊接结构多　零部件之间的连接大都采用焊接方法。

（6）对材料有特殊要求　化工设备的材料除考虑强度、刚度外，还应当考虑耐蚀、耐高温、耐深冷、耐高压、高真空等，因此，除使用碳钢、合金钢等材料外，还常用稀有金属及非金属材料，以满足各种设备的特殊要求。

（7）防泄漏及安全性要求高　在处理有毒、易燃、易爆的介质时，要求密封好，安全装置可靠，以免发生"跑、冒、滴、漏"及爆炸现象。

12.2.4　化工设备图的视图表达特点

（1）视图配置灵活　化工设备的主体结构多为回转体，常采用两个基本视图。立式设备一般为主、俯视图，卧式设备一般为主、左（右）视图，以表达设备的主体结构。

当设备的高（长）较高（长）时，由于图幅有限，俯、左（右）视图难于安排在基本视图位置，可将其画在图面的空白处，并注明视图名称，也允许画在另一张图纸上，并分别在两张图纸上注明视图关系。

某些结构形状简单、在装配图上易于表达清楚的零件，其零件图可直接画在装配图中适当位置，并注明件号。某些装配图中，还有一些其他图形，如支座的底板尺寸图、塔器的单线结构示意图、管口方位图、气柜的配重图和标尺图、某零件的展开图等。总之，化工设备图的视图配置及表达较灵活。

（2）细部结构的表达方法　化工设备图中使用了较多的局部放大图和夸大画法表达细部结构，可按规定比例放大，也可不按比例进行适当放大，但都要标注。

（3）断开画法、分层画法及整体图　对于过高或过长的设备，为了用大比例清楚地表达设备结构和合理地使用图幅，常使用断开画法，使图形缩短，简化作图。

对于较高的塔设备，如果使用了断开画法，其内部结构仍然未表达清楚时，可将某塔节（层）用局部放大来表达。若由于断开和分层画法造成设备总体形象表达不完整时，可用缩小比例、单线画出整体外形图或剖视图。在整体图上应标注总高尺寸、各主要零部件的定位尺寸及各管口的标高尺寸。塔盘应按顺序从下至上编号，且应注明塔盘间距尺寸。

（4）多次旋转的表达方法　化工设备壳体上的管口、开口及其他附件，可使用多次旋转的表达方法。按机械制图国家标准中规定的旋转法，分别按不同方向旋转到与正投影面平行的位置，得到反映它们实形的视图。为了避免混乱，在不同的视图中，同一管口或附件应采用相同的小写英文字母编号。规格、用途相同的管口或附件可共用同一字母，用阿拉伯字母作为下标，以示个数。注意：被旋转的管口及其他附件在主视图上不得重叠。在图12-3中，若c旋转会与a或b重叠，此时可用A—A斜剖视的局部放大图单独表达。

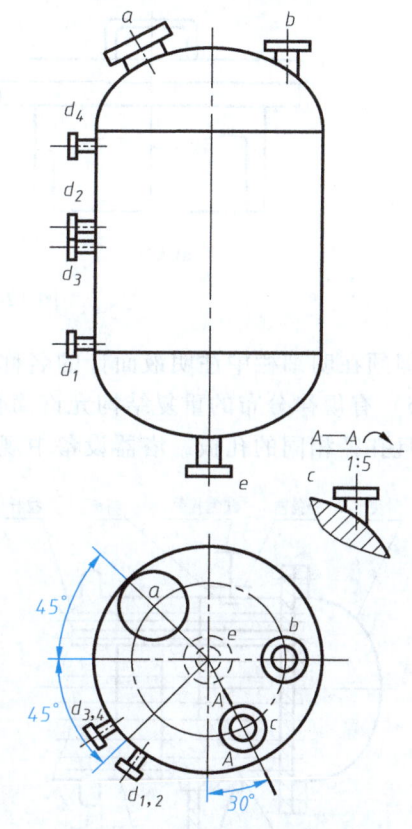

图12-3　多次旋转表达方法示意图

（5）管口方位的表达方法　如图12-3所示，设备壳体上管口和附件的方位用俯视图表达。图12-4所示的管口方位图代替了俯视图，它反映各管口及地脚螺栓的分布情况。

（6）简化画法

1）标准零部件已有标准图，可按比例画出反映其特征外形的简图，在明细栏中注写其名称、规格、标准号等，如人（手）孔、接管、视镜等，如图12-5所示。

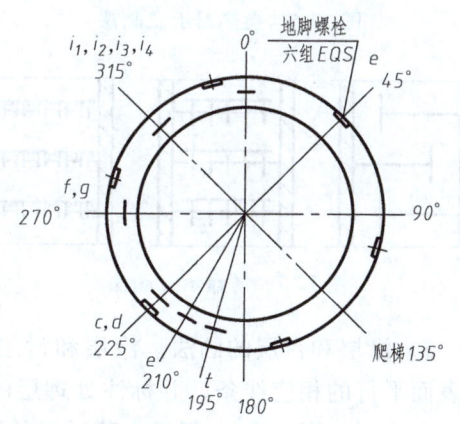

图12-4　管口方位图

2）外购部件可只画其外形轮廓简图，在明细栏中注写名称、规格、主要性能参数和"外购"字样等。

3）已有零部件图、局部放大图及规定记号的零部件，或某些简单结构，可采用单线（粗实线）示意画法，如图12-6所示封头、筒体、折流板、挡板、拉杆、补强圈等都是用单线示意表达的，又如图12-7所示用单线条表示的各种塔盘。整体图也可用单线示意画出。

4）液面计可用点画线示意表达，并用粗实线画出"+"号表示其安装位置，如图12-8a所示为卧式容器中单组液面计的简化画法，图12-8b所示为立式容器中双组液面计的简化画

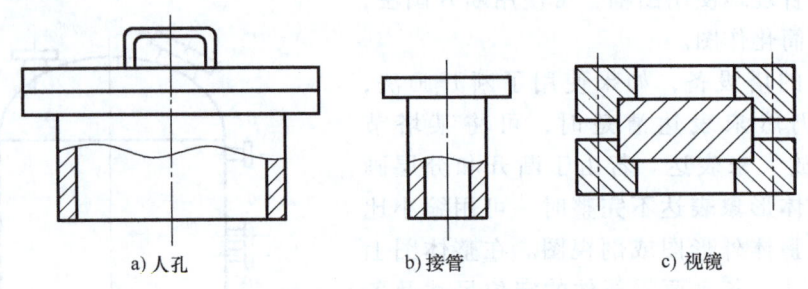

图 12-5 标准件的简化画法

法。但须在明细栏中注明液面计的名称、规格、数量及标准号等。

5）有规律分布的重复结构允许简化表达。例如：螺纹连接件；有规律的管束；按规律排列且孔径相同的孔板，塔器设备中规格、材质和堆放方法相同的填料等，如图 12-9 所示。

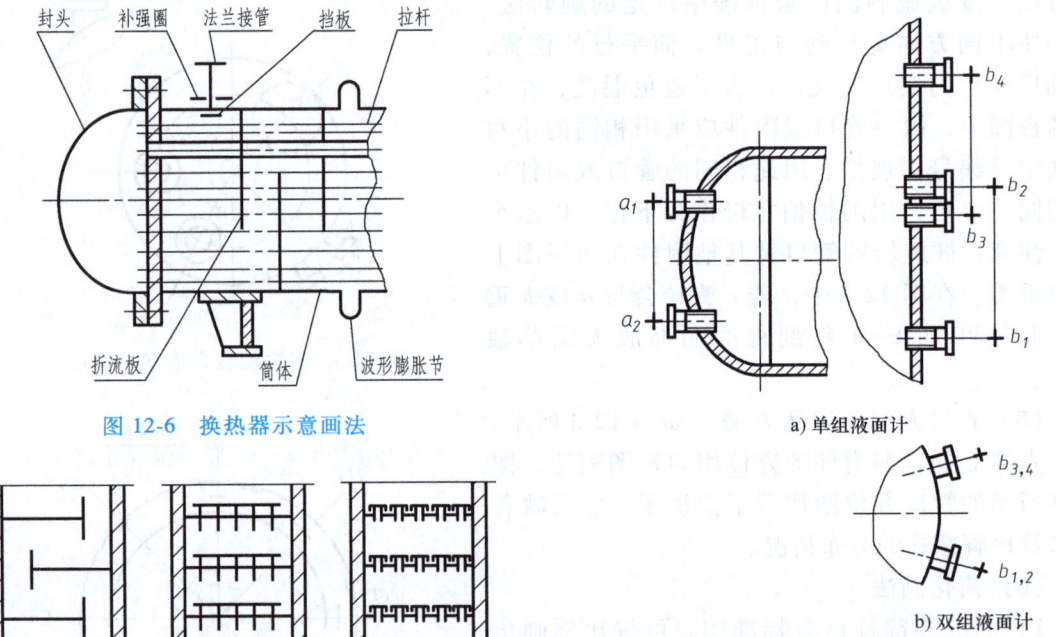

图 12-6　换热器示意画法

图 12-7　塔盘示意画法

图 12-8　液面计的简化画法

6）涂层和衬层的画法。涂层和衬层的画法，如图 12-10 所示。仅在需处理的表面绘制与表面平行的相应线条，并标注处理层的内容，图样中不编件号，详细要求可以写入技术要求。薄涂层如图 12-10a 所示，薄衬层如图 12-10b 所示，厚涂层如图 12-10c 所示，厚衬层如图 12-10d、e 所示。

12.2.5　化工设备图的尺寸分析及标注

化工设备图需要标注一组必要的尺寸，反映设备的大小规格、装配关系、主要零部件的结构形状及设备的安装定位，以满足化工设备制造、安装、检验的需要。主要应标注以下的尺寸。

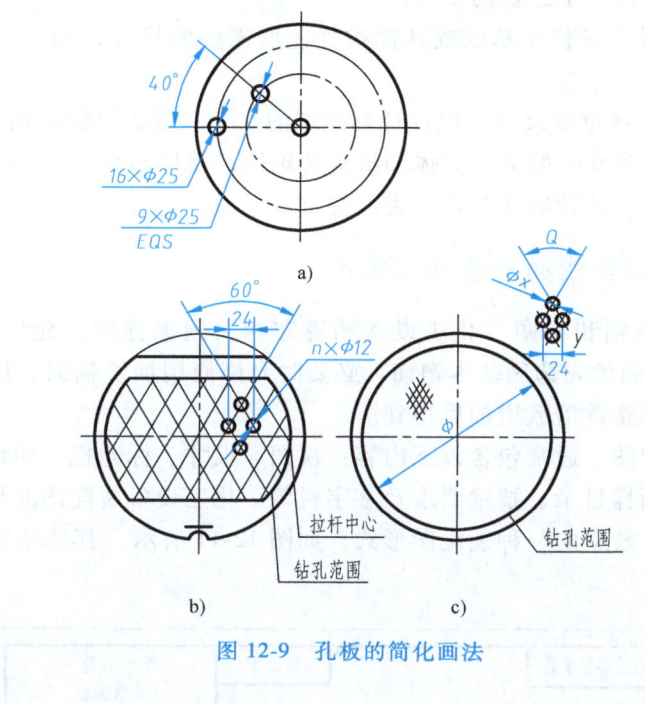

图 12-9 孔板的简化画法

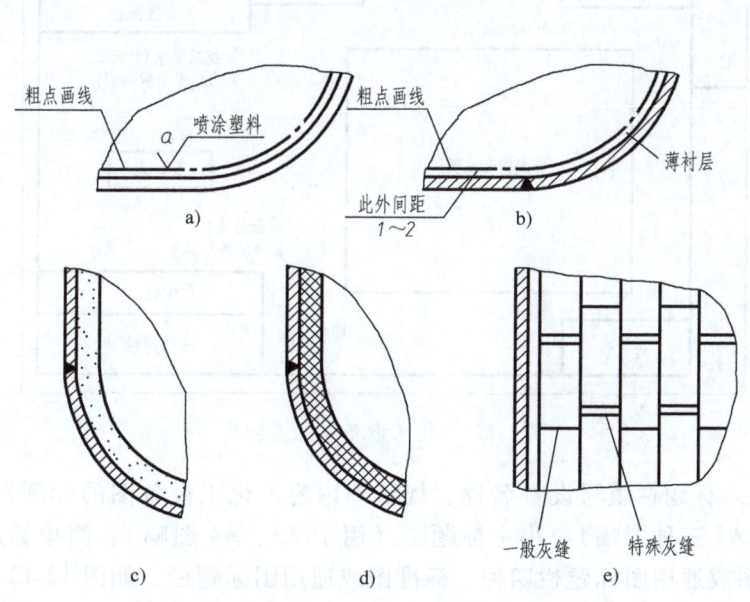

图 12-10 涂层和衬层的画法

（1）规格性能尺寸 反映设备的规格、性能、特征及生产能力的尺寸，如容积（筒体的内径、高或长度尺寸），传热面积（列管长度、直径及数量）等。

（2）装配尺寸 反映零部件间的相对位置尺寸，如接管间的定位尺寸，接管的伸出长度尺寸，罐体与支座的定位尺寸，塔器的塔板间距，换热器的折流板、管板间的定位尺寸等。

（3）总外形尺寸 设备的总长、总高、总宽（或外径）尺寸。这类尺寸对于设备的包装、运输、安装及厂房设计是必要的依据。

(4) 安装尺寸 设备安装在基础或其他构件上所需要的尺寸，如支座、裙座上的地脚螺栓的孔径及孔间定位尺寸等。

(5) 其他尺寸 某些重要尺寸、设计计算确定的尺寸、重要焊缝结构尺寸等。

化工设备图的尺寸基准一般为：筒体和封头的轴线；筒体与封头的环焊缝；法兰的连接面；支座、裙座的底面；接管轴线与设备表面交点。

12.2.6 绘制化工设备图的一些基本规定

(1) 绘图比例、图幅和布图 化工设备图遵守相关国家标准，允许用 1∶6、1∶15、1∶30 等比例；图纸幅面优先选用基本幅面，必要时允许使用加长幅面，加长幅面的尺寸必须由基本幅面的短边乘整数倍数增加后得到。

一张化工设备装配图，通常包含以下内容：视图、尺寸、标题栏、明细栏、管口表、技术特性表、选用表、图样目录、技术要求及签字栏等。化工设备装配图允许它的零、部件图安排在同一个图幅内。较新的一种装配图形式，如图 12-11 所示。其他布置形式请查阅有关的化工设备设计资料。

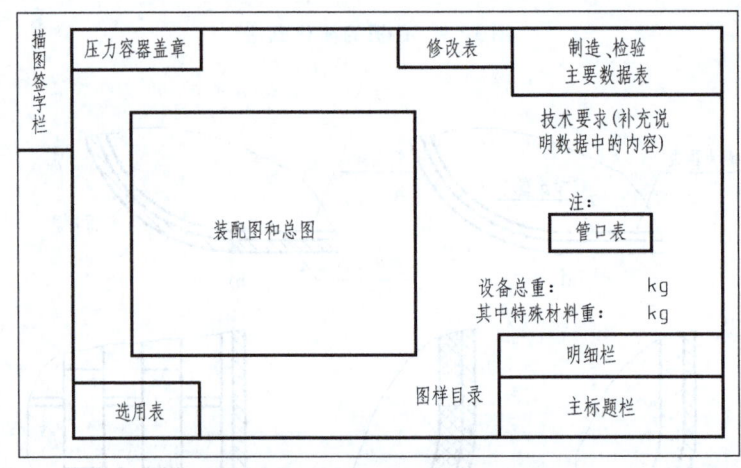

图 12-11 化工设备装配图内容

(2) 标题栏 标题栏填写设备名称、规格等内容。化工设备图的标题栏有大主标题栏（用于 A0、A1、A2 三种图幅）、小主标题栏（用于 A3、A4 图幅）、简单标题栏（用于零、部件图）、标准图或通用图标题栏四种。标准图或通用图标题栏，如图 12-12 所示。

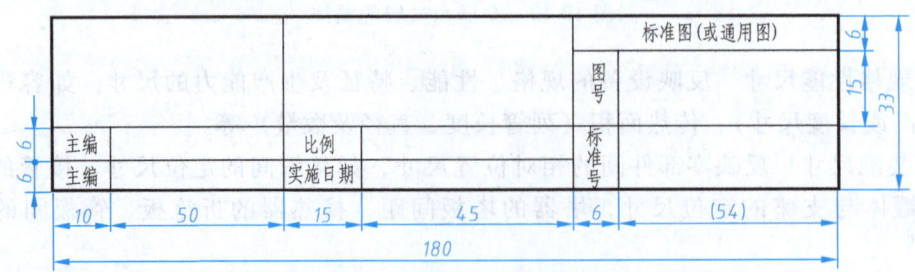

图 12-12 标准图或通用图标题栏

12.3 化工工艺图

化工工艺人员进行工艺设计的主要内容是设计绘制化工工艺图。化工工艺图是进行工艺安装和指导生产的重要技术文件。它主要包括工艺流程图（主要分为方案流程图和施工流程图）、设备布置图和管道布置图。它们都用来表达工艺生产流程。

12.3.1 方案流程图

方案流程图又称为流程示意图或流程简图，它表达整个工厂或车间生产流程，用于初步设计阶段，便于工艺方案的讨论，为下一步的施工流程图设计提供依据。图12-13所示为合成氨生产的方案流程图，从图中可见方案流程图应包括下面几项内容。

1) 生产过程中所采用的各种机器、设备。
2) 物料由原料转变为半成品或成品的运行程序——工艺流程线。

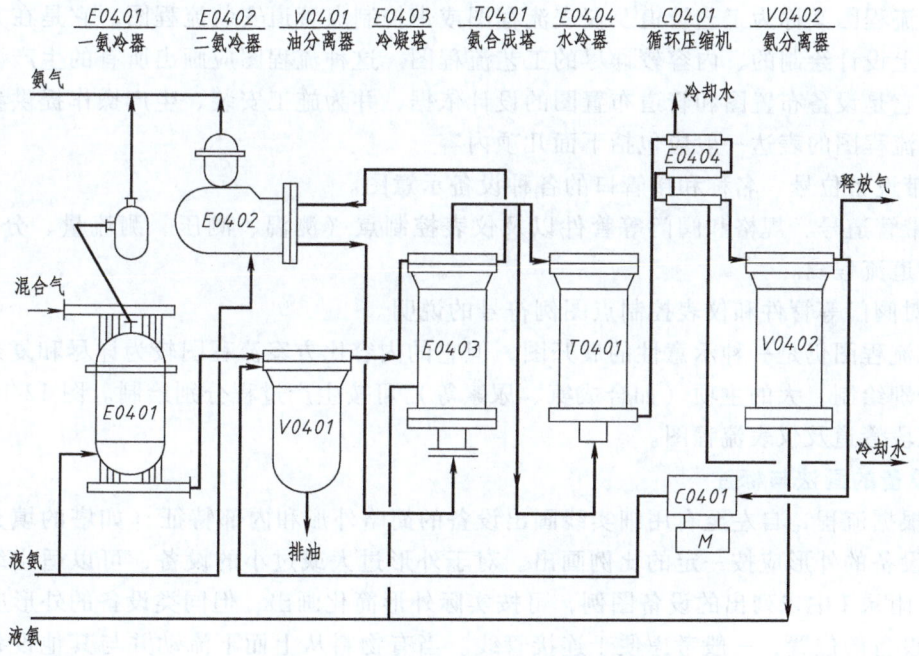

图 12-13　合成氨生产的方案流程图

方案流程图是一种示意性的展开图，并加有必要的标注与说明。

1. 设备的画法

1) 用细实线画出设备的大致轮廓线或示意图，一般不按比例，但应保持它们的相对大小。
2) 各设备之间的高低位置及设备上重要接管口的位置，应大致符合实际情况。设备之间应保留适当距离，以布置流程线。
3) 在方案流程图中，同样的设备可只画一套，备用设备可以省略不画。

2. 工艺流程线的画法

1) 用粗实线画出主要物料的工艺流程线，用箭头标明物料流向，并在流程线的起始和终了位置注明物料的名称、来源或去向。

2）如遇流程线之间或流程线与设备之间发生交错或重叠，而实际并不相连时，应将其中一条断开或曲折绕过，以使各设备间流程线的表达清晰明了、排列整齐。

3）在方案流程图中，一般只画出主要工艺流程线，其他辅助流程线不必一一画出。

3. 位号与名称注写

在流程图的上方或下方和靠近设备图形的显著位置列出设备的位号及名称，如图 12-13 所示。或可将设备依次编号，并在图纸空白处按编号顺序集中列出设备名称。但对于流程简单、设备较少的方案流程图也可以不编号，而将名称直接注写在设备的图形上。

为了给工艺方案的讨论和施工流程图的设计提供更为详细具体的资料，还常将工艺流程中关于流量、温度、压力、液面以及成分分析等测量控制点画在方案流程图上，这种图与施工流程图比较接近。方案流程图的图幅一般不进行规定。图框和标题栏也可省略。

12.3.2 施工流程图

施工流程图又称为工艺管道及仪表流程图或带控制点管道安装流程图。它是在方案流程图的基础上设计绘制的、内容较详尽的工艺流程图。这种流程图应画出所有的生产设备和全部管道。它是设备布置图和管道布置图的设计依据，并为施工安装、生产操作提供参考。

施工流程图的表达一般应包括下面几项内容。

1）带设备位号、名称和接管口的各种设备示意图。

2）带管道号、规格和阀门等管件以及仪表控制点（测温、测压、测流量、分析点等）的各种管道流程线。

3）对阀门等管件和仪表控制点图例符号的说明。

施工流程图仍是一种示意性的展开图，但它的内容比方案流程图较为详尽和复杂，可以按主项分别绘制，大的主项（如合成氨、尿素等）可按生产过程分别绘制。图 12-14 所示为氨合成工段管道及仪表流程图。

1. 设备的画法与标注

1）根据流程，自左至右用细实线画出设备的简略外形和内部特征（如塔的填充物和塔板等）。设备的外形应按一定的比例画出。对于外形过大或过小的设备，可以适当缩小或放大。对于附录 I 中未列出的设备图例，可按实际外形简化画出，但同类设备的外形应一致。

2）设备的位置，一般考虑便于连接管线。当有物料从上而下流动并与其他设备的位置有密切关系时，设备间相对高度应与设备布置的实际情况相似。当有位差要求者，还应标注限位尺寸。

3）每个工艺设备都应编写设备位号，注写设备名称。设备位号由设备分类代号、主项代号、设备顺序号等组成。主项代号采用两位数字，从 01 开始编号，工程总负责人给定。设备顺序号也采用两位数字 01、02、03 等表示。相同设备的尾号则是用大写英文字母 A、B、C 等表示以区别同一位号的相同设备。

设备位号应在两个地方进行标注。第一是在图的上方或下方，要求标注的位号排列整齐，并尽可能正对设备，在设备位号线的下方标注设备的名称。第二是在设备内或其近旁，此处仅注位号，不注名称。

施工流程图和方案流程图上的设备的位号应一致。若要取消某一设备，则被取消的设备

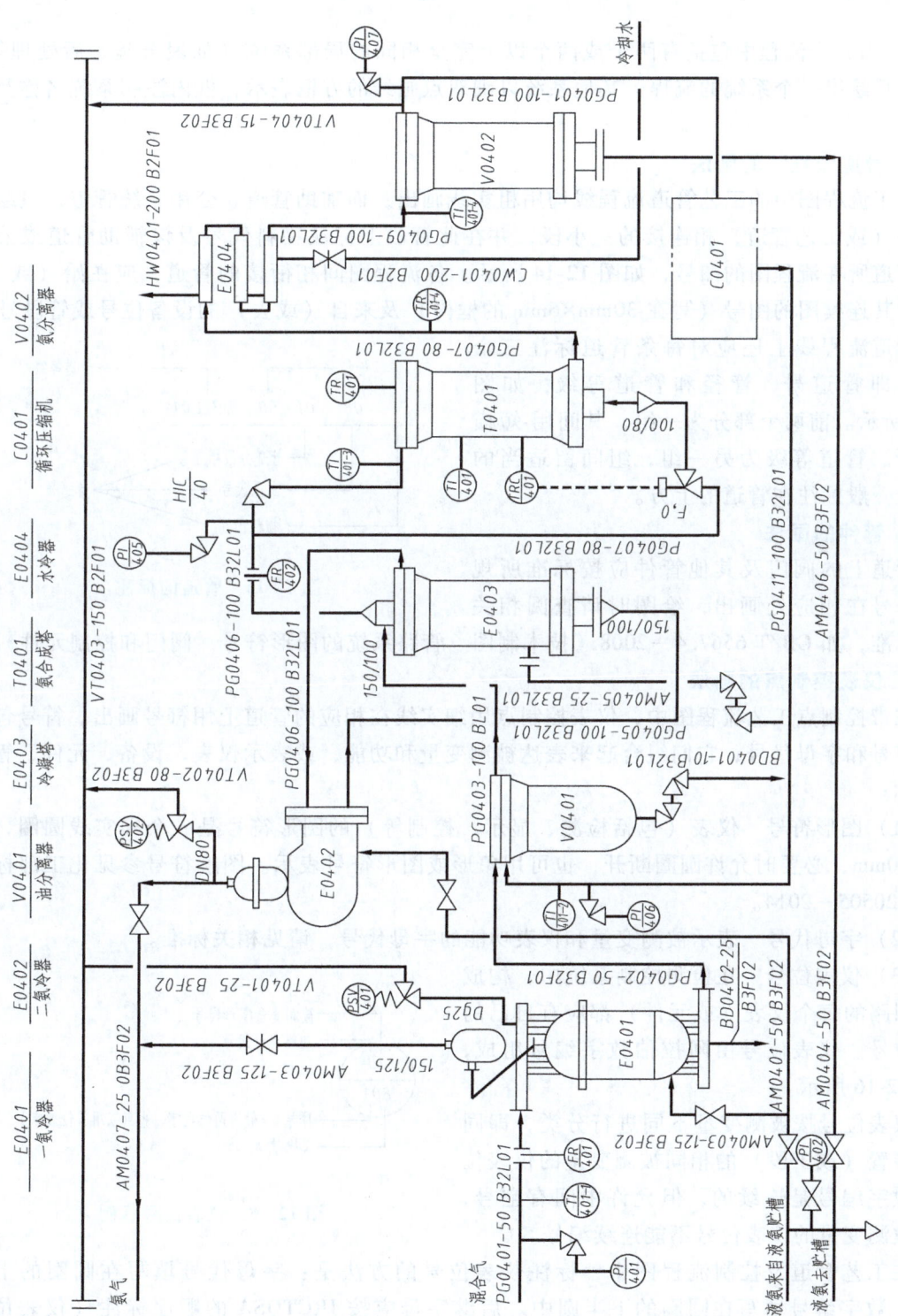

图 12-14 氨合成工段管道及仪表流程图

的位号应留空。若某类设备需要增加，则所增的设备应继该类设备原有的位号后顺序编号。

4）当一个流程中包括有两个或两个以上完全相同的局部系统（如聚合釜、后处理等）时，可只绘出一个系统的流程，其他系统以细双点画线的方框表示，框内注明系统名称及其编号。

2. 管道流程线的画法

施工流程图中的工艺管道流程线均用粗实线画出；而辅助管道、公用系统管道，只绘出与设备（或工艺管道）相连接的一小段，并在此管段上标注物料代号及该辅助管道或公用系统管道所在流程图的图号，如图 12-14 所示。各流程图间相衔接的管道，应在始（或末）端注明其连续图的图号（写在 30mm×6mm 的框内）及来自（或去）的设备位号或管段号。

管道流程线上还应对每条管道标注三个内容，即管道号、管径和管道等级，如图 12-15 所示。前两个部分为一组，其间用-短横线隔开。管道等级为另一组，组间留适当的空隙。一般标注在管道的上方。

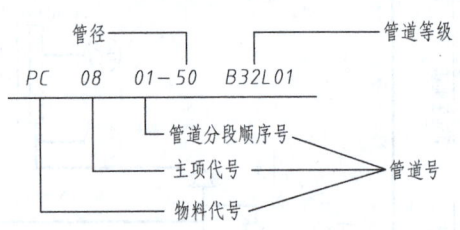

图 12-15 管道的标注

3. 管件的画法

管道上的阀门及其他管件应按标准所规定的符号在相应处画出，绘图时请查阅相关国家标准，如 GB/T 6567.4—2008《技术制图 管路系统的图形符号 阀门和控制元件》。

4. 仪表控制点的画法

在带控制点工艺流程图中，仪表控制点用细实线在相应的管道上用符号画出。符号包括图形符号和字母代号，它们组合起来表达被测变量和功能，或表示仪表、设备、元件、管线的名称。

（1）图形符号 仪表（包括检测、显示、控制等）的图形符号是一个细实线圆圈，直径约 10mm，必要时允许圆圈断开，也可用象形或图形符号表示。图形符号参见化工部标准 HG/T 20505—2014。

（2）字母代号 表示被测变量和仪表功能的字母代号，请见相关标准。

（3）仪表位号 在检测控制系统中，构成一个回路的每个仪表（或元件）都应有自己的仪表位号。仪表位号由阿拉伯数字编号组成，如图 12-16 所示。

仪表位号按被测变量不同进行分类，即同一个装置（或工段）的相同被测变量的仪表位号中数字编号是连续的，但允许中间有空号，不同被测变量的仪表位号不能连续编号。

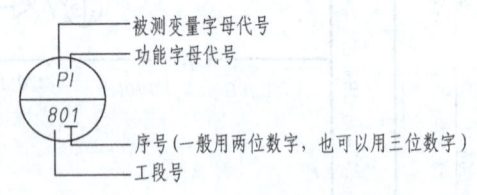

图 12-16 仪表位号示例

在工艺管道及控制流程图中，标注仪表位号的方法是：字母代号填写在圆圈的上半圆中，数字编号填写在圆圈的下半圆中。后继字母应按 IRCTQSA 的顺序标注（仪表位号的字母代号最好不要超过五个字母）。字母代号意义，见表 12-1。部分功能仪表图例，见附录 I。

表 12-1 字母代号意义

字母	第一位字母		后继字母	字母	第一位字母		后继字母
	被测变量或初始变量	修饰词	功能		被测变量或初始变量	修饰词	功能
A	分析		报警	N	供选用		供选用
B	喷嘴火焰		供选用	O	供选用		节流孔
C	电导率		控制	P	压力或真空		试验点（接头）
D	密度	差		Q	数量或件数	积分、累计	
E	电压（电动势）		检测元件	R	放射性		记录或打印
F	流量	比（分数）		S	速度或频率	安全	开关或联锁
G	供选用		视镜、观察	T	温度		传送
H	手动（人工触发）			U	多变量		多功能
I	电流		指示	V	振动、机械监视		阀、挡板、百叶窗
J	功率		扫描	W	重量或力		套管
K	时间或时间程序		变化速率 操作器	X	未分类	X轴	未分类
L	物位		灯	Y	事件、状态	Y轴	继电器、计算器、转换器
M	水分或湿度		瞬动	Z	位置、尺寸	Z轴	驱动器、执行机构、执行或未分类的最终执行元件

5. 图幅和附注

管道及仪表流程图一般均采用 A1 图幅，特别简单的采用 A2 图幅，不宜加宽或加长。

附录 I 是对流程图上除设备外所采用的所有图例、符号、代号的说明。

12.3.3 设备布置图

工艺流程确定的全部设备，必须根据生产工艺要求和具体情况，在厂房内外合理布置，以满足生产的需要。表达一个车间或一个工段设备在厂房建筑内的相对位置及安装布置情况的图样，称为设备布置图。绘制时，设备布置图的内容表达及画法应遵守化工设备布置设计的有关规定（HG/T 20546—2009）。

1. 设备布置图内容

设备布置设计中提供下列图样：设备布置图、首页图、设备安装详图、管口方位图等。其中设备布置图是设备布置设计的主要图样，一般包括以下内容。

（1）一组视图　表达厂房建筑的基本结构及设备在其内外的布置情况。

（2）尺寸及标注　注写设备布置的相关尺寸、建筑定位轴线编号、设备位号及名称等。

（3）安装方位标　表示安装方位基准的图标。

（4）设备一览表　设备的位号、名称、技术规格及有关参数的列表说明。

（5）标题栏　填写图名、图号、比例、设计者等。

2. 设备布置图的视图类型

（1）平面图　用来表达某层厂房上设备布置情况的水平剖视图。当厂房为多层时，应按楼层或不同的标高分别绘制平面图，如图12-17所示。

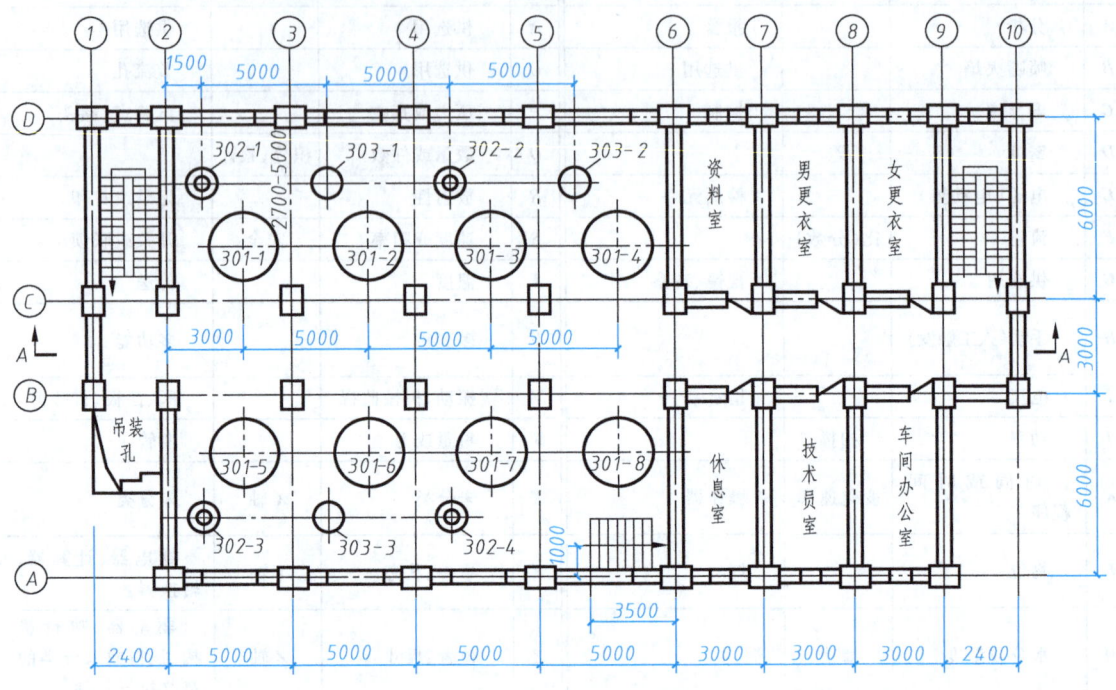

图12-17　平面图

（2）剖视图　比较复杂的装置或有多层构筑物的装置，须绘制设备布置剖视图来表达设备沿高度方向的布置安装情况。规定设备按不剖绘制，其余可按机械制图标准或建筑制图标准进行标注。在剖视图的下方应注明相应的剖视名称"A—A"，如图12-18所示。

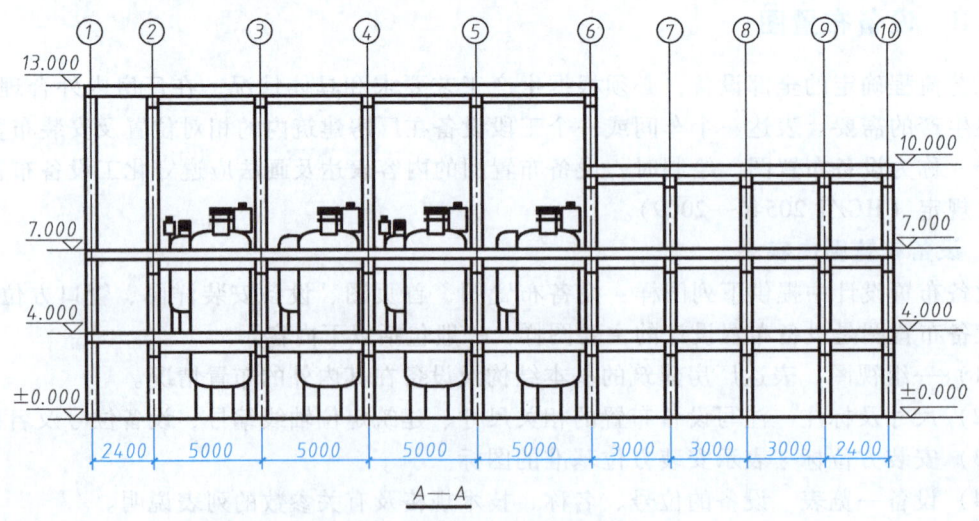

图12-18　剖视图

12.3.4 管道布置图

化工生产过程中，各种流体物料的输送是在管道中进行的。管道布置图是用来表达厂房内外各种机器或设备间管道的空间走向和重要管件等安装位置的图样。

1. 管道平面布置图的内容

（1）一组视图　按正投影的原理，用一组平、立面视图表示整个车间的建筑物的基本结构，设备图形，以及管道、管件、阀门、仪表控制点等的安装、布置情况。要按比例标明一定区域的所有容器、换热器、与设备相连接的管道、平台、容器支座和钢结构的位置。

（2）尺寸及标注　标注管道、部分管件和控制点的平面位置尺寸和标高，注出建筑物的轴线编号、设备位号（有的还注上名称）、管段序号、控制点代号等。

（3）分区简图　表示车间分区的情况。

（4）方位标（设计北箭头）　表示管道安装方位基准的图标，一般放在图的右上方。

（5）标题栏　注上图名、图号、比例、设计阶段等。

2. 管道及附件的常用画法

（1）管道　主要物料管道采用粗实线单线画出，其他管道用中粗实线画出。大直径或重要管道，可用中粗实线双线绘制。

（2）管件　管道中的短管、弯头、三通、异径管、法兰、盲板等管道附件，简称为管件。规定简图见附录 I。

（3）阀门　管道中阀门的规定符号与工艺流程图的画法相同。

（4）控制点　管道上的仪表控制点表示方法与工艺流程图中的画法相同。

（5）管架　管道支架的位置一般在管道平面布置图上用符号表示，如图 12-19 所示。

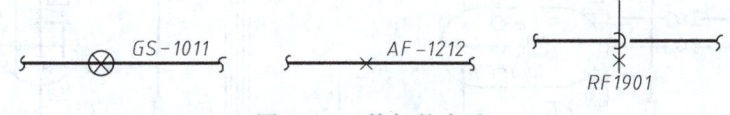

图 12-19　管架的表示

3. 管道布置图中视图的表达方法

管道布置图中一般只画管道和设备的平面布置图。在某些情况下，可以画出其立面剖视图。立面剖视图不需标注尺寸，只需注标高。

（1）管道平面布置图　当厂房为多层建筑时，需按楼层或标高分别绘制各层平面图。在各层平面图的下方注明其相应的标高，如图 12-20 所示平面图。若各层平面的绘图范围较大而图幅有限时，可将各层平面上的管道布置情况分区绘制。

（2）立面剖视图　当在平面图上不能表达高度方向的管道布置情况时，可在平面图适当部位垂直剖切后绘出立面剖视图（立面图或剖视图）。可把立面剖视图包括在管道平面布置图中，也可绘在单独的图纸上。立面剖视图要按比例画，不需要标注尺寸，在平面图上必须标注剖切位置。在立面剖视图的下方应注明相应的立面剖视图名称如"A—A""B—B"等或"1—1""2—2"等或"Ⅰ—Ⅰ""Ⅱ—Ⅱ"等。

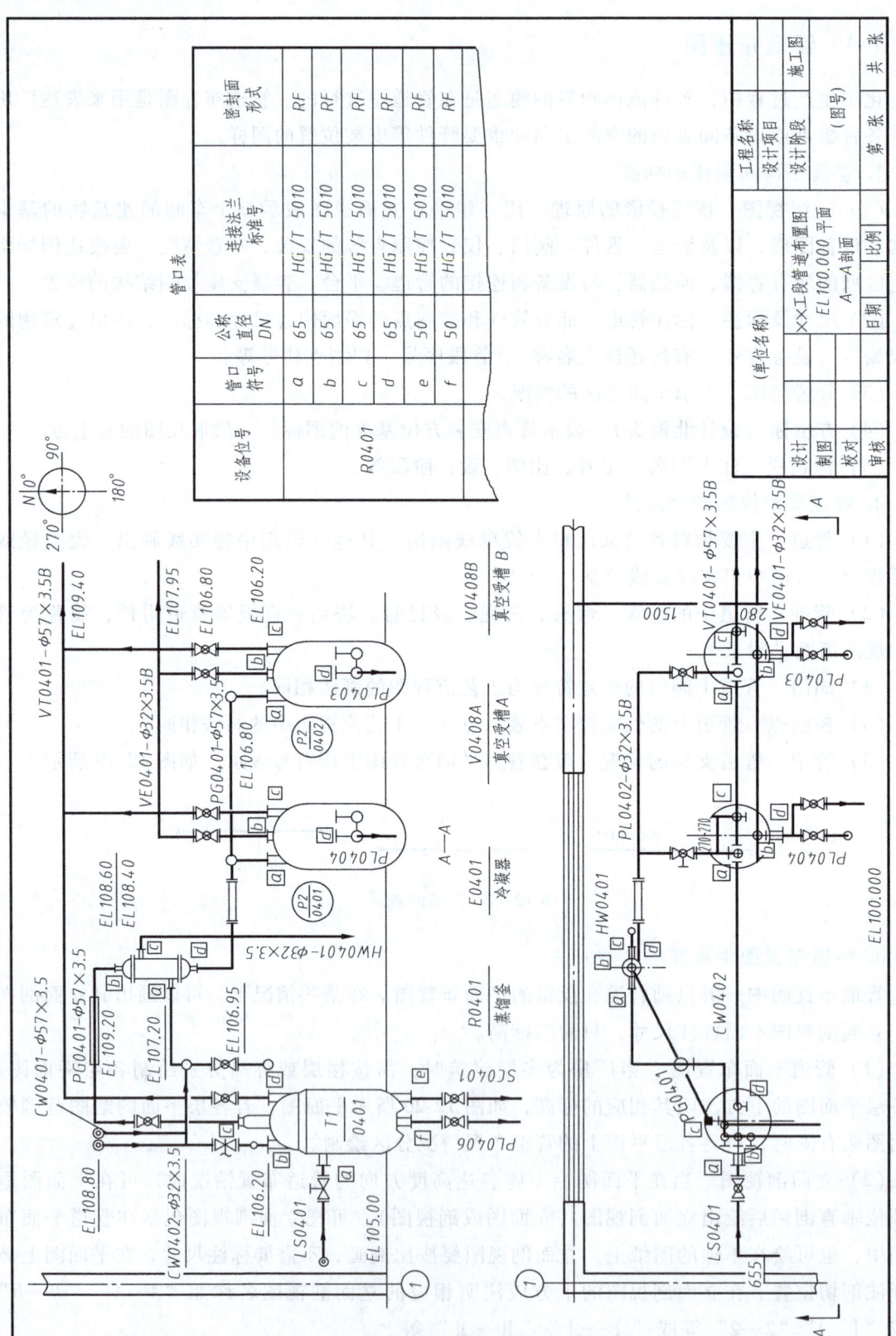

图 12-20 管道布置平面图

4. 管道布置图的标注

（1）建（构）筑物 建（构）筑物被作为管道布置的定位基准，管道平面布置图和立面剖视图中必须标注建筑定位轴线的编号及柱距尺寸，标注出平台和建（构）筑物的标高。

（2）设备 设备是管道布置的主要定位基准，管道布置图上必须标注设备的位号及名称。在管道布置图上还应注出与容器或设备相对的柱中心线的尺寸。

（3）管道 管道布置图以平面图为主，标注出所有管道的定位尺寸及标高，物料的流动方向和管号。有立面剖视图时，所有的标高应注在立面剖视图上。管号标注在管中心线上方，标高注在管中心线下方。

管道布置图上的所有管道应与带控制点的工艺流程图一致，都需要标注公称直径、物料代号、管道编号，如"PG0406-100"，其中 0406 表示管道编号，100 表示管径，PG 表示介质或物料代号，这里 PG 是表示工艺气体。管道编号应注在管道上方或左方。写不下时，可用指引线引出标注，还可以几条管道一起注出。

（4）管件 管道布置图中，应按规定符号画出管件，一般不标注定位尺寸。管件的位置尺寸应相对于容器、设备、管口或邻近管口或邻近管道的中心来标注。某些有特殊要求的管件，应标注出某些要求及说明，如在异径接头的下方或旁边标注出两端的公称直径 Dg80/50，有特殊要求的法兰应注明型号或画出完整的管件图。

（5）管道支架 水平向管道支架标注定位尺寸，垂直向管道支架标注支架顶面及支承面的标高。在管道布置图中每个管架应标注一个独立的管架编号，管架编号由 5 部分组成，如图 12-21 所示，具体内容可查阅 HG/T 20519—2009。

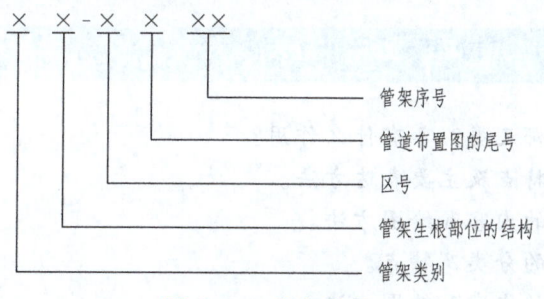

图 12-21 管架编号

（6）阀门 阀门应按规定符号画出，一般不注定位尺寸，只在立面剖视图上注出安装标高。当类型较多时，应在阀门符号旁注明其编号及公称直径，如"50J8"（50 表示公称直径，J 表示截止阀，8 表示阀门序号）。

（7）仪表控制点 仪表控制点的标注与带控制点的工艺流程图一致。

5. 空视图

空视图又称为管段图，它是表达一段管道及其所附管件、阀门、控制点等布置情况的立体图样。空视图按正等轴测投影绘制，如图 12-22 所示。

空视图可不按比例，但要使它们的大小和位置相对比例协调。图中的管子一律采用粗实线单线表示，在管子的适当位置上画出流向箭头。除弯头、三通外，其他管件、阀门等用规定符号以细实线画出，与管段相接的设备管口或其他管子用细双点画线绘制。为了简化画

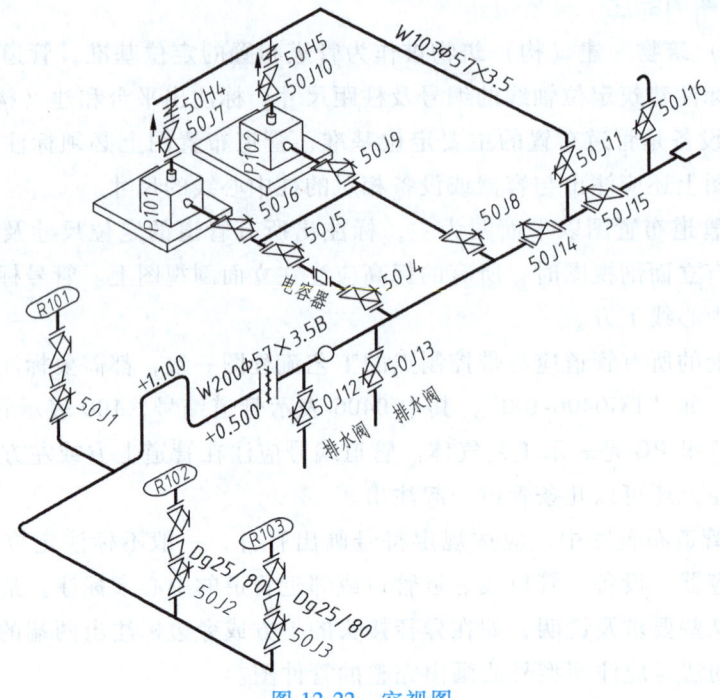

图 12-22 空视图

图，空视图上弯头可不画成圆弧形。管子与管件、阀门的连接形式应按规定的符号画出，规定符号见化工设计手册。压力表、温度计的接头用细线引出控制点代号。

 思考题

1. 化工工程图包括哪几类？各有什么作用？
2. 简述化工设备的特点及主要表达方法。
3. 简述化工设备图的内容和绘图方法。
4. 简述化工工艺图的分类及特点。
5. 简述各种工艺图的内容和绘图方法。

附 录

附录A 螺 纹

附表A-1 普通螺纹（摘自GB/T 192—2003、GB/T 196—2003） （单位：mm）

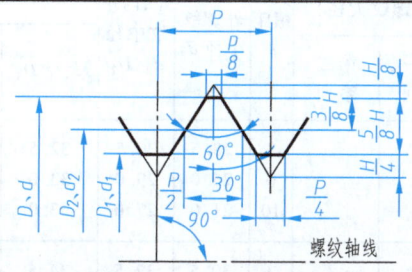

$$H = \frac{\sqrt{3}}{2}P$$

$$D_2 = D - 2 \times \frac{3}{8}H = D - 0.6495P$$

$$d_2 = d - 2 \times \frac{3}{8}H = d - 0.6495P$$

$$D_1 = D - 2 \times \frac{5}{8}H = D - 1.0825P$$

$$d_1 = d - 2 \times \frac{5}{8}H = d - 1.0825P$$

标记示例：
右旋粗牙普通螺纹，公称直径为24mm，螺距为3mm：M24
左旋粗牙普通螺纹，公称直径为24mm，螺距为3mm：M24-LH

公称直径 D 或 d	螺距 P	中径 D_2 或 d_2	小径 D_1 或 d_1	公称直径 D 或 d	螺距 P	中径 D_2 或 d_2	小径 D_1 或 d_1
4	(0.7)	3.545	3.242	18	(2.5)	16.376	15.294
	0.5	3.675	3.459		2	16.701	15.835
4.5	(0.75)	4.013	3.688		1.5	17.026	16.376
	0.5	4.175	3.959		1	17.350	16.917
5	(0.8)	4.480	4.134	20	(2.5)	18.376	17.294
	0.5	4.675	4.459		2	18.701	17.835
6	(1)	5.350	4.917		1.5	19.026	18.376
	0.75	5.513	5.188		1	19.350	18.917
8	(1.25)	7.188	6.647	22	(2.5)	20.376	19.294
	1	7.350	6.917		2	20.701	19.835
	0.75	7.513	7.188		1.5	21.026	20.376
					1	21.350	20.917
10	(1.5)	9.026	8.376	24	(3)	22.051	20.752
	1.25	9.188	8.647		2	22.701	21.835
	1	9.350	8.917		1.5	23.026	22.376
	0.75	9.513	9.188		1	23.350	22.917
12	(1.75)	10.863	10.106	27	(3)	25.051	23.752
	1.5	11.026	10.376		2	25.701	24.835
	1.25	11.188	10.647		1.5	26.026	25.376
	1	11.350	10.917		1	26.350	25.917
14	(2)	12.701	11.835	30	(3.5)	27.727	26.211
	1.5	13.026	12.376		3	28.051	26.752
	1.25	13.188	12.647		2	28.701	27.835
	1	13.350	12.917		1.5	29.026	28.376
					1	29.350	28.917
16	(2)	14.701	13.835	33	(3.5)	30.727	29.211
	1.5	15.026	14.376		3	31.051	29.752
	1	15.350	14.917		2	31.701	30.835
					1.5	32.026	31.376

注：表中括号的螺距数值为粗牙螺距。

附表 A-2　梯形螺纹（摘自 GB/T 5796—2022）　　　（单位：mm）

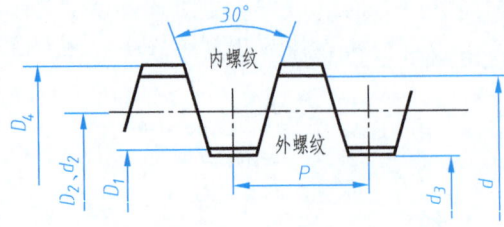

标记示例：

公称直径 $d=40\text{mm}$，螺距 $P=7\text{mm}$，中径公差带为 7H 的左旋梯形内螺纹：
　　Tr40×7-7H-LH

公称直径 $d=40\text{mm}$，螺距 $P=7\text{mm}$，中径公差带为 7e 的右旋双线梯形外螺纹：
　　Tr40×14P7-7e

公称直径 d（外螺纹大径）		螺距 P	外螺纹小径 d_3	外、内螺纹中径 d_2、D_2	内螺纹		公称直径 d（外螺纹大径）		螺距 P	外螺纹小径 d_3	外、内螺纹中径 d_2、D_2	内螺纹	
第一系列	第二系列				大径 D_4	小径 D_1	第一系列	第二系列				大径 D_4	小径 D_1
10		1.5	8.2	9.25	10.3	8.5	32		3	28.5	30.5	32.5	29.0
		2	7.5	9.00	10.5	8.0			6	25.0	29.0	33.0	26.0
	11	2	8.5	10.0	11.5	9.0			10	21.0	27.0	33.0	22.0
		3	7.5	9.5		8.0		34	3	30.5	32.5	34.5	31.0
12		2	9.5	11.0	12.5	10.0			6	27.0	31.0	35.0	28.0
		3	8.5	10.5		9.0			10	23.0	29.0	35.0	24.0
	14	2	11.5	13.0	14.5	12.0	36		3	32.5	34.5	36.5	33.0
		3	10.5	12.5		11.0			6	29.0	33.0	37.0	30.0
16		2	13.5	15.0	16.5	14.0			10	25.0	31.0	37.0	26.0
		4	11.5	14.0		12.0		38	3	34.5	36.5	38.5	35.0
	18	2	15.5	17.0	18.5	16.0			7	30.0	34.5	39.0	31.0
		4	13.5	16.0		14.0			10	27.0	33.0	39.0	28.0
20		2	17.5	19.0	20.5	18.0	40		3	36.5	38.5	40.5	37.0
		4	15.5	18.0		16.0			7	32.0	36.5	41.0	33.0
	22	3	18.5	20.5	22.5	19.0			10	29.0	35.0	41.0	30.0
		5	16.5	19.5		17.0		42	3	38.5	40.5	42.5	39.0
		8	13.0	18.0		14.0			7	34.0	38.5	43.0	35.0
24		3	20.5	22.5	24.5	21.0			10	31.0	37.0	43.0	32.0
		5	18.5	21.5		19.0	44		3	40.5	42.5	44.5	41.0
		8	15.0	20.0		16.0			7	36.0	40.5	45.0	37.0
	26	3	22.5	24.5	26.5	23.0			12	31.0	38.0	45.0	32.0
		5	20.5	23.5		21.0		46	3	42.5	44.5	46.5	43.0
		8	17.0	22.0		18.0			8	37.0	42.0	47.0	38.0
28		3	24.5	26.5	28.5	25.0			12	33.0	40.0	47.0	34.0
		5	22.5	25.5		23.0	48		3	44.5	46.5	48.5	45.0
		8	19.0	24.0		20.0			8	39.0	44.0	49.0	40.0
	30	3	26.5	28.5	30.5	27.0			12	35.0	42.0	49.0	36.0
		6	23.0	27.0		24.0							
		10	19.0	25.0		20.0							

附表 A-3　55°非密封管螺纹（摘自 GB/T 7307—2001）

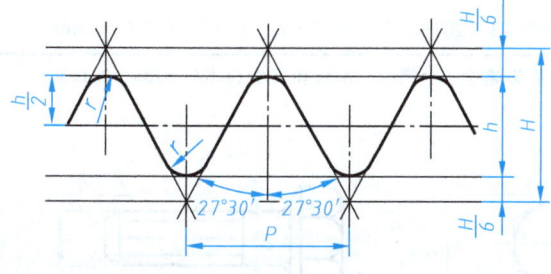

$H = 0.960491P$
$h = 0.640327P$
$r = 0.137329P$

标记示例：
尺寸代号为 2 的右旋圆柱内螺纹：G2
尺寸代号为 3 的 A 级右旋圆柱外螺纹：G3A
尺寸代号为 4 的 B 级右旋圆柱外螺纹：G4B

尺寸代号	每 25.4mm 内所包含的牙数 n	螺距 P/mm	牙高 h/mm	基本直径 大径 $d=D$/mm	中径 $d_2=D_2$/mm	小径 $d_1=D_1$/mm
1/16	28	0.907	0.581	7.723	7.142	6.561
1/8	28	0.907	0.581	9.728	9.147	8.566
1/4	19	1.337	0.856	13.157	12.301	11.445
3/8	19	1.337	0.856	16.662	15.806	14.950
1/2	14	1.814	1.162	20.955	19.793	18.631
5/8	14	1.814	1.162	22.911	21.749	20.587
3/4	14	1.814	1.162	26.441	25.279	24.117
7/8	14	1.814	1.162	30.201	29.039	27.877
1	11	2.309	1.479	33.249	31.770	30.291
1⅛	11	2.309	1.479	37.897	36.418	34.939
1¼	11	2.309	1.479	41.910	40.431	38.952
1½	11	2.309	1.479	47.803	46.324	44.845
1¾	11	2.309	1.479	53.746	52.267	50.788
2	11	2.309	1.479	59.614	58.135	56.656
2¼	11	2.309	1.479	65.710	64.231	62.752
2½	11	2.309	1.479	75.184	73.705	72.226
2¾	11	2.309	1.479	81.534	80.055	78.576
3	11	2.309	1.479	87.884	86.405	84.926
3½	11	2.309	1.479	100.330	98.851	97.372
4	11	2.309	1.479	113.030	111.551	110.072
4½	11	2.309	1.479	125.730	124.251	122.772
5	11	2.309	1.479	138.430	136.951	135.472
5½	11	2.309	1.479	151.130	149.651	148.172
6	11	2.309	1.479	163.830	162.351	160.872

附录 B 螺纹紧固件

附表 B-1 六角头螺栓（摘自 GB/T 5782—2016、GB/T 5783—2016）（单位：mm）

六角头螺栓 A 级和 B 级（GB/T 5782—2016）　　　六角头螺栓 全螺纹 A 级和 B 级（GB/T 5783—2016）

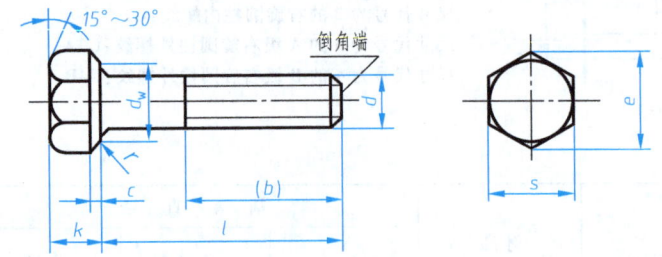
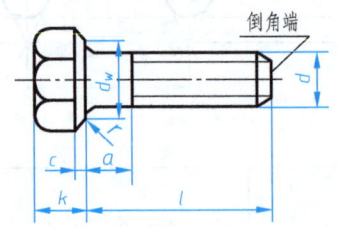

标记示例：

螺纹规格 d = M12，公称长度 l = 80mm，性能等级为 8.8 级，不经表面处理，产品等级为 A 级的六角头螺栓：螺栓 GB/T 5782 M12×80

螺纹规格 d			M3	M4	M5	M6	M8	M10	M12	M16	M20	M24
b 参考	l≤125		12	14	16	18	22	26	30	38	46	54
	125<l≤200		18	20	22	24	28	32	36	44	52	60
	l>200		31	33	35	37	41	45	49	57	65	73
c(max)	GB/T 5782		0.4	0.4	0.5	0.5	0.6	0.6	0.6	0.8	0.8	0.8
	GB/T 5783											
d_w(min)	GB/T 5782	A	4.57	5.88	6.88	8.88	11.63	14.63	16.63	22.49	28.19	33.61
	GB/T 5783	B	4.45	5.74	6.74	8.74	11.47	14.47	16.47	22	27.7	33.25
e(min)	GB/T 5782	A	6.01	7.66	8.79	11.05	14.38	17.77	20.03	26.75	33.53	39.98
	GB/T 5783	B	5.88	7.50	8.63	10.89	14.20	17.59	19.85	26.17	32.95	39.55
k 公称	GB/T 5782		2	2.8	3.5	4	5.3	6.4	7.5	10	12.5	15
	GB/T 5783											
r(min)	GB/T 5782		0.1	0.2	0.2	0.25	0.4	0.4	0.6	0.6	0.8	0.8
	GB/T 5783											
s 公称	GB/T 5782		5.5	7	8	10	13	16	18	24	30	36
	GB/T 5783											
a(max)	GB/T 5783		1.5	2.1	2.4	3	4	4.5	5.3	6	7.5	9
l 公称	商品规格范围	GB/T 5782	20~30	25~40	25~50	30~60	40~80	45~100	50~120	65~160	80~200	90~240
		GB/T 5783	6~30	8~40	10~50	12~60	16~80	20~100	25~120	30~200	40~200	50~200
	系列值		6,8,10,12,16,20,25,30,35,40,45,50,55,60,65,70,80,90,100,110,120,130,140,150,160,180,200,220,240,260,280,300,320,340,360									

附表 B-2 双头螺柱（摘自 GB/T 897—1988、GB/T 898—1988、GB/T 899—1988、GB/T 900—1988）

（单位：mm）

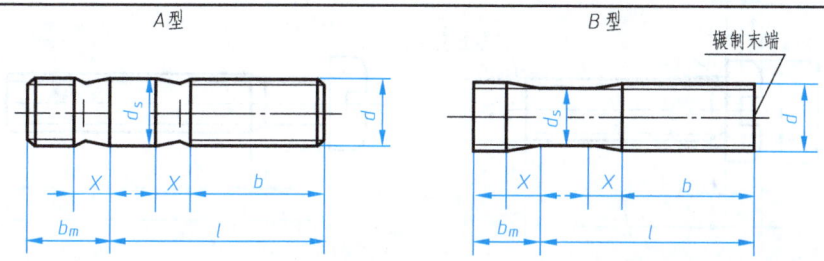

$d_s \approx$ 螺纹中径（仅适用于 B 型）；$X_{max}=1.5P$（螺距）

标记示例：

两端均为粗牙普通螺纹，$d=10$mm，$l=50$mm，性能等级为 4.8 级，不经表面处理，B 型，$b_m=1.25d$ 的双头螺柱：

螺柱 GB/T 898 M10×50

旋入机体一端为粗牙普通螺纹、旋螺母一端为螺距 $P=1$mm 的细牙普通螺纹，$d=10$mm，$l=50$mm，性能等级为 4.8 级，不经表面处理，A 型，$b_m=1.25d$ 的双头螺柱：

螺柱 GB/T 898 AM10-M10×1×50

螺纹规格	b_m				l/b
	GB/T 897 $b_m=1d$	GB/T 898 $b_m=1.25d$	GB/T 899 $b_m=1.5d$	GB/T 900 $b_m=2d$	
M5	5	6	8	10	(16~22)/10,(25~50)/16
M6	6	8	10	12	(20~22)/10,(25~30)/14,(32~75)/18
M8	8	10	12	16	(20~22)/12,(25~30)/16,(32~90)/22
M10	10	12	15	20	(25~28)/14,(30~38)/16,(40~120)/26,130/32
M12	12	15	18	24	(25~30)/16,(32~40)/20,(45~120)/30,(130~180)/36
(M14)	14	18	21	28	(30~35)/18,(38~45)/25,(50~120)/34,(130~180)/40
M16	16	20	24	32	(30~35)/20,(40~55)/30,(60~120)/38,(130~200)/44
(M18)	18	22	27	36	(35~40)/22,(45~60)/35,(65~120)/42,(130~200)/48
M20	20	25	30	40	(35~40)/25,(45~65)/35,(70~120)/46,(130~200)/52
(M22)	22	28	33	44	(40~45)/30,(50~70)/40,(75~120)/50,(130~200)/56
M24	24	30	36	48	(45~50)/30,(55~75)/45,(80~120)/54,(130~200)/60
(M27)	27	35	40	54	(50~60)/35,(65~85)/50,(90~120)/60,(130~200)/66
M30	30	38	45	60	(60~65)/40,(70~90)/50,(95~120)/66,(130~200)/72,(210~250)/85
(M33)	33	41	49	66	(65~70)/45,(75~95)/60,(100~120)/72,(130~200)/78,(210~300)/91
M36	36	45	54	72	(65~75)/45,(80~110)/60,120/78,(130~200)/84,(210~300)/97
(M39)	39	49	58	78	(70~80)/50,(85~110)/65,120/84,(130~200)/90,(210~300)/103
M42	42	52	64	84	(70~80)/50,(85~110)/70,120/90,(130~200)/96,(210~300)/109
M48	48	60	72	96	(80~90)/60,(95~110)/80,120/102,(130~200)/108,(210~300)/121
l（系列）	16,(18),20,(22),25,(28),30,(32),35,(38),40,45,50,(55),60,(65),70,(75),80,(85),90,(95),100,110,120,130,140,150,160,170,180,190,200,210,220,230,240,250,260,270,280,290,300				

注：1. 尽可能不采用括号内的规格。

2. P——螺纹的螺距。

附表 B-3 开槽盘头螺钉（摘自 GB/T 67—2016） （单位：mm）

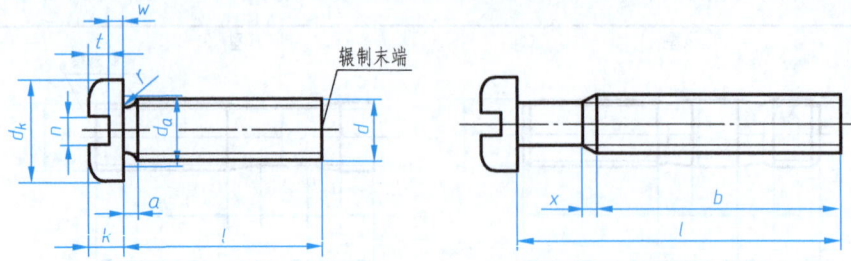

标记示例：

螺纹规格 M5，公称长度 $l=20$mm，性能等级为 4.8 级，不经表面处理的 A 级开槽盘头螺钉：螺钉 GB/T 67 M5×20

螺纹规格 d	M1.6	M2	M2.5	M3	M4	M5	M6	M8	M10
P	0.35	0.4	0.45	0.5	0.7	0.8	1	1.25	1.5
a(max)	0.7	0.8	0.9	1	1.4	1.6	2	2.5	3
b(min)	25	25	25	25	38	38	38	38	38
d_k(max)	3.2	4	5	5.6	8	9.5	12	16	20
k(max)	1	1.3	1.5	1.8	2.4	3	3.6	4.8	6
n 公称	0.4	0.5	0.6	0.8	1.2	1.2	1.6	2	2.5
r(min)	0.1	0.1	0.1	0.1	0.2	0.2	0.25	0.4	0.4
t(min)	0.35	0.5	0.6	0.7	1	1.2	1.4	1.9	2.4
w(min)	0.3	0.4	0.5	0.7	1	1.2	1.4	1.9	2.4
x(max)	0.9	1	1.1	1.25	1.75	2	2.5	3.2	3.8
公称长度 l	2~16	2.5~20	3~25	4~30	5~40	6~50	8~60	10~80	12~80
l(系列)	2,2.5,3,4,5,6,8,10,12,(14),16,20,25,30,35,40,45,50,(55),60,(65),70,(75),80								

注：1. 括号内的规格尽可能不采用。

2. M1.6~M3 公称长度在 30mm 以内的螺钉，制出全螺纹；M4~M10 公称长度在 40mm 以内的螺钉，制出全螺纹。

附表 B-4 开槽沉头螺钉（摘自 GB/T 68—2016） （单位：mm）

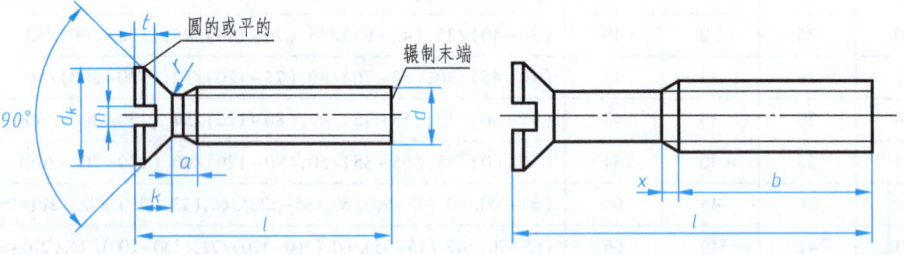

标记示例：

螺纹规格 M5，公称长度 $l=20$mm，性能等级为 4.8 级，不经表面处理的 A 级开槽沉头螺钉：螺钉 GB/T 68 M5×20

螺纹规格 d	M1.6	M2	M2.5	M3	M4	M5	M6	M8	M10
P	0.35	0.4	0.45	0.5	0.7	0.8	1	1.25	1.5
a(max)	0.7	0.8	0.9	1	1.4	1.6	2	2.5	3
b(min)	25	25	25	25	38	38	38	38	38
d_k(max)	3	3.8	4.7	5.5	8.4	9.3	11.3	15.8	18.3
k(max)	1	1.2	1.5	1.65	2.7	2.7	3.3	4.65	5
n 公称	0.4	0.5	0.6	0.8	1.2	1.2	1.6	2	2.5

(续)

螺纹规格 d	M1.6	M2	M2.5	M3	M4	M5	M6	M8	M10
r(max)	0.4	0.5	0.6	0.8	1	1.3	1.5	2	2.5
t(max)	0.5	0.6	0.75	0.85	1.3	1.4	1.6	2.3	2.6
x(max)	0.9	1	1.1	1.25	1.75	2	2.5	3.2	3.8
公称长度 l	2.5~16	3~20	4~25	5~30	6~40	8~50	8~60	10~80	12~80
l(系列)	2.5,3,4,5,6,8,10,12,(14),16,20,25,30,35,40,45,50,(55),60,(65),70,(75),80									

注:1. 括号内的规格尽可能不采用。
　　2. M1.6~M3 公称长度在 30mm 以内的螺钉,制出全螺纹;M4~M10 公称长度在 40mm 以内的螺钉,制出全螺纹。

**附表 B-5　开槽锥端紧定螺钉(摘自 GB/T 71—2018)、开槽平端紧定螺钉(摘自 GB/T 73—2017)、
　　　　　　开槽长圆柱端紧定螺钉(摘自 GB/T 75—2018)　　　　(单位:mm)**

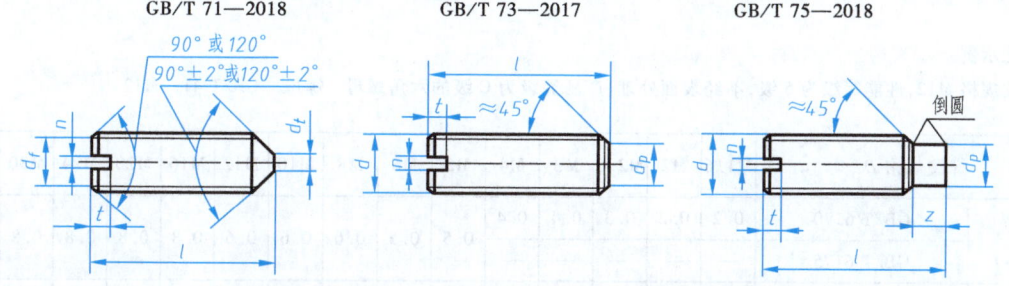

公称长度为短螺钉时,应制成 120°,u(不完整螺纹的长度)≤2P

标记示例:
螺纹规格 d=M5,公称长度 l=12mm,钢制、硬度等级 14H 级、表面不经处理、产品等级 A 级的开槽平端紧定螺钉:
　螺钉　GB/T 73　M5×12

螺纹规格 d			M1.2	M1.6	M2	M2.5	M3	M4	M5	M6	M8	M10	M12
P			0.25	0.35	0.4	0.45	0.5	0.7	0.8	1	1.25	1.5	1.75
d_t		min	—	—	—	—	—	—	—	—	—	—	—
		max	0.12	0.16	0.2	0.25	0.3	0.4	0.5	1.5	2	2.5	3
d_p		min	0.35	0.55	0.75	1.25	1.75	2.25	3.2	3.7	5.2	6.64	8.14
		max	0.6	0.8	1	1.5	2	2.5	3.5	4	5.5	7	8.5
n		公称	0.2	0.25	0.25	0.4	0.4	0.6	0.8	1	1.2	1.6	2
		min	0.26	0.31	0.31	0.46	0.46	0.66	0.86	1.06	1.26	1.66	2.06
		max	0.4	0.45	0.45	0.6	0.6	0.8	1	1.2	1.51	1.91	2.31
t		min	0.4	0.56	0.64	0.72	0.8	1.12	1.28	1.6	2	2.4	2.8
		max	0.52	0.74	0.84	0.95	1.05	1.42	1.63	2	2.5	3	3.6
z		min	—	0.8	1	1.2	1.5	2	2.5	3	4	5	6
		max	—	1.05	1.25	1.25	1.75	2.25	2.75	3.25	4.3	5.3	6.3
GB/T 71		l(公称长度)	2~6	2~8	3~10	3~12	4~16	6~20	8~25	8~30	10~40	12~50	14~60
		l(短螺钉)	2	2~2.5	2~2.5	2~3	2~3	2~4	2~5	2~6	2~8	2~10	2~12
GB/T 73		l(公称长度)	2~6	2~8	2~10	2.5~12	3~16	4~20	5~25	6~30	8~40	10~50	12~60
		l(短螺钉)	—	2	2~2.5	2~3	2~3	2~4	2~5	2~6	2~6	2~8	2~10
GB/T 75		l(公称长度)	—	2.5~8	3~10	4~12	5~16	6~20	8~25	8~30	10~40	12~50	14~60
		l(短螺钉)	—	2~2.5	2~3	2~4	2~5	2~6	2~8	2~10	2~12	2~16	2~20
l(系列)			2,2.5,3,4,5,6,8,10,12,(14),16,20,25,30,35,40,45,50,(55),60										

附表 B-6　六角螺母—C 级（摘自 GB/T 41—2016）、1 型六角螺母（摘自 GB/T 6170—2015）、六角薄螺母（摘自 GB/T 6172.1—2016）、2 型六角螺母（摘自 GB/T 6175—2016）　　（单位：mm）

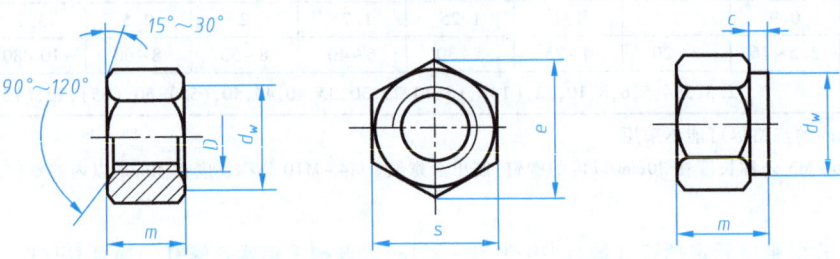

标记示例：
螺纹规格 M12, 性能等级为 5 级, 不经表面处理, 产品等级为 C 级的六角螺母: 螺母　GB/T 41　M12

螺纹规格 D		M1.6	M2	M2.5	M3	M4	M5	M6	M8	M10	M12	M16	M20	M24	M30	M36
c (max)	GB/T 6170	0.2	0.2	0.3	0.4	0.4	0.5	0.5	0.6	0.6	0.6	0.8	0.8	0.8	0.8	0.8
	GB/T 6175	—	—	—	—	—										
d_w (min)	GB/T 41	—	—	—	—	—	6.7	8.7	11.5	14.5	16.5	22	27.7	33.3	42.8	51.1
	GB/T 6170	2.4	3.1	4.1	4.6	5.9	6.9	8.9	11.6	14.6	16.6	22.5	27.7	33.2	42.7	51.1
	GB/T 6172.1															
	GB/T 6175	—	—	—	—	—										
e (min)	GB/T 41	—	—	—	—	—	8.63	10.89	14.20	17.59	19.85	26.17	32.95	39.55	50.85	60.79
	GB/T 6170	3.41	4.32	5.45	6.01	7.66	8.79	11.05	14.38	17.77	20.03	26.75				
	GB/T 6172.1															
	GB/T 6175	—	—	—	—	—										
m (max)	GB/T 41	—	—	—	—	—	5.6	6.4	7.9	9.5	12.2	15.9	19	22.3	26.4	31.9
	GB/T 6170	1.3	1.6	2	2.4	3.2	4.7	5.2	6.8	8.4	10.8	14.8	18	21.5	25.6	31
	GB/T 6172.1	1	1.2	1.6	1.8	2.2	2.7	3.1	4	5	6	8	10	12	15	18
	GB/T 6175	—	—	—	—	—	5.1	5.7	7.5	9.3	12	16.4	20.3	23.9	28.6	34.7
s (max)	GB/T 41	—	—	—	—	—	8	10	13	16	18	24	30	36	46	55
	GB/T 6170	3.2	4	5	5.5	7										
	GB/T 6172.1															
	GB/T 6175	—	—	—	—	—										

附表 B-7　垫圈　　　（单位：mm）

小垫圈—A级	平垫圈—A级	平垫圈—倒角型—A级
（摘自 GB/T 848—2002）	（摘自 GB/T 97.1—2002）	（摘自 GB/T 97.2—2002）
平垫圈—C级	大垫圈—A 和 C 级	特大垫圈—C级
（摘自 GB/T 95—2002）	（摘自 GB/T 96—2002）	（摘自 GB/T 5287—2002）

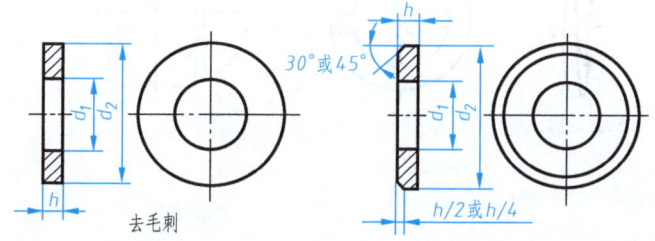

标记示例：

标准系列，公称规格8mm，硬度等级为100HV级，不经表面处理，产品等级为C级的平垫圈：垫圈　GB/T 95　8

标准系列，公称规格8mm，由A2组不锈钢制造的硬度等级为200HV级，不经表面处理，产品等级为A级，倒角型平垫圈：垫圈　GB/T 97.2　8　A2

公称规格（螺纹大径d）	标准系列									特大系列			大系列			小系列		
	GB/T 95（C级）			GB/T 97.1（A级）			GB/T 97.2（A级）			GB/T 5287（C级）			GB/T 96（A、C级）			GB/T 848（A级）		
	d_1(min)	d_2(max)	h	d_1(min)	d_2(max)	h	d_1(min)	d_2(max)	h	d_1(min)	d_2(max)	h	d_1(min)	d_2(max)	h	d_1(min)	d_2(max)	h
4	—	—	—	4.3	9	0.8	—	—	—	—	—	—	4.3	12	1	4.3	8	0.5
5	5.5	10	1	5.3	10	1	5.3	10	1	5.5	18	2	5.3	15	1.2	5.3	9	1
6	6.6	12	1.6	6.4	12	1.6	6.4	12	1.6	6.6	22	2	6.4	18	1.6	6.4	11	1.6
8	9	16	1.6	8.4	16	1.6	8.4	16	1.6	9	28	3	8.4	24	2	8.4	15	1.6
10	11	20	2	10.5	20	2	10.5	20	2	11	34	3	10.5	30	2.5	10.5	18	1.6
12	13.5	24	2.5	13	24	2.5	13	24	2.5	13.5	44	4	13	37	3	13	20	2
14	15.5	28	2.5	15	28	2.5	15	28	2.5	15.5	50	4	15	44	3	15	24	2.5
16	17.5	30	3	17	30	3	17	30	3	17.5	56	5	17	50	3	17	28	2.5
20	22	37	3	21	37	3	21	37	3	22	72	5	22	60	4	21	34	3
24	26	44	4	25	44	4	25	44	4	26	85	6	26	72	5	25	39	4
30	33	56	4	31	56	4	31	56	4	33	105	6	33	92	6	31	50	4
36	39	66	5	37	66	5	37	66	5	39	125	8	39	110	8	37	60	5
42[①]	45	78	8	—	—	—	—	—	—	—	—	—	45	125	10	—	—	—
48[①]	52	92	8	—	—	—	—	—	—	—	—	—	52	145	10	—	—	—

注：1. A 级适用于精装配系列，C 级适用于中等装配系列。

　　2. GB/T 848—2002 主要用于圆柱头螺钉，其他用于标准六角头螺栓、螺钉、螺母。

① 尚未列入相应的产品标准规格。

附表 B-8 标准型弹簧垫圈（摘自 GB/T 93—1987）、轻型弹簧垫圈（摘自 GB/T 859—1987）

（单位：mm）

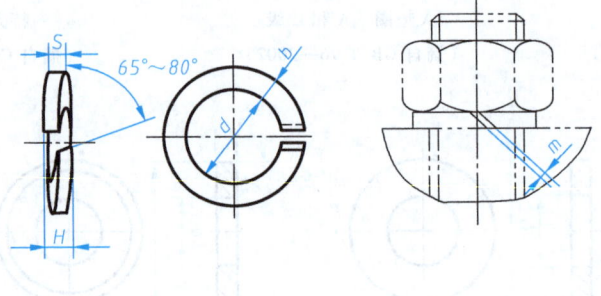

标记示例：

规格 16mm，材料为 65Mn，表面氧化的标准型弹簧垫圈：垫圈 GB/T 93 16

	规格（螺纹大径）		3	4	5	6	8	10	12	16	20	24	30
d	GB/T 93 GB/T 859	min	3.1	4.1	5.1	6.1	8.1	10.2	12.2	16.2	20.2	24.5	30.5
		max	3.4	4.4	5.4	6.68	8.68	10.9	12.9	16.9	21.04	25.5	31.5
S	GB/T 93	公称	0.8	1.1	1.3	1.6	2.1	2.6	3.1	4.1	5	6	7.5
		min	0.7	1	1.2	1.5	2	2.45	2.95	3.9	4.8	5.8	7.2
		max	0.9	1.2	1.4	1.7	2.2	2.75	3.25	4.3	5.2	6.2	7.8
	GB/T 895	公称	0.6	0.8	1.1	1.3	1.6	2	2.5	3.2	4	5	6
		min	0.52	0.7	1	1.2	1.5	1.9	2.35	3	3.8	4.8	5.8
		max	0.68	0.9	1.2	1.4	1.7	2.1	2.65	3.4	4.2	5.2	6.2
b	GB/T 895	公称	1	1.2	1.5	2	2.5	3	3.5	4.5	5.5	7	9
		min	0.9	1.1	1.4	1.9	2.36	2.85	3.3	4.3	5.3	6.7	8.7
		max	1.1	1.3	1.6	2.1	2.65	3.15	3.7	4.7	5.7	7.3	9.3
H	GB/T 93	min	1.6	2.2	2.6	3.2	4.2	5.2	6.2	8.2	10	12	15
		max	2	2.75	3.25	4	5.25	6.5	7.75	10.25	12.5	15	18.75
	GB/T 895	min	1.2	1.6	2.2	2.6	3.2	4	5	6.4	8	10	12
		max	1.5	2	2.75	3.25	4	5	6.25	8	10	12.5	15
m≤	GB/T 93		0.4	0.55	0.65	0.8	1.05	1.3	1.55	2.05	2.5	3	3.75
	GB/T 895		0.3	0.4	0.55	0.65	0.8	1	1.25	1.6	2	2.5	3

注：m 应大于零。

附录 C 平　　键

附表 C-1　键和键槽的剖面尺寸（摘自 GB/T 1095—2003）　　（单位：mm）

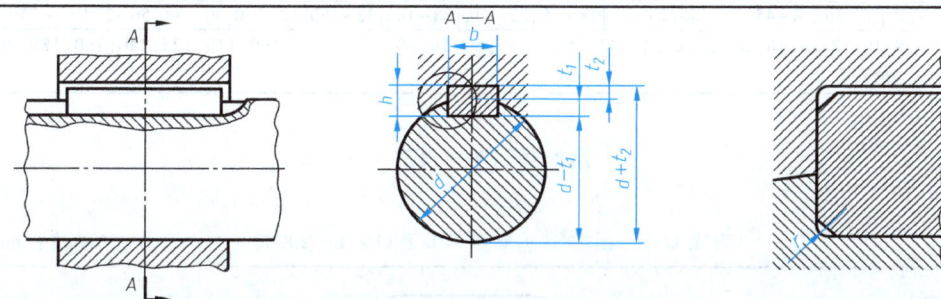

轴	键	键槽										
		宽度 b					深度				半径 r	
公称直径 d	公称尺寸 $b×h$	公称尺寸 b	极限偏差					轴 t_1		毂 t_2		
			松连接		正常连接		紧密连接	公称尺寸	极限偏差	公称尺寸	极限偏差	min	max
			轴 H9	毂 D10	轴 N9	毂 JS9	轴和毂 P6						
自 6～8	2×2	2	+0.025 0	+0.060 +0.020	−0.004 −0.029	±0.0125	−0.006 −0.031	1.2	+0.1 0	1.0	+0.1 0	0.08	0.16
>8～10	3×3	3						1.8		1.4			
>10～12	4×4	4	+0.030 0	+0.078 +0.030	0 −0.030	±0.015	−0.012 −0.042	2.5		1.8			
>12～17	5×5	5						3.0		2.3			
>17～22	6×6	6						3.5		2.8		0.16	0.25
>22～30	8×7	8	+0.036 0	+0.098 +0.040	0 −0.036	±0.018	−0.015 −0.051	4.0		3.3			
>30～38	10×8	10						5.0		3.3			
>38～44	12×8	12	+0.043 0	+0.0120 +0.050	0 −0.043	±0.0215	−0.018 −0.061	5.0		3.3		0.25	0.40
>44～50	14×9	14						5.5		3.8			
>50～58	16×10	16						6.0	+0.2 0	4.3	+0.2 0		
>58～65	18×11	18						7.0		4.4			
>65～75	20×12	20	+0.052 0	+0.149 +0.065	0 −0.052	±0.026	−0.022 −0.074	7.5		4.9		0.40	0.60
>75～85	22×14	25						9.0		5.4			
>85～95	25×14	25						9.0		5.4			
>95～110	28×16	28						10.0		6.4			

注：$(d-t_1)$ 和 $(d+t_2)$ 两组合尺寸的极限偏差按相应的 t_1 和 t_2 的极限偏差选取，但 $(d-t_1)$ 极限偏差应取负号（−）。

附表 C-2　普通平键尺寸（摘自 GB/T 1096—2003）　　（单位：mm）

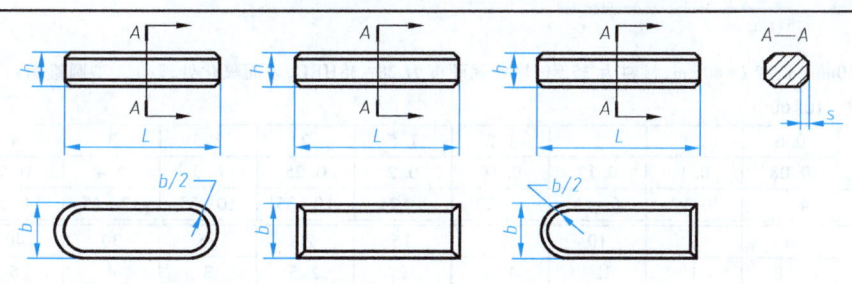

标记示例：
$b=18mm, h=11mm, L=100mm$ 普通 A 型平键：GB/T 1096 键　18×11×100
$b=18mm, h=11mm, L=100mm$ 普通 B 型平键：GB/T 1096 键　B 18×11×100
$b=18mm, h=11mm, L=100mm$ 普通 C 型平键：GB/T 1096 键　C 18×11×100

(续)

b	2	3	4	5	6	8	10	12	14	16	18	20	22	25
h	2	3	4	5	6	7	8	8	9	10	11	12	14	14
倒角或倒圆 s	0.16~0.25			0.25~0.4			0.40~0.60					0.60~0.80		
L	6~20	6~36	8~45	10~56	14~70	18~90	22~110	28~140	36~160	45~180	50~200	56~220	63~250	70~280
L（系列）	6,8,10,12,14,18,20,22,25,28,32,36,40,45,50,56,63,70,80,90,100,110,125,140,160,180,200,220,250,280													

附录 D 销

附表 D-1 圆柱销（摘自 GB/T 119.1—2000） （单位：mm）

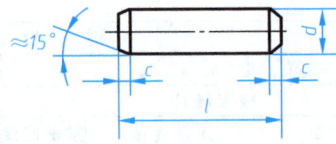

标记示例：

公称直径 d = 8mm，公差为 m6，公称长度 l = 30mm，材料为钢，不经淬火、不经表面处理的圆柱销：销 GB/T 119.1 8 m6×30

d	m6/h8	0.6	0.8	1	1.2	1.5	2	2.5	3	4	5
c	≈	0.12	0.16	0.20	0.25	0.30	0.35	0.40	0.50	0.63	0.80
l		2~6	2~8	4~10	4~12	4~16	6~20	6~24	8~30	8~40	10~50
d	m6/h8	6	8	10	12	16	20	25	30	40	50
c	≈	1.2	1.6	2.0	2.5	3.0	3.5	4.0	5.0	6.3	8.0
l		12~60	14~80	18~95	22~140	26~180	35~200	50~200	60~200	80~200	95~200
l（系列）		2,3,4,5,6,8,10,12,14,16,18,20,22,24,26,28,30,32,35,40,45,50,55,60,65,70,75,80,85,90,95,100,120,140,160,180,200									

注：公称长度大于 200mm，按 20mm 递增。

附表 D-2 圆锥销（摘自 GB/T 117—2000） （单位：mm）

A 型（磨削） B 型（切削或冷镦）

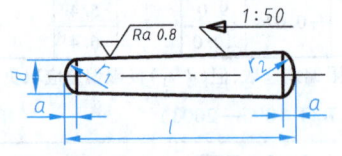 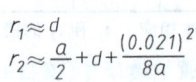 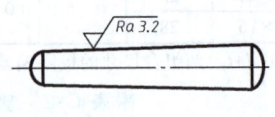

$r_1 \approx d$
$r_2 \approx \dfrac{a}{2} + d + \dfrac{(0.021)^2}{8a}$

标记示例：

公称直径 d = 10mm，长度 l = 60mm，材料为 35 钢，热处理硬度为 28~38HRC，表面氧化处理的 A 型圆锥销：销 GB/T 117 10×60

d	h10	0.6	0.8	1	1.2	1.5	2	2.5	3	4	5
a	≈	0.08	0.1	0.12	0.16	0.2	0.25	0.3	0.4	0.5	0.63
l		4~8	5~12	6~16	6~20	8~24	10~35	10~35	12~45	14~55	18~60
d	h10	6	8	10	12	16	20	25	30	40	50
a	≈	0.8	1	1.2	1.6	2	2.5	3	4	5	6.3
l		22~90	22~120	26~160	32~180	40~200	45~200	50~200	55~200	60~200	65~200
l（系列）		2,3,4,5,6,8,10,12,14,16,18,20,22,24,26,28,30,32,35,40,45,50,55,60,65,70,75,80,85,90,95,100,120,140,160,180,200									

附录 E 滚动轴承

附表 E-1 深沟球轴承（摘自 GB/T 276—2013）

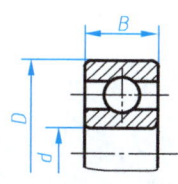
外形尺寸

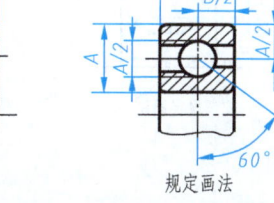
规定画法

标记示例：

滚动轴承 6012 GB/T 276

轴承型号		外形尺寸/mm			轴承型号		外形尺寸/mm		
		d	D	B			d	D	B
01系列	6004	20	42	12	03系列	6304	20	52	15
	6005	25	47	12		6305	25	62	17
	6006	30	55	13		6306	30	72	19
	6007	35	62	14		6307	35	80	21
	6008	40	68	15		6308	40	90	23
	6009	45	75	16		6309	45	100	25
	6010	50	80	16		6310	50	110	27
	6011	55	90	18		6311	55	120	29
	6012	60	95	18		6312	60	130	31
	6013	65	100	18		6313	65	140	33
	6014	70	110	20		6314	70	150	35
	6015	75	115	20		6315	75	160	37
	6016	80	125	22		6316	80	170	39
	6017	85	130	22		6317	85	180	41
	6018	90	140	24		6318	90	190	43
	6019	95	145	24		6319	95	200	45
	6020	100	150	24		6320	100	215	47
02系列	6204	20	47	14	04系列	6404	20	72	19
	6205	25	52	15		6405	25	80	21
	6206	30	62	16		6406	30	90	23
	6207	35	72	17		6407	35	100	25
	6208	40	80	18		6408	40	110	27
	6209	45	85	19		6409	45	120	29
	6210	50	90	20		6410	50	130	31
	6211	55	100	21		6411	55	140	33
	6212	60	110	22		6412	60	150	35
	6213	65	120	23		6413	65	160	37
	6214	70	125	24		6414	70	180	42
	6215	75	130	25		6415	75	190	45
	6216	80	140	26		6416	80	200	48
	6217	85	150	28		6417	85	210	52
	6218	90	160	30		6418	90	225	54
	6219	95	170	32		6419	95	240	55
	6220	100	180	34		6420	100	250	58

附表 E-2　圆锥滚子轴承（摘自 GB/T 297—2015）

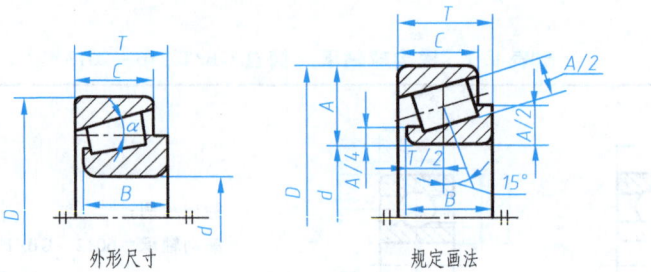

外形尺寸　　规定画法

标记示例：

滚动轴承　30205　GB/T 297

轴承型号		外形尺寸/mm				轴承型号		外形尺寸/mm			
		d	D	T	B	C		d	D	T	B	C
02 系列	30204	20	47	15.25	14	12	22 系列	32204	20	47	19.25	18	15
	30205	25	52	16.25	15	13		32205	25	52	19.25	18	16
	30206	30	62	17.25	16	14		32206	30	62	21.25	20	17
	30207	35	72	18.25	17	15		32207	35	72	24.25	23	19
	30208	40	80	19.75	18	16		32208	40	80	24.75	23	19
	30209	45	85	20.75	19	16		32209	45	85	24.75	23	19
	30210	50	90	21.75	20	17		32210	50	90	24.75	23	19
	30211	55	100	22.75	21	18		32211	55	100	26.75	25	21
	30212	60	110	23.75	22	19		32212	60	110	29.75	28	24
	30213	65	120	24.75	23	20		32213	65	120	32.75	31	27
	30214	70	125	26.25	24	21		32214	70	125	33.25	31	27
	30215	75	130	27.25	25	22		32215	75	130	33.25	31	27
	30216	80	140	28.25	26	22		32216	80	140	35.25	33	28
	30217	85	150	30.50	28	24		32217	85	150	38.50	36	30
	30218	90	160	32.50	30	26		32218	90	160	42.50	40	34
	30219	95	170	34.50	32	27		32219	95	170	45.50	43	37
	30220	100	180	37	34	29		32220	100	180	49	46	39
03 系列	30304	20	52	16.25	15	13	23 系列	32304	20	52	22.25	21	18
	30305	25	62	18.25	17	15		32305	25	62	25.25	24	20
	30306	30	72	20.75	19	16		32306	30	72	28.75	27	23
	30307	35	80	22.75	21	18		32307	35	80	32.75	31	25
	30308	40	90	25.25	23	20		32308	40	90	35.25	33	27
	30309	45	100	27.25	25	22		32309	45	100	38.25	36	30
	30310	50	110	29.25	27	23		32310	50	110	42.25	40	33
	30311	55	120	31.50	29	25		32311	55	120	45.50	43	35
	30312	60	130	33.50	31	26		32312	60	130	48.50	46	37
	30313	65	140	36	33	28		32313	65	140	51	48	39
	30314	70	150	38	35	30		32314	70	150	54	51	42
	30315	75	160	40	37	31		32315	75	160	58	55	45
	30316	80	170	42.50	39	33		32316	80	170	61.50	58	48
	30317	85	180	44.50	41	34		32317	85	180	63.50	60	49
	30318	90	190	46.50	43	36		32318	90	190	67.50	64	53
	30319	95	200	49.50	45	38		32319	95	200	71.50	67	55
	30320	100	215	51.50	47	39		32320	100	215	77.50	73	60

附录 F　常用零件结构要素

附表 F-1　零件倒圆与倒角（摘自 GB/T 6403.4—2008）　　（单位：mm）

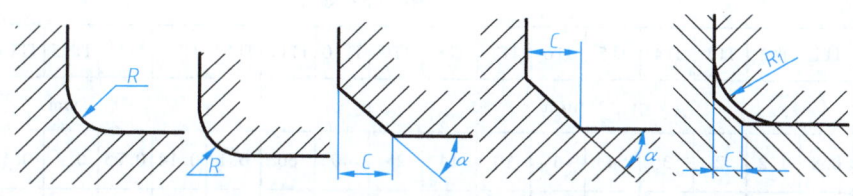

α 一般采用 45°，也可采用 30° 或 60°

与直径 ϕ 相对应的倒角 C、倒圆 R 的推荐值

ϕ	<3	>3~6	>6~10	>10~18	>18~30	>30~50	>50~80	>80~120	>120~180
C 或 R	0.2	0.4	0.6	0.8	1.0	1.6	2.0	2.5	3.0

内角倒角、外角倒圆时 C 的最大值 C_{max} 与 R_1 的关系

R_1	0.3	0.4	0.5	0.6	0.8	1.0	1.2	1.6	2.0	2.5	3.0	4.0
C_{max}	0.1	0.2	0.2	0.3	0.4	0.5	0.6	0.8	1.0	1.2	1.6	2.0

附表 F-2　砂轮越程槽（摘自 GB/T 6403.5—2008）　　（单位：mm）

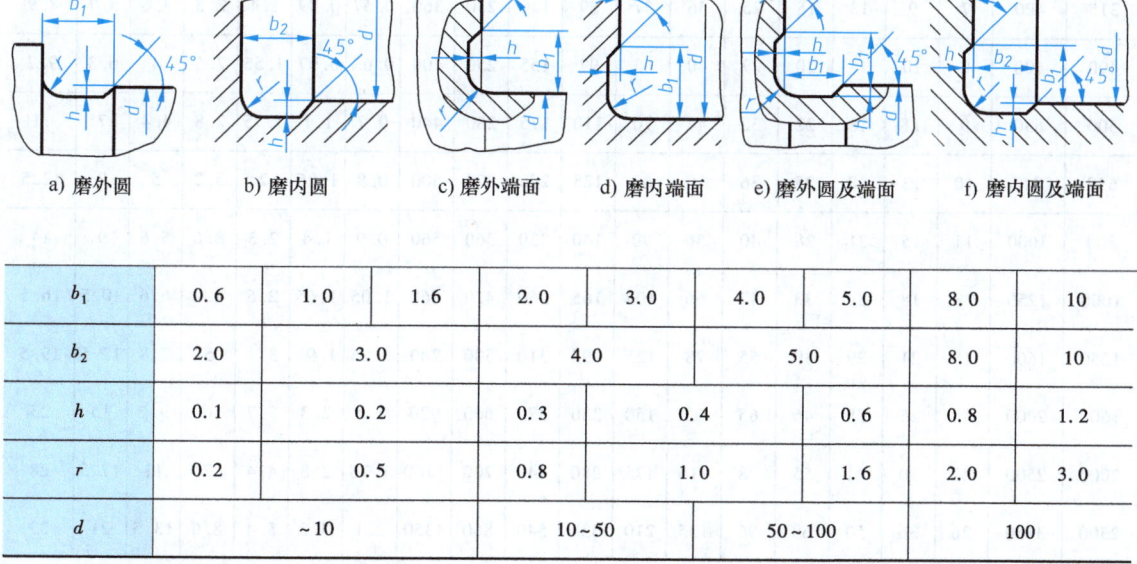

a) 磨外圆　　b) 磨内圆　　c) 磨外端面　　d) 磨内端面　　e) 磨外圆及端面　　f) 磨内圆及端面

b_1	0.6	1.0	1.6	2.0	3.0	4.0	5.0	8.0	10
b_2	2.0		3.0		4.0		5.0	8.0	10
h	0.1		0.2		0.3	0.4	0.6	0.8	1.2
r	0.2		0.5		0.8	1.0	1.6	2.0	3.0
d		~10			10~50		50~100	100	

注：1. 越程槽内与直线相交处，不允许产生尖角。
　　2. 越程槽深度 h 与圆弧半径 r，要满足 $r \leqslant 3h$。

附录 G 极限与配合

附表 G-1 标准公差数值(摘自 GB/T 1800.1—2020)

公称尺寸 /mm		标准公差等级																	
		IT1	IT2	IT3	IT4	IT5	IT6	IT7	IT8	IT9	IT10	IT11	IT12	IT13	IT14	IT15	IT16	IT17	IT18
大于	至	μm											mm						
—	3	0.8	1.2	2	3	4	6	10	14	25	40	60	0.1	0.14	0.25	0.4	0.6	1	1.4
3	6	1	1.5	2.5	4	5	8	12	18	30	48	75	0.12	0.18	0.3	0.48	0.75	1.2	1.8
6	10	1	1.5	2.5	4	6	9	15	22	36	58	90	0.15	0.22	0.36	0.58	0.9	1.5	2.2
10	18	1.2	2	3	5	8	11	18	27	43	70	110	0.18	0.27	0.43	0.7	1.1	1.8	2.7
18	30	1.5	2.5	4	6	9	13	21	33	52	84	130	0.21	0.33	0.52	0.84	1.3	2.1	3.3
30	50	1.5	2.5	4	7	11	16	25	39	62	100	160	0.25	0.39	0.62	1	1.6	2.5	3.9
50	80	2	3	5	8	13	19	30	46	74	120	190	0.3	0.46	0.74	1.2	1.9	3	4.6
80	120	2.5	4	6	10	15	22	35	54	87	140	220	0.35	0.54	0.87	1.4	2.2	3.5	5.4
120	180	3.5	5	8	12	18	25	40	63	100	160	250	0.4	0.63	1	1.6	2.5	4	6.3
180	250	4.5	7	10	14	20	29	46	72	115	185	290	0.46	0.72	1.15	1.85	2.9	4.6	7.2
250	315	6	8	12	16	23	32	52	81	130	210	320	0.52	0.81	1.3	2.1	3.2	5.2	8.1
315	400	7	9	13	18	25	36	57	89	140	230	360	0.57	0.89	1.4	2.3	3.6	5.7	8.9
400	500	8	10	15	20	27	40	63	97	155	250	400	0.63	0.97	1.55	2.5	4	6.3	9.7
500	630	9	11	16	22	32	44	70	110	175	280	440	0.7	1.1	1.75	2.8	4.4	7	11
630	800	10	13	18	25	36	50	80	125	200	320	500	0.8	1.25	2	3.2	5	8	12.5
800	1000	11	15	21	28	40	56	90	140	230	360	560	0.9	1.4	2.3	3.6	5.6	9	14
1000	1250	13	18	24	33	47	66	105	165	260	420	660	1.05	1.65	2.6	4.2	6.6	10.5	16.5
1250	1600	15	21	29	39	55	78	125	195	310	500	780	1.25	1.95	3.1	5	7.8	12.5	19.5
1600	2000	18	25	35	46	65	92	150	230	370	600	920	1.5	2.3	3.7	6	9.2	15	23
2000	2500	22	30	41	55	78	110	175	280	440	700	1100	1.75	2.8	4.4	7	11	17.5	28
2500	3150	26	36	50	68	96	135	210	330	540	860	1350	2.1	3.3	5.4	8.6	13.5	21	33

注：1. 公称尺寸大于 500mm 的 IT1~IT5 的标准公差数值为试行的。
2. 公称尺寸小于或等于 1mm 时，无 IT14~IT18。

附表 G-2　优先配合中轴的极限偏差（摘自 GB/T 1800.2—2020）　　（单位：μm）

基本尺寸/mm		公差带											
		c	d	f	g	h	h	h	h	k	n	p	s	u
大于	至	11	9	7	6	6	7	9	11	6	6	6	6	6
—	3	−60 −120	−20 −45	−6 −16	−2 −8	0 −6	0 −10	0 −25	0 −60	+6 0	+10 +4	+12 +6	+20 +14	+24 +18
3	6	−70 −145	−30 −60	−10 −22	−4 −12	0 −8	0 −12	0 −30	0 −75	+9 +1	+16 +8	+20 +12	+27 +19	+31 +23
6	10	−80 −170	−40 −76	−13 −28	−5 −14	0 −9	0 −15	0 −36	0 −90	+10 +1	+19 +10	+24 +15	+32 +23	+37 +28
10	14	−95 −205	−50 −93	−16 −34	−6 −17	0 −11	0 −18	0 −43	0 −110	+12 +1	+23 +12	+29 +18	+39 +28	+44 +33
14	18	−95 −205	−50 −93	−16 −34	−6 −17	0 −11	0 −18	0 −43	0 −110	+12 +1	+23 +12	+29 +18	+39 +28	+44 +33
18	24	−110 −240	−65 −117	−20 −41	−7 −20	0 −13	0 −21	0 −52	0 −130	+15 +2	+28 +15	+35 +22	+48 +35	+54 +41
24	30	−110 −240	−65 −117	−20 −41	−7 −20	0 −13	0 −21	0 −52	0 −130	+15 +2	+28 +15	+35 +22	+48 +35	+61 +48
30	40	−120 −280	−80 −142	−25 −50	−9 −25	0 −16	0 −25	0 −62	0 −160	+18 +2	+33 +17	+42 +26	+59 +43	+76 +60
40	50	−130 −290	−80 −142	−25 −50	−9 −25	0 −16	0 −25	0 −62	0 −160	+18 +2	+33 +17	+42 +26	+59 +43	+86 +70
50	65	−140 −330	−100 −174	−30 −60	−10 −29	0 −19	0 −30	0 −74	0 −190	+21 +2	+39 +20	+51 +32	+72 +53	+106 +87
65	80	−150 −340	−100 −174	−30 −60	−10 −29	0 −19	0 −30	0 −74	0 −190	+21 +2	+39 +20	+51 +32	+78 +59	+121 +102
80	100	−170 −390	−120 −207	−36 −71	−12 −34	0 −22	0 −35	0 −87	0 −220	+25 +3	+45 +23	+59 +37	+93 +71	+146 +124
100	120	−180 −400	−120 −207	−36 −71	−12 −34	0 −22	0 −35	0 −87	0 −220	+25 +3	+45 +23	+59 +37	+101 +79	+166 +144
120	140	−200 −450	−145 −245	−43 −83	−14 −39	0 −25	0 −40	0 −100	0 −250	+28 +3	+52 +27	+68 +43	+117 +92	+195 +170
140	160	−210 −460	−145 −245	−43 −83	−14 −39	0 −25	0 −40	0 −100	0 −250	+28 +3	+52 +27	+68 +43	+125 +100	+215 +190
160	180	−230 −480	−145 −245	−43 −83	−14 −39	0 −25	0 −40	0 −100	0 −250	+28 +3	+52 +27	+68 +43	+133 +108	+235 +210
180	200	−240 −530	−170 −285	−50 −96	−15 −44	0 −29	0 −46	0 −115	0 −290	+33 +4	+60 +31	+79 +50	+151 +122	+265 +236
200	225	−260 −550	−170 −285	−50 −96	−15 −44	0 −29	0 −46	0 −115	0 −290	+33 +4	+60 +31	+79 +50	+159 +130	+287 +258
225	250	−280 −570	−170 −285	−50 −96	−15 −44	0 −29	0 −46	0 −115	0 −290	+33 +4	+60 +31	+79 +50	+169 +140	+313 +284
250	280	−300 −620	−190 −320	−56 −108	−17 −49	0 −32	0 −52	0 −130	0 −320	+36 +4	+66 +34	+88 +56	+190 +158	+347 +315
280	315	−330 −650	−190 −320	−56 −108	−17 −49	0 −32	0 −52	0 −130	0 −320	+36 +4	+66 +34	+88 +56	+202 +170	+382 +350
315	355	−360 −720	−210 −350	−62 −119	−18 −54	0 −36	0 −57	0 −140	0 −360	+40 +4	+73 +37	+98 +62	+226 +190	+426 +390
355	400	−400 −760	−210 −350	−62 −119	−18 −54	0 −36	0 −57	0 −140	0 −360	+40 +4	+73 +37	+98 +62	+244 +208	+471 +435
400	450	−440 −840	−230 −385	−68 −131	−20 −60	0 −40	0 −63	0 −155	0 −400	+45 +5	+80 +40	+108 +68	+272 +232	+530 +490
450	500	−480 −880	−230 −385	−68 −131	−20 −60	0 −40	0 −63	0 −155	0 −400	+45 +5	+80 +40	+108 +68	+292 +252	+580 +540

附表 G-3　优先配合中孔的极限偏差（摘自 GB/T 1800.2—2020）　（单位：μm）

公称尺寸 /mm		公差带											
		C	D	F	G	H	H	H	H	K	N	P	S	U
大于	至	11	9	8	7	7	8	9	11	7	7	7	7	7
—	3	+120 +60	+45 +20	+20 +6	+12 +2	+10 0	+14 0	+25 0	+60 0	0 −10	−4 −14	−6 −16	−14 −24	−18 −28
3	6	+145 +70	+60 +30	+28 +10	+16 +4	+12 0	+18 0	+30 0	+75 0	+3 −9	−4 −16	−8 −20	−15 −27	−19 −31
6	10	+170 +80	+76 +40	+35 +13	+20 +5	+15 0	+22 0	+36 0	+90 0	+5 −10	−4 −19	−9 −24	−17 −32	−22 −37
10	14	+205 +95	+93 +50	+43 +16	+24 +6	+18 0	+27 0	+43 0	+110 0	+6 −12	−5 −23	−11 −29	−21 −39	−26 −44
14	18	+205 +95	+93 +50	+43 +16	+24 +6	+18 0	+27 0	+43 0	+110 0	+6 −12	−5 −23	−11 −29	−21 −39	−26 −44
18	24	+240 +110	+117 +65	+53 +20	+28 +7	+21 0	+33 0	+52 0	+130 0	+6 −15	−7 −28	−14 −35	−27 −48	−33 −54
24	30	+240 +110	+117 +65	+53 +20	+28 +7	+21 0	+33 0	+52 0	+130 0	+6 −15	−7 −28	−14 −35	−27 −48	−40 −61
30	40	+280 +120	+142 +80	+64 +25	+34 +9	+25 0	+39 0	+62 0	+160 0	+7 −18	−8 −33	−17 −42	−34 −59	−51 −76
40	50	+280 +120	+142 +80	+64 +25	+34 +9	+25 0	+39 0	+62 0	+160 0	+7 −18	−8 −33	−17 −42	−34 −59	−61 −86
50	65	+330 +140	+174 +100	+76 +30	+40 +10	+30 0	+46 0	+74 0	+190 0	+9 −21	−9 −39	−21 −51	−42 −72	−76 −106
65	80	+340 +150	+174 +100	+76 +30	+40 +10	+30 0	+46 0	+74 0	+190 0	+9 −21	−9 −39	−21 −51	−48 −78	−91 −121
80	100	+390 +170	+207 +120	+90 +36	+47 +12	+35 0	+54 0	+87 0	+220 0	+10 −25	−10 −45	−24 −59	−58 −98	−111 −146
100	120	+400 +180	+207 +120	+90 +36	+47 +12	+35 0	+54 0	+87 0	+220 0	+10 −25	−10 −45	−24 −59	−66 −101	−131 −166
120	140	+450 +200	+245 +145	+106 +43	+54 +14	+40 0	+63 0	+100 0	+250 0	+12 −28	−12 −52	−28 −68	−77 −117	−155 −195
140	160	+460 +210	+245 +145	+106 +43	+54 +14	+40 0	+63 0	+100 0	+250 0	+12 −28	−12 −52	−28 −68	−85 −125	−175 −215
160	180	+480 +230	+245 +145	+106 +43	+54 +14	+40 0	+63 0	+100 0	+250 0	+12 −28	−12 −52	−28 −68	−93 −133	−195 −235
180	200	+530 +240	+285 +170	+122 +50	+61 +15	+46 0	+72 0	+115 0	+290 0	+13 −33	−14 −60	−33 −79	−105 −151	−219 −265
200	225	+550 +260	+285 +170	+122 +50	+61 +15	+46 0	+72 0	+115 0	+290 0	+13 −33	−14 −60	−33 −79	−113 −159	−241 −287
225	250	+570 +280	+285 +170	+122 +50	+61 +15	+46 0	+72 0	+115 0	+290 0	+13 −33	−14 −60	−33 −79	−123 −169	−267 −313
250	280	+620 +300	+320 +190	+137 +56	+69 +17	+52 0	+81 0	+130 0	+320 0	+16 −36	−14 −66	−36 −88	−138 −190	−295 −347
280	315	+650 +330	+320 +190	+137 +56	+69 +17	+52 0	+81 0	+130 0	+320 0	+16 −36	−14 −66	−36 −88	−150 −202	−330 −382
315	355	+720 +360	+350 +210	+151 +62	+75 +18	+57 0	+89 0	+140 0	+360 0	+17 −40	−16 −73	−41 −98	−169 −226	−369 −426
355	400	+760 +400	+350 +210	+151 +62	+75 +18	+57 0	+89 0	+140 0	+360 0	+17 −40	−16 −73	−41 −98	−187 −244	−414 −471
400	450	+840 +440	+385 +230	+165 +68	+83 +20	+63 0	+97 0	+155 0	+400 0	+18 −45	−17 −80	−45 −108	−209 −272	−467 −530
450	500	+880 +480	+385 +230	+165 +68	+83 +20	+63 0	+97 0	+155 0	+400 0	+18 −45	−17 −80	−45 −108	−229 −292	−517 −580

附表 G-4 几何公差（摘自 GB/T 1184—1996）

公差项目	主参数/mm	公差等级											
		1	2	3	4	5	6	7	8	9	10	11	12
		公差值/μm											
直线度、平面度	≤10	0.2	0.4	0.8	1.2	2	3	5	8	12	20	30	60
	>10~16	0.25	0.5	1	1.5	2.5	4	6	10	15	25	40	80
	>16~25	0.3	0.6	1.2	2	3	5	8	12	20	30	50	100
	>25~40	0.4	0.8	1.5	2.5	4	6	10	15	25	40	60	120
	>40~63	0.5	1	2	3	5	8	12	20	30	50	80	150
	>63~100	0.6	1.2	2.5	4	6	10	15	25	40	60	100	200
	>100~160	0.8	1.5	3	5	8	12	20	30	50	80	120	250
	>160~250	1	2	4	6	10	15	25	40	60	100	150	300
圆度、圆柱度	≤3	0.2	0.3	0.5	0.8	1.2	2	3	4	6	10	14	25
	>3~6	0.2	0.4	0.6	1	1.5	2.5	4	5	8	12	18	30
	>6~10	0.25	0.4	0.6	1	1.5	2.5	4	6	9	15	22	36
	>10~18	0.25	0.5	0.8	1.2	2	3	5	8	11	18	27	43
	>18~30	0.3	0.6	1	1.5	2.5	4	6	9	13	21	33	52
	>30~50	0.4	0.6	1	1.5	2.5	4	7	11	16	25	39	62
	>50~80	0.5	0.8	1.2	2	3	5	8	13	19	30	46	74
	>80~120	0.6	1	1.5	2.5	4	6	10	15	22	35	54	87
	>120~180	1	1.2	2	3.5	5	8	12	18	25	40	63	100
	>180~250	1.2	2	3	4.5	7	10	14	20	29	46	72	115
平行度、垂直度、倾斜度	≤10	0.4	0.8	1.5	3	5	8	12	20	30	50	80	120
	>10~16	0.5	1	2	4	6	10	15	25	40	60	100	150
	>16~25	0.6	1.2	2.5	5	8	12	20	30	50	80	120	200
	>25~40	0.8	1.5	3	6	10	15	25	40	60	100	150	250
	>40~63	1	2	4	8	12	20	30	50	80	120	200	300
	>63~100	1.2	2.5	5	10	15	25	40	60	100	150	250	400
	>100~160	1.5	3	6	12	20	30	50	80	120	200	300	500
	>160~250	2	4	8	15	25	40	60	100	150	250	400	600
同轴度、对称度、圆跳动、全跳动	≤1	0.4	0.6	1.0	1.5	2.5	4	6	10	15	25	40	60
	>1~3	0.4	0.6	1.0	1.5	2.5	4	6	10	20	40	60	120
	>3~6	0.5	0.8	1.2	2	3	5	8	12	25	50	80	150
	>6~10	0.6	1	1.5	2.5	4	6	10	15	30	60	100	200
	>10~18	0.8	1.2	2	3	5	8	12	20	40	80	120	250
	>18~30	1	1.5	2.5	4	6	10	15	25	50	100	150	300
	>30~50	1.2	2	3	5	8	12	20	30	60	120	200	400
	>50~120	1.5	2.5	4	6	10	15	25	40	80	150	250	500
	>120~250	2	3	5	8	12	20	30	50	100	200	300	600

附录 H 常用材料

附表 H-1 金属材料

标准	名称	牌号		应用举例	说明
GB/T 700—2006	普通碳素结构钢	Q215	A 级	金属结构件、拉杆、套圈、铆钉、螺栓、短轴、心轴、凸轮（载荷不大的）、垫圈、渗碳零件及焊接件	"Q"为碳素结构钢屈服强度"屈"的汉语拼音首位字母，后面的数字表示屈服强度的数值，如 Q235 表示碳素结构钢的屈服强度为 235MPa
			B 级		
		Q235	A 级	金属结构件、心部强度要求不高的渗碳或氰化零件、吊钩、拉杆、套圈、气缸、齿轮、螺栓、螺母、连杆、轮轴、楔、盖及焊接件	
			B 级		
			C 级		
			D 级		
		Q275		轴、轴销、制动杆、螺母、螺栓、垫圈、连杆、齿轮以及其他强度较高的零件	
GB/T 699—2015	优质碳素结构钢	10		拉杆、卡头、垫圈、铆钉及焊接零件	牌号的两位数字是以平均百分数表示的碳的质量分数（用 w_C 表示），45 号钢即表示为 $w_C = 0.45\%$；$w_C \leq 0.25\%$ 的碳钢属低碳钢（渗碳钢）；$w_C = 0.25\% \sim 0.6\%$ 之间的碳钢属中碳钢（调质钢）；$w_C > 0.6\%$ 的碳钢属高碳钢 锰的质量分数较高的钢，须加注化学元素符号"Mn"
		15		受力不大和韧性较高的零件、渗碳零件及紧固件（如螺栓、螺钉）、法兰盘和化工贮器	
		35		曲轴、转轴、轴销、杠杆、连杆、螺栓、螺母、垫圈、飞轮（多在正火、调质下使用）	
		45		用于要求综合力学性能高的各种零件，通常经正火或调质处理后使用，用于制造轴、齿轮、齿条、链轮、螺栓、螺母、销钉、键、拉杆等	
		60		弹簧、弹簧垫圈、凸轮、轧辊等	
		15Mn		制作心部力学性能要求较高且须渗碳的零件	
		65Mn		用于要求耐磨性高的圆盘、衬板、齿轮、花键轴、弹簧等	
GB/T 3077—2015	合金结构钢	20Mn2		渗碳小齿轮、小轴、活塞销、柴油机套筒、气门推杆、缸套等	钢中加入一定量的合金元素，提高了钢的力学性能和耐磨性，也提高了钢的淬透性，保证金属在较大截面上获得高的力学性能
		15Cr		用于要求心部韧性较高的渗碳零件，如船舶主机用螺栓、活塞销、凸轮、凸轮轴、汽轮机套环、机车小零件等	

(续)

标准	名称	牌号	应用举例	说明
GB/T 3077—2015	合金结构钢	40Cr	用于受变载、中速、中载、强烈磨损而无很大冲击的重要零件，如重要的齿轮、轴、曲轴、连杆、螺栓、螺母等	钢中加入一定量的合金元素，提高了钢的力学性能和耐磨性，也提高了钢的淬透性，保证金属在较大截面上获得高的力学性能
		35SiMn	耐磨、耐疲劳性均佳，适用于小型轴类、齿轮及430°C以下的重要紧固件等	
		20CrMnTi	工艺性特优，强度、韧性均高，可用于承受高速、中等或重负荷以及冲击、磨损等的重要零件，如渗碳齿轮、凸轮等	
GB/T 11352—2009	铸钢	ZG 230-450	轧机机架、铁道车辆摇枕、侧梁、机座、箱体、锤轮、450°C以下的管路附件等	"ZG"为"铸钢"的汉语拼音的首位字母，后面的数字表示屈服强度和抗拉强度，如 ZG 230-450 表示屈服强度为230MPa、抗拉强度为450MPa
		ZG 310-570	适用于各种形状的零件，如联轴器、齿轮、气缸、轴、机架、齿圈等	
GB/T 9439—2023	灰铸铁	HT150	用于小负荷和对耐磨性无特殊要求的零件，如端盖、外罩、手轮、一般机床的底座、床身及其复杂零件、滑台、工作台和低压管件等	"HT"为"灰铁"的汉语拼音的首位字母，后面的数字表示抗拉强度。如 HT200 表示抗拉强度为 200MPa 的灰铸铁
		HT200	用于中等负荷和对耐磨性有一定要求的零件，如机床床身、立柱、飞轮、气缸、泵体、轴承座、活塞、齿轮箱、阀体等	
		HT250	用于中等负荷和对耐磨性有一定要求的零件，如阀壳、油缸、气缸、联轴器、机体、齿轮、齿轮箱外壳、飞轮、液压泵和滑阀的壳体等	
GB/T 1176—2013	5-5-5锡青铜	ZCuSn5Pb5Zn5	耐磨性和耐蚀性均好，易加工，铸造性和气密性较好，用于较高负荷、中等滑动速度下工作的耐磨、耐蚀零件，如轴瓦、衬套、缸套、活塞、离合器、蜗轮等	"Z"为"铸"的汉语拼音的首位字母，各化学元素后面的数字表示该元素的平均质量分数，如 ZCuAl10Fe3 表示 $w_{Al}=8.1\%\sim11\%$、$w_{Fe}=2\%\sim4\%$、其余为 Cu 的铸造铝青铜
	10-3铝青铜	ZCuAl10Fe3	力学性能高，耐磨性、耐蚀性、抗氧化性好，可以焊接，不易钎焊，大型铸件自700°C空冷可防止变脆，可用于制造强度高、耐磨、耐蚀的零件，如蜗轮、轴承、衬套、管嘴、耐热管配件等	

(续)

标准	名称	牌号	应用举例	说明
GB/T 1176—2013	25-6-3-3 铝黄铜	ZCuZn25Al6Fe3Mn3	有很高的力学性能，铸造性良好，耐蚀性较好，有应力腐蚀开裂倾向，可以焊接，适用于高强耐磨零件，如桥梁支承板、螺母、螺杆、耐磨板、滑板、蜗轮等	"Z"为"铸"的汉语拼音的首位字母，各化学元素后面的数字表示该元素的平均质量分数，如 ZCuAl10Fe3 表示 w_{Al} = 8.1% ~ 11%、w_{Fe} = 2% ~ 4%、其余为 Cu 的铸造铝青铜
	38-2-2 锰黄铜	ZCuZn38Mn2Pb2	有较高的力学性能，耐蚀性、耐磨性较好，切削性良好，可用于一般用途的构件，船舶仪表等使用的外形简单的铸件，如套筒、衬套、轴瓦、滑块等	
GB/T 1173—2013	铸造铝合金	ZAlSi12 代号 ZL102	用于制造形状复杂，负荷小、耐蚀的薄壁零件和工作温度≤200°C 的高气密性零件	w_{Si} = 10% ~ 13% 的铝硅合金
GB/T 3190—2020	硬铝	2A12	焊接性能好，适于制作高载荷的零件及构件（不包括冲压件和锻件）	2A12 表示 w_{Cu} = 3.8% ~ 4.9%、w_{Mg} = 1.2% ~ 1.8%、w_{Mn} = 0.3% ~ 0.9%的硬铝
	工业纯铝	1060	塑性、耐蚀性高，焊接性好，强度低，适于制作贮槽、热交换器、防污染及深冷设备等	1060 表示杂质的质量分数≤0.4%的工业纯铝

附表 H-2 非金属材料

标 准	名 称	牌号	说 明	应用举例
GB/T 539—2008	耐油石棉橡胶板	NY250 HNY300	有 0.4~3.0mm 的十种厚度规格	供航空发动机用的煤油、润滑油及冷气系统结合处的密封衬垫材料
GB/T 5574—2008	耐酸碱橡胶板	2707 2807 2709	较高硬度 中等硬度	具有耐酸碱性能，在温度 -30~60℃ 的 20%体积分数的酸碱液体中工作，用于冲制密封性能较好的垫圈
	耐油橡胶板	3707 3807 3709 3809	较高硬度	可在一定温度的机油、变压器油、汽油等介质中工作，适用于冲制各种形状的垫圈
	耐热橡胶板	4708 4808 4710	较高硬度 中等硬度	可在-30~100℃，且压力不大的条件下，于热空气、蒸汽介质中工作，用于冲制各种垫圈及隔热垫板

附录 I 化工设备及化工工艺图图例

附表 I-1 功能仪表图例（摘自 HG/T 20505—2014）

仪表图例	仪表功能	仪表图例	仪表功能	仪表图例	仪表功能
TRC/401	温度记录控制系统	TR/401	温度记录	TI/402	温度指示
HIC/401	手动指示控制系统	PI/401	压力指示	PSV/401	压力安全阀
TI/401-1	温度指示（手动多点切换开关）	FR/401	流量记录（限流孔板检查）		

附表 I-2 管件图例（摘自 HG/T 20519—2009）

编号	名称	图例	编号	名称	图例	编号	名称	图例
1.1	弯头		1.8	偏心异径管接头 同底		2.4	管端盲板	
1.2	三通			同顶		2.5	法兰连接	
1.3	四通		1.9	双承插管接头		3.1	波纹管	
1.4	活接头		1.10	快换接头		3.2	套筒伸缩器	
1.5	外接头		2.1	螺纹管帽		3.3	矩形伸缩器	
1.6	内外螺纹接头		2.2	堵头		3.4	弧形伸缩器	
1.7	同心异径管接头		2.3	管端法兰（盖）		3.5	球形交接器	

附表 I-3 设备图例（摘自 HG/T 20519—2009）

设备类型	代号	图例
压缩机 鼓风机	C	四级往复式压缩机　单级往复式压缩机　卧式/立式旋转式压缩机　离心压缩机　离心压缩机　鼓风机

（续）

设备类型	代号	图例
换热器 冷却器 蒸发器	E	固定管板式　U形管式　浮头式 通用式　釜式　平板式
换热器 冷却器 蒸发器	E	冷却器　空冷器　蒸发器
泵	P	离心泵　柱塞泵　活塞泵比例泵　旋转泵齿轮泵　水环式真空泵纳氏泵 液下泵　螺杆泵　离心泵　喷射泵
反应器	R	固定床反应釜　管式反应釜　聚合釜
塔	T	填料塔　筛板塔　浮阀塔　泡罩塔　喷洒塔
容器	V	卧式槽　浮顶罐　锥顶罐　球罐 立式槽　旋风分离器　除沫分离器　湿式气柜

参 考 文 献

[1] 罗良武,刘鲁宁. 工程图学及计算机绘图(非机类)[M]. 2版. 北京:机械工业出版社,2008.
[2] 大连理工大学图学教研室. 机械制图[M]. 7版. 北京:高等教育出版社,2013.
[3] 唐克中,朱同钧. 画法几何及工程制图[M]. 4版. 北京:高等教育出版社,2010.
[4] 何铭新,钱可强,徐祖茂. 机械制图[M]. 7版. 北京:高等教育出版社,2016.
[5] 王兰美,等. 画法几何及工程制图[M]. 3版. 北京:机械工业出版社,2008.
[6] 宋卫卫,杨波. 工程图学及计算机绘图[M]. 3版. 北京:机械工业出版社,2016.
[7] 胡琳. 工程制图[M]. 2版. 北京:机械工业出版社,2010.
[8] 何利民,尹全英. 电气制图与读图[M]. 3版. 北京:机械工业出版社,2012.
[9] 王怀英. 电气工程制图[M]. 北京:高等教育出版社,2010.
[10] 林大钧,于传浩,杨静. 化工制图[M]. 北京:高等教育出版社,2007.

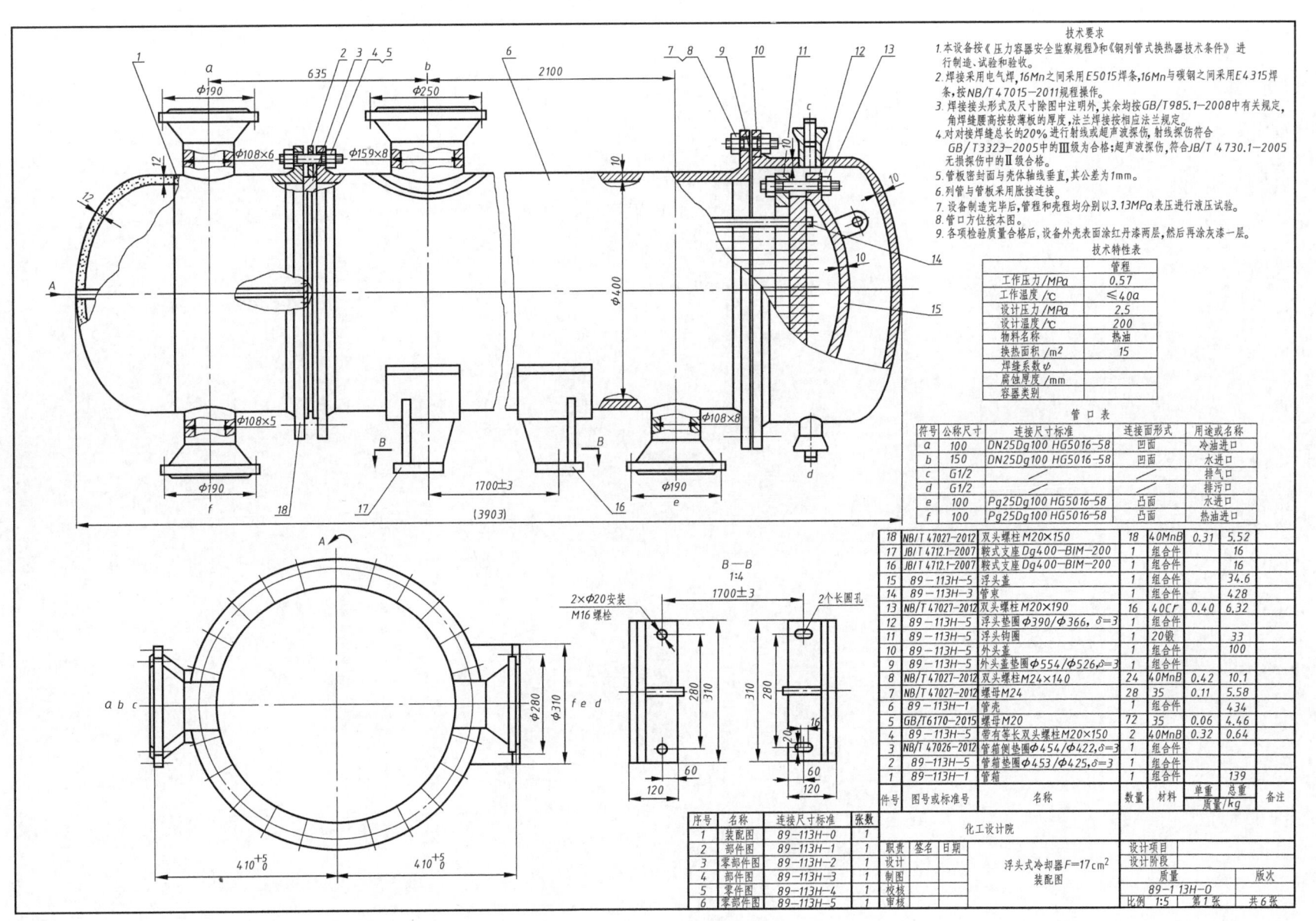

图 12-2 浮头式冷却器装配图